INVESTMENT

A HISTORY

投资的进化

[美] 诺顿·雷默 [美] 杰西·唐宁
NORTON REAMER   JESSE DOWNING
著

张 田 舒 林
译

中信出版集团 | 北京

图书在版编目（CIP）数据

投资的进化 /（美）诺顿·雷默,（美）杰西·唐宁著；张田，舒林译. -- 北京：中信出版社，2023.9
书名原文：Investment: A History
ISBN 978-7-5217-5693-7

Ⅰ.①投… Ⅱ.①诺… ②杰… ③张… ④舒… Ⅲ.①投资—研究 Ⅳ.① F830.59

中国国家版本馆 CIP 数据核字（2023）第 088137 号

Investment: A History
By Norton Reamer and Jesse Downing
Copyright © 2016 NORTON H. Reamer
Chinese Simplified translation copyright © 2023 By CITIC Press Corporation
Published by arrangement with Columbia University Press
Through Bardon-Chinese Media Agency
博达著作权代理有限公司
ALL RIGHTS RESERVED
本书仅限中国大陆地区发行销售

投资的进化
著者：　　［美］诺顿·雷默　［美］杰西·唐宁
译者：　　张田　舒林
出版发行：中信出版集团股份有限公司
（北京市朝阳区东三环北路 27 号嘉铭中心　邮编　100020）
承印者：　北京诚信伟业印刷有限公司

开本：880mm×1230mm 1/32　　印张：14.25　　字数：360 千字
版次：2023 年 9 月第 1 版　　　　印次：2023 年 9 月第 1 次印刷
京权图字：01-2016-8774　　　　　书号：ISBN 978-7-5217-5693-7
定价：79.00 元

版权所有·侵权必究
如有印刷、装订问题，本公司负责调换。
服务热线：400-600-8099
投稿邮箱：author@citicpub.com

谨以此书献给我的妻子丽塔，她"赋予"我生命。
——诺顿

感谢我的父母——约翰和安-玛丽，我的姐姐和哥哥——贾内尔和布伦丹，感谢他们这么多年来一直鼓励我大胆创新，给予我关爱，支持我的好奇心，陪我度过愉快的时光。
——杰西

目 录

引　言　投资挑战
　　投资的四条原则 / 005
　　本书的结构框架 / 009

第一章　权力精英的特权
　　农业用地和所有权 / 018
　　贷款和利息 / 025
　　高利贷 / 035
　　贸易和商业 / 044
　　早期集体投资 / 054
　　信托和慈善事业 / 059
　　小　结 / 063

第二章　投资大众化——股份制公司、工业革命与公共市场
　　现代企业组织形式的出现 / 070
　　工业革命 / 076
　　公共市场的出现 / 089
　　小　结 / 105

第三章　退休及养老金

关于退休和救济的早期尝试 / 109

18 世纪至 19 世纪的活动 / 111

人口结构变化 / 114

渡过难关：经济大萧条时期的养老储蓄 / 116

联邦退休计划：社会保障的出现 / 117

企业管理养老金的缺陷及新法规的确立 / 121

将房屋净值当作退休资产 / 125

加强退休计划 / 126

小　结 / 127

第四章　新客户与新投资形式

新客户 / 131

新投资形式 / 143

小　结 / 156

第五章　欺诈、市场操纵与内幕交易

欺　诈 / 163

市场操纵 / 191

内幕交易 / 201

小　结 / 212

第六章　管理周期性危机的进步

股票市场崩溃与大萧条 / 218

大衰退 / 233

小　结 / 248

第七章　投资理论的出现

第一个抽屉：资产定价 / 254

第二个抽屉：风险 / 263

第三个抽屉：专业投资者的业绩 / 272

小　结 / 280

第八章　更多新的投资形式

另类投资：对冲基金、私募股权和风险投资 / 283

对冲基金 / 287

私募股权、风险投资和其他另类投资 / 303

关于另类投资的结束语 / 312

指数基金和交易所交易基金 / 312

小　结 / 317

第九章　创新造就新精英

独立精神与企业家精神：环境、动机和行为 / 322

创新投资和另类投资的兴起 / 327

薪酬结构及其细微差别 / 339

小　结 / 345

结　论　21世纪的投资

投资与社会变革 / 352

基本问题与机遇 / 357

投资的四条原则 / 364
历　史 / 365

致　谢 / 367
注　释 / 369
参考文献 / 415

引 言
投资挑战

2007—2009年全球金融危机后,人们对投资充满疑虑。从伯尼·麦道夫的惊天骗局,到2007年、2008年的次级抵押贷款危机,以及"安全"债券的收益不足,似乎为家庭的未来而规划的投资项目在经济中成为管理或者监管最失败的领域。但是,在随后几年,股市出现新高,融资价格居高不下,很多产业的信用不良与运作缺陷受到惩治和矫正,停滞不前的经济似乎逐渐恢复,原本看上去充满危险的投资重新焕发生机。

这次全球金融危机及其漫长的恢复进程引发人们大量的讨论。然而,这些讨论主要关注现代金融、法律和政治等领域,很少有人对这次危机的诱发因素——投资——有所关注,很少有人对投资的长期发展历程与机制展开讨论。投资究竟是什么?谁来进行投资?他们是怎么操作的?这方面有能用于分析、便于理解的故事吗?有什么教训可以吸取吗?事实证明,关于投资有大量鲜活的故事及案例,能帮助我们更加深刻地理解(即使无法彻底改变)这一话题与当前的任务。投资,即通过投入资源来实现收益目标,一直是人类发展史上的核心推动力,我们必须熟悉投资的发展历程,这样才能更全面地理解人类的动机、机会与行为。

当前我们要讨论研究的投资问题涉及面非常广，几乎触及我们生活的方方面面。可能给人带来的最明显的感受是，投资是我们整个经济的拉动引擎。投资是决定以下活动的重要因素，包括哪类项目能获得融资，个体如何形成集体（如公司、机构或联盟等），世界范围内资本从哪里流入、从哪里流出，企业何时兼并、解散或者结束某些业务线。所有的经济实体都在进行投资。企业或机构的成长与收缩，实际上是基于各类投资项目的成本收益率。

但是作为人类最基本的活动之一，投资的重要性不仅仅体现在纯粹的货币表现上。投资还与社会目标密不可分地相互交织，这些社会目标包括获得房屋所有权，进行储蓄从而获得教育机会，实现慈善捐赠基金的良好、健康运作等。此外，投资在政治层面有非常现实的反馈效应。投资影响失业水平、老年人的退休计划、基础设施与研究的可用资金，以及政府进入信贷市场的能力。实际上，投资渗透在我们的日常生活中，时而明显、时而隐匿地发挥着重要作用。尽管投资无所不在，但我们很少能看到全面介绍投资发展历程的研究书籍。

本书并非直接告诉读者怎样对投资进行管理，而是从更广泛的角度向读者讲述长期以来投资的发展历程与各类投资活动，认为投资进程对于投资管理的影响至关重要。本书追溯到古老文明的投资萌芽，那时农耕土地、借贷与贸易活动是经济的基础；随后介绍基本金融、集体与慈善投资形式的出现；最后将介绍一系列专业投资工具与基金，从而把读者带入 21 世纪。我们在本书中还重点回顾了最为重要的投资演进历程：投资大众化。

投资大众化——将投资活动的机会拓展到普通民众——伴随着合资公司的诞生、工业革命以及公开市场的发展而出现。而投资大众化也恰恰成为以下概念与活动的驱动力，如退休及养老金概念的诞生、多元化投资组合的构建、证券监管的发展、对周期性危机与投资理论的深入理解、独立投资经理与投资管理公司的出现。然而，我们必须限定大众化一词的使用。投资向普罗大众的渗透并不代表每个人的投资渠道或者收益分享是平等的。大众化不一定代表绝对的平等。但是，从更长的历史维度看，投资大众化的确是投资历史上的一大变革。而且无可争辩的是，投资不再只是部分人的特权，在本书中我们称其为权力精英。当然，这并不意味着投资大众化已经或者应该走到终点。实际情况绝非如此，投资大众化将是一个持续的进程。

投资的四条原则

为了给后续要讲述的悠久投资历史奠定基础，我们首先会解释有助于形成有效投资思维的四条一致性原则。这四条原则是掌握基本投资理念的基础，分别是：实际所有权、价值寻找的重要性、金融杠杆的重要功能，以及资源配置对于保证投资计划成功的重要性。

引入这些原则是为了表达投资的主旨与机制。我们希望用这四条原则帮助读者深化对投资的理解，减少认知障碍，慢慢意识到投资的概念与其他单一简练的概念相比，更容易受到细微差别与复杂度的影响。总而言之，对投资特性的深入理解有助于我们领会其漫长而传奇的历史。

实际所有权

在本书中，我们会讨论直接投资活动以及对金融工具（也代表对这些直接投资的所有权）的投资。虽然乍看之下，这些似乎是不同类型的投资，但实际上并不尽然。20世纪末、21世纪初美国投资者公认的"股神"——沃伦·巴菲特就认同这一观点。巴菲特一直认为直接收购公司与购买代表公司所有权的股票并不存在实质差别。[1]这表明，直接投资与对金融工具的投资可以产生同样的结果：获得实际所有权。

因此，投资的第一条原则是，无论是从公开市场购买上市公司的股票，还是私下购买整个或部分企业，其本质没有差异。两种情况下的投资活动，本质上都是"投入资源来实现收益目标"。因此，直接拥有一家企业和持有其股份，两种方式殊途同归。纵观历史，我们可以发现所有权与股权几乎不存在实际差异。投资者必须表现为他们已经购买了这家企业，而不仅仅是一只股票，因为在两种情况下，投资者都必须勇敢面对来自现实的投资挑战——对投入资源的企业进行准确分析与评估。

基本价值

投资的第二条原则是价值至上。20世纪美国经济学家与《投资价值理论》的作者约翰·伯尔·威廉斯，给出了一家企业投资价值的最基本概念，也是一个经久不衰的概念："未来股息的现值。"换言之，一家企业股权的投资价值是所有未来股息的现值，外加所有可预测本金的折现值。[2]

一直以来，这个概念对每位投资者都具有重要的现实意义，因为这个概念清楚地界定了审慎投资与投机。一方面，如果投资者以低于投资价值的价格买入有价证券，那么通常能产生高于该买入价格的总收益。另一方面，如果投资者以高于投资价值的价格买入有价证券，正如前文所述，他们可能面临损失，除非该证券卖给了愿意参与市场波动投机活动的另一方（也就是"更大的傻瓜"）。正因如此，当面临金融市场交易决策时，谨慎的投资者往往依靠于对投资价值进行估算。在购入和售出的问题上，价值提供了一个不可或缺的指南。³

长期以来，投资中缺乏对基本价值考虑的例子数不胜数。最戏剧性的就是涉及对证券或大宗商品价值严重高估的臭名昭著的"泡沫"事件，导致灾难性的市场崩溃和投资损失。关于一些市场崩盘事件以及市场低迷环境为投资创造廉价介入契机的情况，历史记载中还较少出现。价值投资有时会成为难以想象的丰厚利润的来源。

金融杠杆

投资的第三条原则是金融杠杆的重要性。纵观历史，人们获取贷款的目的多种多样，既有个人原因，也有商业目的。对于古人来讲，出于个人原因的借款较为常见，恰似如今我们所处的状况。古希腊和古罗马同样也广泛利用贷款为经营活动进行融资。由于农业土地是最重要的收益性资产并享有很高的地位，所以那些最重要的生产性借贷活动都是围绕土地展开的。当然，关于贸易融资的借贷相对普遍。自15世纪以来，随着产业的发展，信贷对工业发展、经济增长和实现收益所需的经营活动与资产融资起到了同样的促进作用。⁴

长期以来，金融杠杆是取得杰出投资业绩的一项重要推动力，但同时也是灾难性后果的助推因素。然而，当投资取得成功时，人们通常不会谈论杠杆所发挥的作用。相反，当投资失败时，杠杆通常会承担责任。这恰恰是长期资本管理这家大型对冲基金公司在1998年遭受重大投资失败后被多数人所熟知的原因。后来发现，这家公司利用了高达100∶1的杠杆率来放大其投资组合。也就是说，100美元的债务等价物仅对应1美元的股权承诺。尽管该公司主要投资于高品质的政府债券,但是其异乎寻常的高杠杆造成了很大的风险,以至于其投资组合价值的轻微波动都能导致其资本净值承受超高压力。如果不是政府组织实施救助,长期资本管理公司很可能受创当年就倒闭。[5]

另外,德高望重的投资者(再次想到了沃伦·巴菲特)通过采用更加适度的金融杠杆并辅以良好的资产选择和稳定的融资来源,同样可以在较长时期内使投资获得重大成功。多年来,巴菲特之所以取得了非凡的业绩表现,一定程度上是因为采用了大约1.6∶1的杠杆率以及较低的债务融资成本。[6]

总之,金融杠杆放大了风险敞口:如果投资成功,它会放大利润;如果投资出现严重分析失误或时机不当,则将放大损失。因此,杠杆是一把最锋利的"双刃剑"。但是,对于具有深远意义的创业成功以及投资急剧性增长来讲,杠杆的使用一直发挥着显著的作用。

资源配置

投资设定中的资源配置,即配置资本和人力的过程,早在商业革命以及意大利城邦的商业银行取得成功的时期便开始出现。例如,有明确的证据表明,在15世纪的佛罗伦萨,美第奇家族以及其他极力将其资金和人力资源投入金融、纺织品制造和贸易领域企业的人士,已经敏锐察觉到资源配置的重要性。他们认识到分析投资机会的重要性,将其与资本实力和人力状况进行匹配,并合理付诸运用,在资源配置方面展示出显著的"现代意义上"的敏锐度。[7]事实上,我们甚至可以在古希腊和古罗马的房地产管理中察觉到这种敏锐度,身处其中的房地产所有者挑选经理人的标准是,这些人能够在农业资源和资本投资等方面做出收益最大化的决策。

尽管首席执行官(CEO)被视为管理手段、目标设定及实施过程的执行者这一现代观念仍然占据着主导地位，但是近年来另一种管理模式也获得了关注。那些重视对资本和人力进行有效配置的CEO取得的成功，也导致了对不同层级管理技能的重新评估。[8]值得注意的是，这些CEO中包括沃伦·巴菲特（伯克希尔 – 哈撒韦公司）、亨利·辛格尔顿（特利丹公司）以及托马斯·墨菲（大都会通信公司），他们都证实了CEO承担资本和人力资源分配者角色所产生的重大影响。

通常来讲，资本配置的关注重点是与强调管理层级中有意义的分散化管理风格搭配在一起的。权力分散化为精心挑选出来的部门经理或子公司CEO提供了实质性的自治权。分权管理的做法是为企业体系的不同部门确定经验丰富、技能娴熟的成熟型领导者，允许他们在不涉及控制主要可利用资源的领域采取相对较少的日常经营监管。在许多管理理论家看来，与那些控制主宰型CEO所呈现出的实时掌控一切的狂热方式相比，这种方式的管理控制体现出了明显的优势。[9]

20世纪60年代至80年代，亨利·辛格尔顿出任特利丹公司的CEO，他很好地诠释了这种管理风格。尽管在此之前，一些CEO对于资源配置的重视程度高于实施管理手段和日常管理计划等更为传统的管理技巧，但辛格尔顿似乎是当代最突出的摆脱该主导模式的人物。除此之外，辛格尔顿致力于压缩特利丹的流通股数量，通常用于取代潜在并购以及在厂房和设备方面的大规模投资。在他看来，重点在于股东投资的回报，而不是单纯衡量收入增长指标。[10]

本书的结构框架

本书的结构安排兼顾了时间顺序和主题。全书始于对古代投资的叙述,然后延续至当前的发展。然而,关于历史发展的内容主要围绕投资大众化这一中心主题展开。在1600—1900年这300年时间里,投资从一种完全造福于权力精英的活动演变为囊括商人、企业主、实业家和生意人等中产阶级并符合其利益的活动。

为了理解投资大众化的历史意义,必须通晓投资活动在其他时代和文明中是如何发展和运作的。在古代文明中,农业土地是财富和投资的基础。此外,只有权力精英,也就是那些拥有财富和地位,与政府、教会、贵族或军队领导人有关联的人,才能成为土地所有者或投资者。平民百姓几乎没有任何财富积累。

第一章探讨了支撑全球贸易和商务发端的投资结构。虽然那个时代的投资还处于最初发展阶段,但是我们仍然能瞥见美索不达米亚、古埃及、古希腊、古罗马和亚洲古代文明的金融成熟迹象。从中,我们发现了抵押贷款、不同保险类型、投资合作有限责任概念以及利润共享制度等案例。投资发展史同样与计息贷款的发展进程交织在一起,并且不同的宗教和文化对于高利贷概念的态度对许多投资和贷款结构造成了影响。

第二章通过回顾导致投资参与者及投资活动发生巨大变化的三大发展,即股份制公司的建立、工业革命、公共市场的出现,叙述了现代意义上的投资发展历史。这些发展催生了一批能够取得盈余的中产阶级,并为他们提供了投资新财富的途径。投资和财富积累活动在历史上第一次走到了非权力精英的个体身边。这些非精英投资人士的崛起还带来了另一项前所未有的发展,即退休及养老金概念的出现。

第三章追溯了上述事物出现的过程,并探讨了退休融资在世界范围内产生最大规模投资资本的方式。对于退休融资的关注极大地改变了金融机构及其采用的投资工具,同时也改变了那些参与管理养老资源和资金的个体。退休融资作为主要投资目标的理念对我们的社会产生了重要影响，比如养老基金和固定缴款养老金计划出现了增长，并且这些概念和工具持续发展演变至今。

第四章继续讲述这段投资发展史，并探讨了19—20世纪激增的新客户和新投资形式。虽然个体是最重要的新客户类型，但是捐赠基金、基金会和主权财富基金等其他委托方在投资领域也颇具影响力。在这些新客户的需求的带动下，如今被视为基本投资的项目（人寿保险、储蓄账户、独立账户和共同基金）应运而生。

第五章从按时间顺序叙述的方式转变为按下列主题展开叙述：欺诈、市场操纵与内幕交易的发展史。尽管关于渎职行为的案例获得了过多的关注，但实际上它们在投资发展史上起到的作用很小。此外，当代的许多监管框架都是基于应对这些事件建立起来的，因而认识上述事件的起源非常重要。举例来讲，曾经被视为那些特权富裕人士所独享的内幕交易，直到近年来才下令禁止。市场操纵曾经也很猖獗，而那些拥有足够权势的人能够干预市场走向，使其符合自身利益。通过这些案例，我们展示了政府、监管机构和公众是如何逐渐认识并应对这些公平性问题的。目前，主要市场上的操纵行为不那么明目张胆了，并且通常需要一批市场参与者相互勾结才能实现。监管方面的进步给予了投资者更多的信心，使其可以参与更为民主和公平的市场交易。

第六章和第七章深入探究了当代经济学和投资理论。第六章探析了约翰·梅纳德·凯恩斯、米尔顿·弗里德曼和本·伯南克等主要经济学家的著作。第六章指出，这些经济学家增强了我们驾驭经济、提高全人类福祉的能力，一定程度上减少了周期性危机带来的破坏性影响。但是，我们还未完全摆脱那些无益的、仍能引发危机的循环行为模式，比如过度自信和过高的风险偏好的循环往复。第七章回顾了20世纪出现的关于基本投资原则的理论框架。科学家和经济学家致力于开发模型来描述市场波动，并将这些概念表述为随机事件、多样化效应以及经济学的影响。其他诸如资本性资产计价模型、贝塔、阿尔法、因子模型和均值方差优化等新概念也应运而生，阐明了投资组合的构架。

  第八章继续探讨投资工具，与第四章的叙述范围和结构存在关联性，只不过不再讨论那些早期的基础性工具，而是重点讨论了近来出现的投资工具。这些工具包括另类投资以及低成本指数和交易所交易基金。另类投资是主要针对专业机构和富有的个人的特殊投资工具，包含对冲基金、私募股权、风险投资以及房地产、大宗商品、农田、其他自然资源和基础设施等各种各样的其他资产类别。这些工具在大多数情况下可以提供经风险调整后的优良业绩预期，并且在几乎所有情况下都可以提供多元化的投资组合。使用这些工具往往也需要支付与业绩挂钩的更高费用。另外，指数基金和交易所交易基金归属于大众市场，提供低成本的、以公众股权或固定收益证券为主体的广泛多样化或专门类别的投资组合。通常来讲，它们提供了被动参与投资市场的机会。尽管这两种新的投资形式截然不同，但共同为投资者提供了在投资组合中运用现代投资技术和进步理论的机会。

  第九章指出，独立投资经理和创业投资者队伍的壮大改变了投资界的状况。年轻而独立的公司实现了投资领域的大部分创新，而它们的客户则善于接纳新的工具、技术和费用制度。在投资经理的参与下，在商业上取得成功的激动人心的新契机带来了赢利能力的巨幅提升，并建立了一个新的精英群体，也就是那些为美国和海外的机构管理资金的人士。但是，这些精英所任职的机构主要负责管理普通民众的资产，这与古代的情况正好相反。在当时，下层社会的经理所提供的投资服务仅仅是为了实现权力精英的利益。

投资管理的未来发展需涉及投资理论的更广泛应用以及我们与投资专业人士之间关系的改变。未来，成功的投资经理将是那些专注于业绩和提供咨询服务的人，而不仅仅是销售产品。成功的投资者将会是这么一批人，他们意识到几乎没有投资经理或任何投资策略能够带来持续的丰厚回报这个基本事实，并因此减少用于获取投资建议的支出，或寻求真正新颖独特的投资途径。投资活动将使多数人从中受益，而不再为少数人所独享。

第一章
权力精英的特权

本书十分生动地描述了投资大众化的历史变迁。简单来看，投资大众化意味着发达社会中存在很大比例的人群能够参与企业投资。而社会中所发生的数次重大变革推动了这一进程，诸如现代公司制和公共市场催生了集体所有制，工业革命后投资剩余日渐增加，养老概念的发展激发了人们对储蓄的需求，日益完善的监管环境有助于市场的公平竞争，经济政策的变革为市场失败提供了优化的安全网。

本章主要分析古代和近代的投资环境，重点包含三个领域：历史早期的基本投资渠道，投资机会与收益的分布极端不均衡，早期复杂的投资工具、战略与目标。

现代公司制是近代历史上出现的一种公司形式，所有制共享、永续存在、公司可转让并且负有限责任，这反映出其所有权结构的全新特点，不完全依赖精英家族或者身份地位。在充分了解这种新所有制形式的本质特点前，我们必须意识到，很多年来，农耕土地在古代和近代时期一直是人们主要的财富储存方式、收入来源，以及利润积累工具。从美索不达米亚到古埃及、古希腊和古罗马，农耕土地是早期文明史上的基本投资工具。

尽管借贷是近代另一种主要投资类型，但是资本的局限和高利贷的猖獗阻碍了借贷的进一步发展。此时，贸易主要基于交易价值和要素流动性而非使用价值，对投资的影响力和价值贡献尚未彰显，一直处于"沉睡"状态，直至集体所有制诞生，贸易才焕发生机并蓬勃发展。

虽然我们在本章会介绍现代公司制出现以前的其他形式，但是我们并非要分析因果关系，也不是为了详细解释每段历史变迁。我们希望读者理解，投资是随着历史的发展而演进的，现代体系并非"注定的"，还有其他的所有者结构和投资模式可供选择。这意味着，尽管投资开展方式多种多样，但投资——为了获取预期回报而投入资源，一直是贯穿于整个历史和文化中的永恒话题。

农业用地和所有权

在许多国家，土地与头衔、身份、命令或规则密切相关。古代，土地投资者一般拥有非常高的经济、社会和政治地位。富人们认为农业代表着贵族阶层，而将商业和贸易与低阶层的人联系在一起，可想而知，人们偏好利用土地和囤积地产来积累更多的财富。尽管土地并不一定是回报最优厚的投资形式，但是其风险比其他很多贸易和商业活动更低，因此，土地所有者通常能接受较低的资本回报。

土地投资也是财富代际转移的主要机制。例如，在公元前2000年中期的阿拉法（Arrapha）古城，将土地所有权转移给家族成员之外的人是非法的。但是越来越多的人渴求突破政策约束，多种多样的方法应运而生，有证据表明，在部分地方，土地所有者愿意出售土地。[1]

土地所有者控制着土地资产,但他们通常不直接参与运营。许多人除了拥有土地之外还拥有固定职业,因此被动型股东通常成为主流。例如,被雅典和罗马征服的一些殖民地中,军人多拥有土地,但他们没有时间管理,也缺乏管理经验。古代的土地所有权基本由身份、军事条款、君权神授等非经济因素决定,土地所有者本人缺乏资产管理的相关知识,不得不依赖有才干之人。因此,精英阶层的土地所有者通常会雇用社会等级较低的人(包括奴隶),来管理自己所拥有的土地资产。

美索不达米亚的农业

历史上有关投资管理最早的记载始于美索不达米亚,这个处于幼发拉底河和底格里斯河之间的文明摇篮,即今日伊拉克、叙利亚、伊朗和土耳其的部分区域。美索不达米亚,用古希腊语简单翻译过来表示"两河之间的土地",这里曾经滋养了不同的文明。苏美尔——位于美索不达米亚南部的区域,是人类最早文明的起源地,它有很多著名的早期发明,包括车轮和文字系统,最早可以追溯到公元前4000年。在美索不达米亚,大部分土地属于神庙或者国家,但土地私有化已经初见端倪,从可循的历史记录中我们发现,在美索不达米亚,部分富有的城市居民已经成为郊区土地的遥领地主。[2]

随着美索不达米亚结束争端,神庙的重要性与日俱增,最终成为权力中心。[3]比较特别的是,神庙在北方的重要性明显弱于南方。国家与神庙的土地所有权有两个鲜明特点:一是土地必须用于农业生产,二是土地可以作为对政府官员的补偿。[4]庞大的农业规模使国家集中所有权具有突出的优势。例如,早期的苏美尔人必须灌溉土地,因为当地气候不佳,而且河流流量不规则,而大范围的劳作需要集合全部劳动力。统治者只有鼓吹土地是属于神的财产,才能说服人们参与集体劳动。[5] 然而，在现实中，正是土地而非神灵为经济体系的发展奠定了基础。

我们无法查证早期在这些地区是否存在土地租赁。然而，在乌尔第三王朝，农民可以向神庙或者政府申请租赁土地。[6] 公元前2250年至公元前2000年，强大的宗教体系被强大的国家体系所替代，政府取代神庙对经济实施严格控制。[7]

此外，美索不达米亚见证了公共资产管理的诞生。政府为了巩固神庙和国家土地的所有权，建立了更先进的官僚制度进行支持，这种制度在一定程度上能决定公共土地租赁的时间和方式。该制度建立了投资经理必须遵守的条款和规定，目的是减少欺诈。公共投资经理在苏美尔人的拉格什城邦工作，那里有剩余的土地，并配备一流的水资源。这块土地暂时从公共土地中剥离出来用于租赁。农民用银锭交租，作为对国家提供土地和水资源的回报。[8]

阿卡德文明是大约在公元前2330年兴起的高级文明，持续了近200年。随着阿卡德王朝的衰败，以及乌尔第三王朝的崛起，大部分地区被军队割据、统治，每个地区必须向国家纳税（古称"gun mada"）。[9] 军队首领通过各种方式实施土地管理，譬如雇用劳动力或者使用奴隶开展农耕，雇用管家对耕作进行监督，或者向农民出租土地。[10]

巴比伦尼亚位于新月沃土的中部，是苏美尔和阿卡德文明融合发展后出现的新文明。巴比伦尼亚与亚述连年征战，亚述位于美索不达米亚的高地，曾发动多次征服侵略战争。据历史记载，在古巴比伦时期（公元前18世纪至公元前17世纪）之前，就已经出现土地私有制。随着时间的推移，南部很多家庭也开始签订购买与遗赠土地的协议，而在乌尔第三王朝初期变得日益萧条的土地租赁也重获生机。关于土地租赁的文字资料大概出现在公元前1850年，而相关实践可能始于更久远的年代。我们查阅了大型城镇留下的历史资料，深入了解了当时富人的农业活动。尽管资料显示土地所有者可以选择自己耕种土地，或者把土地租给佃农，或者使用奴隶或雇用劳动力耕种，但是我们却无法掌握这些土地耕种安排的相对频率。[11]

从古巴比伦时期至波斯帝国晚期，土地租赁变得普遍，关于农田租赁的历史资料浩如烟海，而且相关实践也随之进步，譬如可租赁的土地面积日益扩大。同时，强制劳动越来越少，这极有可能是因为这种安排在收成欠佳时成本过高。[12] 富人们更多选择雇用佃农来实现耕种生产量最大化，因为佃农能自己保留部分收成。此外，土地所有者利用这种模式轻而易举地把未开垦的土地变成了肥沃的耕地。土地所有者与佃农之间签订协议，只要开垦相当面积的土地，就可以免交第一年的租金，第二年的租金也较低，这激发了佃农的劳动热情，而这种热情很少能存在于工资制结构中。[13]

在很多方面，农民薪水制与佃农制度相当于现代金融薪酬结构的前身，类似当今社会中资金经理的固定工资和绩效奖励。在古代架构中，无论投资多少，受托人均能领取相应的报酬，而委托人则保留所有投资盈余。对于委托人而言，向受托人支付一定比例的报酬能激励他们更好地耕作。

古希腊的房地产管理

古希腊人非常看重房地产管理，甚至赋予了其哲学术语。在古希腊早期著名的经济学论著《经济论》（写于公元前4世纪，是一部语录体著作）中，色诺芬描写了一段苏格拉底关于房地产管理的对话：

> 我有一次听到他（苏格拉底）对管理家务发表看法，他是这样

说的。

"告诉我,克里托布拉斯,"他问道,"管理家务是不是也是一种知识,跟医药、锻造和木工一样?"

"至少对我而言,是的。"克里托布拉斯答道。

"正如我们知道如何描述这些工作一样,我们能否描述什么是家务管理呢?"

克里托布拉斯回答说:"我的理解是,所谓好管家至少应该是把自己的房子管理得很好。"

"但是如果一个人将另一所住宅交给这个管家,"苏格拉底问,"管家也愿意的话,他不能像管理自己的家一样管理这个房子吗?对于木工而言,他们除了为自己工作外还可以为别人做木工活,那么同样地,以此类推,有技能的管家也应该可以。"

"至少对我而言,是的,苏格拉底。"

"那么,"苏格拉底说,"有技能的人,即使本身并不富有,但也可以管理别人家的房产,就如同建筑师可以为别人盖房子并获取酬劳一样,是吗?"

"是的,众神之王宙斯会准许,他会得到很多酬劳。"克里托布拉斯回答说,"如果他愿意当管家,他能够完成工作,并为这个家带来生产剩余,使财产增值。"[14]

这段谈话主要是关于房地产管理的,因此古希腊的土地所有者自己不耕种土地并不奇怪。色诺芬的《经济论》中的另一个人物——伊斯霍玛科斯的观点,曾被一位学者解释为:"农耕是最令人愉快的工作,掌握起来并不困难;你可以把它全部交给管家。虽然你要早起监督,骑着马在庄园周围检查,确保仆人们都在干活,但是晨检结束后,剩下的时间就属于自己,可以去城市,与其他绅士走动,甚至与苏格拉底交谈。"[15] 这段解释让我们非常清楚地感受到,古希腊的土地所有者大部分身份尊贵,是上层社会的名流。亚里士多德进一步对古希腊社会的极端分层做了描述:"这个时期不仅各个领域的社会架构体现出寡头政治,而且穷人阶级,无论男人、女人还是儿童,都是富人的奴隶。"除了雇用管家外,还有一些拥有多个庄园的富人使用奴隶耕种土地,而且让部分优秀的奴隶当管家来监督其他奴隶工作。与美索不达米亚人偏爱佃农制不同,古希腊土地所有者很少出租他们的土地。[16]

通常,耕地能生产出大麦、小麦、葡萄、无花果,而无法耕种的土地可以饲养牛羊。从可耕地面积看,现代希腊只有约22%的土地可用于耕种,因此我们不难推算出在古代估计也是类似的比例。然而,我们也发现当时还有一些非常优秀的人对土地开展专门投资。譬如,伊斯霍玛科斯的父亲经营了一个中转销售机构。也就是说,他先购买有问题的土地,对其进行改造,然后将它们卖给那些希望拥有丰饶土地,但不会购买改造前的土地的潜在买主。[17]

古罗马的地产管理

古罗马时期,地产管理提升到新的高度,因为随着帝国城邦迅速扩张,个人拥有多处地产司空见惯。在东部战争时期(公元前200年至公元前150年)以及后来的格拉古时期(公元前150年至公元前80年),对地产的投资成为很多家庭积累财富的主要渠道。罗马的精英阶层拥有大量地产、农场和牧场,这些财产有的属于军事或政治奖励,有的则是为了投资而购买的。随着古罗马帝国的开疆拓土,人们在其他领地包括亚洲、希腊、高卢、西班牙和非洲的投资也大量增加。[18] 通常,罗马的精英阶层是遥领地主,资产管理对他们的财富影响最大。[19] 虽然家庭成员能承担管理职责,但是他们也会雇用代理人、财务和财产经理为其管理位于农村的大片土地。代理人还常常管理各类支付活动、借贷活动和大额采购。[20]有时，财务经理可能是土地所有者的奴隶，还有一些奴隶为多个主家提供服务，相当于职业经理人。[21]

有时，权力精英也会相互帮助进行财务管理。例如，著名政治学家西塞罗，曾经接受艾蒂科斯的帮助，艾蒂科斯是一名银行家，本身也是贵族。但是艾蒂科斯有时会离开罗马。在这种情况下，卢修斯·钦丘斯会负责打理西塞罗的财务。然而，没有任何历史资料能证明，他们提供此类财务管理帮助有任何酬劳。一些经理人提供财务管理服务并不收取费用，他们只是希望证明自己有能力做好这种高级工作。譬如，科尼利厄斯·内波斯曾解释道，艾蒂科斯之所以选择当代理人，是为了证明他不参与国家政治并非因为懒散，而是因为更喜欢其他工作。艾蒂科斯不仅为西塞罗服务，还为加图·霍滕休斯、奥卢斯·托尔夸图斯和许多罗马骑士提供财务管理服务。[22]

在罗马共和国时期（就像在古希腊），地产管理人通常是奴隶或者受雇的自由人。而在罗马帝国时期，担任地产管理人——至少为当地名流担任地产管理人——是更尊贵、更体面的工作。譬如，奥里利乌斯·阿庇安是公元3世纪罗马统治时期埃及亚历山大城的议员。[23]他拥有多处庄园，其中一处在遥远的外部城邦阿西诺。他雇用了一个名叫阿利皮乌斯的全职管家，对其他下级主管发布指示，而这些主管分别负责这座庄园的相关具体工作，包括管理农耕、养护地产、监督其他长期工作的工人等。有关收成和农产品销售等重要事项的决定，由高层级的管理团队做出。阿利皮乌斯不仅管理和监督这座庄园，而且他本身还是大片土地的所有者，并且可能是该城邦的议员。非常有趣的是，从历史资料看，我们并不清楚该城邦的房地产管家能否获得酬劳。为这座庄园服务的普通工人可能隶属某个村庄，而村庄也是他们管理团队的所在地，村庄为普通工人支付工资。由于领取工资在当时被认为有失身份，因此高级管家通常会获取其他形式的回报，如管理房地产所带来的更高的社会地位和更大的权力。[24]

罗马帝国的发展推动了其他类型的土地投资管理，其中公元1世纪埃及的欧斯埃是最引人注目的例子之一。欧斯埃是罗马帝国在埃及的土地，由君主、家族以及心腹拥有，还有部分属于王室夫人和儿童。出租土地、经营粮仓、制作瓶装酒、生产橄榄油以及出售牲畜为他们带来可观的收入。但是，土地所有者居住在罗马，因此需要把地产托付给行为自律、善于打理的管家。欧斯埃的管理并不简单，有许多小块土地分布在非常远的地方，格局纷繁杂乱。这里的管家多数是自由公民，但也有奴隶担任管家的情况，譬如我们发现，有一位在俄克喜林库斯（位于开罗以南的上埃及）看管家畜的名叫切林图斯的奴隶就曾担任管家。尽管历史记录并不明确，但是我们可以推断出这个管家可能是从罗马派去埃及的，而他被选中很有可能是由于他十分忠诚，而且能力出众。[25]

贷款和利息

由于农业与贸易不断发展，贷款也随之产生。当时，很多富人和权贵或公开或隐蔽地接受并使用贷款，但贷款在整个社会中接受度一般。大部分贷款用于修建房屋、土地融资以及个人消费，而并非用于生产或者投资。尽管精英阶层通常也直接使用大额个人贷款，但银行家乐于提供的大规模贷款在社会中的接受程度仍然较低。虽然有了精英阶层对贷款的支持，但贷款的推广普及依旧需要依靠广大的社会中低阶层。

随着财富的持续积累，人们开始领悟到不能一味地将财产闲置于神庙中或者将个人财富锁进钱柜里。实际上，货币制度有力地促进了投资的发展，借款者的需求催生了贷款投资。同时，贸易和工业进步也带动越来越多的制造商和商人寻找资金用于采购物资、劳动力或者商品，希望获得更多的利润。[26]

此时，由于期限不同和区域不同，利息存在明显的差异。有时，朋友或者亲属也会提供无息贷款。在其他情况下，特别是古希腊的特定历史时期，贷款利率极高。但是通常情况下，贷款利率由政府确定。贷款和利率相伴而生，在任何社会，高利贷问题都关乎经济和宗教。

埃及的借贷

埃及有较高的金融发展水平。同时毗邻欧洲与亚洲的独特地理优势，使它成为国际贸易中心，而银行业的发展更促使货物和金钱源源不断地涌入那里。埃及早期的信贷工具是简单的信用证，借款人以自身流动性换取银行承诺，为此他们无须承担失窃或损失的风险。我们发现在埃及，写在黏土平板上的信用证最早可以追溯到公元前3000年。[27]

根据埃及人用通俗语言在莎草纸上所记载的，我们发现借贷交易从公元前664年到公元前30年就有迹可循了，而且实际上最早的借贷活动历史更加久远，在埃及古王国时期（公元前2680年至公元前2180年）就出现了萌芽。从品种类型看，埃及的借贷不仅包括资金供给，还包括将谷物和酒等剩余的农业产出提供给需要的人。[28]

早期的借贷主要看重借款人的信誉。那时，借款人必须向所信奉的守护神立誓。此外，借款人清楚如果无法按时偿还，那么他们需要按贷款金额的两倍支付罚款，而且还要受到鞭答。不守承诺会带来金钱损失并经受皮肉之苦，但是令人感到惊讶的是，我们并没有发现借款人偿还借款后的字据。当时，借款人偿还借款后，贷款人只会交还书面文件，这象征着借款人免除了还款义务。[29]

埃及的借贷活动也受到其他外来文化的影响。譬如，波斯的继承结构曾经深刻地影响了埃及的借贷活动。第一，借贷合同由贷款方妥善保管（一旦违约可强制执行）；第二，借款人的子女有义务还清未偿债务。[30]

在公元3世纪的埃及乡村，银行家希望成为与政府合作的皇家货币管理者或货币兑换商。虽然官员们对此非常乐意，但当时这不是能赚大钱的职业。在乡村，贷款通常用于个人购买短期消费品，而非用于挖掘和发展新的商机。[31]我们也可以理解为，贷款更多用于消费而非投资。在很多村庄，只有认识村子里值得信赖的、有支付能力的人才能获得贷款。这个人实际上会为贷款做担保，保障在借款人无力偿还时承担还款责任。担保人通俗来说就是"接手人"。[32]当时，信用评分和信用报告机构还未诞生，在埃及，贷款发放主要依赖借款人及其家族的社会地位，也会考虑担保人的因素，以此来测算违约风险。

通俗的埃及语中，"利息"的描述与"生成"相关。这种语言上的联系非常有趣，利息的概念与"金钱的繁殖力"相关，这本身就对古希腊亚里士多德学派所称的金钱是"贫瘠的"，不应收取利息的说法给予了有力抨击。埃及的利率往往过高。现存的莎草纸文献中，我们看到有对利率的记载，50%~100%的利率司空见惯。与很多其他古代和现代国家一样，埃及政府会规定利率上限。公元前8世纪，波克霍利斯（古埃及第二十四王朝法老）改革规定，收回的利息不能高于贷款本金。发展到托勒密王朝统治时期，年化利率

最高不得超过24%。³³

久而久之，埃及借贷活动从早期简单依托声誉，发展成普遍使用抵押物。抵押物通常是个人住宅，起初法律对于借款人违约后贷款人能否收回抵押物、能否占有住宅并不明确。托管制度的兴起解决了这一难题，借贷双方签订"协议书"，明确借款人在何种情况下会丧失对抵押物的所有权，并说明财产转移的条件，这一过程由中立的第三方负责监督。³⁴

古希腊的借贷

借贷无所不在

在有关古希腊的文献和著作中，有大量关于借贷和赊欠的资料。譬如，在雄辩家德摩斯梯尼现存的32篇演讲稿中，赊欠一词出现了大约150次。两位古希腊作家——亚历克西与尼克西特拉图斯（阿里斯托芬之子）都各自创作了名为《高利贷者》的戏剧。其他几个戏剧中也有关于借贷的情节。例如，剧作家阿里斯托芬的戏剧《云》有一幕描写，主人公在苏格拉底的授意下，欺骗了贷款人。他的另一部戏剧《鸟》中，一个角色评论了债务的普遍性，他对另一个角色说："你是一个男人，跟我们一样。你常常负债，跟我们一样。而且你喜欢逃债，这也跟我们一样。"由此不难发现当时的还款状况。在另一位古希腊诗人菲利蒙的某个作品的片段中，有这样的描述：没有债务负担是继身体健康、成功和幸福之后的第四大祝福。³⁵

雅典人甚至通过形象的比喻和宗教术语从哲学的角度思考债务。大家普遍认可的观点是，生命就好比上帝赐予的一笔贷款。古希腊抒情诗人西摩尼得斯的墓志铭上有这么一句话："我们都欠了死亡的债。"柏拉图在《蒂迈欧篇》中解释说，上帝"借来"土地、空气、火和水，创造了人，所以人的生命也是负债的一部分，早晚要偿还。[36]

典型的信贷关系：无息消费贷款

古希腊存在着多种多样的信贷关系。最常见的一种消费信贷是邻里、朋友、本地商人和市民之间提供的互助无息贷款。对于无法通过互助方式获得的投资信贷或消费信贷，人们会向银行求助，但是银行的贷款利率通常很高，因此银行是人们最后不得已时才会选择的求助对象。[37]

这些形形色色的信贷关系中，似乎无息贷款的历史最为久远，而且最为常见。这类互助无息贷款从最初的邻里、朋友之间互相借用工具和少量金钱发展而来。古代的大多数国家中，违约风险对利息的影响最大，而不是货币的机会成本。由于借贷交易的双方彼此非常了解，在日常生活中存在紧密联系，因此人们很少索要利息或者签订强制偿还的合同。除了借贷双方亲密的人际关系外，社会规范也有助于督促人们按时还款。古希腊社会特别重视邻里之间的礼尚往来和友好协作。[38]譬如，古希腊诗人赫西俄德写道："你的邻居对你友好，那么你也要同样对他好或者尽可能对他更好。如果以后你处于危难，你会发现他将施以援手。"城邦这种小型、紧密的社会，形成了借款人、贷款人之间彼此熟知，对交易本质有充分认识的网络结构。[39]

古希腊的商业银行

古希腊两位最著名的银行家是帕西翁和蓬米翁，帕西翁被人称作"彼时的罗斯柴尔德"。起初，帕西翁是安提斯泰尼和阿切斯特拉图斯的奴隶，而安提斯泰尼和阿切斯特拉图斯是雅典首批开设银行的商人。然而，帕西翁最终获得自由，随后还获得了对银行的控制权。帕西翁于公元前369年去世，在此之前他从银行退休，把银行和一个小工厂租给他昔日的奴隶兼助手蓬米翁。[40]借贷行业中的多数员工和经理都是像帕西翁和蓬米翁一样的奴隶或被解放的奴隶，因为银行业与雅典自由公民所信奉的"职业伦理"相悖。奴隶除了遵从主家的指示外，也有一定的自主决定权，当时人们非常担心由此可能引发的法律后果。[41]

帕西翁和蓬米翁是有进取心的典型人物，他们原本不属于权力精英，但通过努力晋升为富人阶层。帕西翁去世时，他的全部财富达 70 塔兰特（古代的货币单位），其中 20 塔兰特是土地财产，而剩余的 50 塔兰特是贷款。[42] 历史记录显示，这是数量庞大的财富，当时在雅典每周工作 5 天的劳工在工作许多年后才能赚取 1 塔兰特。[43] 帕西翁去世后，蓬米翁迎娶了帕西翁的遗孀，成为帕西翁尚未成年的小儿子的监护人。蓬米翁将银行和工厂经营了 8 年，向帕西翁的遗产支付租金。公元前 362 年，帕西翁的小儿子成年后，遗产复归帕西翁家族所有，由帕西翁的几个儿子共同继承。[44] 虽然帕西翁和蓬米翁从未共同经营过银行，但背后却存在实质性合作。[45]

在雅典，这种通过合伙经营形成投资管理的商业银行活动相对少见。雅典的法律框架并不符合商业银行的发展需求。譬如，法律禁止向不直接给城市运送货物的船只或者非雅典居民出借任何货币。[46] 然而，在雅典，较罕见的商业银行经营模式，即帕西翁和蓬米翁的合作关系，依旧向我们证明了，这与现代的银行合作方式存在极大的相似度。

海事贷款

古希腊依托海上优势与邻国开展贸易，因此海事贷款在古希腊应用极广。古希腊海事贷款和现代贷款的主要结构差异在于偿还条款中对于巨灾风险的处理。现今，保险市场的存在减轻了灾难以及资产损失。但是对于古希腊人，这是海事贷款或者船舶抵押贷款需要承担的风险。特别是，如果发生沉船事故或者海难事件，船舶驾驶员无须承担责任,相关损失由贷款人全部承担。在很多时候,贷款人会参与陪同整个航海行程,一旦不幸发生沉船事故,贷款人自然就无须索赔了。[47]

海事贷款对于资金提供方而言可能利润十分丰厚。通常,雅典到伊斯坦布尔的海上航线能收取22.5%或30%的贷款利率,而雅典是否处于战时直接决定了利率水平。很多贷款人希望每个季节能收回两笔贷款,对于有干劲的贷款人而言,收益可能超过100%。[48]

古希腊的房地产贷款

在公元前500年至公元前200年,阿提卡地区使用了一种非常好的系统,能显示出房地产作为贷款抵押物的情况。这种系统使用了一种叫作界碑的物品,或者可以说是一种放置在房产处的石碑,以此区分房产的状态。界碑上会写明贷款的期限和金额,因此人们能立刻了解该房产是否已经因某债务合同而抵押给了其他人。大约在公元前450年,阿提卡的一个村庄请求,希望所有借款人的房屋都放置界碑,想必是为了防止房产非法转让以及借款人逃避债务。界碑在当年极为重要,任意更改上面的说明会面临非常严厉的惩罚。[49]

当今时代,一般房地产交易首先要在市政办公室或者契约登记处调查清楚,了解该处房产是否存在未说明的留置或抵押。因此当年,界碑对于贷款决策发挥了不可或缺的作用。

古罗马的借贷

古罗马时期,股权融资的重要性快速上升,这与古希腊时期健康发展的信贷市场形成对比。古希腊和古罗马银行体系的明显差异是,古罗马的银行家大力创新,由于系统中留存客户的财务状况,他们与客户签订特别委托协议为其提供财产管理,与现今很多机构提供的投资管理服务并无二致。[50] 由此我们可以推断出,古罗马人积极尝试各种方式开展第三方投资管理。

在罗马，尽管免息贷款依旧存在，但比例逐年减少。[51] 此外，与希腊和许多其他古代社会相比，罗马似乎对金融活动的宽容程度更高。当时不仅出现传统银行业以外的其他复杂金融关系，而且金融家还获得了比较高的社会地位。一些银行家的儿子成功跻身为参议员，与身为下层阶级的希腊同行相比，他们更受社会的尊重与认同。[52]

贷出资金并获得相应利息，看似有利可图。长期以来，古代上等阶层的人，包括许多参议员和骑士，都参与资金借贷。[53] 野心勃勃的政治家如恺撒、安东尼等，通常是大额借款人，他们大笔举债是为了帮助自身竞选拉票或其他方面的政治宣传。他们愿意支付更高的利率，大约是12%的法定利率上限的4倍。拥有闲置资金的人欣然参与，譬如银行家不仅将自身拥有的资金借出，而且将管理的其他私人资金也一并借出。[54]

中国的借贷

借贷在中国有数千年的悠久历史。最早的借贷关系始见于《周礼》，《周礼》是关于西周时期（公元前11世纪到公元前771年）政治和道德规范的儒家经典，里面提及了全国以及个人之间借贷应遵从的标准。《周礼》还提到当时一个名为"泉府"的政府机构发放高利贷的内容。随后进入春秋时期（公元前770年至公元前476年）和战国时期（公元前475年至公元前221年），借贷已经非常普遍，当时的书籍详细记载了贵族的高利贷活动。[55]

中国历史上，贷款方主要包括三种类型，即政府、寺院的僧侣和个体商人，他们都在借贷活动中发挥着异常关键的作用。政府参与借贷可以追溯到古代，当时中国朝廷并没有因高利贷饱受困扰，发放的贷款利率相当高，而且强制借款人必须借款。例如，在西汉

（公元前202年至公元8年），有些不需要借款的人也被迫高息借款。唐朝（公元618年至907年）的开国皇帝唐高祖李渊统治时期，国家要求官员以10%的利率放贷，从而弥补大额的国库亏空。[56]

宋朝（公元960年至1279年）著名的政治家王安石变法规定，国家发放贷款来补贴农业生产。农民春天借款购买种子，在庄稼收获后再偿还贷款。然而，现实却是，很多当地官员逼迫农民借款，从而赚钱满足私欲。国家为了维护社会安定，试图抑制高利贷，但从未出台严厉的政策。

公元701年，唐朝女皇武则天颁布条例，利息不得超出原始的债务金额。这条规定虽然时断时续，但却延续保留到了清朝（公元1636年至1911年）。然而，现实操作中时有违规，特别是国家借贷活动。清朝时期，贷款利率上限一度只有3%，但是这条规定并未严格执行。[57]

大多数时候，政府参与借贷是为了获得利息收入，与私人贷款者的初衷并无二致。譬如在宋朝，朝廷特别拨款用于购买礼品以及宴请宾客，而官员用这部分资金放贷，并开设了质库（一种贷款机构）。同时，朝廷还对孤儿继承遗产进行审查，将这部分资产划入公共资金，帮他们保留并管理。这类资金放入检校库。当孤儿长大成人后，朝廷将归还属于他们的资产。人们能从检校库中借款，而朝廷用利息抚养孤儿。[58]

佛教寺院中的僧侣也非常积极地发放贷款。他们的放款机构通常称为长生库或者寺库。寺院的借贷业务受到中国佛教"无尽藏"思想的影响，而且寺院积累的金钱也为发放贷款提供了基本条件。"无尽藏"这个词语本身来源于《维摩诘经》，取了部分含义。南梁朝以来，"无尽藏"思想激励寺院积攒财富，用于布施。寺院的财富包括朝廷拨款、个人捐赠以及寺院的土地产出和其他财产。在战火绵延不断的年代,人们频繁前往寺院烧香祈福,因此寺院变得非常富有,足以让帝王艳羡甚至仇恨,这也是佛教后来受到历代统治者镇压的原因之一。由于借贷需求旺盛,僧侣们毫不犹豫地开始发放高利贷。[59]

从事借贷活动的私人主要有贵族、朝廷官员、地主和商人。他们所经营的借贷机构通常称为质库或者典当行,随着朝代更迭,以及贷款规模和借贷机构经营者类型的不同,这类金融机构的名字也不断变化。最初,这类机构的大部分借贷业务是抵押贷款。到了宋朝,质库的功能更加丰富,能够吸收存款并且开展货币兑换。而且,部分质库开始使用合伙经营模式。譬如,《金华黄先生文集》中记载了50个人共同出资开设贷款机构。除了共同出资合伙经营外,还出现了部分人出资、其他人提供劳动力的经营模式,类似利润共享,我们会在后面详细介绍。与利润共享不同的是,这种经营模式并非按照比例平分利润所得,没有出资的合伙人取得收益必须支付固定的利息。这类合作关系最早出现于东汉,在宋朝得以进一步发展,被质库等借贷机构广泛采用。[60]

除了根据庄稼收成发放贷款外,中国的借贷业务随着社会发展而不断变迁,典当行贷款日益增多,也就是根据财产质押发放贷款,当时大部分质押的财产是衣物。但有趣的是,质押物的价值并不决定出借的资金数额,这说明贷款价值比差异很大或者质押物的估值并不准确。贷款一旦出现违约,借款人就丧失了质押物。随着交易金额逐渐增多,典当行实际上成为银行的雏形。[61]

中国最早的典当行大约出现在公元5世纪最后的25年内,最初只有佛教寺院才能开办。[62] 唐朝之后,典当行开办的限制逐渐放开,到了明朝后,僧侣经营典当行的原有模式被彻底取代,新设的典当行如雨后春笋般出现。[63]

日本的借贷

日本较为成熟的贷款机构最早出现于 13 世纪的东京。该机构叫作"土仓"（doso），这个词的词根是指吸收存款的仓库。该机构类似于典当行，人们要获得贷款必须先质押一定的财物。[64] 借贷在日本高度普及，中世纪时一位著名的日本放款人曾写道，无论处于何种社会阶层，人们普遍认同借贷并在日常生活中广泛使用。[65]

与西方高利贷有所区别的是，日本利率的水平由幕府制定，主要基于贷款的抵押物。譬如，如果以丝绸或者工具偿还，借款利率为每月 5%；而如果以武器或器皿偿还，借款利率则调高为每月 6%。这类利率标准是动态调整的，最早的规定颁布于 1431 年，随着商品名录不断增加，相关规定分别于 1459 年和 1520 年更新，随后于 1530 年和 1546 年再度调整。[66]

很多放款人是神职人员，我们找到一份 1425 年至 1426 年的放款人名单，其中非神职人员占比不到 30%。此外，放款人中还出现了不少女性的身影。在室町幕府时期，女性在放贷行业中承担了多项工作，譬如对未偿还债务的借款人提起诉讼也常常由女性承担。一位名叫路易斯·弗罗伊斯的传教士曾描写过女性是如何逐渐获得财产权的，以及进入 16 世纪，女性是如何将自有资金出借给她们的丈夫的。[67]

高利贷

世界各国对投资和高利贷的认知

纵观古代经济史，宗教、道德和伦理在投资和商业中发挥了重要作用。这并不代表当时的财产所有者、投资人和商人的行为要比 21 世纪更加高尚。而是说,宗教的行为规范,有时虽然与经济上的最佳策略并不匹配,但却是古代文明中经济行为所倡导的典范。譬如,借贷行为通常受道德理念约束,有时甚至不产生经济回报。正如本章后面所指出的,对放款不加区分的高利贷通常会丧失对风险和价值的基本把控,无法识别货币的时间价值和信用风险。

此外,社会阶层和地位经常会对经济交易产生影响,而这些因素被现代文明摒弃或者加以明确限制。在古代,商业活动还时常受到宗教团体和规则的左右,神学和道德对经济交易形成约束,而这些在今天已经不复存在了。

从历史记载看,贷款收取利息似乎受到普遍反对与责难。历史上诸多对收取利息的反对、限制、非难以及惩罚,一部分是针对过高利率,另一部分是针对所有利率,不管其高低与否,这似乎忽视了经济活动中的基本现实,即利率能恰当反映信用风险与时间价值。禁止高利贷的法律法规对投资形成打击甚至破坏。尽管社会舆论环境不赞成强势放款人欺压相对弱势、毫无议价能力的借款人,但是现代的西方国家并不否认利率能较合理地反映信用风险与时间价值。

当今社会,我们普遍认同"货币的时间价值"应该体现为一定的价格。对某人或者某机构提供资金,意味着放款人放弃了在一段时间内对该资金的使用权,而且放款人能接受损失的风险。而且,定价是否恰当并不能简单用利率水平进行测度。经验告诉我们,在不同的历史时期,不同的借款期限、信用风险敞口以及通胀率造成利率水平存在明显差异,这都是合理的。高利率可能在某些情况下较低利率更具公平性,因为不仅要考虑对借款人的公平,还要考虑对放款人的公平。

过去 300 年间，对利率的诟病在西方以及很多亚洲国家逐渐减少，但是在伊斯兰国家，社会大众对收取利息仍持反对意见，这迫使银行与借贷出现各种模式，特别是在消费信贷和小企业贷款方面。

高利贷的历史观与宗教观

在古代的美索不达米亚，对于利率基本没有官方限制。利率水平从 5.5%~25% 不等。[68] 然而，阿卡德人有句名言："给你额外的 140 谢克尔（古希伯来钱币），但是我们之间别收取利息了——我们都是绅士！"[69] 从这句话我们可以推测出，尽管当时没有设定官方利率，但人们已经认定收取利息是不绅士的行为。

古希腊对于利率也没有法律限制。相关当事人可以自主商定利率，而利率水平通常根据贷款风险决定。实践中，希腊的利率能达到 12%~18%。用道德标准判定，在古代的美索不达米亚，高利贷是令人憎恶的。譬如，亚里士多德认为，货币的产生是为了实现交换，而不是为了增加财富。他认为货币本身是"无价值的"，因此通过贷款让钱生钱是荒唐的。[70] 这种观点随后被托马斯·阿奎纳以及学院派认可。[71]

在古罗马，高利贷被视为盗窃，并常常会诱发社会混乱。[72] 公元前 384 年，保民官（古罗马由平民选出）设定利率上限为 12%。10 年后利率上限下调至 6%。到公元前 342 年，收取利息被官方严禁。因此，放款人不再像从前那样积极对工商业提供融资，贸易不得不中断，对经济造成较大范围的影响。6 世纪，在查士丁尼大帝统治期间，东罗马帝国将利率上限恢复至 4%。[73]

基督教与高利贷

一直以来，大公教会与高利贷有着久远、复杂的联系，这一点在天主教教规中多次得到验证。《圣经》多次清楚地强调禁止高利贷行为。其中,《以西结书》(18:8)中写道:"他(正义之人)从来不收取高利贷,也不借此发财。他拒绝邪恶的诱惑,让人与人之间存在正确的判断。"《出埃及记》(22:25)中重申了这一观点:"如果你对我的贫穷子民出借资金,那么你对他不应该像放款人,你对他也不应该收取任何利息。"这条教义延续到了《新约全书》,其中路加指引人们不要收取利息,即使对敌人也不该收取,他说道:"要爱你的敌人,做善事,出借资金,不要期求回报;你会得到很大的福报。"[74]

基督教早期的教规与上述教义基本吻合。在公元306年埃尔维拉宗教大会上,天主教发布了第20条教规:"如果发现神职人员参与高利贷活动,他们会受到谴责,并被解雇。如果发现一般信徒从事高利贷活动,倘若他发誓不再重蹈覆辙,那么可以被宽恕。如果他还执迷不悟,那么他将被逐出教会。"此后不久,公元314年在阿尔勒宗教大会上,也发布了类似的规则。[75] 公元325年,尼西亚会议宣告,根据《诗篇》第15篇的内容,严禁神职人员发放高利贷。公元4世纪至5世纪天主教著名的四大神学家之一圣安布罗斯曾说过,向借款人发放高利贷是罪恶的,就像是杀人于无形之间。9世纪,查理大帝曾对所有民众明确规定禁止发放高利贷,这项规定适用于所有"还款多于本金"的借贷交易。我们在历史资料中还发现,9世纪的确有发放高利贷的人被逐出教会的现象。[76]

宣布高利贷是违法行为,对经济和文化都造成了重大影响,可能直接导致了社会反犹太运动,因为犹太人经常涉足借贷交易。[77] 天主教徒无法自由地出借资金,因此与犹太人相比,他们不愿意也没有能力提供贷款,而犹太人也面临《申命记》(23:19~20)中相关教义的约束:"你不应该对你的兄弟收取利息——包括你出借的货币、食物或任何其他东西。对于外国人你可以收取利息，但是对于你的兄弟你不应该收取任何利息。"

由于对高利贷的限制造成利率水平明显低于市场均衡水平，因此贷款需求远远超出了贷款供给。为了成功获得资金，借款人绞尽脑汁，想出各种法子，甚至运用了高利贷的理念。最简单的途径是，借款人"自愿"给放款人一些礼品，实际上形成强制贷款。[78]还有一些情形是，将贷款包装成"回购协议"，借款人向放款人销售货物，随后用更高的价格将其回购，甚至会利用第三方对销售本质加以掩饰。[79] 13世纪，高利贷似乎与此有些类似，但是这次获得了法律的认可，利息这个概念来自中世纪的罗马法。尽管对高利贷的指控主要集中于利用贷款获得收益，但利息是帮助放款人减少损失的一种工具，应允许放款人因借款人违约或延迟付款而收取一定的利息。[80]这是一个很好的解释，尽管也会被滥用。有时，"子虚乌有的延迟付款也被人们接受，以此作为一种避开高利贷法律的手段"[81]。股权融资，譬如利润共享，是另一种避开高利贷法律的有效方式。

文艺复兴的文化繁荣时期，人们的财富日益增加，大型银行利用教义"漏洞"，不断拓展业务范围，当然从表面上看银行的行为仍然符合教义。在这种社会环境下，典当商和小额放款人不得不因收取利息而面临不公平的责罚，因为他们缺乏复杂的技术手段对此进行掩饰。此时，市场上的小规模机构属于从属地位，拥有国际业务的大型银行实际上逐渐被基督教接受，并开展合作。道德问题不再那么明显，但有时也会面临质疑与困惑。譬如，科西莫·德·美第奇曾经表示上帝会认为银行的部分业务是高利贷，但教皇的教宗训令却称为圣马可修道院提供融资能使人们得到救赎。[82]

文艺复兴时期，很多地区对高利贷的禁令逐渐变弱，而收取利息也无须掩人耳目。以威尼斯的放贷为例，放款人公开对借款人收取利息。当14世纪宗教对高利贷的打击加强时，威尼斯政府将高利贷解释为额外的利息负担，是对借款人的剥削。[83] 在西班牙的莱里达，收取利息从12世纪中期就被社会接受，并在1217年写入法律。[84] 在法国香槟，人们一直以来都接受借债支付利息的观念，但利率不得高于法律规定的上限。[85]

受新教革新运动的影响，禁止高利贷的法律条款大部分转变成对利率上限的规定，而且不再受天主教教规的限制。[86] 譬如，16世纪的英格兰，皇权与宗教在后都铎时期出现严重分歧，之前天主教对利率的严格控制逐渐放松，而大众对此也更加接受。1545年的法案允许放款人将利率设定为10%，因此借贷市场逐渐恢复生机，交易量大幅提高。尽管该法案在1552年被废止，但1571年出台的《伊丽莎白法》再一次允许贷款利率达到10%。随着对利率的限制越来越少，金融活动明显活跃。[87]

然而，高利贷这一概念的影响仍然很大，而且很持久。尽管越来越少的人支持禁止收取利息，但长久以来对应该如何设定利率争论不休，特别是18世纪的经济学家和经济哲学家，他们经常会争论究竟利率应该由市场决定还是应该由政府设置上限。亚当·斯密所著的《国富论》支持将利率上限设定在5%左右。斯密担心，8%~10%的上限会造成大量债务集中发放给"挥霍者和骗子"（投机者），因为很少有人愿意承担如此高的负债利率。他认为如果取消利率上限，挥霍者和骗子会比其他理性经济人出价更高，从而导致违约事件发生和资源错配。然而，杰里米·边沁不认同斯密的看法，边沁主张自由放任主义观点，他指出理性的人不会让借款对自身造成伤害。如果借款人认为利率过高，他不会接受相关交易。[88]

1744年，玛菲侯爵弗朗西斯科·希皮奥内编著了一部有影响力的著作，提出以中等水平的利率开展借贷交易不应该属于违法行为。教皇本尼狄克十四世在1745年的通谕《五十九种恶行：关于高利贷和其他非诚实性获利》中对这种观点展开批判。[89]通谕强调：

> 高利贷罪恶的本源在于借贷合同。借贷双方同意签订财务合同，在本质上，这意味着借款方应向放款方偿还与借款同样的资金。因此高利贷的原罪在于，有时放款方希望得到更多的回报。放款人认为自己应该得到比贷款本金更多的回报，但任何超出本金的报酬都是不正当的、高利贷性质的非法所得。[90]

上述争论让我们非常清楚地了解到，社会对于利息存在截然不同的两种观点，一方认为收取利息非常不道德，但另一方却认为收取利息非常必要，能确保资金供给。在19世纪初，天主教接受了希皮奥内当年提出的观点，提出只要利率适中，贷款收取一定利息不构成原罪。然而，19世纪的社会主义者依旧将高利贷视为贫困人群的沉重负担，称之为"新奴隶制"。[91]

伊斯兰社会与高利贷

当今，部分国家如美国依旧对利率实施温和管控，但伊斯兰文化却保留严禁收取利息的传统。在伊斯兰社会，利息也称为"里巴"，意思是放款人所得"增加"或"提高"。[92]与《圣经》一样，《古兰经》明确规定信徒不能收取里巴，譬如第4章第161节说："他们收取了里巴，但这是被禁止的；他们非法霸占他人的财产。我们将对这种抛弃信仰的人施以严重的惩罚。"[93]

但我们要澄清的是，伊斯兰社会并不是反对营利，穆罕默德也是商人，是一位诚实可信的商人。[94]《古兰经》第2章第275节说：

"安拉允许人们开展贸易,但是禁止高利贷。"[95] 实际上,有证据表明,伊斯兰社会禁止收取里巴只是改变了投资的操作结构,很多借贷行为在实施简单组织重构后依旧存在。譬如,在伊斯兰文明形成前,一些阿拉伯异教徒(如古莱氏部落)开展贸易,将货物从一个地区销售到其他地区。这些贸易活动非常依赖贷款,这样贸易商才能在一个地方采购大量货物,然后在目的地进行销售。在伊斯兰文明形成后,金融家没有继续发放贷款,而是通过直接投资的方式参与项目,他们分享利润而不是获得非法里巴。[96] 伊斯兰社会接受非贷款类投资所形成的收益,但禁止收取利息。

即便如此,伊斯兰社会坚持禁收利息却有以下三点理由。第一,长期以来人们认为利息是对借款人的盘剥,借款人多是穷人,而放款人通常是富人。第二,一些伊斯兰学者认为,利息收入会消磨放款人的劳动积极性,放款人会发现依靠利息生活非常容易。这不利于提高社会生产力。第三,人们认为如果利息是非法的,那么人们将避免借贷和挥霍金钱,而会有尊严地生活。[97]

今天,很多伊斯兰社会依旧保留着一些让西方国家感到不可思议的举措——建立无息银行机构。20世纪40年代中期,首家现代大型无息银行创建于马来西亚。这家银行遵守伊斯兰教教法,但是在财务上并不成功。1963年,一家更大规模的无息银行出现在埃及尼罗河三角洲流域,名叫米特加穆尔储蓄银行。米特加穆尔储蓄银行作为无息银行一度很兴旺,直到1967年被埃及国民银行和埃及中央银行收购,随后将里巴用于米特加穆尔的运营。但是1971—1972年,当埃及总统安瓦尔·萨达特设立纳塞尔社会银行后,无息银行没有重现昨日的辉煌,无息银行的理念也轰然倒塌。[98]

亚洲社会与高利贷

在很多有宗教信仰的亚洲社会和国家，高利贷也遭遇反对，但是反对的声音相对较小。印度对于收取利息从严禁到逐步放开，与欧洲的进程基本相似，最终发展成了对于借贷和利息较宽容的态度。古印度吠陀梵语（公元前2000年至公元前1400年）对高利贷进行了总体界定，将任何收取利息的人或团体都视为放高利贷者。佛经（公元前700年至公元前100年）和许多佛教僧侣（公元前600年至公元前400年）都认可这种对高利贷的解释，在传教过程中，他们向世人传播发放高利贷是错误的。但是进入公元2世纪后，对高利贷的判断标准不再绝对。在《摩奴法典》中，高利贷被界定为贷款利率超过法定利率。[99]

但是中国古代并没有严厉禁止或处罚发放高利贷的行为。作为非宗教国家，中国文化没有过多受到宗教规范的限制，没有认定高利贷是不道德的。因此，无论是政府、僧侣还是富人，都经常以较高的利率发放贷款，政府有时甚至还会强迫人们借款以提高财政收入。

当代社会对高利贷的看法

目前，借贷市场已经基本不受宗教规范的影响，日益复杂的金融市场要求借贷资金的定价更为准确。总体来看，虽然禁止高利贷的法律法规并未使商业贷款完全消失，但这类法律对金融体系的发展仍旧造成了不可忽视的负面影响。禁止发放高利贷提高了借贷行为的交易成本，抑制了债务融资的发展，但间接推动了股权融资和其他创新模式、创新结构呈现勃勃生机。[100]

近10年来，公众对于高利贷的态度已经完全改变。有时，人们认为对于高风险、低信用等级的借款人所收取的风险溢价并不充足,放款条件比较宽松。但是,消费贷款(相对于公司贷款和机构贷款)的利率定价却迥然不同。消费贷款除了对效率低下和信用风险较高的贷款定价较高以外,利率普遍偏高。"次级"一词和过度杠杆意味着这种类型的贷款风险极高,在经济不振的环境下,这种高风险贷款已经造成了巨大损失。

贸易和商业

在历史上,贸易一直是古代社会三大主要投资模式中风险最大的类型,特别是对于长距离贸易以及海上贸易而言,其风险更为突出。贸易可能会带来高回报,但是也同样面临巨大的损失风险。此外,与商品手工制作类似,开展贸易活动的主体主要是非专业的下层阶级,尽管精英阶层可能对海上贸易开展投资,但他们很少直接涉足其中。

从古代的美索不达米亚到罗马帝国,投资变得愈加复杂,但其中很多专业知识在中世纪后就不再使用了。公元 1000 年左右,欧洲从中世纪时代跨入了商业革命时代——一个经济增长和现代化水平明显提高的时代。推动城镇化以及贸易发展的第一步是增加人口,以及加大农业生产。为了增加人口和促进贸易增长,提高土地的生产率来生产更多的食品,让人们实现农业的可持续耕种,是重要驱动力。[101]

进入 11 世纪,在农业重现生机的带动下,人口恢复增长,人们对农业的投资热情让位于对贸易的投资热情。换言之,商人比土地所有者更具有创新激情,商业发展更加迅猛。尽管商业并不是欧洲经济的最大组成部分,但却萌发着勃勃生机,因此商业较之前在经济中占据了更为重要的地位。商人在社会中的主导地位不断提高，商业不仅超过了农业的优势地位，而且超过了手工业和刚刚起步的工业。[102] 这种从农业向贸易的历史性转变预示着多年后工业革命的到来，而工业革命也标志着投资成为全球经济引擎。虽然黑暗时代对投资与贸易的发展造成了一定影响，但我们能从中完整勾勒出贸易与商业长期发展的脉络，黑暗时代为之后的蓬勃发展奠定了基础。

西方的贸易萌芽

尽管社会与商业交易，以及基本劳动分工构成了所有古代文明的根本要素，但在部分西方和中东文化中依旧存在诋毁贸易及其从业者的哲学观点。事实上，哲学概念里完美的、完全自给自足型的家庭单元模式在现实中并不存在，该模式在公元前4世纪的雅典就已经被货币交易所取代。[103] 亚里士多德曾多次谈到贸易心理的低劣性，他质疑商品的使用价值和交换价值，认为这不是一个值得赞许的评判财产内在价值的做法。[104] 今天，我们可能会否认这种区别，但必须承认古代的经济并非市场经济，在市场经济中，交换价值才在贸易中变得越来越占据主导地位。在古代经济体中，大量的交易都是在单一的封闭系统中进行的，商品的提供方直接与这件商品的购买方进行交易。[105]

古代美索不达米亚关于贸易的记载，甚至可以追溯到4 000年前或5 000年前，这方面的历史资料值得关注，当时留下的记录不限于传统贸易交易，而且包括对贸易、商业资源以及体系的投资活动。[106] 在美索不达米亚的贸易活动中，我们还发现政府对贸易进行了控制并做了相当详细的记账，当然基本的复式记账法正式出现在数千年之后的意大利文艺复兴时期。历史记载还表明，当时广泛依靠代理人为国王获取并输送大量物品,供皇室家族和政府使用。[107]

在古希腊、古罗马和古代中东地区,贸易品主要包括三大类:食品类,如谷物、橄榄和酒;高价值货物,如装饰品和器具;向偏远地区支持军事行动的各类物资。很多先进的古代文明孕育在地中海或者其附近地区并非偶然。尽管航海在一定程度上有季节性并时常受到海盗侵扰(公元前1世纪罗马人才开始大规模打击海盗行径),但古代的长途路运更加费时,而且更加危险。地中海地区气候温和、资源丰富、居住环境适宜,而且运输十分便捷,地中海的相近水道蜿蜒流过大部分西方和近东文明流域,将它们连接形成了交流、贸易甚至征服讨伐的范围。[108]罗马共和国向罗马帝国的转变激发了市场经济的发展,人们的交易热情高涨,长途贸易也有所增加,罗马帝国通过和平的方式不断扩张其版图。[109]

进入中世纪,现代贸易自10世纪以来雏形初现,商人开始通过组织以及其他之前没出现的更复杂的模式开展长途贸易。他们是亚里士多德的信徒,非常精明,不同于之前传统的农业、封建文明。譬如,我们很难把新出现的客商群体归类到奴隶、农奴以及被贵族管理的阶层。这些商人的冒险精神和创造力为他们创造了财富和影响力,尽管他们的地位在传统上低于拥有大量土地的贵族,被保守派宗教所不齿。[110]

这一时期,城市快速发展,成为贸易、文化和繁荣的中心,城市安全也大大提高。事实上,城市的出现意味着更多人获得了自由。城市居民,被称为"市民",他们逐渐破除了农奴身份的束缚,越来越多的奴隶成为自由身。这类新市民的涌现推动了行会和商人群体的形成,给旧贵族带来莫大挑战。城市的管理与税费的收取使由公民支持和管理的市政府逐渐形成。民法与刑法也随之发展完善,虽然有时过于严厉,但基本能予以更加公平的处理。[111]商业革命与城市发展相互交织,成为现代化、自由与平等的驱动力。

意大利城邦与商业银行

10世纪,南欧的部分地区逐渐出现了国际贸易和商业。意大利各城邦,特别是热那亚、威尼斯以及随后发展起来的佛罗伦萨成为这次商业革命中的关键城邦。[112]

商业革命的爆发播下了新型资本主义基本模式的种子。临时贸易或周期贸易被连续性贸易所取代,连续性贸易包括更复杂的零售、批发、金融,甚至制造活动。[113] 商业革命时期,海上贸易快速发展。在繁忙的港口城市,起初是热那亚、威尼斯,后来是其他城市,贸易以及其他商业活动迅速扩张。自13世纪起,港口城市在贸易中获得了得天独厚的优势,这种优势甚至在21世纪依旧存在,当然商业活动中的龙头地位发生了翻天覆地的变化。[114]

为支持海上贸易发展,为货物、存货提供融资以及风险保障,商业银行作为融资提供方和投资者,获得了前所未有的重要地位。意大利各商业银行在意大利以及欧洲各国大力支持商业革命。其中,为人熟知的银行包括佛罗伦萨巴尔迪银行、佩鲁齐银行与美第奇银行。这些银行都用家族姓名冠名,它们供给货币、发放贷款、提供票据交换服务、充当海上贸易保险商,在很多场合还是轻工业品制造及其他商业企业的赞助商。

商业银行在多个领域成为改革推动者。很多时候,它们敢于做组织机构革新中第一批"吃螃蟹的人"。巴尔迪银行、佩鲁齐银行在多个地方设立了机构,却依旧保留着一体化的公司结构和资金池。这些银行里,资本划分成了相应股份,由家族成员以及其他外部人员持有。有时,外部人员也会通过技术手段,持有一半以上的股份。现实中,即使管理合作方不是家族成员,也可能执掌银行。

随着时间的推移，更多复杂的模式也进入人们的视野。15世纪可以说是"美第奇时代"，那时独立合伙制广为使用，这说明银行家族试图限制风险蔓延，希望每个分支机构的管理者都能够有效承担领导职责、落实责任。通过这种方式，管理者可能持有少量资本甚至没有任何资本，但他们开始关心当地机构的发展状况。[115]美第奇银行以分权结构运作，除银行业务之外还开展其他投资，包括投资羊毛和丝绸厂。尽管这些投资也满足了银行多元化的经营需求，但规模却远远不敌美第奇银行的业务。[116]

早期银行业与投资合作模式的多元化发展主要依赖意大利城邦之间贸易商形成的商业网络。商业网络以及与之相伴而生的融资安排扩展到地中海区域，深入北欧、东欧和中东。[117]虽然商业银行已经多元化经营，但大量网络化贷款与投资依然有非常大的风险，这些商业银行规模不大，实力不够雄厚，因此有时难免破产，而且没有证据表明政府对银行家或经济施加救助。各种各样的风险都可能导致银行业务下滑甚至走向破产，譬如部分类型的贷款与投资信用风险巨大，家族式的组织结构与现代管理模式相比存在明显缺陷，以及经济周期或危机的影响。[118]

意大利商业银行通常乐于给政府与统治者提供贷款，尽管这种借贷交易的回报通常不令人满意，有时甚至很糟糕。譬如，向英格兰国王爱德华三世发放的大笔贷款造成的损失最终导致佛罗伦萨巴尔迪银行破产收局，当时巴尔迪银行比100多年后出现的美第奇银行的规模还要庞大一些。虽然不可控的灾难性事件存在巨大风险，但是银行提供贷款并不是简单为了获得国王或者政府的利息回报。这些大笔贷款为佛罗伦萨商人日后获得政府合同以及其他商业特许权铺平了道路。此外，由于意大利各城邦都有军队，因此强制性地要求银行向企业甚至政府提供贷款也成为重要的政治武器。当然，这种情形也可能发生在21世纪的今天，但国外或国内贷款人对主权国家或统治者的杠杆率却受到明显约束。[119]

日本的贸易发展

与欧洲、西亚等海上贸易占比较大的地区相比，日本贸易的发展相对较慢，因为日本的国际交换与物资流动性无法媲美古希腊、土耳其和意大利的很多城市。贸易商的长途贸易推动投资合作关系不断发展，但日本的相关贸易活动却非常稀少。进入中世纪之后，日本也出现了资本剩余和复杂金融交易，但是当时长途贸易比重依旧很小。

譬如，13世纪至15世纪，位于京都以南并靠近京都的大山崎地区的石油贸易商快速发展，技术升级，商业与贸易形式也日益多样化、复杂化。当时，石油的主要用途是照明。石油商人首先需要获取原材料，然后提取并生产，最后再进行销售与运输。石油商人还涉足商业联合与收购等资本运作活动，因为石油行业中的一些龙头希望借此实现贸易主导。此外，我们翻阅历史资料还发现，当时成功的大型石油商开始尝试投资土地以及从事借贷交易。[120]

日本在16世纪与17世纪经历了金融快速发展，随之而来的是贸易量猛增。在大阪，那些从事商品贸易或经纪业务的商人有了专业化分工；之前从事渔业贸易的商人开始多元化经营，开始售卖干鱼、鲜鱼等。从典型贸易链条分析，商品交易衍生出来的各个环节，从货物经销、存货贮藏到物流配送，都需要资金支持，而且贸易繁荣也带动了资金需求增长。[121]

日本融资需求的增加，也反映在将军（幕府时代的总指挥）提高了对大名（封建领主）的贸易税收上。税收以现金缴纳，金融家通常给大名提供贷款。如果大名需要更多的资本，他会利用多个商人筹集资金，要求每个商人贡献一小部分贷款，共同承担风险。我们还通过历史资料发现，鸿池家族就是通过大名的贷款积聚了大量财富的。[122]

除贷款之外，大阪堂岛的大米交易商也推动了贸易的进一步发展，而且创造出了一种重要的金融工具——期货合同，这种合同提高了现代商品市场的稳定性。18世纪初，市面上会交换大米凭证，这样持证人就能将合同中约定数量的大米从仓库运走。这一时期，日本提出了"财产权"的概念，取代了传统的实物交易，财产权意味着人们能保留财产而且交易更加便捷。此时，日本大阪的商业与金融活动开始走出国门。大阪的经销商已经能十分娴熟地频繁运用短期信贷合同，使期票成为日常交易的重要金融票据。通常，开具期票需要有房地产作为抵押，或者开票人在某些金融机构有存款。[123]

日本的外商投资

日本与外商直接投资之间的关系相当微妙且有趣。众所周知，长期的锁国政策使日本从世界各地撤出大量资金，但人们很少了解这对于日本的外商投资所产生的影响。实际上，直到17世纪初日本才真正对其他国家进行开放。[124]

东印度公司曾经在日本做贸易，因此国外流传了很多久远的关于在日本投资所面临的委托与代理困境的趣闻逸事。其中有这样一则故事，17世纪初东印度公司有一名叫理查德·威克姆的雇员，他常驻于日本，负责监督管理当地的贸易与投资。威克姆在日本过着奢侈的生活，他用昂贵的瓷器当作餐具，用银茶壶喝水，他的浴室摆满了各种香水，墙上装饰着日本的珍宝，房子里随处可见宝石。威克姆将拥有的1 400英镑投入日本平户工厂，每年能获得40英镑的回报。[125]

很明显，威克姆并没有对钱格外节省，也没有直接进行储蓄，他的做法实际上打破了常规。除了管理工厂以外，威克姆还拥有自己的账户和利润。他有时恳求朋友们给他寄来当时需求量大的商品，这样便能对他的低投资回报进行补偿。这是东印度公司国际活动中常见的问题。尽管公司政策规定派驻海外的个人不得为个人私利开展贸易，但事实上很多船长与船员都无视这项规定。[126]

东印度公司的另一名雇员威廉·基林曾经要求公司批准他自己进行贸易，否则他将辞职。尽管总部为这等无理请求感到震怒，但最终还是同意了，只要基林确保手下其他船员不做同样的事情，且违规者要受到惩罚，那么总部可以对他的违规不加干涉。不管怎样，虽然这如同一场闹剧，但却成功解决了这个问题，基林的确按照公司规定，严格约束下属的行为。[127]实际上，委托与代理难题以及相关的受托责任时至今日也依旧存在，但是这一问题随着时代和疆域的不同也存在差异，譬如我们刚才讨论过的英国在日本的投资。

虽然很多外国公司在面临代理困境的环境下在日本依旧维持了良好经营，但日本却迟迟不对外实施金融开放。日本长期奉行锁国政策的一个主要原因在于德川秀忠成为统治者。与父亲德川家康不同，德川秀忠对外国商人特别反感，认为这些人都是不道德的。他担心商人会影响日本的政治环境，而这在随后竟然一语成谶。1638年，葡萄牙人卷入了日本因反对天主教徒所发生的岛原起义。这次起义以失败告终，日本越发憎恶葡萄牙。日本政府下令，所有来自葡萄牙的器皿要立刻焚毁，葡萄牙船员要被处决。葡萄牙人认为日本人很快就会平复他们的愤怒，所以1640年再次派了一批船队。但是，日本人恪守原则，严格执行命令，对西欧的锁国政策正式拉开帷幕。[128]

葡萄牙人不得不将贸易重心转向印度，从而挽回部分损失。这段时期内，因为与葡萄牙交往紧密，英国在日本也遭遇全面抵制。然而，荷兰并没有因此放弃和日本的联系，认为与日本的贸易前景广阔，于是和长崎附近一个面积很小的岛屿——出岛签署了贸易协定。每年当荷兰船只抵达出岛时，船员们都会挨打。[129]

在日本锁国期间，荷兰对与日本的贸易有着前所未有的坚持，而另一个国家——中国却没有受到任何不利影响。[130] 中国没有遭遇类似欧洲的不信任与猜忌，与日本保持着可观的贸易量。

印度的贸易发展

中世纪，随着印度经济的提速，商人和生产者纷纷成立行业协会以整合资源，也可能是为了限制竞争。行业协会和贸易商会对印度早期的经济发展影响不一，但是我们能看到市场最初的平衡已经被明显打破。具体而言，生产者和制造商协会在成立之初就有着强大的市场地位，但是随着人们以村庄为单位聚集居住，商人协会逐渐壮大，最终在市场竞争中占据上风。[131]

印度的种姓制度把人分为四个等级。地位最高的是婆罗门，他们是最高阶层和僧侣阶层。仅次于婆罗门的是刹帝利，即武士阶层。吠舍是第三等级，经营商业贸易。首陀罗是最低等的阶层，通常是农奴或劳工。除了这四大种姓之外，还有一种被排除在种姓外的人，即所谓"不可接触的贱民"，他们从事卑贱的工作，进行大量的手工劳作。社会中低种姓的人通常受到高种姓的人的歧视，高种姓的人认为，他们在任何方面都有先天的优越性。[132] 印度的种姓制度对社会经济产生了重要影响，影响到职业选择、投资机会与社会流动性。在古印度，种姓之间的关系非常复杂，影响了一系列经济活动，包括借贷、贸易、税收、利息支付、抵押，甚至影响到生存与资源分配。14世纪的德里，婆罗门无须像其他印度人一样纳税，这是高等阶层所享受的特别待遇之一。[133] 借贷关系也随着种姓制度的森严产生了独有的特点。一项对18世纪印度西北部的研究表明，特定种姓的人出于"种姓团结"或"团体认同"的意识相互提供贷款。[134] 而且，行业协会和贸易组织的发展模式也不可避免受到种姓制度的影响。[135]

印度的外商投资

在印度近代的投资与投资管理历史上，1858年英国开始对印度实行殖民统治，印度次大陆的政治和经济随之发生了深刻变化。1858年，英国殖民取代了东印度公司对印度次大陆的控制，经济活动日益活跃。英国对印度的殖民并非一蹴而就，从最初的占领到正式殖民，在两年时间内花费了巨额费用（大约3 600万英镑），而且采取了血腥的军事行动，即历史上所称的"印度第一次独立战争"。[136]

地域政治的变化使英国殖民下的印度商品贸易发生了显著变化。英国的殖民形成了正式的、稳定的地缘政治环境。[137] 印度既是英国的商品与服务市场，同时也是重要的军事防御区域，从英国常驻印度部队的规模可见一斑。但是，学术界对于英国殖民下印度次大陆的经济发展看法不一，其中核心争执是英国殖民究竟是促进还是阻碍了印度的经济发展。[138]

殖民统治时期，印度基础设施的资本投资大幅增加，这些基础设施包括铁路、灌溉渠和采矿业。英国在印度引入了英式教育体系，强化了法律体制，而且推动印度加入全球经济一体化进程。但与此同时，英国也洗劫了印度的自然资源和财富，用于官僚阶层的腐败、债务清偿和军费支出，造成印度时常发生饥荒，对穷苦大众课以高额税负，破坏了农作物的生长周期和农业基础，而且没有用资本收益对印度经济进行再投资。我们很难评断印度在英国殖民时期的经济收获与权力损失。[139]

早期集体投资

虽然早期历史上与所有制相关的诸多概念尚未充分发展，但是我们从美索不达米亚、古埃及、古希腊、古罗马和亚洲各种不同类型的投资中已经发现了金融的勃勃生机。在世界各地，我们都能看到形形色色的譬如抵押贷款、保险、有限责任、管理合作以及利润共享等制度安排。在投资工具开发、交易记录、利润与现金监测过程中，人们创造出了格外复杂的制度安排和专业术语。

古罗马的合资公司

古罗马复杂的社会秩序和发展需求为合资金融企业的诞生、投机营生以及集体资源集中创造了条件。[140]随着古罗马的发展，政府收入与支出也快速增加。[141]与古代雅典的民主体制类似，罗马共和国的政府并没有直接对实力雄厚的实体进行投资。公共服务基本由私人企业竞标提供。这些提供商，实际上是承包商或者政府承租人（即征税员）。最终，罗马基本将所有的政府服务，如征税、商品与服务的提供，以及公共财产的运营等全部通过公开拍卖交给承包商。[142]

拥有充足的资本金是参与公开拍卖的先决条件，而拍卖一般每5年举行一次。单独个体缺乏雄厚的资金来参与竞争，因此人们通常开展合作将资源集中。[143]当时罗马有两种法律实体允许个人合资，分别是行会与合伙。前者局限于具体的公共或社会活动，而后者可以承担各种职责以达成商业目标。[144]包税公司（societas publicanorum）是旨在竞标并充当政府承租人履行职责的组织，其特点与现代公司类似，公司不以合伙人的退休或死亡而终止，他们可以转让股份。根据波里比阿与西塞罗的观点，包税公司在罗马共和国时期兴旺繁荣，但最终因罗马帝国的中央集权而走向灭亡。[145]

罗马市民能够通过四种方式参与合伙公司，这类公司可以开展国家规定职责之外的其他私有交易，譬如酒与石油的相关贸易。第一种是单项合伙，适用于单一交易。第二种是特业合伙，是指经营单一商业活动而且能长久维持的组织方式。第三种是贸易合伙或普通合伙，这一模式限定了合伙制出于特定目的所持有的财产。第四种是共有合伙，这一模式将合伙人当前及未来的资产进行集中以实现商业目的。[146]

这类合伙制的金融组织由征税员管理，在罗马的总负责人是统领，而各省的管理者称为"大师"（pro magistro）。罗马社会各个阶层的人，上至议员、骑士，下至普通市民，都有可能成为股东。[147]公元前2世纪，股权这个概念广为大众接受。此外，股份除了实现融资这一基础目的外，还成为人们根据政治和经济事件投机获利的工具。[148]

投资合作关系

地中海和中东

虽然说土地依旧是最主要的投资对象，是人们梦寐以求的财富，但是社会中其他投资模式同样层出不穷。我们发现历史上留下了大量关于亚述商业和贸易合作投资管理方面的资料。在亚述首都，金融家主导着整个投资管理市场。富有的金融家雇用下属，这些下属在安纳托利亚四处寻找商人，挖掘财富并代表金融家为商人提供投资管理服务。那些不能完全依靠自筹资金的商人，至少都与一个金融家合作。[149]

此外，亚述人还创造出了许多高级金融术语。譬如，他们用"saltum"指代流动性资产，这个词翻译过来是指"自由商品"或"持有的现金"。他们用"taksitum"指代总利润，用"nemulum"指代净利润。而且，他们还创造出"naruqqum"这个词来形容长期投资伙伴关系。根据投资安排，投资者最终能获得总利润的2/3，而管理人（或商人）能获得1/3。[150]

拜占庭——东罗马帝国孕育出来的文明，从公元300年持续到1453年——有一种投资框架称为"chreokoinonia"。关于该工具的相关知识来自公元600年至800年的海事法，以及18世纪初的一套法律。这种投资框架中，代理人肩负很大的职责，出现损失时他所承担的相关责任等于赢利时他所获得的收益。[151]拜占庭常见的合作方式叫作联营，对于因合伙人身故或财务下滑而出现的公司解体做了详细安排。有趣的是，一些联营模式中还出现了合伙人同意将所有预期资产（如财产、资本）投入企业运营的条款，合伙人日后对这些资产享有继承权。[152]

这一时期，犹太人创造了一种投资合作模式，犹太教教义（迈蒙尼德对此有过释义，并在12世纪后期被写成文字）赋予这一模式的主要特点是，代理人必须能够获得较大比例的利润，这一利润需要超过他可能面临的损失。[153]

同样，奥斯曼帝国也有独特的投资合作模式，可以追溯至1480年。这种模式更趋复杂，涉及多个代理人。譬如，现存的一份资料描述了一名男子要求其代理人将钱款交给第三方，这个第三方随后又将钱款交给了另一个负责投资的人。当投资业务获利后，代理人将本金与收益交给原始投资人。[154]

伊斯兰社会

利润共享是早期伊斯兰文明中的一种重要投资模式，到了8世纪已经形成了比较完善的法律框架。利润共享模式是由投资人与代理人签订合约，代理人运用投资人的资本开展长途贸易。该模式的鲜明特点在于，代理人无须承担任何责任，他们能获取一定比例的利润，但所有损失全部由投资人承担。利润共享模式还划分了两类投资权限，一类对贸易类型做了限定，另一类则对代理人的投资形式不加限制，即代理人可以完全自主决定。[155] 可见，对于投资权限的设定在久远的古代文明中就已经有迹可循。

在伊斯兰金融发展历史上，利润共享合约被所有伊斯兰国家广泛使用，从11世纪的埃及到17世纪的土耳其，再到19世纪的巴勒斯坦。譬如，穆罕默德去世后的继任者——第二任哈里发欧麦尔，曾经用利润共享合约通过伊拉克与麦地那之间的贸易对孤儿院投入大量资源。[156]

参与股份制是另一种稍有不同的投资模式，代理人投入自有资金，因此也能获得较高比例的收入。[157] 和参与股份制对应的现代体制是合资企业，即一方是发起人，另一方是合伙人，双方均投入资本，但是在具体运营中肩负的职责有所不同。

中世纪的欧洲

中世纪的欧洲，特别是热那亚和威尼斯，几乎在同一时期出现了两种海外贸易的基本投资模式：合约与海邦。合约类似于伊斯兰金融的利润共享模式，即存在发起人与被动合伙人，发起人不需要承担责任。最终利润按照比例进行分配，代理人获得约1/4，投资人获得约3/4。这种投资模式在欧洲与东方各国开展贸易时广为采用，而且诸如奥里亚、斯皮努拉等权贵家族，以及社会名流、遗孀与零售商之间也常常通过这种模式进行投资。海邦模式则略有差异,允许代理人将之前所赚取的部分收入进行再投资。代理人通常提供约 1/3 的原始资本,而且能获得大约一半的净收益,其余一半会分给被动合伙人。[158]

代理人(或投资经理)多数是乐于冒险的年轻商人。有时,沉默的合伙人是年长的商人,他们从事长途贸易多年,拥有丰富的经验,但不过度介入具体经营。很多年长的商人成为年轻代理人的合伙人或者指导人,他们会对贸易目的地和商品类型进行决策或者提供指导建议。[159]

合约与海邦这两种模式在商业革命时期得到广泛运用。意大利商业银行通过这两种模式对航海贸易、商业企业进行投资,其中通过合约模式,代理人能获得约 1/4 的收益;通过海邦模式,代理人能获得约 1/2 的收益。[160] 这类投资模式非常受欢迎,不仅仅是因为它们有效规避对支付固定利息的限制(诚如我们在本章曾讨论过的),[161] 而且它们有效激发了经营合作方(投入资金有限)的创新精神和奉献精神。聘用可投入资金有限但有经营能力的合伙人非常值得,他们的努力有直接利润回报,因此在经营过程中会非常投入,纵然面对风急雨骤或者无人管治的海域,依旧能成功确保重要商品的安全运输。类似地,如果一家工厂的主要出资人是商业银行,但交由技能娴熟的合伙人运营,合伙人能获得相应比例的盈利,这种模式显然能实现合作双赢。

全球对投资模式的影响

中世纪,关于各国投资合作模式的讨论中有一个问题备受关注,即社会中某种合作模式的发展是否会影响或者催生另一种社会中的其他合作模式?亚伯拉罕·乌多维奇围绕这一问题开展了深入研究。需要提前说明的一点是,对于伊斯兰社会,乌多维奇分析的是基拉德(qirad)模式而非我们之前讨论的利润共享模式——这两种模式在本质上相同，仅有的区别在于，利润共享模式由伊斯兰教哈乃斐学派创建，基拉德模式由马利基学派创建。[162] 乌多维奇分析了基拉德（或者说利润共享）与合约这两种投资合作模式的关系。他指出，基拉德模式早于合约模式出现，但是这两种模式的共性在于代理人均无须承担任何损失责任。此外，结合8世纪至9世纪基督徒与穆斯林之间的交往，这充分说明穆斯林的基拉德模式促进了欧洲代理协议模式的出现。[163]

奥斯曼人所奉行的伊斯兰法律体系为他们涉足复杂的金融活动提供了可能性。奥斯曼人将投入交易的资本金称为维迪亚（vedia），他们之间的交易类似利润共享模式。奥斯曼人同时还使用一种合伙契约，其中有三项重要规定：合作关系在一方合伙人去世后终止，收入在两个合伙人之间平均分配，以及两个合伙人的出资应该相等。[164]

不同信仰、不同国籍的人都运用合伙契约模式，因为这种合作模式长期受到伊斯兰法律的支持。有现存资料证明，合伙契约被各类人群广泛采用，譬如希腊水手、基督徒和威尼斯人。[165] 这种交易模式的操作规则与完善的法律保证机制促使很多人克服了文化、宗教差异，建立了基于早期合伙契约的商业企业。

信托和慈善事业

古希腊与古罗马的信托和慈善事业结构极其复杂，与之前讨论的早期合作模式迥然不同。但是，它们的早期发展模式也体现了典型的合作特征。社会中出现了各类专门为国家、富人或机构提供资本管理的第三方机构。

古希腊与古罗马的捐赠和慈善事业

古希腊大约在公元前4世纪就诞生了永久捐赠,常被专门项目用于实现特定目标。[166] 永久捐赠对希腊社会的众多领域产生了深远影响,譬如对年轻人教育的投入、对国家基础设施的维护等。[167] 在古希腊,虽然最大数额的捐赠来自国王,但多数捐赠属于个人行为。[168]

在罗马共和国,公共事业主要通过我们之前讨论的包税公司来承担,它们通过发行股份筹集资金。捐赠通常由担负具体职能的协会、委员会承担。委员会成员与捐赠人大多数(但不是全部)属于低等阶层。[169]

西罗马帝国利用捐赠来达成各类目的,具体如表1–1所示,这张表列举了已知金额的捐赠分布情况。[170]

表1–1 西罗马帝国捐赠情况

	捐赠目的
38	特定节日的庆典仪式,如玫瑰节(5月13日)、祖灵节(2月13—21日,缅怀去世亲属的节日)等
18	庆祝捐赠者的生日
7	维修雕像
2	庆祝庇护神的诞辰

资料来源:Jinyu Liu, "The Economy of Endowments: The Case of the Roman Collegia," in *Pistoi Dia Tèn Technèn: Studies in Honour of Raymond Bogaert*, Studia Hellenistica 44, ed. Koenraad Verboven, Katelijn Vandorpe, and Véronique Chankowski (Leuven: Peeters, 2008), 240。

从表1–2推断,捐赠数额并不多。捐赠数额与当时的人均GDP(国内生产总值)相比明显比重较小。为数众多的是小金额捐赠,捐赠金额通常不及平均收入的100倍。但是,社会中也有大额捐赠，捐赠额超过很多小额捐赠的总额，捐赠者通常将他们的钱款直接交给规模更大的管理协会。

作为回报，捐赠者通常希望捐款能帮助自己达成某些目的。历史资料显示，捐赠基金每年能获得5%~12%的收益，因此捐献资产应该被妥当管理。不同捐赠基金之间管理风格千差万别，但是大多数时候永久捐赠基金由管理委员会管理。[171] 委员会中的经理负责大部分投资决策。有资料表明，同一个管理委员会同时监管多笔捐赠。在部分捐赠基金中，管理人经选举产生。[172] 除此以外，管理人是任命制，部分捐赠基金的管理富有官僚色彩。鉴于当时投资形式有限，捐赠基金一般通过放贷和房地产投资产生收益。[173]

表1-2 已知金额的捐赠分布

总额（HS）	各种类别的捐赠 （Duncan-Jones 1982，P. 136）	对协会的捐赠	
1 000 000~2 000 000	6（5.4%）	0	
500 000~999 999	2（1.8%）	0	
250 000~499 999	9（8.0%）	0	
100 000~249 999	14（12.5%）	1	
50 000~99 999	7（6.3%）	4	
20 000~49 999	11（9.8%）	9	
10 000~19 999	10（8.9%）	7	
32~9 999	53（47.3%）	5 000~8 000	8
		4 000~4 999	6
		2 000~3 999	16
		1 000~1 999	10
		80~999	7
合计	112	68	

注：HS是罗马货币单位塞斯特蒂（sestertii）的简写。1第纳尔（denarius）=4塞斯特蒂=16阿司（asses）。

资料来源：Liu, "Economy of Endowments," 235。

古希腊和古罗马的监护制与辅导制

希腊的监护制或者罗马的辅导制是为无父无母的孩子提供照顾的法律制度。这两种制度在法律历史上极具重要性，最核心的特点是对第三方资产管理机构进行授权，监护人和辅导人不仅要照顾孩子的饮食起居，而且要替孩子管理财产。在古希腊，监护人通常由孩子的父亲在去世前指定，但是如果孩子的父亲没有特别委托，那么监护制度会按照法律规定的委托次序将孩子的监护权交给其亲属，这种次序基本上与继承次序一致。[174]

古希腊的监护制体现了基本人权，相比之下，古罗马的辅导制却意味着更多的责任，辅导人对孩子的过失担负重大责任。起初，辅导制中设立监管职责是为了禁止欺诈行为，但是随着罗马共和国的壮大，辅导人逐渐担负了财产管理等重要职责。[175] 为了确保孩子将来能获得安全的、风险最小化的收入，古罗马法律规定辅导人必须格外慎重地管理孩子的财产。然而，现实中，法官理解要求辅导人开展投资满足安全与持续获得盈利所面临的困难，因此设立了相关法规，明确限定辅导人的投资渠道。法律还规定任何资金均不能闲置，没有遵守这一规定的辅导人会面临处罚。[176]

古罗马的养老体制

历史上最早被人们所知的养老金是出于军事目的而诞生的。在古罗马，很多军人曾经在战场上英勇战斗，但退休后个人财富却极少。公元前 123 年，盖约·格拉古提出在卡普亚、迦太基与他林敦等地给退伍军人提供工作清闲的就业职位，这既能在政治上边缘化他们（削弱他们参与政治事务的能力），也能让他们获得稳定的收入。尤利乌斯·恺撒的叔叔——盖乌斯·马略还颁布法律，给忠诚的退伍军人在非洲和高卢分配土地。授予退伍军人土地并不常见，而且有时很武断，容易滋生大量的政治仇恨。当罗马共和国垮台而奥古斯都掌握政权之后，他在公元前13年开始利用系统化方法，创立正式的养老金制度，给予退伍军人现金补助。[177] 历史学家苏维托尼乌斯在《罗马十二帝王传》中描述了这种系统化的养老金："所有士兵，无论身在何处，奥古斯都给予他们一定形式和比例的工资与奖励，根据每个人的级别与地点，登记服役时间，以及他们在退伍后应该获得的补助，以免他们年老时或者为了达到某些目的煽动闹事或叛乱。"[178]

虽然奥古斯都构建了正式的军人养老金制度，但是历史资料中没有对养老金投资管理方面的记录。奥古斯都所设立的养老金主要来自政府对遗产5%的课税和拍卖销售1%的课税。然而，有证据表明，罗马养老金计划扩展过快，奥古斯都不得不将16年的服现役期限与4年的预备役期限，延长为20年的服现役期限以及5年的预备役期限。[179] 这种养老困局让我们联想到当今社会保障体系所存在的退休年龄争论，相信奥古斯都当年提出的变革也极具争议。

小　结

本章的历史回顾可能不全面，主要集中介绍了各种金融和投资形式，以此来说明以下四个基本观点。

第一，我们必须深刻了解，尽管人类文明已经创造出多种多样的用于实现所有权、贸易、商业以及借贷的方法，但是这些方法均有一个共性特征，即投资。投资，最核心的一条基本经济原理是提高未来的收益。尽管亚里士多德厌恶拜金主义，但是社会应该对资源进行分配和管理，从而为个人和集体未来的发展积累更多的财富。

第二，现代文明之前，经济机构、投资形式与实践无疑非常"特别"。譬如，我们发现很多社会运用各种奇特的方式保证贷款能按时偿还。古埃及人相信对神发下的誓言，波斯人接受用借款人的孩子来抵债，古希腊人依靠当地富人的担保，而中国人和日本人更多运用抵押品来获取贷款。当古希腊人发放房产方面的贷款时，他们会在房产前用石碑作为标志，写明贷款金额以及随意更改后的严厉处罚。

此外，很多古代社会建立了复杂的政治与宗教框架，以此来管理投资合作关系。政府当局或者宗教机构深度参与了投资过程。在早期的美索不达米亚，经济活动的中心是神庙，一切活动均围绕维护神庙与教化民众的需要。古代的中国朝廷和佛教寺院对贷款的发展发挥了重要作用。

在古代，许多社会对高利率极度敏感，留下很多记录高利贷不道德的资料，以及禁止高利贷行为的法律法规。高利贷被美索不达米亚的阿卡德人反对，随后扩展到古希腊、基督教王国和伊斯兰社会。这种跨越若干年以及不同国家的对高利贷的反对让人感到非常震惊。

第三，古代各类实践的最特别之处，即现代的很多实践活动与它们高度类似。在现代文明之前，人们已经创造出复杂的组织结构以提高效率，如美第奇银行的分散管理模式。此外，日本人当时在堂岛大米交易所创建了有用的、先进的商品和期货市场，用票据交易替代了笨重的实物交易，票据上写明对仓库储藏的商品拥有财产权。

在古代，还有很多投资或筹资计划属于非营利性，或者是第三方受益的慈善项目。譬如，古罗马人建立了慈善管理委员会，主要出于宗教目的。古罗马人为退伍军人建立了养老金制度，更多是出于政治稳定目的而不单是利他主义。古希腊人创造了一套确保无父无母的孩子能获得资金资助的体系。

在历史上，跨越政治界限对投资的发展一直具有重要作用。英国人、荷兰人和葡萄牙人并没有像日本人那样采取闭关锁国政策。英国王室开拓印度市场，获得了大量的自然资源和其他商品。实际上，无论是否开展跨境投资，跨境政治都十分关键。

很多近代的企业在投资中面临与现代企业同样的问题，包括最基本的委托与代理问题。英国东印度公司无法约束员工抵达日本后用自己的账户进行交易，当时的解决方案（滑稽无奈）是允许负责人用自己的账户交易，只要他能确保下属不做同样的交易即可。

第四，本章所阐述的核心，也是我们在第二章将继续讨论的内容，投资走向大众化是非常重大的历史转变。土地、借贷和贸易在人类历史上成为主要投资工具。但是在古代，所有权和投资活动只能是权力精英的专属，尽管他们会将土地和投资管理权交给奴隶或者其他社会等级低的平民。如今，这种模式已经发生了翻天覆地的变化。现代社会中，大部分人可以通过储蓄、退休计划、信贷和其他投资产品获得所有权以及开展投资，而投资项目通常由社会精英控制，这些精英阶层通过固定工资和奖励工资积累了巨额财富。

尽管投资和商业确实成为推动历史进步的引擎，但是在现代文明之前，大部分个人并不能直接从这些活动中受益。相反，正如我们随后将讨论的工业革命时期，普通人还需要为推动历史和金融进步付出劳动力不断被剥削的代价。但是，现代投资向全球更多受众群体扩张依旧引人注目，特别是从更长的历史时间维度上分析。

第二章
投资大众化
——股份制公司、工业革命与公共市场

17世纪至19世纪，随着特权和权利拓展至更广泛的人群，强大的政治民主化开始发端。统治了中世纪和文艺复兴时期的国王和乡绅贵族感觉到，曾经牢牢掌控在手中的权力缰绳开始慢慢滑落。政治言论、武装叛乱以及独立战争成为重建社会及制度的手段，能够对社会加以重新构想的观念成为赋予人类权利的振奋人心的根源。

这种政治民主化绵延了大部分的历史长河，但是通常被遗忘的另一种民主化进程正处于酝酿之中，即经济金融的民主化。与政治民主化相比，投资大众化，尤其是精英阶层以外的人群参与投资事业的能力的扩大，具有更加微妙的起源。革命、社会和宗教动乱以及新的政治哲学引发了政治民主化，但是投资大众化植根于三个重要方面的默默发展。

第一个发展是现代企业组织的出现，其主要特点是有限责任、所有权共享、所有权可转让以及永续存在。这种新的投资形式最初是以股份制公司的形式呈现出来的，具有极大的灵活性、持久性和风险限度，事实证明这对于投资和经营大型的综合性企业起到了不可或缺的作用。

第二个发展是工业革命。尽管这是一个缓慢且痛苦的转型过程，并且时常充斥着城市脏乱、恶劣的工作环境和社会冲突，但它却永远改变了非精英阶层的经济命运轨迹。特别是那些拥有土地的贵族之外的人士（尤其是商业、制造业以及发明创造领域的从业者），终于能够分享有意义的经济剩余。逐渐地，出现了一种关于有效储蓄的新兴趋势，可以用作投资项目。实际上，这体现了硬币的另外一面：现代企业组织的最初发展催生了资金需求的种子，而工业革命的长期影响则开辟了满足这些资金需求的途径。

第三个发展是凭借公共市场的兴起，建立了一种将赋权储蓄者与投资项目联系起来的手段。从长期来讲，公共市场充当了连接硬币正反两面的桥梁。公共市场提供流动性，公开价值，传播可获得性，降低交易成本，并允许投资者以相对轻松的方式获得广泛的多样性选择。此外，公共市场对于开启监管的时机及其必要性起到了推动作用。

投资大众化是一项未完结的事业。就像18世纪至19世纪的政治民主化仍在上演一样（主要人群仍然被剥夺了公民权，政治民主化尚未传播至世界的各个角落），投资大众化的事业尚未完成。一大批人群被剥夺了真正意义上储蓄的权利，因而不能涉足投资活动。尽管通过强化规章制度仍然可以进一步建立公平竞争机制，但国际上许多国家仍未能扛起扩大投资机会的大旗。然而，大众化开端本身已经成为投资发展史上的一股主导力量，我们可以借此追溯两者的渊源。

现代企业组织形式的出现

股份制公司所呈现的企业组织形式，成为发展资本主义、壮大经济发展、推广工商企业融资和所有制的一个至关重要的先导。尽管本章的重点是介绍荷兰人和英国人于17世纪初共同建立的第一个股份制公司，但是回想一下，股份制公司的先驱则是此前的一千多年前出现的罗马包税公司。正如第一章所述，设立这些实体的目的是为公共工程提供竞标和建设服务，参与农业包税（政府面向私营企业出售征收特定税种的权利）并向罗马政府提供商品和服务。随着政府自身逐渐成为上述活动的参与主力，而不是外包给私人，包税公司的受欢迎程度在罗马帝国时期出现下降。罗马帝国时期毕竟不如罗马共和国时期那样热衷于促进国家事务的权力下放。因此，这种强大的组织形式陷入休眠，而精英阶层则保留了自身参与投资活动的专属权利。

直到中世纪时期，再次出现了向现代企业组织形式的迈进。例如，中世纪的合约与公司属于合伙制形式，允许商业投资（尤其是贸易航海）的融资构成依据经济差异来进行调整，使相应的角色定位于积极的投资参与方，或是仅以风险资本的形式提供资金支持。这代表了对传统合伙制的重大背离。在传统的合伙制下，由于合伙人往往参与经营管理，需要确保利益的出售对象富有成效，因此相关利益的出售必须具备充分的理由，并且得到其他合伙人的同意。然而，在这种新的混合构成形式下，股份的使用开启了新的可能。由于股份制的采用，当被动投资者将其股份转让至另一个被动投资者时，船舶的经营管理不一定会受到影响，因此股份的出售不需要获得一致同意。

上述安排在航运业最为普遍。12世纪，在重要的航运活动枢纽热那亚，以股份的方式向航运经营提供资金的做法越来越常见。通常的做法是，船舶的股份被划分为16股至70股，投资的持续期仅为一个航程，而不是整个船舶经营的年限。但到了13世纪，随着海上保险的兴起，股份的使用开始减少，不再是分散风险、筹集航行资金的必要方式。尽管如此，股份制做法在热那亚呈现了短暂的极度流行，甚至不富有的投资者也参与了该市场。[1]

最终在16世纪50年代早期，英国出现了第一家股份制公司——莫斯科公司（Muscovy Company）。这家公司由英国商人和贸易商创办，其目的是获取欧洲北部的木材、大麻和建筑材料。最早的交易商群体被称作"东方人"（Easterlings），因此，一些词源学家认为术语"英镑"（sterling）源于这些交易商的称谓。[2]

莫斯科公司的成立源自一次白海远征航行。航行途中失去了首任船长，但为了与俄国沙皇伊凡四世的交易赌注，另一名水手设法将船驾驶至阿尔汉格尔斯克。这些水手寻求获得贸易许可，伊凡四世对此表示默许，并给予他们一封信，让他们转交给英国国王，作为其官方认可书。英国国王爱德华六世在首次远征时期去世，最终于1555年由女王玛丽一世向该公司签发了特许状。[3]

还有一些关于早期股份制公司的案例。例如，欧洲民众首批投资于所谓"新大陆"（New World）的自然资源的其中一项，实际上就采用了股份制公司的形式。1606年4月10日，英国国王詹姆斯一世为伦敦公司（London Company）签发了特许状。该公司的成立受到了为英国人所忌妒的西班牙人的启发，后者在新大陆发现了大量的贵金属。作为签发特许状的条件，国王詹姆斯一世试图谋取所希望的丰厚利润，并规定所发现金属的1/5归国王所有。[4]

该公司由145名男子组成，他们在1606年12月至1607年5月从英格兰出发航行前往新大陆，并在弗吉尼亚停靠（因而该公司后来被称作弗吉尼亚公司）。购买企业股份的投资者为其提供了资本。投资者构成呈现多样化：社会的上层阶级在购入股份的同时渴求冒险和投机。值得注意的是，这些股东的动作颇具章法。他们设立了一个"法庭"来管理经营，该机构与如今的参与式董事会具有相似之处。当企业寻找贵金属失败时，该机构证明了其存在的合理有效之处。它要求在经营上远离探寻金属资源，转为依靠出售口粮、商品、"专利"或"种植园"（土地契约）来扩大利润，供养殖民地人口。它成立了一家名为"杂志"（Magazine）的子公司来出售生活必需品、衣物和口粮给殖民地居民。尽管这种做法令人钦佩，但并非完全受到殖民地居民的欢迎。这些居民发现，这些东西的价格通常高得离谱。此后，国王将出售供给品获得净收益的最高限额规定为销售额的1/4，最终价格过高的问题才在某种程度上得到缓解。展现股东天资的例子还有一些。例如，如果股权主体认定杂志公司未同弗吉尼亚公司合理分配利润，便会迅速撤掉相关的经理。尽管股东们在行使对经营的控制权方面取得了成功，但是该公司仅存活了大约18年。最初投资者希望开采金银矿，而一旦丧失这个获得丰厚利润的机会，以殖民地居民作为主要出售对象的日子就屈指可数了。[5]

尽管莫斯科公司和伦敦公司具有许多现代企业形式的特征，但是直到17世纪，股份制公司才开始展现出现代企业的全方位特征。这些公司包括著名的荷兰东印度公司和英国东印度公司，二者均成立于17世纪。这两家企业均具有相对较大的市值，拥有许多不参与业务经营的股东，并按照现代企业意义上的有限责任加以创立。它们的任务是，通过在持续较长时期内投入资本来为远距离、长时期的贸易提供资金。这些公司最引人注目的企业特征是股东融资及其永久存在。到了适当的时候，向东印度公司提供和撤回活动资金的行动与其股东的投资和撤资行为完全独立开来。上述股东行为通过在公开市场上购买和出售公司股票加以实现，因此，从本质上讲是通过现有股东（卖方）与其他现有的或新的股东（买方）之间的交易来达成的。

南海泡沫事件

现代企业组织形式刚出现不久,对其进行监管的必要性就显现出来。南海泡沫事件导致大量早期的投资者遭受了毁灭性的经济打击,凸显了缺乏对诚信义务的坚守所导致的危险,并揭示出这种新的企业形式的某些缺点。

南海泡沫事件始于罗伯特·哈利和约翰·布朗特于1711年创立的南海公司(South Sea Company)。该公司被允许在南美洲开展不受限制的垄断性贸易,而作为回报,它同意购买因西班牙王位继承战争而产生的公共债务。在签署约定时,尚不清楚西班牙王位继承战争的结局如何,加之西班牙拥有对南美洲的控制权,这就是一场押注战争结局的赌博。如果战败导致西班牙对南美洲的控制权减弱,该公司将从中受益。相反,如果西班牙把持控制权,该公司出入该地区将受到限制。按照约定,南海公司将从政府那里获得利息收入,在1719年甚至承担了更多的政府债务。起初,所有当事方都表示满意。政府有能力支付优惠后的利息,而支付利息所需的资金则通过对来自南美洲的进口货物收取关税来筹集。债务持有人大体上接受了这种观点,原因在于他们有机会从潜在利润颇丰的贸易中获益,而与此同时继续享有上述利息支付带来的间接利益。[6]

南海公司面临的一个问题是,实际上它在南美洲的贸易量很小,这在很大程度上是由于西班牙在战后仍然维持了对殖民地的控制权,而并不在意在其土地上站稳脚跟的其他帝国。事实上,对于南海公司来讲,押注英国深层次介入南美洲事务的做法并未取得成功。南海公司的大部分收益来自公共债务的回报。公司的管理层企图推高股票价格,但显然不能通过传递其在南美洲的回报极其微薄这一悲哀的真相来达成目的。相反，管理层决定编造故事，表明其在南美洲贸易中赚得了大量利润。投资者相信了"捕鱼利器"，同时其他贸易企业效仿南海公司的做法，大肆鼓吹获得了成功，从而引发泡沫蔓延和欺骗，此举导致股票价格从1720年1月的128英镑飙升至5月的550英镑。股票最终从每股1 050英镑的高位暴跌，经过随后的调查，很快股东们就清楚地知道他们被骗了。[7]

可以想象，这个消息不会带来好的结果。一位损失数额极大的股东因对整个事件十分愤怒，射杀了公司创始人约翰·布朗特。公众舆论则受到了同等的指责。尽管一位内心平和的国会议员称该事件为"臭名昭著的失信案"，但另一位人士宣称，应该把行骗者和蛇一起装入麻袋，沉入河中淹死。[8]

南海泡沫事件不仅对许多投资者造成了严重伤害，还对英国经济造成了更广泛的影响。最具讽刺意味的插曲之一是，获准通过的1720年《泡沫法》要求所有股份制公司都应获得皇家特许。与普遍的观念背道而驰的是，法案的通过并非出于对改革的渴望。相反，法案的通过是在南海公司倒闭之前，是为了向南海公司提供援助，通过阻止其他较小实体（由于不具备所需的特许资格）的市场份额来达到使其免于争夺投资者资金的目的。[9]尽管如此，《泡沫法》被用来管理这些早期的公司，并降低其造成广泛伤害的可能。最终，南海泡沫事件提醒投资者注意股东与管理层之间的信息不对称，并迫使许多人在配置金钱时加大审查力度。当然，安然和伯尼·麦道夫的欺诈活动最终在大约三个世纪后成为对这个先驱事件的回应。

"现代经济学之父"亚当·斯密对股份制公司的组织构架以及更宽泛的投资管理概念持完全对立的观点。当然，斯密深受南海泡沫事件的影响。他在《国富论》中写道："疏忽与挥霍必定或多或少盛行于这类股份制公司的事务管理之中。"他声称,受托人不可能对股东的福利完全尽心尽责,原因在于这些钱不属于他们。他写道:"无论如何,这类公司的董事管理的钱是别人的,而不是他们自己的,因此很难预期他们在看管财富时能表示出像私人合伙制下合作伙伴照看自己的财物一样的警觉性。"[10]亚当·斯密看起来是把著名的利己主义原则应用于投资基金的管理中,并因此将其视为不好的主意。他关于财富所有者与管理者之间存有潜在不一致的观点并非全然偏颇,但他没有意识到投资者可以开发更复杂的治理和激励机制来提高一致性。

一系列的所有制结构自然而然地贯穿于历史发展之中,而股份制公司最终将发展为现代企业形式的萌芽。这些股份制公司最初往往与贸易公司联系在一起:英国商人通过莫斯科公司在北欧开展贸易,伦敦公司(即后来的弗吉尼亚公司)渴求共享新大陆的财富并以转型为依靠殖民来获益的组织而告终。随着时间的推移,出现了这些贸易公司的复杂形式,其中东印度公司发展得更快,包括对所有制与经营的清晰区分以及财产转移的简化。当然,这个结构远未达到完美,不得不经历成长之痛,其中南海泡沫事件大概就是最明显的早期表现。亚当·斯密恰如其分地指出了关于中介代理的问题,换言之,即如何将公司所有者与管理者的激励机制很好地协调起来。斯密认为这是一个根本性的缺陷,就像时间会证明的那样,这个问题可以通过更适当的监管、加强股东权利治理以及惩戒管理者忽视对利益相关人所承担的义务的行为来解决。

工业革命

尽管斯密对股份制公司的反对并未使其不复存在,但总体来讲他的著作具有很大的影响力。实际上，他的新经济理论强调激烈的市场竞争和自由放任的经济学是鼓励社会创新和繁荣发展的手段，这一点与当时英国和其他欧洲国家日益从重商主义转为接受自由贸易的环境存在特别关联。从第一次工业革命（18世纪60年代至19世纪40年代）开始，炼铁生产、蒸汽动力的使用以及纺织品的大规模生产均发生了根本性变化，开始重塑全球经济和劳动力市场。第二次工业革命，也称作技术革命，涉及新材料（尤其是钢）的大规模使用、技术（如内燃机和收音机）和电力的应用，一直从19世纪60年代中期持续到第一次世界大战。作为历史上为数不多的人类改变数个世纪以来存在结构的一次尝试，工业化的进程成为投资大众化的一个重要加速器。事实上，如果没有投资和银行体系的发展，工业革命不可能实现。它还标志着在财富创造和大众化潮流下的关键历史转折点。也就是说，它加速了被精英阶层独占的剩余资源缓慢流向更广泛人群的进程。[11]

当然，早期的经济变化也促成了工业革命的发生，这同时体现在宏观和微观层面。从宏观角度来讲，欧洲的商业化在很大程度上为工业革命提供了环境先导。许多欧洲人已经熟悉了市场化生产，不再生产全部的供个人使用的商品，而是通过贸易和交换的手段来获得。同样，英国国家银行体系也发挥了作用，在促进销售的同时加快了商品交换速度。从微观角度来看，则是个体及其家庭的经济活力起到了作用。这与之前的欧洲时期相似，富裕的商人和实业家及其家庭已经开始获得经济上的成功。[12]

经历了漫长的岁月，18世纪的人口因素对工业革命起到了助推作用，在英国尤为如此。举例来讲，当时的人口出现了大量增长，部分原因是困扰欧洲数个世纪的瘟疫传播和疾病暴发出现了中断。除此之外，资源的可获得性、创新的意愿以及技术进步共同助推了工业领域的变革。例如，15世纪约翰内斯·谷登堡发明的具有划时代意义的印刷机对于知识的传播起到了明显的促进作用，从而使工业革命及其必要的技术创新和科学发明在最初成为可能。

工业革命带来的具有推动力的其他技术还包括詹姆斯·哈格里夫斯发明的珍妮纺纱机，这种多轴的纺纱机极大地提高了纺织品的产量。由于采用了飞梭，珍妮纺纱机把纺织工业带入了新的竞争时代。詹姆斯·瓦特于18世纪晚期发明的蒸汽机改变了大多数采用机械动力的行业，尤其是交通运输业和农业。采用水加热变成蒸汽的成本普遍低于之前生产机械动力的成本，因此可以节约大量成本，使工业和交通运输项目更加切实可行。工业革命带来的这些技术使无数用户的生活更加便利，并促进了工业革命时期的大部分经济增长和社会进步。[13]

工业革命时期资本需求的本质

从长期来看，工业革命通过创造剩余惠及上层社会之外更多人群的方式对投资产生影响。然而，工业化与公共市场投资之间只是一种单向影响的关系。换言之，尽管工业化可能带来了可供长期投资的剩余，但在当时，银行体系之外的金融机构对于最初工业化的重要性并不像人们所认为的那样。

为了搞清楚这一点，可能需要从固定资本和流动资本两个方面来分析第一次工业革命的资本需求。固定资本的需求较低，主要是由企业家及其家庭来承担，而非正式的银行机构。实际上，如果对第一次工业革命时期的资本总体构成进行分析，就可以发现固定资本占总资本的比重可能介于50%~70%。但是，这夸大了固定资本在实际工业化过程中的作用，因为开启工业化的行业（如纺织业）并不需要大量的固定资本投入。[14]例如，对于纺织行业来讲，最主要的固定资本开支或许是生产车间，其中最有可能的是改建的仓库。[15]但这一点在第二次工业革命时出现了变化，由于涉及使用专门的重型机械，必然需要大量的固定资本投入，但最初实现工业化的行业尚未出现这种情况。

对于那些企业家及其家庭来讲，向早期的工业化行业提供固定资本投资通常意味着将来源于农业生产、自然资源所有权和其他经营的财富重新分配至这些工业企业。同时，这种自筹固定资本资金的趋势促使企业将收益用作再投资而不是分配，以实现企业的发展壮大。同样，自筹资金对于企业家具有吸引力，还在于这是控制必要的外部固定资本来源的一种手段。例如，许多独具慧眼的企业家决定依靠租用而不是自行拥有实物场地来控制较低的固定资本投入。[16]

与固定资本不同的是，流动资本的需求较高，这一点同样值得关注。流动资本需求是指，企业用于库存、偿债和其他短期融资的流动性需求。1815年以前位于北部和中部的纺织行业反映了固定资本与流动资本需求的相对大小，当时流动资本的需求是固定资本的3倍。考虑到对流动资本的需求较大，人们认为企业家难以依靠自身资金来满足需求，而应通过银行来解决。正如我们将要看到的那样，银行的分散化经营对于满足流动资本的需求起到了重要作用。[17]

工业革命时期的银行机构

作为资本的供给来源，银行机构对于工业革命同样非常重要。18世纪，参与英国银行体系经营管理的机构有三类：英格兰银行、伦敦私人银行和乡村银行。英格兰银行于1694年特许建立，这在很大程度上是受到英国海军状态低迷，在交战中遭受重大损失的促使和驱动。这对于英国来讲是一个警钟，使英国人意识到重振其海上力量的迫切性。然而，事实证明这是一个令人生畏的挑战。由于英国国王威廉三世的融资能力有限（在经历这些战败后不会有所好转），严重制约了实施大规模维护海上力量的可能，因此英格兰银行诞生了，其建立的目的就是给威廉三世提供贷款。在当时，英格兰银行并非掌控货币供应的中央银行的角色，但它却成了一个国家机构。[18]

伦敦私人银行的发展贯穿于整个18世纪，数量从1750年的30家发展至1770年的50家，到1800年时，又上升至70家。私人银行的用途体现在两个方面：一方面是为短期贷款提供资金，并提供汇票交易和结算服务；另一方面是作为英格兰银行与乡村银行的中介，该用途在1770年之后变得更加重要。这些乡村银行，就像其名字提示的那样，在伦敦都市之外运营。私人银行帮助提供硬币和纸币在乡村银行与英格兰银行之间的往来运转，以确保乡村银行获得充足的资本。[19]

尽管伦敦私人银行在该时期的增长令人印象深刻，但乡村银行的数量增长得更快。1750年，乡村银行仅有12家；1784年达到120家；到1797年，增加至290家；到1800年，增加至370家。乡村银行的数量根据当时的经济态势和信贷状况产生不同的变化。例如，在18世纪晚期的英法战争期间，当英格兰银行暂时停止向纸币持有人兑换等价黄金时，乡村银行依然经营得很好。当然，相反的情况下亦如此。当经济状况糟糕时，乡村银行则面临很大的破产风险。1809—1830年，共有311家乡村银行破产，其中一半以上都发生在1814—1816年以及1824—1826年的危机间隙。[20]

一些乡村银行是由家庭创建起来的。这些家庭通过其他贸易积累财富，从而拥有了足够的财力来开办银行。当然，这些乡村银行也接收存款，是这些创始家庭的财富使乡村银行最初的开业成为可能。举例来讲，格尼银行（Gurney's Bank，1896年并入巴克莱银行的银行之一）就是由约翰·格尼的后代始建的，他们依靠从事羊毛贸易积累了一笔财富。作为贵格会的信徒，格尼的后代从贵格会那里吸纳到许多他们的早期储户，而随着时间的推移，这家机构值得信赖的声誉逐渐传播开来。[21]

英国1826年的《银行法》除了促使银行结构向股份制转变外，还通过授权乡村银行机构（即远离伦敦65英里①以上）发行纸币的方式扩大了乡村银行的经营范围。19世纪初至19世纪中期，英国银行业出现分散化的一个原因是国际政治格局的重塑。在拿破仑统治时期，英国政府热衷于确保英国资本市场的首要任务是为国债提供融资。直到1815年拿破仑在滑铁卢战败，英国人才变得对法国人统治下的欧洲的前景不那么关注，而此时的英国政府得以放松其将国家财政作为银行率先服务对象的做法。[22]因此，这带来了资本市场对于私人企业的释放效应。除了银行分散化之外，乡村银行在当时还承担了一个完全不同于其他类型的银行机构的功能。事实上，相比于传统的银行，其中一些乡村银行看起来更像是现代的风险投资人，原因在于这些银行为风险较大、更多属于创业型的项目提供融资，而大型的传统银行往往回避这些项目。

此后19世纪的大部分时间里，银行业经历了大规模整合。取代大量独立的乡村银行的是，这些机构开始与其他公司合并，收购规模较小的市场参与者，从而在与那些不紧跟趋势扩大规模的同类机构的竞争中胜出。当然，通过收购的方式来扩大规模的银行仍然需要采取一种手段来施加广泛的地理影响，这体现为不断成立分支

---

① 1英里≈1.6千米。——编者注

机构。这些银行仍然可以渗透到地方性市场，但是如今它们在其他银行的麾下开展经营，享有更广泛的资金、更多样化的贷款以及规模经济。1825—1913 年，英国的银行数量出现急剧下降，由 715 家减少至 88 家。但与此同时，银行分支机构的数量由 850 家增加至 8 000 多家，起到了很大的弥补作用，这表明银行的分布更加广泛，同时合并形成了数量更少、更为强大的企业组织。[23]

财富创造过程中的长期进步

对于现代人来讲，很难理解储蓄从绅士贵族那里开始传播至商人和制造商，随后扩展至其他人群的过程是多么激进的变革。在工业革命以前，大多数经济体的储蓄几乎被少数的精英阶层占有。例如，17 世纪初"黑死病"流行时期，最贫困阶层中的大多数人缺衣少食，对食品和衣物的需求迫切，以至于从病死的人身上盗取这些东西，从而导致了疾病的蔓延。欧洲许多地区的市镇议会别无选择，只能张贴通告、实施限制并为下层社会提供援助。[24] 这些市镇议会被迫为许多身无分文的人提供援助。

通过对人均 GDP 的分析，我们无须怀疑工业化的变革以历史上前所未有的方式带来了整体经济的持续增长（见表 2-1）。例如，1700—1880 年，英国的人均 GDP 大约增长了两倍。鉴于工业革命之前 GDP 增长缓慢的情况，这一增速着实令人惊叹。

表 2-1 1500—1890 年所选定欧洲国家的人均 GDP

单位：1990 年国际美元

年份	奥地利	比利时	丹麦	法国	德国	意大利	荷兰	瑞士	英国
1500	707	875	738	727	688	1 100	761	632	714
1600	837	976	875	841	791	1 100	1 381	750	974
1700	993	1 144	1 039	910	910	1 100	2 130	890	1 250

续表

年份	奥地利	比利时	丹麦	法国	德国	意大利	荷兰	瑞士	英国
1820	1 218	1 319	1 274	1 135	1 077	1 117	1 838	1 090	1 706
1830	1 399	1 354	1 330	1 191	1 328	—	2 013	—	1 749
1840	1 515	—	1 428	1 428	—	—	2 283	—	1 990
1850	1 650	1 847	1 767	1 597	1 428	1 350	2 371	1 488	2 330
1860	1 778	2 293	1 741	1 892	1 639	—	2 377	1 745	2 830
1870	1 863	2 693	2 003	1 876	1 839	1 499	2 757	2 102	3 109
1880	2 079	3 065	2 181	2 120	1 991	1 581	3 046	2 450	3 477
1890	2 443	3 428	2 523	2 376	2 428	1 667	3 323	3 182	4 009

资料来源：Angus Maddison, *Contours of the World Econmy*, 1–2030 *A. D.*：*Essays in Macro-Economic History*（Oxford: Oxford University Press, 2007）, Table A. 8; Angus Maddison, *The World Economy: Historical statistics*（Paris:Development Centre of the Organisation for Econmic Co-operation and Development, 2003）, 58-61。

还有一些其他指标可以反映出英国人的生活水平就像经济数据一样在这个时期变得越来越好。尽管糖的消费量在当今不会被视作生活品质的最佳反映，但是糖消费量的增长通常意味着生活从基本食物向更丰富食品的转变。1815—1844年，英国每年人均糖消费量不到20磅①，但1844—1854年，每年人均糖消费量大约增长至34磅，而到了19世纪90年代，进一步增长至80~90磅。25

劳动工人面临的艰苦条件

在经济历史学家看来，工业革命对劳动力和工资的确切影响尚存在争议，而显然并非各种争论的所有细微差别都能在这里捕捉到。这里所提出的观点是，尽管工业革命在短期内导致许多城市工

---

① 1磅≈0.45千克。——编者注

人的生活异常艰难，但是从长期来讲却促进了经济的大幅增长。

历史学家争论的一点是关于劳动力工资实际增长的准确时点。大量有说服力的学术研究表明，对劳动力来讲1820年前后是一个转折点，在这之前工资趋于停滞，而在这之后工资呈上涨趋势。[26]尽管1820年之后劳动力工资的确呈现上涨趋势，但是许多劳工远未达到富裕的程度。工业化造就了城市中心区域的大规模人口聚集。那些曾经在家庭作坊愉快劳作、操持田园农舍的人发现，当他们迁徙到城市找工作时，陷入了城市的脏乱之中。[27]一些城市的人口流动性很大，以至于基础设施（如公共卫生）和有效制度（包括执法）的建设严重滞后于维持大都市秩序井然的所需。

当然，当时的政治气候并未对修复恶劣的城市环境给予帮助。随着劳工们察觉到自己未能充分共享时代的繁荣，阶级冲突随即失去了控制，而富裕阶层时常摆出一个根深蒂固的立场来反对进行有意义的政治重组。富裕阶层对于改善劳工的生活条件没什么兴趣。一位历史学家竟然断言："由于政治和社会的不安，英国历史上没有任何一个时期的局势表现得像19世纪30年代和40年代初那么紧张。"[28]最早开始于1838年的政治运动统称为宪章运动。这些运动在意识形态上受到了一份称作《人民宪章》的文件的引领。该文件概括了关于政治体制改革的六条建议，使其更加惠及普通大众，比如将投票权扩展至全体男性，并取消对参加议会选举的候选人在财产所有权方面的任何要求。虽然宪章运动于1848年开始消退，但是因工业革命的超常影响引发的关于改善不同收入群体命运的阶级冲突还远未结束。[29]

现在回顾起来，早期英国工业革命最有趣的是社会层面和国外的巨大争议。对于英国工业革命时期在英格兰的所见所闻，德国人严加斥责。许多德国人援引可怕的城市污秽、肆意蔓延的贫困和令人反感的工作条件来表示对工业化的憎恶。³⁰ 事实上,查尔斯·狄更斯的许多作品,比如《艰难时世》和《雾都孤儿》,就与该主题密切相关,向世人诉说了早期英国工业化带来的不幸。

劳动阶层(也就是仍然依靠农场劳作的人群)完全未能分享增长带来的成果,这也是一个重大的偶然事件。与农业环境相比,工业化在城市营造的势力要强大得多。尽管1797—1851年非农劳动力的工资增长了大约80%,但是同时期的农业劳动力的工资却略有下降。³¹

在收入增长方面,白领工人的确胜过蓝领工人一筹。1781—1851年,蓝领工人的工资往往实现了翻倍,白领工人的工资则翻了两番。³² 实际上,工业化的过程与城市化进程加快的现象密不可分,各种各样的职业(尤其是白领工人,其工作通常与城市相关或更多在城市中开展)从中获益。

显然工业革命时期许多群体的工资都出现了上涨,但最重要的是这对于储蓄有何影响。了解总体储蓄的变化对于思考资本的形成至关重要,因为储蓄金额的多少决定了可供投资的流动资金数量。回答这个问题所采用的方法论还远称不上完美,因为该方法通常涉及对总储蓄函数进行假设,而要得到历史数据的验证并非易事。尽管如此,有理由相信大部分的储蓄净增长更多是由于收入增加引起的,而并非储蓄率的大幅提高。

在第二次工业革命期间,储蓄率的观测值从8.5%增长至12.5%,而同期的国民总收入增长了3倍多。³³ 之前较低的工资几乎没有给自由支配活动留下任何剩余,在住房、食物和其他生活必需品得到满足之后几乎所剩无几。工业革命导致了投资格局的深刻变化,因为随着工资的上涨,作为投资基础的储蓄增加了。尽管并非一蹴而就,但是通过增加收入的方式使经济走上了大众储蓄和投资大众化的轨道，而离开了收入的增长，则不可能带来随后20世纪庞大的人口规模。

工业革命的广度

尽管工业革命仅仅始于少数几个行业，但它最终转化为英国经济中更广泛部门的增长。事实上，除了受到带动整个工业化进程的突破式创新直接影响的行业之外，英国的众多行业的出口都出现了强劲增长。[34]

当谈及工业革命带来的变革性影响时，尽管英格兰或许是被讨论和研究的最多的地区，但是其北部邻居苏格兰所经历的历史同样十分丰富。苏格兰人在工业化时期的经历与18世纪的苏格兰启蒙运动密不可分，苏格兰在这个时期取得了知识和科学上的极大成就。苏格兰启蒙运动涌现出亚当·斯密、大卫·休谟和约翰·米勒等革命思想家，这些知识分子改变了经济学、哲学、物理学和化学。尽管轻易就能指出几个主要的思想家及其相应成就，但是苏格兰启蒙运动带来了一个更加重要的广泛影响，即对社会进步和再造的贡献。苏格兰知识分子拥有强烈的意识，认识到基础设施对于促进经济发展起到的重要作用。建设运河和公路等基础设施可以起到促进商品和劳动力流动的作用，实现经济的蓬勃发展。与此同时，许多苏格兰的土地所有者迅速采用新的农业技术，帮助苏格兰实现了自给自足，并减少了资本外流，从而留下更多资金用于国内投资。同样，有人意识到，制度环境对经济运行产生了实实在在的影响。正因如此，许多苏格兰知识分子开始倡导对陈旧的法律制度进行改革。[35]开展新型商业活动所需要的法律框架，应当适应这个不断变化的世界。

在投资的运作方式上，苏格兰同样采取了与英格兰截然不同的合伙制结构来组建企业。与英格兰的普通法不同，苏格兰合伙制与法国的民法结构类似，强调所有权与管理的分离。在苏格兰的制度安排下，只有内部合伙人才能参与关于债务、合同或其他重要融资和运营的决策，而相比之下外部合伙人则被动得多。一方面，对于包括被动外部合伙人在内的所有合伙人来讲，苏格兰合伙制仍然存在无限责任的缺陷，并因而激发了强烈的动机来确保资金有限的合伙人免受权益并购的影响。在出现负债大于资产的灾难性情况下，合伙人需要放弃其外部资源，而如果一方合伙人不能这样做，其份额将由所有其他合伙人来承担。正因如此，动机被激发出来。另一方面，苏格兰的银行似乎比英格兰的银行更加稳健，这一点可以从19世纪早期的金融危机期间苏格兰的银行机构较低的破产率得到印证。[36]

第二次工业革命时期美国和法国资本筹集模式的改变

随着时间的推移，其他国家的融资模式也发生改变。例如，俄亥俄州克利夫兰的市场上就出现了许多变化，这里曾是第二次工业革命时期美国的创新中心。然而，与第一次工业革命时期相比，第二次工业革命时期的创新往往更多呈现为资本密集型。由于缺乏大量融资，许多重大的变革性发明不能投放到市场中，而许多企业家缺乏为新技术提供自筹资金的手段。更高的资金需求导致的结果就是，更多的发明都通过现有的公司实现转化。也就是说，许多现有的大型公司花费重金进行研发，而不是依靠企业家或发明家构思想法或开办公司来推动技术的商品化以生产出较以往更多的产品。[37]

需要澄清的是，企业家主导型公司还远未走到尽头，类似的创业只不过因更高的资金要求变得较难实现。发明家仍然有可能将其专利权授予那些他们拥有股权的公司，而不是将专利权出售给另外的公司。企业家仍然对保留自治权和控制权感兴趣，尽管难度有所加大，但有些人仍设法这样去做。可以想象，如果某个人拥有不错的发明成就，其吸引资本将会更加容易。历史上可以印证的例子有很多，查理·布拉什发明弧光照明并创办布拉什电力公司（Brush Electric）就是其中一个例子，甚至在他离开那个行业，并尝试在其他行业开办企业时，他过往成功的经历似乎令其吸引资金较他人容易得多。过往的成功给予企业又一个巨大的优势，即吸引人才的能力。许多聪明的年轻科学家和发明家都希望加入布拉什电力公司，因为他们充分意识到自己可以在此处与才华横溢的人一起从事尖端前沿的工作。[38]

在这段时期，银行机构的经营也发生了变化。第一次工业革命时期，许多依靠工业化前的经营活动积攒了财富的家庭经营着小型银行，然而在第二次工业革命期间，许多银行则是由工业巨头经营的。例如，罗伯特·汉纳通过克利夫兰可锻铸铁公司（Cleveland Malleable Iron Company）发家致富，从而建立了俄亥俄州国民银行[39]。这些实业家是更富才干的管理者，因为他们参与产业投资，本身就是产业成功的产物。

尽管如此，法国的许多小型银行仍然由原来的家族经营，这些家族在工业化前积累了大量财富，第二次工业革命时期也是如此。实际上，许多小型银行依靠这些家族提供资金，并愿意在本地配置资金，这与英格兰的乡村银行很相似。即便如此，依靠家族提供资金的这些小型银行不得不与十分娴熟的融资机构——商业银行分享市场。大型商业银行在获取开展国际业务的公司客户方面做得相当出色，因为这些银行能够轻松处理跨境资金的结算。但是，小型商业银行可能意识到自身在获取开展国际业务的大公司客户方面处于竞争劣势，因而倾向于承担更大的风险去投资那些新兴的成长性行业，这看起来类似于现代的风险投资公司。[40]

总体来讲，可以从几个方面的教训来分析工业化对于投资特征及实践产生的影响。由于较低的固定资本要求，第一次工业革命在很大程度上属于自筹资金类型。与此同时，还建立了复杂的银行网络体系，该体系始于伦敦，然后扩展至私人银行中介，并最终扩展到为高风险投资项目提供资金的乡村银行。第二次工业革命时期的融资特点出现了变化，因为资金成本较高的问题需要外部融资方案加以解决，而不能再通过自筹资金渠道来解决。尤其需要指出的是，关于经济增长和工资增加的教训至关重要。工业革命并未对工资产生直接影响，并且许多人面临恶劣的工作和生活环境。此外，工业革命对于不同类型劳工工资的影响不同，影响城市工人和农民的程度并不均衡。同时，尽管并非所有工人都同等受益，但是工业革命也并不是仅仅局限于一小部分经济体的现象。最后，或许是最重要的一点，从长期来看，工业革命的确促进了普通工人的工资空前增长。

公共市场的出现

为了真正弄清楚公共市场的出现，有必要洞察历史，看一看在公共市场出现以前，政府借贷和资产转移是如何进行的。

公共市场出现以前

类似于现代体系的证券市场最早出现在12世纪的意大利。尽管当今的证券市场是由中央政府和大型公司支配的，但在当时，大多数债务工具实际上由地方政府和土地主负责发行。关于债务发行最为显著的革新出现在早期文艺复兴时期的意大利城邦。在公共债务证券化方面，热那亚成为开拓者。早在1164年，热那亚就创建了一种公共债务形式，通过该途径，一个名叫"孔佩拉"（Compera）的协会的成员凭借支付获得股份或者债务求偿权。相比之下，威尼斯试图要求富裕的市民自愿提供贷款来解决其债务需求。但最终证明，这些贷款不够充足，因而转为强制性贷款。反过来，随着政府的开支越来越大，强制性贷款已经不能满足城邦的信贷需求。因此，威尼斯于1262年将所有债务余额整合为一种称作"蒙特"（Monte）的基金，所有的债务均转换为该基金的股份，享有5%的利息。佛罗伦萨和热那亚分别于1343年和1407年建立了类似机制。尽管一些中产阶级市民和外国人也购买了该基金，但大多数投资者仍是富裕阶层的市民。由于蒙特基金的股份易于转让，二级市场便发展起来。股票按照市场价格进行交易，而市场价格取决于政府偿付利息能力的预期以及其他类型投资的可获得性和可信度，这证实了二级市场对于证券交易的影响。[41]

除了公共债务的交易之外，私人债务工具的使用也在不断增长。贷款方与借款方的关系网越发建立在不可转让汇票的基础上。汇票是签发人同意在特定日期支付一定金额的一种承诺。不可转让汇票具有特定受益人，并且只有此人能够接收款项。但是，可转让汇票的收款人为持票人，此人不一定就是该票据的原始持有者。相对于将货币从一地运往另一地的危险性和不可靠性，这是一个重大的进步。同样，相对于12世纪法国香槟地区的集市上，管理当局和商人只是简单记录交易结束时的债务债权关系并直到下一次集市再进行结转的做法，这也是一种进步的表现。意大利文艺复兴时期不可转让汇票的相对广泛使用同样带来了便利，因为以外币兑付的汇票呈现了与外汇汇率相关的真实风险，从而避开了该时期的高利贷禁令。[42]在当时，由于这些金融票据不可转让，相应的二级市场并未建立起来。但是，这个时期为后来的可转让汇票形式的债务证券化奠定了基础。

到了15世纪至16世纪，金融活动的权力中心从意大利转移到北欧，在那里不同类型的交易所发展起来。其中，15世纪末最重要的交易所位于布鲁日，尽管权力支配中心于16世纪初转移到了安特卫普，并在之后的半个世纪里称雄于此。同时，重要程度次之的交易所于1563年在巴黎成立，并分别于1571年和1585年在伦敦和法兰克福建立起来。起初，大宗商品、工艺品和金融产品一起在这些市场上进行交易，就像在中世纪的法国集市上那样。但是商品贸易和证券交易逐渐分割开来。在很大程度上，这些集市交易的金融产品是货币和汇票，这在引入汇率波动和违约新风险的同时，增加了市场的流动性。在影响较小但仍值得关注的方面，债务交易通常是在交易所进行的。安特卫普甚至开设了一个关于市政年金的著名市场。尽管大多数市场参与者都是贵族和土地主这类十分富有的人，但还是有一些属于中产阶级的参与者。1545年，约25%的购买者是工匠，而行政官员、遗孀和商人的占比分别为21%、17%和16%。[43]

尽管意大利的债务交易以及安特卫普和北欧地区的交易所具备了所有相对高级的特征，但是真正意义上的公共市场或证券交易所仍未建立起来。在当时，几乎没有可供交易的金融资产，很少有人一直持有这些证券，并且涉及这些证券的交易少之又少。因此，并未建立金融票据交易的正式组织，促进上述交易开展的专业中介机构也不存在。相反，以上交易通过个人协商的形式在普通商品交易所进行。证券的供给和需求以及交易规模完全不能支撑起公共市场的创建。[44]

公共市场的开端：阿姆斯特丹

到17世纪初期，代表着企业股权或政府债务的可流通证券在欧洲越来越流行。随着这些证券的所有权和关注度不断扩展，针对证券买卖的正规市场得以形成。伴随交易规模的增加，那些促进交易开展的人转变为全职的专业人士，开发专门的技术用于交易的执行。[45]因此，现代形式上的证券交易所开始形成。[46]正因如此，到17世纪初期，阿姆斯特丹已被确立为欧洲的金融中心。[47]而安特卫普这个旧中心，由于遭受主权债务违约的玷污，并在"八十年战争"中受到西班牙攻击的困扰，已经落后于阿姆斯特丹这个方兴未艾的城市。[48]

1609年阿姆斯特丹威索尔银行清算所（Amsterdam Wisselbank clearinghouse）的成立是一个重大发展，巩固了阿姆斯特丹新角色的重要地位。虽然安特卫普、伦敦和阿姆斯特丹的商业银行在此前已经使欧洲经济的信贷和债务流动协调一致，但是相对于此前缺乏协调性的低效率处理过程，账户结算的集中化处理代表了巨大的进步。[49]

涉及现代金融体系发展的下一个重大事件是股份制公司的创建，其股票得以在公共市场上买卖。[50]鉴于阿姆斯特丹在当时已经是西方世界的金融中心，这项革新在此地发生就不足为奇了。荷兰东印度公司于17世纪初特许建立，[51]到1609年，其股票在阿姆斯特丹新兴证券交易所的二级市场上广泛交易。[52]股东权益与如今的状况有所不同，尽管在当时股东可以获得股息，但是却不允许他们参与公司的决策和表决。股息收入通常相当高，年均高达18%。[53]

虽然阿姆斯特丹是最早发展专业中介机构和技术手段（现代证券市场的标志）的城市，但直到1787年才建立起正式的证券交易所。就这点而言，第一个有组织的证券市场于1724年在巴黎创建，但局限于60家专业性中介机构，并依靠书面行为准则实行自我管理。[54]此外，在发展证券报价系统方面，阿姆斯特丹落后于其他城

市。伦敦早在1697年就建立了报价系统,但阿姆斯特丹直到1795年才建立起相应的系统。⁵⁵

伦　敦

在建立荷兰东印度公司之前,股份制公司就已经在英国出现了。然而,这些股份制公司的证券主要用作风险对冲,很难进行实际交易。股东负有无限债务责任,并且股东人数很少。此外,虽然股票可以流通,但实则难以转让,因此交易几乎只发生在朋友和家人之间,真正的公共市场也没有建立起来。⁵⁶

尽管在17世纪中期,荷兰与英国通过汇票交易已经建立了十分紧密的联系,但直到1688年光荣革命的发生,才加速了类似于阿姆斯特丹的金融体系在英国的发展。同一年,詹姆斯二世被驱逐出英国,荷兰共和国总督威廉·奥兰治(威廉三世)夺取了国王宝座,并将其荷兰谋士带到了英国。⁵⁷

光荣革命之后特许建立的第一家股份制公司是英格兰银行。正如前文所述,英格兰银行创建于1694年,其创立在很大程度上是为了向国王威廉三世的政府提供急需的信贷支持。英格兰银行在许多方面类似于阿姆斯特丹威索尔银行,但是英格兰银行在一些方面表现得更有效率。与荷兰东印度公司这家荷兰最著名的股份制公司的本质区别是,英格兰银行的股东享有投票特权。但是,这并未产生真正有意义的影响,因为有效投票需要巨额财富进行支撑。⁵⁸

英国的证券市场发端于18世纪初期位于交易巷(Exchange Alley)的咖啡馆,这条小巷紧邻伦敦皇家交易所。⁵⁹在乔纳森咖啡馆,约翰·卡斯汀开始提供证券报价,类似于早在1698年就出现在城市的私下买卖,这为当时的市场混乱带来了些许秩序,并朝着伦敦交易组织的目标迈出了重要的一步。⁶⁰在当时,交易员甚至得到了伦敦金融城的许可。[61] 尽管有好几个咖啡馆扮演了信息和金融交易中心的角色,但是乔纳森咖啡馆作为其中最重要的一家,主宰了整个交易市场。[62]

证券交易所在许多方面代表了一种社会效益。尽管英格兰银行才是原本旨在帮助发行政府债券的机构,但是证券交易所同样起到了助推作用,帮助英格兰以历史性低利率获得贷款并在17世纪至18世纪成功筹集了大量的战争资金。[63] 反过来,筹集这些资金的需求对于证券市场的发展也有所帮助。尽管如此,带来新机遇的同时也面临挑战。如前文所述,1720年的南海泡沫事件震惊了英国金融市场。如此一来,1720年的《泡沫法》使原本已受制于政府管控措施的整个体系受到了更严格的限制。在当时,政府的很多监管行为是出于焦虑而不是逻辑的驱使,并且大部分规章都很薄弱。然而,《泡沫法》是一个例外。它大大加强了对股份制公司构成的监管,并削减其股本发行,在半个多世纪的时间里起到了限制市场发展的作用。[64]

到1760年,约有6万人持有英国政府债券,这反映了金融市场的公众参与度。尽管股份分红的不确定性及其投机行为导致股票交易比政府债券交易更为普遍,但是相对而言,股份制公司的股东人数甚至更少。[65] 这个数字仅略高于英格兰人口的1%,在当时大约相当于575万人。[66]

大约在19世纪初期,证券交易所经历了重大发展。1773年,交易所搬迁至新址并且重组为共同合伙制公司,暂时被命名为新乔纳森公司,之后很快被重新命名为证券交易所(Stock Exchange)。多重报价被整合为一个新的称为"交易过程"(Course of the Exchange)的平台,凸显了更大的协调一致和组织性。1801年,该集团再次经历重组,成为股份制公司。新的规则以及与这次转型相关的规范化确立了现代交易所形式。次年，交易所迁至新址。最终，1720年的《泡沫法》于1825年废除，此举在加速创立新公司的同时推动了金融体系的发展。除了金融体系创新之外，在欧洲政治环境的推动下，伦敦作为新的世界金融中心开始崭露头角。在始于1789年的法国大革命以及持续至1815年的拿破仑战争的影响下，法国和低地国家遭受干扰和破坏，这为英国的崛起扫清了障碍。[67]

美国经验

1790年，美国联邦政府发行了7 710万美元的债务用来偿还美国独立战争产生的费用，美国第一个公共债务市场由此诞生。[68] 1792年5月17日，《梧桐树协议》（该协议由24名证券经纪人在一棵梧桐树下签署，故得此名）得以推行。很快在1793年，纽约的唐提咖啡馆成为政府债务和股票的交易场所，尽管证券经纪人的许多同僚仍在附近的街道上从事证券交易。[69]

《梧桐树协议》缔造了如今的纽约证券交易所。该协议的重大意义在于，明确规定经纪人彼此之间可直接进行交易，其交易佣金为25个基点（0.25%）。对于那些通常收取高额费用却未能在交易过程中创建订单的拍卖商来讲，交易所的诞生导致其影响力首次被削弱。这个新的机构称作"纽约证券和交易委员会"。[70]

30年后，那些仍旧在纽约水街和华尔街以外的地方从事街头交易的交易员被称作场外经纪人。通常来讲，场外经纪人会密切参与高风险公司的做市交易，比如收费高速公路或铁路公司。19世纪40年代的加利福尼亚淘金热使矿业公司加入其中，进一步推动了这些场外经纪人开展业务。1859年，在宾夕法尼亚州西部发现了石油，于是这些场外经纪人也开始交易石油股票。[71]

1863年，纽约证券和交易委员会的名称被简化为纽约证券交易所。1868 年，该机构的会员资格成为一种昂贵的商品，想要加入纽约证券交易所只能从现有的 1 366 个交易席位中购买 1 个席位。[72]同时，场外经纪人需要更好的基础设施。他们于 1864 年建立了证券经纪人公会，并于 5 年后完成与纽约证券交易所的合并。然而，场外交易市场仍旧存在。在 1865 年南北战争结束后，这些经纪人开始从事铁、钢材、化工和纺织品等小型工业企业的股票交易。[73]

20 世纪初，美国公共证券交易所经历了发展史上的巨大制度变迁。那个时候，纽约证券交易所已被公认为美国主导的金融机构。19 世纪下半叶，交易量出现飙升，纽约证券交易所的日均成交量从 1861 年的 1 500 股上升至 1900 年的 50 万股。[74]

与此同时，场外经纪人迅速采取行动，使其交易框架制度化。当时著名的场外经纪人伊曼纽尔·门德尔斯开始对市场进行规划并争取在这些公司的股票交易中实现道德交易。

1908 年，他建立了纽约场外交易市场组织，试图进一步规范交易行为并制定经纪人应当遵循的规则。7 年后，该机构创建了纽约场外交易市场的章程和框架，并于 1921 年搬迁至曼哈顿下城格林威治街的一栋大楼里。1953 年，纽约场外证券交易所更名为美国证券交易所。[75]

工业化和技术对公共市场的影响

在 19 世纪末和 20 世纪初，出现了真正意义上的全球市场，这在很大程度上是受到历史条件和技术创新的推动。首先，第二次工业革命加大了这一时期企业的资本需求，主要是在机器和工厂等固定资本上的投资，以用于扩大业务经营。其次，许多政府在当时放松了对创办企业的限制，从而使企业家更容易进行创业。[76] 于是，这些新兴企业首次发行债券或股票，进一步推动了金融市场的发展。这些变化导致的结果是，私人企业的合并市值在20世纪初期首次超过国家总债务。[77]

技术在推动公共资本市场的持续发展方面同样起到了关键作用。鉴于准确数据在金融决策中的重要性，最具影响力的是那些影响信息传播的技术。一系列发明中第一个脱颖而出的是1844年发明的电报，它为市场和城市带来了便捷和及时的通信。1866年，第一条横跨大西洋的电缆建成，这促进了伦敦和纽约两个全球主要金融中心的快速通信。次年，股票行情自动收录仪器被引入使用。爱德华·卡拉翰于1863年发明的专业电报接收机，可以在纸带上打印股票代码和价格，这提供了一种比电报更为便捷的金融数据传输方式。纽约证券交易所交易大厅于1878年安装了第一部电话，这距离电话的发明仅有两年时间。[78]除了上述信息技术之外，改良型轮船的开发以及巴拿马运河的建造同样起到了助推金融全球化的作用。[79]

在上述变化的作用下，一个由买家、卖家和中介机构构成的全球金融市场网络体系于1870年应运而生。该体系以伦敦和阿姆斯特丹为核心，并在纽约、德国和法国建立了重要枢纽，其运转一直持续到1914年。[80]在这期间，证券在金融和投资领域的重要性高于以往任何时候。一项调查量化了当时的市场参与度，结果显示，1910年遍布全世界的证券投资者大约有2 000万。[81]这个数字大于以往任何时候。以当时世界人口数量大约为16.5亿计算，它代表了1.7%的市场参与率，在较为发达的经济体，这个参与比例还要高得多。

美国的股权扩展

20世纪初，大约有5%的美国家庭以直接或间接的方式持有股票。由于经纪人只会管理大客户账户以及实施大型交易，并且股票通常是大量购入，所以现实中仅有一小部分社会阶层能够涉足该市场。1912 年，仅有 6 万人在纽约证券交易所开展交易。1916 年，仅有 13% 的纽约证券交易所经纪人会进行少于 100 股的交易。[82]

虽然投资并未真正普及，但是证券市场激发了公众的想象力。大量美国人通过所谓的投机商号开展模拟投资，这些投机商号兴起于 19 世纪 80 年代并一直延续了大约 40 年。在投机商号那里，参与者基本上就是以极高杠杆的方式押注股票的上下变动。投机商号的参与者通过关注自动收报机的纸带而不是观看跑道赛马来感受刺激。这种赌博方式让那些没有真正进入市场的人也能够参与市场的狂热。[83]

随着 20 世纪 20 年代牛市的出现，美国人更广泛地参与金融市场。最近的一项估计表明，20 世纪 20 年代持有股票的美国民众有 400 万~600 万人，相当于家庭数量的 15%~20%。然而，大多数人属于不活跃的投资者。大约有 150 万人或是 1.2% 的成年人可能拥有活跃的经纪账户，而其他人则仅仅通过员工持股计划以及类似的方式获得股票。[84] 基于联邦所得税数据，1927 年的股东人数为 400 万~600 万人，1930 年的人数上升为 900 万~1 100 万人。[85] 经历大萧条的重创之后，20 世纪初期股权扩张的势头先是放缓，接着是停滞，最后出现了逆转。民众失去了对证券市场的信任，并且投资者不再有额外的钱用于投资。[86]

1952 年，布鲁金斯学会代表纽约证券交易所开展了一项针对股权的具有里程碑意义的研究。研究调查显示，有 650 万美国人以直接的方式持有股票，这相当于人口总数的 4% 或家庭数量的 9.5%。[87] 如果把范围缩小至成年人，则有 635 万人（成年人口数量的 6.4% 或约 1/16 的成年人口）持有股票。[88] 需要注意的是，该研究明确将直接股权作为关注重点。在当时,大部分股权的确归个人持有,通过信托方式持股的仅占 11.4%,并且通过机构、基金、保险公司、投资公司和其他类型的公司持股的比例低于 3%。[89] 但是,直接股权与间接股权之间仍有显著的区别。除了重点关注直接股权之外,该研究还调查了其他投资的所有权问题。调查发现,67.1% 的个人持有人寿保险,34% 的个人拥有储蓄账户,4.2% 的个人持有上市公司股票,1.9% 的个人享有私人持股,78.9% 的人口参与了至少一种形式的投资。[90]

布鲁金斯学会的调查显示了美国细分群体在持有股权方面的差异。例如,年龄较大、受教育程度更高、更富裕的个体成为股东的可能性更大。持有股票的男性与女性人数大致相当,分别为 326 万和 323 万,并且 33% 的股东是家庭主妇。尽管如此,相对于男性而言,女性成为股东的途径可能显著不同。30% 的女性持股人表示,其股票是通过继承或接受礼物的方式获得的。[91]

20 世纪下半叶,美国金融体系的参与度变得更加广泛。谈及变化原因,这已经脱离了政府监管机构和金融专业人士等利益相关人的可控范围,而取决于当时的政治经济环境。例如,第二次世界大战后的长期牛市使股票成为一种看似充满吸引力的投资选择。此外,"冷战"文化激发了美国民众投身资本主义制度和支持本国产业的热情。苏联式的经济体系凸显了生产资料由国家接管,而与之不同的是,美国人希望展现在资本主义社会下工人也可以通过持股拥有生产资料。[92]

经过精心构思,可以得出市场参与度递增的其他原因。共同基金、退休金账户和衍生品等投资产品的发展为投资者提供了新的机遇。更大程度的监管使投资者更加信任市场,并更愿意将钱投资于证券产品。在"罗斯福新政"时期,联邦政府实施了多项规定,其中 1974 年《雇员退休收入保障法》使养老金投资迎来了一个新的时代。与之类似的是，金融行业修订了相关规则，使其对广泛的投资者更具吸引力。例如，放松对佣金比率的管制使经纪人能够针对投资者单独设定交易费率，从而拉低零售和专业客户的股票投资成本。最后，公共关系和营销活动将市场推向了大众。在零售经纪行业的发展史上，查尔斯·梅里尔或许是最著名的人物。同样，纽约证券交易所在该时期也在积极推进股权。1954—1969 年，纽约证券交易所开展了名为"拥有属于自身的美国企业股份"的市场推广活动，尝试吸引小型投资者。纽约证券交易所总裁基思·芬斯顿于 1951 年明确表达了这一目标："如果我们以坚定的信念追求自己的目标，我们终将接近自己的理想，那将是一个小股东的国度，每一个公民都可以通过个人所有制成为国家物质财富的既得利益者，这是一个真正的人民民主国度。"[93]

21 世纪初，共有 8 000 万美国人以直接或间接的方式持有股票，约占美国家庭数量的一半。[94] 总体而言，20 世纪的美国投资发展就是一段关于所有权扩张的故事。相比于过去，现在的成年人口中直接或间接持股的比例要高得多，从 1952 年的 1/16 上升至 1980 年的 1/5，再到 1990 年的 1/4，21 世纪初该持股比例达到了令人注目的 2/5。[95]

许多新的投资者并非金融市场的积极参与者。21 世纪初，美国大多数股东是通过共同基金和退休金账户持有股票的。[96] 尽管在 1952 年大部分股票的直接持有者是个人，但是直接持有者中机构和中介组织的比例也在不断增长。[97] 此外，那些直接参与证券市场的人可能会以非常不同的方式涉足其中。21 世纪初，约有 2/3 的家庭持有不到 6 000 美元市值的股票。许多人仅仅通过员工持股计划持有股票，从而只有少数人参与活跃交易。[98] 大多数直接持股人也并未实现多样化的投资组合。2010 年，在直接持有股票的全部家庭中，有 29% 的家庭仅持有 1 只股票，并且持有数量超过 10 只股票的家庭仅占 18%。在直接持有股票的家庭中，其股票投资组合价值的中位数为 2 万美元，而持有该类资产的家庭的退休金账户的中位数为 4.4 万美元。[99]

此外，尽管总体数据显示了大众参与金融体系的意愿在加强，但仔细分析数据可以发现，美国部分群体持有金融资产的可能性不大，这些人即使持有该类资产，也不太可能投资太多的钱。至于性别方面，纽约证券交易所的报告显示，1952—1983 年，成年男性与成年女性股东的数量有所变化，男性增加了 5.4%，女性增加了 5%。1985 年引入的一项新的调查方法似乎显示，实际上差距很大，1985 年和 1990 年男性股东拥有股票的占比分别高出女性 22 个百分点和 26 个百分点（1990 年，分别有 3 020 万名成年男性和 1 780 万名成年女性持有股票）。[100] 但是，并非所有数据都显示出不同人口群体之间存在不平等。例如，持股人结构年轻化成为一种明显的趋势。1952 年股东的平均年龄为 51 岁，而 1990 年降至 43 岁，这种趋势在 1975—1980 年就出现了。[101]

兼并整合

近年来，由于在交易成本、速度和质量方面的竞争愈演愈烈，出现许多交易所（通常是地区性或较小的交易所）倒闭或被较大的交易所收购的现象。正如经济学家詹姆斯·麦安德鲁斯和克里斯·斯特凡纳迪斯提出的，兼并整合的主要优点体现在三个方面：精简技术、增加流动性以及降低市场破碎程度。首先，当各个交易所采用不同的交易平台时，它们必须各自承担开发和维护这些平台的固定成本。另外，投资银行和其他中介机构必须保持与多种类型的系统的连接，从而导致复杂性和成本加大。当出现地区性交易所被关闭，其交易转至全国性或跨国交易所的时候，或者是当地区性交易所被全国性或跨国交易所收购并整合入网时，技术扩散的成本便降低了。其次，随着越来越多的买家和卖家进入单个交易所，流动性加大，这意味着买家和卖家之间以相互可接受的价格进行匹配的可能性加大。对于买家和卖家而言，流动性更大的市场更具吸引力，从而创造出一个良性的反馈循环或者"雪球效应"。也就是说，最具吸引力的交易所越发具有魅力，而缺乏吸引力的交易所越发失去魅力。最后，交易所整合是一种有益的行为，因为它降低了资本市场的破碎程度。同一只股票以不同的价格在不同的交易所进行交易是效率低下的。在这样的体系中，更加难以发现一只股票的真实价格。[102]

以上三股力量，加上一些技术和监管的变化，导致了19世纪末和20世纪美国的地区性交易所出现衰退。1915年跨国电话服务的推出以及20世纪20年代纽约证券交易所证券报价网络在全国范围的建立，结束了地区性交易所的信息优势。1936年，联邦政府引入了非上市股票交易特权，允许在一家交易所上市的证券在其他任何一家交易所进行交易。上述变化带来的结果是，尽管19世纪末美国拥有超过100家的地区性交易所，但是到1940年降至18家，1960年降至11家，而到1980年仅剩下7家。[103]

当今，即便是证券交易行业的传统巨头也同样受到兼并整合和技术推动的演变的影响。例如，伦敦证券交易所于2000年从私人公司转变为上市公司。2007年，该交易所与意大利证券交易所（Borsa Italiana）合并创建了伦敦证券交易所集团。[104]近年来，纽约证券交易所也身处一系列的并购和改造之中。2006年，纽约证券交易所与群岛控股公司（Archipelago Holdings）合并创建了营利性的上市公司——纽约证券交易所集团。次年，纽约证券交易所集团与欧洲证券交易所（Euronext）合并组建了纽约泛欧证券交易所，该集团此后于 2008 年收购了美国证券交易所。2013 年，纽约泛欧证券交易所被总部位于亚特兰大的洲际交易所收购。[105] 然而，如此大规模的兼并与收购也面临一些监管限制，比如纽约泛欧证券交易所与德意志交易所集团（Deutsche Börse）于 2012 年提出合并议案时遭到了欧盟委员会的阻拦。[106]

全球化

正如前文提到的，20 世纪初全球金融网络开始形成，这在很大程度上是由于新技术促进了金融中心之间的信息流通。但不幸的是，接下来数十年间的战争和金融危机导致发展进程出现停滞和倒退。第一次世界大战对全球证券市场造成了巨大打击，而俄国革命和共产主义的兴起导致证券市场在一些国家关闭。尽管 1918 年以后的几年里经济呈现小幅回升，但大萧条又扼杀了一切增长。多国政府出台新规以稳定国内经济，但这却造成全球金融网络的进一步收缩。而在此之后，第二次世界大战对国际交流造成了更大的破坏和中断。[107]

20 世纪中后期，国际资本流动开始恢复。虽然在 20 世纪 50 年代，贸易和金融协定十分有限且通常只存在于两国之间，但之后的几年却见证了国际资本流动性的加大。到 20 世纪 80 年代，金融自由流动水平终于达到或超过了差不多一个世纪前的程度。[108] 此外，新的证券交易所在世界各地纷纷设立，包括 1947 年的新德里、20 世纪 50 年代的达卡和釜山、20 世纪 60 年代的拉各斯和突尼斯、1974 年的曼谷以及 20 世纪 80 年代的科威特和伊斯坦布尔。[109] 在柏林墙倒塌后，那些于 20 世纪 40 年代关闭其交易所的东欧国家开始重建交易所。例如，布达佩斯的证券交易所于 1990 年重新开放，华沙的证券交易所在 1991 年重新开放。此外，上海证券交易所在 1990 年正式开业。[110]

资本市场的形态和表现因各国而异，这表明证券化和公共资本市场的出现并非只有一条路径。研究这个问题的学者提出了决定市场发展的多个因素，包括一个国家的经济发展水平、投资者所能获得的信息量及其可靠性，以及一个国家是否拥有普通法或者民法体系。此外，政府在这个过程中也发挥了重要作用。例如，公共债券的发行往往会加速市场的发展。[111] 立法和其他形式的政府干预也会影响金融市场的形成。[112] 由于这些差异的存在，市场的形态和表现在不同地区会存在很大的不同。谈及本章的重点，即股权扩展，1994 年的一项研究发现，21% 的美国民众持有股票，而瑞典、英国和法国的民众的持股比例分别是 35%、21% 和 16%，而在德国该比例仅为 5%。[113] 尽管如此，重要的是不应该夸大国家之间的差异，而应该认识到各个市场之间是紧密相连的。[114] 例如，早在 19 世纪，美国和欧洲以外的地区就效仿美国和欧洲的证券交易所创建了自己的证券交易所。[115]

在 17 世纪之前，并未形成实质性的有效公共证券市场。在当时，出现了许多早期的市场雏形并在一些方面类似于后来的公共市场，但却缺乏公共市场的精髓。也就是说，缺乏一个有管理的证券买卖平台，可以相对直接地实现所有权转移并具有足够的市场深度来提供流动性支持。对于许多像政府之类的团体来讲，在这些公共市场出现之前要筹集资本是一件很困难的事，通常需要采取强制贷款等特殊方式以取得所需资金。尽管股东缺乏治理权，但随着荷兰东印度公司股票交易的出现，阿姆斯特丹建立了第一个真正意义上的股票交易市场。光荣革命后，来自荷兰共和国的威廉三世执掌英国并建立了英格兰银行,在这期间伦敦见证了一个金融中心的成熟。此后不久,伦敦的咖啡馆由于配备了证券交易许可和报价,成为最初的股票交易所。当然,许多公共市场的参与度很低,预计只有1%的英国公众持有英国债券。美国的《梧桐树协议》标志着纽约证券交易所的开端。19世纪中期,铁路、矿业和石油类股票在当时普遍流行。这些交易所也经受了调控,其中包括1908年纽约场外交易市场组织开展的行业自律。这些公共交易所的发展得益于技术和全球化的推动,包括信息传输速度的加快和自动收报机纸带的发展。在许多国家,股权以及这些交易所的使用范围得到了广泛扩展。相比于20世纪20年代,仅有3%~5%的成年人持有股票,如今大约有一半的美国家庭持有股票。当然,随着时间的推移,公共市场的发展并不意味着更多市场的出现。近年来,随着网络效应的显现,出现了大规模的并购潮,减少交易所数量从而解决地区性交易所过多的问题显得更加合理。

小　结

归根结底,公共市场的出现对管理型投资产生了重大影响。作为投资大众化故事的最后一部分内容,不能忽略公共股权、融资机制以及专业的资金经理和个人投资者策略的发展。观察人士不应该忘记,这些现代的发展成就深深扎根于股份制公司的发展史以及工业革命所带来的财富和资源的大众化。

作为明朗的大众化趋势的组成部分,股份制公司的引入为那些缺乏无限资源的个人和机构开辟了一条道路,使其能够以部分产权所有人的身份参与投资活动。工业革命在为广泛的公民群体创造剩余的过程中起到了重要作用,而在此之前权力精英是唯一真正拥有可供投资资金的群体。这为包括企业家、商人和制造商在内的庞大的中产阶级提供了投资机会。公共投资工具（包括公司和基金）的创建孕育了一个流动市场，使各种各样的机构和个人能够参与其中。

在经历了工业革命的创造、破坏、成就、悲剧和经济催化作用之后，上市公司的出现带来了突破性进展，其中重要的一点是得到了广大民众的支持。私人持有的商业机构和公司股权成为上市交易实体，并最终演变为现代的大容量公共证券交易所。公共市场的出现将储蓄者与世界各地的投资项目连接到一起，并始终发挥着提供流动性、公开价值、传播可获得性和资产多样化组合以及降低交易成本的作用。

上市公司在很大程度上是工业革命的产物，它借鉴了作为其前身的股份制公司的经验。这些上市公司助推了经济增长的速度和规模，这些受益的行业包括 19 世纪的铁路以及 20 世纪的汽车、计算机、飞机和工业。散户投资者和个人找到了新的渠道去投资他们的资金和储蓄，而工商界达到了人类历史上前所未有的透明度，这都要归功于上市公司时代监管框架的推出，而我们仍然彻底沉浸在这样一个时代。[116]

在未来，除非出现无法预见的情况，上市公司及其股票将继续主导证券市场，充当投资世界的主要元素，并长期作为投资大众化进程的一个焦点。而我们在关于股份公司、工业革命以及公共市场出现的一系列变革中，再次见证了投资大众化这一主题。

第三章

退休及养老金

投资大众化最深刻的表现之一就是退休及养老金概念的出现。对于"退休"的广泛接受仅仅发端于 150 年前，并在此后稳步扩展。当前，退休融资促成了世界范围内最大规模的投资资本聚集。单就美国来讲，退休资产合计高达惊人的 24 万亿美元。[1] 对于退休融资的关注，使社会机构及其采用的投资工具产生了极大变化，并引发了退休资金管理人士掌握新技能的必要性。将退休融资视为投资主要目标的理念带来了深远的社会影响，包括养老基金的发展、退休储蓄计划的蓬勃兴起，以及关于未来社会保障的尚未解决的全国性对话。

关于退休和救济的早期尝试

对于许多人来讲，退休被视作现代生活的基石，是数十年辛苦劳作的回报，是可以与家人共度时光、度假或享受生活乐趣的绝对自由的时间。然而，当代退休生活的中心性掩盖了它的现代性。尽管退休在以往社会中并非完全不存在，但却表现出完全不同的特征。

当然，迈向脆弱的"黄金年代"的必然趋势并不是什么新鲜事。那么，数个世纪以前的广大男性和女性在人生暮年都做些什么呢？两种结局最具代表性：一个人要么一直工作到生命齿轮停止的那一刻，要么不再工作并依靠家人维系生活。

在后一种情况下，自私的后代并非总是乐于承担赡养年迈父母的责任。然而，与今天不同的是，过去的社会实际上在很多时候要求儿女照顾其父母。就美国（或者更恰当地讲，当时英属的美洲殖民地）来讲，确实如此。1601年英国《济贫法》所确立的价值观规定，家人是赡养父母和祖父母的首要人选。这滋生了各种各样的冲突，法院诉讼中经常充斥着因年轻人未向父母支付赡养费而引起的索赔。[2]

对于那些没有子女的人来讲，当他们不能再工作时，英国《济贫法》按照条款规定向其提供帮助。在协调木材或食品转移的"贫困人口"税收资助计划的基础上，这些条款往往涉及公共官员采取的特殊制度安排。首先，个人有必要证明其合法需要，并展示其早些年所做的贡献，表明并非故意无所事事。其次，有必要表明，在该需求出现之前即享有居住权。通常来讲，这项要求得到了严格执行。例如，在1707年，波士顿拒绝了一位名叫尼古拉斯·华纳的80多岁男性的申请，告知他由于不具备长期居民身份，他无法在该市获得援助。[3] 在当时，社区紧密联系在一起，而且波士顿在1690年的人口数仅为7 000人，因此不足为奇的是，尽管各个家庭都努力照顾好各自的贫困老人，但外界的看法却截然不同。[4]

然而，在100年的时间里，城市化的推进打破了这种小规模的协调，并催生出更多为非自愿退休人员提供援助的公共机构。尽管英国殖民地的第一家公立救济院成立于1664年，但在当时此类机构并不常见。到18世纪中后叶，这些钱财匮乏的老年人常常被迫住进救济院，而不是待在各自的家中接受生活必需品的供给。当时这些救济院还属于新生事物，尚未充分利用，算得上是老年人安享人生最后时光的舒适之地。但是，情况很快就发生了改变。随着移民的增加以及快速城市化导致许多地区的居住环境更加脏乱，地方管理者为了控制不断上涨的福利开支，使救济院变成了不受欢迎的场所。管理者要求将居住在并不舒适的救济院作为接受援助的先决条件，并希望借此减少用于社会福利的资金开支。对于居住在救济院的老年人来讲，最糟糕的事是孤儿和刑满释放人员被归入他们的阵营，从而导致老年人与幼儿和前科犯共享住所。这种不幸的状况导致这些退休老人被视为无所事事之人，尽管他们曾经努力工作过。这种观点一直持续到美国内战开始后不久，当时针对这些人创建了单独的公共项目。最重要的是，自17世纪早期至19世纪中期，随着许多被边缘化的其他人群加入公立救济院，针对老年人的服务质量逐步下降。对于老年人和穷人来讲，这种"提前退休"的时代绝不是令人愉快的体验。[5]

18世纪至19世纪的活动

基督教长老会是美国许多早期的养老金计划发展的中心。长老会教徒取得的主要进步包括两个方面：一是教区居民出于保护牧师的利益支持建立的养老体系，二是通过牧师本人支付保费的形式建立的保险制度。

第一个进步始于1718年费城宗教会议引入"供虔诚使用基金"，其目标是扩张资金并缓解长老会牧师及其家庭的财务困境。1759年，该体系确切建立起来，尽管名称改为了冗长的"救济陷入困境的贫穷牧师、遗孀和长老会牧师的孩子的公司"，但其主旨没有改变。金钱同样用于其他事业。有证据表明，为某个机构支付费用，甚至替那些被美洲原住民部落偷袭捕获的儿童支付赎金的情况都是存在的。基金管理不像人们想象的那样保守。举例来讲，向大陆会议提供的贷款高达 5 000 美元，从而使美国独立战争时期的士兵能够获得合理补偿。考虑到在战争走向不明的情况下交易对手存在的不确定性，这项投资的风险相当高。[6]

第二个进步是更为传统的保险型养老基金，其收益来自牧师支付的保费。该制度始于长老会牧师基金，较纽约互助人寿（Mutual Life of New York）早 80 多年，并逐步成为一只运转良好的基金。就多方面来讲，这是真正意义上的养老基金。关于该基金资产的管理，债券和股票购买均有所涉及。就管理成本而言，该基金的表现大幅优于同类基金。例如，在 20 世纪初，尽管纽约人寿（New York Life）为单个保单支付的费用约为 20 美元，但是长老会牧师基金单个保单的成本仅为纽约人寿的 1/4。[7]

需要明确的是，这个基金相对于后来的养老基金的确具有一些结构性优势，包括该基金的大部分控股董事并未在工作付出上得到补偿。而且，长老会牧师基金在当时从未对索赔提出疑问。此外，或许最重要的是，长老会牧师基金面临的精算安排较同行保险公司要有利得多，因为该基金将其目标客户限定在受教育水平更高、提出索赔时更诚实、预期寿命更长（由于从事身体伤害风险极低的行当）的那部分人群中。[8]

费城储蓄基金协会

对于那些在工作生活之余能够进行储蓄，但却没有巨额财富而不能够被传统银行所迎合的人群来讲，当时的另一大进步是使其能够过上闲适的晚年生活。事实上，富人和权贵长期以来一直可以利用储蓄机构来存放额外的流动性净值，而许多不太富裕的人则缺乏享受该服务的渠道。鉴于此，一个新的称为费城储蓄基金协会的机构应运而生，该机构不仅能创造利润，还发挥了为不太富裕的人群提供银行服务的社会功能。[9]

仔细查看该基金的早期历史可以发现，针对某些存款人（女性仆人）存在一项具有吸引力的退休计划。研究人员翻查1850年之后该基金的相关数据后发现，女性仆人的储蓄模式类似于有意为退休进行资金储蓄。经过仔细推敲，可以很明确地知道她们采取上述行为的特殊原因。她们当中的许多人没有结婚，无法期待继承一笔金额可观的遗产，因而参与劳作，始终努力工作以满足自身开销。研究人员发现，与男性在存款规模与存款人年龄之间充其量表现出的脆弱关联不同，女性仆人具有明显的储蓄倾向。相对而言，这些女性支取账户中资金的频次也低于男性。这并非表示男性在其他方面缺乏储蓄行为，而是男性储户大多将其存款视为流动性较高的账户，更为频繁地支取资金用于还贷或者家庭的其他开支。[10]

总而言之，退休在演进为现代形式之前大致表现为三种形式。第一种实际上属于非自愿退休，这针对那些完全无法为经济运作做出贡献的人。这需要得到第三方的支持，这一点较困难且通常较苛刻。对于这部分民众来讲，退休丝毫不意味着解脱，且很难带来愉悦感。退休生活并非备受期待的人生阶段，而几乎就是人体衰弱的标志。所幸，当今的退休生活已大为不同。第二种和第三种退休形式看起来更具现代特征，但是仅局限于一小部分群体，尤其是那些坐拥巨额财富（或至少拥有可支配收入以用作定期储蓄）或是依靠已建立的一套成熟机制获得慷慨的社区（如基督教长老会）支持的人。

人口结构变化

是什么因素促进了退休转变为今天这种形式呢？在很大程度上，经济与人口的一系列变化共同播下了改变的种子。关于1880—1940年退休率大幅度增加的确切原因存在各种各样的解释，但是并未达成明确的共识。人们所了解的是，这个时期的退休率发生了很大的变化。1880年，60~79岁男性的劳动参与率是86.7%，而1940年已下降至59.4%。[11] 对于该重大转变，我们提出以下两种可能的解释。

第一种解释是，这一时期的农业部门表现出衰退，该趋势可以说明部分问题。认同该解释重要性的论据指出，平均而言，与农业耕作相比，退休在很大程度上表现为一种城市工业化现象。通常来讲，农民直至高龄都在参与农场的管理或经营。这就是说，城市体力劳动在某种方式上与农村环境下的劳动存在不同，这或许是因为上年纪的农民可能需要依靠他人或是劳动者的观念发生改变，转为监管自身财产，而不是直接参与劳作。或许是由于城市劳动造成的身体劳损比农业劳作更为显著，又或许是城市环境下的年长者享有更广泛的机遇。无论是什么原因，农场的劳动参与率确实要高于非农业部门。随着这一时期参与农业部门劳作的个体数量出现下降，退休总体水平表现为上升。如果1880—1940年农业部门与非农业部门的男性就业比例没有发生改变，那么要推算农业部门的衰退程度实际上就是将实际的总体劳动参与率与理论值进行比较。这种计算方式表明，老年男性劳动参与率之所以下降，农业因素大约占22%，这是引发该趋势重要但并非唯一的因素。[12]

第二种解释是，该时期较高的收入提升了劳动者选择退休的能力。这个解释更加有效。强有力的证据表明，尤其是在19世纪中后叶，劳动者无论是凭借经常性收入还是累积财富做出退休的决定，都与其选择退休的能力有关。关于该时期联邦军队养老金的实证研究表明，经济冲击对退休率具有强烈的影响，这表明做出退休决定往往具有明显的经济动机。因此，在处于收入增长的时期，退休率自然而然应该上升。有人认为，工资上涨可以解释为何在1900—1980年退休率增长了高达60%。不过有趣的是，随着劳动个体逐渐将退休看作一种"预期"而不单纯是一种"选择"，加上为退休人士提供休闲的产业逐步形成，1950年之后收入对于做出退休决定的影响似乎开始下降。[13]

然而，一个半世纪以来，做出退休决定并非唯一出现的变化。退休年限同样也在增长。这也是一个值得研究的趋势，原因在于退休年限决定了一个人的储蓄需要。是什么导致了退休年限的增长？是较早年龄段群体的劳动参与率出现下降，还是死亡率出现下降？

在回答这个问题之前，有两点值得考虑。一方面，就年龄超过20岁的群体来讲，平均总体寿命从1900年的不到62岁增长至1990年的73岁以上。另一方面，在相同的时期内，美国老年人口的劳动参与率出现急剧下降，65岁以上男性的劳动参与率从65%降至1993年的15%。寿命延长和提早退休两个方面的因素共同促进了退休年限的增长。1940—1990年，预期寿命的增加起到了更加关键的作用。这段时期，退休年限增长了79%，是由于死亡率下降。[14]

养老年限不断增加很可能促使人们在较年轻的时候便开始积累大量储蓄。对此的经济解释是生命周期假说，或者说，其理念是将一个人的财富分摊至整个人生阶段，其做法是在就业期间进行储蓄，在养老阶段花掉所积攒的财富。用一个简单的计算公式加以说明，在 1900 年如果一个 20 岁的年轻人计划开始积攒 7%~12% 的收入作为日后的养老金，那么在零收益率的条件下他应将 7%~12% 的收入作为储蓄（如果设定的收益率更高，则储蓄率更低）。[15] 当然，按照同样的逻辑，如果退休年限增加，则要求更高的储蓄率。

渡过难关：经济大萧条时期的养老储蓄

人口结构变化仅仅是打下了基础。接下来，有必要了解公共以及私人领域出现的结构健全的养老储蓄是如何帮助实现退休以后"流金岁月"般的生活的。

在经济大萧条出现以前，保险公司是提供退休计划的一类机构，拥有规模较小但稳健的客户基础。虽然大萧条对信托公司、普通股和债券市场造成了严重破坏，但保险公司经营的养老金计划实际上运转得非常好。当经济崩溃后，各种养老金计划蓬勃发展，因为人们认为这些计划是为数不多的可以安全存放财富的渠道之一。在 1930 年，由保险公司负责管理的养老金计划覆盖了大约 10 万人。在此后的 10 年中，保险公司发展了 60 万个新的承保对象。[16]

在养老金领域，保险公司采取了明显的寡头垄断运作方式。大都会人寿保险（Metropolitan Life）是其中最突出的市场参与者，承销了大约 1/3 的养老金计划；其次是保诚保险（Prudential）、公平人寿（Equitable）和安泰人寿（Aetna），三者共同控制了大约一半的市场份额。团体协会的建立实现了对上述主要市场参与者的控制，其主要做法是制定费率标准。[17]

在当时，这些公司面临的主要困难是大萧条对利率的影响。由于利率水平较低，投资回报出现大幅萎缩。因此，对于雇主而言，用于养老金既定支出的成本急剧增加。为应对低利率的问题，一些保险公司不顾新的市场需求，采取不鼓励出售更多的养老金计划的做法。究其原因，许多保险公司在风险管理方面，将涉及某一个公司的利率广泛用于其承保的所有合同。过多采用旧的养老金计划为公司发展新客户，可能会导致公司收益减少，也可能出现预期损失。[18] 最终，上述业务方式在大萧条时期有不错的经营表现，激发了用户和广大公众的信心，为许多私营养老储蓄形式的发展奠定了基础。

联邦退休计划：社会保障的出现

但是，并非所有公民都拥有足够的财富涉足私人保险领域。公共保险体系很快随之发展起来，其发展史既引人入胜，又对认识养老基金的发展进程起到了关键作用。

富兰克林·德拉诺·罗斯福是公共退休计划的坚定拥护者，但他并不是第一位推动此类国家体系建设以获得潜在社会效益的总统，西奥多·罗斯福早在20多年前担任总统时就推行上述做法了。[19] 当然，这两任总统都加入了倡导该体系的大军之中。或许其中最耀眼的人物是弗朗西斯·汤森，他在大萧条时期制订了一项退休计划，鼓励那些生产效率较低的工人退休，将工作机会提供给失业的年轻男性。汤森本来是一名医生，后来完全投身于该事业并不断提倡给予退休人员更多的社会福利，但最终颁布的社会保障计划没有达到他的预期。他所寻求的退休制度是将退休年龄设定在60岁而不是65岁，每月的养老金可以高达200美元（中年劳动力的平均收入），远高于最终颁布的标准。[20] 按照汤森的设想，企业之间的商品和服务买卖应征收2%的国家税收。他同时建议，退休人员应在领取养老金后的30日内使用完200美元。汤森希望通过此举，将非常"激进"的退休制度与他所希冀的有助于美国经济摆脱大萧条的计划结合起来。汤森在营销其计划方面确实很成功，并携手房地产经纪人罗伯特·厄尔·克莱门茨于 1934 年 1 月 1 日设立了该计划的支持者总部。在仅仅一年的时间里，全国范围内运作的汤森俱乐部达 1 000 多家，汤森的拥护者多达数百万人。[21]

推行社会保障的时机确实已经成熟。在 20 世纪早期的数十年里，推动该事业的政治意愿不断加大，这在一定程度上应归因于经济大萧条。在当时，对于应对措施的迫切需要导致出现了既灵活又严格的制度，并为将其塑造为罗斯福的改革愿景提供了可能。

1937 年，在支持罗斯福新政的民主党人颁布该计划之前，基本上还剩下一道障碍，就是最高法院。有趣的是，当时最高法院的人员构成可谓历史上最年长的之一，他们的平均年龄超过了 71 岁。法院的人员组成被划分为 3 名自由派大法官、4 名保守派大法官（之所以如此是源于罗斯福失败的法院改组计划案）和 2 名潜在的"摇摆票"（查尔斯·埃文斯·休斯和欧文·罗伯茨）。最初，负责提案的经济安全委员会在是应该诉诸商业条款还是通过征税来服务"公共福利"项目的问题上产生了分歧。当号称与社会保障享有类似宪法基础的《农业调整法》于 1936 年被法院驳回时，这个项目陷入了极度危险的境地。不过大法官罗伯茨出乎意料地回心转意，使保守派的多数派丧失了优势，并以 5∶4 的票数通过了该项目。[22] 历史往往倾向于将关键事件自然化，并将其视为一系列注定要发生的事件的原因。然而，事实却是，这个支持无数美国民众养老的项目似乎从未存在过。

俾斯麦的退休制度

尽管社会保障在美国的政治家看来有些激进，但是与欧洲那些拥有相似社会经济背景、更为激进的国家相比，其意识形态却远远落后。早在19世纪末,欧洲就出现了公共保险计划,这最早是按照奥托·冯·俾斯麦提出的规则在德国建立的。相比之下,美国制订相应计划的时间要晚于其他30多个国家。

值得一提的是,俾斯麦在政治哲学方面相当保守,但是在推动德国退休制度的发展时表现得很有魄力。在那些坚称其提议具有社会主义性质的人面前,他表示:"不论称其为社会主义还是你们所喜好的任何称呼,对我来讲都一样。"不过,他是一个信奉现实政治的人,推行以实用主义为导向的决策过程。他致力于建立退休制度,这确实是务实的。德国的马克思主义分子曾号召推行一个更加激进的退休制度,在一定程度上是俾斯麦出手平息了这些势力。[23]

有传闻认为,美国关于65岁退休年龄的规定留有俾斯麦退休计划的痕迹。传说是俾斯麦选定了这个年龄,而从那之后其他许多国家效仿俾斯麦模式做出了相同的年龄规定。但是,俾斯麦的计划实际上是将退休年龄设定为70岁,选取这个年龄很可能是因为很少有德国公民能够活到如此高龄。尽管德国后来的确将退休年龄降至65岁,但这也是直到俾斯麦去世后的1916年才实现的。[24]

那么,美国选定65岁为退休年龄的缘由何在?经济安全委员会负责设定恰当的社会保障退休年龄,主要考虑了这一方面的因素:各种各样的州政府退休计划。通常来讲,各州的退休年龄都设定在65岁或70岁,分别采用这两个退休年龄的州的数量大致相当。1934年美国国会通过铁路职工退休制度,推动经济安全委员会采用65岁替代70岁作为退休年龄。铁路职工退休制度规定65岁作为退休年龄,在全国范围内创造了65岁退休的先例。[25] 因此,很可能是在美国已经实施的退休制度促成了选择65岁作为退休年龄,而不是基于俾斯麦的思考。

社会保障对私人养老金市场的影响

公共退休制度的兴起对私人养老业务产生了有趣的反馈效应。罗斯福新政立法带来的一个趋势就是,私人养老金计划在增加对白领工人覆盖率的同时降低了对蓝领工人的覆盖率。对此,存在多个方面的原因。首先,随之而来的是联邦税率的提高,以及更为激进的税负分配方式,更加激励高收入群体利用养老金计划所提供的税收优惠手段。其次,尽管社会保障为那些生活水平较低的个体提供了源源不断的充足薪资,但是那些拥有更多可支配收入的人认为这并不足以满足其生活目标,因此不得不将私人养老金作为一种补充。具体来讲,蓝领工人通常可以在其整个职业生涯中将平均大约30%的年薪用于社会保障,而那些年收入超过3 000美元的人则无法通过社会保障获得超限额部分的一定比例的返还。或许是因为当时管理层与劳工之间存在摩擦,但坦率地讲这不能令人信服。公司认为有必要确保管理层忠实于公司,尤其是在困难时期以及面临因裁员或削减工资出现强烈抵制的情况下。如此一来,其净效应就是短期内私人养老金的总体参与度出现下降。作为相应影响程度的反映,一项典型的养老金计划倡议的总体劳动力覆盖率,从1930年以前的78%下降至20世纪30年代末的41%。[26]

后来,又出现了一项运动,推动将养老基金提供的保护和收益返还给广大公众。例如,1938年和1942年的税收相关法案均做出规定,给予养老金税收优惠,不允许偏袒高收入雇员,以免损害受保护的低收入者的税收待遇。此外,一些公司试图利用养老金制度来巧妙地规避第二次世界大战的物价和工资管制,其做法是承诺增加收益,而不是提供通常被禁止的加薪。同时,出现了有利于劳工的司法改革,比如联邦法院的裁决允许将养老金计划纳入工会关于员工工资和福利的整体谈判中。[27]

企业管理养老金的缺陷及新法规的确立

在企业管理养老金计划的时代，资金不足带来的相关问题浮出水面。当企业的支付能力不足以偿付其债务时，企业会破产倒闭。对于一家企业来说，其产品相关性可能降低，可能无法应对某些宏观经济的转变，其管理可能不可靠或无效。企业既不能印钞票，也没有征税权（虽然近来美国一些城市的破产说明，仅靠征税权并不足以使一个城市免于偶然的重组需要）。因此，虽然养老基金的管理一直以来颇为成功，即使在大萧条的艰难时期也是如此，但是企业为养老金计划提供的资金有时却不尽如人意。

斯蒂庞克公司是无资金预备的养老金债务运作失败的早期案例之一。1963年，该公司关闭了在印第安纳州南本德市的汽车制造工厂。虽然已退休的员工和符合退休标准却仍在工作的员工确实获得了全额养老金，但是那些年轻员工却被尽数排除在外，其中有些人得到的现金补偿仅仅是原本享有的养老金的一小部分，甚至还有一些人一无所得。[28]

另一个案例发生在1958年，斯蒂庞克－帕卡德公司未能履行养老金计划的承诺，没有给帕卡德汽车公司的员工提供相应的养老金。[29] 上述两个事件使无资金预备的养老金债务问题受到美国人的关注，同时也引起了媒体的热议。1972年，美国全国广播公司播出了一档名为《养老金：破碎的承诺》的特别节目。当时，媒体进行了大量报道，并在全国范围内引起广泛关注，使美国国会就养老金问题产生的分歧成为焦点。[30] 这类事件与随之而来的媒体报道共同为养老金改革赢得了政治上的支持。

全美汽车工人联合会（UAW）虽然面临早期的养老金问题，但其在养老金改革问题上的立场却耐人寻味。一方面，UAW 当然不愿看到当企业陷入岌岌可危的财务困境时工人蒙受损失。另一方面，UAW 常常致力于争取退休福利应追溯补发的增额，因此它并不一定想让企业一直为养老金计划提供全额资金，这会使它在争取更多退休福利的谈判中面临阻力。因为新的福利确定后，企业为偿付债务需要产生即期现金支出。[31] UAW 推动改革的重点在于建立养老金再保险，而不在于要求企业为养老金计划提供全额资金。

　　对此，美国国会以各委员会采取的行动作为回应。传统观点认为，养老金立法的权限掌握在劳动委员会手中，但是参议院财政委员会和众议院筹款委员会也发挥了一定的作用，最基本的就是指出了上述工具所提供的税收优惠手段。通过多方面的立法努力，1974年《雇员退休收入保障法》颁布。该法案极大地提高了对养老基金偿付能力的要求，重新评估了养老金缴费的减税限制，设立标准来评估养老金计划是否倾向于高薪员工而牺牲了广大工人的利益。UAW 推动养老金再保险的努力以《雇员退休收入保障法》第四部分的形式得到体现，在该条款下设立了养老金保障公司。如果该公司保障下的养老金计划破产，该公司将支付法律规定最高限额的赔偿金。[32]

养老金计划日趋复杂化

　　通用磨坊（General Mills）是最早将养老金从保险公司的保守管理下撤出的公司之一。保险公司一般从保管者的角度看待投资资金，即降低风险而不一定要最大化收益或产生超额收益。在 1965 年的一次董事会会议上，这家谷物和食材供应商提出了减轻养老金债务、通过更积极的投资策略提高盈利的想法，并取得了巨大成功。

当然，通用磨坊公司需要选拔一个资金管理者，并最终敲定了资产研究与管理公司的一个团队，该团队当时由罗伯特·柯比管理。[33]

资产研究与管理公司内部有人立刻认识到，如果其他私营公司纷纷效仿这一决策，将资金从保险公司转移到投资管理专家手中，它们将成为一类全新的投资客户，带来巨大商机。与普通投资者相比，这类客户富有经验。更具吸引力的是，这类客户的账户资金可以持续增长，而不是在退休期间逐渐消耗，并在其去世时支取出来给继承人。[34]

然而，这种认识在业内并不普遍。一些最常见的养老金管理候选机构（尤其是那些管理共同基金的）并不想改变固有的状态，因为它们已经赚取了丰厚的薪水和奖金，并且认为这种尝试存在风险。相对于共同基金，管理养老金会带来一些挑战，因此其他机构设法避开这种挑战，专注于招揽新客户、维持现有的客户。[35]

虽然独立养老金管理业务可能在吸引人员方面存在一些困难，但这很快发展为一种不可否认的趋势。连市政当局也希望把资金交由专业管理者经营。加利福尼亚州的一项法律修改后允许将最多1/4的养老金资产投资于股票，从而使养老金具有更积极的投资能力，随后许多州、市、县纷纷开始冒险尝试。[36]

固定缴款计划

虽然《雇员退休收入保障法》是一项适应时代需求的立法成果，但在之后的时间里，私人部门出现了一种趋势，从养老金形式的固定收益计划转向401（k）、403（b）等形式的固定缴款计划。在《雇员退休收入保障法》通过后的第二年，固定收益计划约有1 860亿美元资产，固定缴款计划的资产则少得多，只有740亿美元。然而，到了20世纪90年代末，固定缴款计划的资产超过了固定收益计划。这一趋势保持了下去，到 2006 年，私人部门固定收益计划管理的资产为 2.5 万亿美元，而固定缴款计划则为 3.2 万亿美元。1975—2004 年，养老金计划的数量减少了一半以上，而计划参与者的数量增加了 26%。相比之下，固定缴款计划在同一时期内参与者的数量增长了 7 倍，计划的数量增长了 3 倍。[37] 这些数据与个人退休账户和年金一样，在 21 世纪初保持了进一步增长。到 2014 年中期，雇主导向型固定缴款计划资产总计 6.6 万亿美元，私人部门固定收益计划增长到 3.2 万亿美元，政府固定收益计划增长到 5.1 万亿美元，个人退休账户达到 7.2 万亿美元，年金准备金达到 2.0 万亿美元。[38]

固定缴款计划已经成为养老金的一种主要投资手段，并进一步实现了投资的大众化。提前支取资金会征收 10% 的费用，而税收递延型养老储蓄账户资金一旦提前支取，则所有税款必须缴齐，这些政策必然起到鼓励人们持续投资养老金的作用。固定缴款计划也将储蓄者作为一类新型参与者引入了投资领域。美国投资公司协会的一项调查表明，当个人退休账户和 401（k）计划的受访者被问及投资原因时，多数人都列出"一般储蓄"。这些人并非将市场看作获得长期巨大收益的机会，而更多是将其作为银行存款之外的另一个选择。开设个人退休账户和参与 401（k）计划的极大便利无疑也推动了这一趋势。[39]

事实上，人们把投资市场仅仅作为另一种储蓄的方式，这种行为可以追溯至 20 世纪 70 年代的通货膨胀时期，当时的人们受到了宽松货币政策和石油价格冲击的启发。正常情况下，金融机构提供给储户的利率应该随着现行的利率波动，也就是说，如果名义利率随着通货膨胀上升，银行支付给储户的利息也相应上升。然而，Q 条例为利率设置了最高限额，阻止了这种情况的发生。Q

条例在深陷大萧条的背景下推出，其目的是防止储蓄信贷机构（其中很多由于流动性约束而濒临破产）以利率为手段相互竞争，支付高额利息，从而损害自身的长期利益。当然，Q 条例所设的利率限额在大萧条之后的数十年里都无伤大雅，因为不到通货膨胀抬头的时候它几乎不发挥作用。而一旦通货膨胀超过了利率的最高限额，储户便只能眼睁睁地看着存款不断贬值。与此同时，随着股价下跌，投资股票市场显然要划算得多，加大了民众将其作为银行储蓄替代品的兴趣。[40] 这一普遍趋势激起了人们对股票市场的兴趣并广泛参与，其表现包括 20 世纪末民众通过个人退休账户和 401（k）计划等方式参与投资。

将房屋净值当作退休资产

关于最后一种私人退休储蓄形式，值得做一番评论。事实上，除了托管型基金之外，还有一种资产在为退休之后提供经济保障方面表现得很突出，那就是房屋净值。通常，当个人下决心搬至气候更温暖的地方，腾换至面积较小的房屋或是生活在距离孩子更近的地方时，可以通过简单的出售行为获得该项资产。

与传统的托管型退休资产相比，房屋净值具有两个方面的显著优势。一方面，权益的增加是通过逐月还抵押贷款的方式被迫实现的，所以在该体系下，相关收益实质上是通过"储蓄第一笔收入而不是最后一笔"来实现的。尽管在开支居高不下或陷入财务困难时，个人可能会削减对个人退休账户或 401（k）条款下的出资，但是他们却不能那么容易地削减抵押贷款的还款金额（通过再融资或违约的方式除外）。近年来，该效应显得尤为重要，因为储蓄率持续保持在低位。另一方面，房产通常可以较好地抵御通货膨胀的风险。因此，当物价处于上涨时期，个人的固定收益资产会出现缩水，而房屋略微具有稍强的抵御能力。通常情况下，那些采用固定利率抵押房屋的个人的经营表现会特别好，原因在于他们使用了贬值的货币来偿还贷款。

在本文的分析中不能忽视房产财富，即使这些资产处于非托管状态，因为就全国范围而言，该类资产大约占到了家庭净资产总额的一半。此外，考虑到其他形式的金融财富分布不均，房产财富代表了大约 2/3 的中等收入家庭的财富。[41]

加强退休计划

如今，退休储蓄面临的一大困扰是许多个体存在拖延制订退休计划的倾向。鉴于此，一些公司设立了自动注册的 401（k）账户，这样一来公司员工不得不就退出该计划做出决定，而不再是选择加入的问题。尽管在完全理性人以及低转换成本的模型下，从选择加入到决定退出的变更设计本不应该产生影响，但是实证研究却表明了恰恰相反的结论，自动注册似乎克服了拖延导致的多方面危害。1998 年，一项研究跟踪调查了一家大型医疗保健和保险公司的自动注册制执行情况。研究发现，自动注册制将退休储蓄净参与率从仅有的 37.4% 提升至 85.9%。[42] 此外，最大的参与度涨幅来自少数民族、年轻人和低收入群体，这表明他们是计划变更最直接的受益者，或许也是之前最常见的优柔寡断的人群。但是，这并非该研究得出的全部结论。401（k）计划设置了默认缴费率和默认资金划拨制度。自动注册制带来的结果是，大多数新加入退休计划的个人都采用了默认的缴费率和资金划拨设置，而在自动注册制推出之前，这两种设置并不常见。在当时，对于扣除多少薪水以及购买何种基金，个人需经过深思熟虑才能拿定主意。[43]

除了强调部分群体在解决其退休之后的财务需求时所表现出的拖延做出重要决定的问题之外，该研究还为近年来广受推崇的一项政策，即采用私人投资账户取代社会保障，提供了重要依据。首先，该政策的做法与改革倡导者所宣称的授权个人管理其退休生活的最普遍利益背道而驰，因为许多人没有足够的时间仔细思考如何使自身需求达到最优。其次，该政策十分清晰地表明了精心设置默认参数的重要性，因为参与退休储蓄的许多人只是遵循默认准则。因此，就缴费率和资金划拨设置来讲，要么选取最能照顾广泛人群的参数，要么根据参与者的其他恰当维度（年龄、其他储蓄和收入）进行调整。

小　结

退休的概念及其相关融资手段的发展是反映数个世纪以来投资大众化进程的最显著的表现。普通人期待并最终有能力实现在年老时远离财务困难、过上有尊严的生活，着实提高了发达国家无数中产阶级的生活水平。

对于近年来退休资产的显著增长，怎么夸大都不为过。1974年，美国退休专用资产的总额约为3 680亿美元。[44] 到2013年，总金额已经增长到20.8万亿美元。[45] 同时，与退休资产相关的各种投资工具呈现显著增长态势。例如，1974年个人退休账户的资产余额为零，而到了2011年，该账户余额已增至4.9万亿美元。各州和地方的养老金计划也呈现类似的增长趋势，从1974年的880亿美元增长至2011年的3.1万亿美元，与此同时，年金从1974年的470亿美元增长至1.6万亿美元。[46]

如果考虑到通货膨胀和工资的调整,这些数据又意味着什么呢?1975—1999年,退休资产的增长额是工资的5倍。这当然意味着退休人员平均拥有的资产总额可以维持其更长时期的生活。[47] 这些可供投资的资产共同构成了美国一个庞大的金融资源库。在世界其他经济发达地区也出现了类似比例的增长,特别是在欧洲、日本,以及其他发达的西方国家和亚洲国家。此外,随着中国和南半球国家等越来越多的发展中国家的经济逐渐走向成熟,这种发展迹象很可能进一步延伸,覆盖至世界其他人口。

与此同时,尽管实现了这样的增长,前景却并非完全乐观。退休储蓄面临来自其他方面的压力,这一点可能无可厚非,但却威胁到为老年人享受有尊严和有保障的退休生活提供充足资源的能力。在许多情况下,采用固定缴款计划替代养老金固定收益计划的做法,减少了退休人员的可支配资源,破坏了他们对于建立充足退休储蓄的承诺。许多雇主把管理储蓄的责任转嫁给他们的雇员。同时,投资风险也转嫁给了雇员,因为他们涉足投资的年限与参与养老金计划的年限相比要短得多,更容易受到投资下降的冲击。目前的问题在于缺乏家庭整体的退休计划、收入不平等状况持续扩大,以及作为非专业投资人士的典型储蓄者缺少投资悟性。此外,储蓄者所投资的金融市场存在不可避免的波动,进一步加剧了上述情况的复杂程度。这并不是说不公正性必定存在,而只是告诉我们资金风险是存在的。

第四章

新客户与新投资形式

随着18世纪投资大众化的发展，新客户和新投资形式开始出现。新客户包括非精英阶层的个人投资者，还包括他们的退休计划、捐赠基金、基金会，以及后来随着矿产资源在不发达国家和发展中国家被广泛发现而产生的主权财富基金。满足这些新客户需求的投资形式有人寿保险、储蓄存款、投资顾问和共同基金等。本章研究新客户以及为服务这些客户而发展形成的新投资形式。这些发展象征着一种新型的经济自由，一种曾经对大多数人而言可望而不可即的自由。这种新型自由的实现，靠的是扩大可供投资者使用的投资工具种类，从而帮助他们把积累下来的盈余用于有效投资。

新客户

个人投资者和退休账户

非特权阶层的个人成为投资过程的参与者，这一初步尝试构成了过去200年投资史的基础。这些个人缓慢地、不断地、不完全地成为投资的参与者，其投资的结果也不尽相同、成败各异。他们首次摆脱了经济上的弱势角色，审慎地迈向极具重要意义的经济与政治独立。诚然，还有很多人依然没有享受到这种投资机会，但是中产阶级在过去200年中已经获得了参与投资所带来的收益和负担，人寿保险、储蓄存款以及退休金构成了中产阶级投资的基础。人寿保险和储蓄存款的存在直接关系到投资的大众化，因为这些投资手段正是为了满足这类新兴的、不具备经济知识的客户的投资需求而开发的。

由于个人投资者是一个异质性的群体，因此难以将其投资活动加以概括。不过，每一位个人投资者都同样面临着一系列复杂的投资限制，包括个人风险偏好、对税负的考虑、早年积累财富作为晚年生活保障的需求、生命的有限和不确定性、想留下遗产的愿望等。更为复杂的是，不同的人也有不同的投资选择。例如，高净值人士能够咨询投资顾问，并进行另类投资，而那些没有达到一定收入门槛的人则通常无法参与某些投资结构。

个人投资者面临着与机构或企业截然不同的困难。不同于企业或非营利性组织面临的相对简单明了的信托责任，个人投资者必须考虑一系列更复杂的情况和不确定性。此外，一些不会对机构、企业的运行产生明显影响的责任义务却会对个人投资者产生影响，至少会使他们在心理上受其影响。与公司的高管不同，对于个人投资者来说，当其资产不足以抵偿债务时，其本人是负有偿付责任的。除了契约规定的责任义务外，个人投资者可能觉得自己对家庭和社区还负有超过法律规定程度的经济支持义务。例如，没有法律或契约规定人过世后要为遗属留下财产，但是人们仍然热衷于购买人寿保险，以便使遗属能够受益。正如约翰·邓恩所说："没有谁是一座孤岛，在大海里独踞。"

关于人们随着时间的推移如何储蓄和消费的理论有很多，这些理论都考虑到个人经济主体作为"人"所不可避免的属性,对于金融如何被用于帮助应对人生的挑战提出了深刻的见解,并对上一章所提到的退休储蓄系统和本书提到的多种手段及机构进行了基础阐释。

约翰·梅纳德·凯恩斯在其1936年的著作《就业、利息和货币通论》中提出了一个关于人一生中储蓄和消费分布状况的基本理论。凯恩斯提出如下假设:通常情况下,人们倾向于随着收入的增加而提高自身的消费,但消费提高的幅度不及收入增加的幅度。虽然这一理论最初得到认可,但随后有一些新的实证研究对凯恩斯理论的准确性提出了质疑。[1]

1954年,弗兰科·莫迪利安尼提出了储蓄和消费的生命周期假说。他指出,人们选择为晚年退休生活储蓄金钱,以平滑一生中的消费水平。在工作的年月里存款,在退休之前财富达到顶峰,在退休之后逐渐耗尽存款。从这一模型中,莫迪利安尼概括出生命周期假说的宏观经济影响。长久以来,为养老进行储蓄已被认为是一种明智的想法,莫迪利安尼及其学生理查德·布伦伯格则通过建立实用的正式模型和考虑更广泛的影响来深化经济学家对储蓄的理解。莫迪利安尼后来因为生命周期假说以及与默顿·米勒共同提出的公司资本结构理论(本书第七章对此进行了描述)而获得诺贝尔经济学奖。[2]

在莫迪利安尼和布伦伯格发表其开拓性文章的3年后,米尔顿·弗里德曼提出了持久收入假说。这一假说将居民收入分为持久收入和暂时收入。弗里德曼提出,持久收入决定了人们一生中如何储蓄和消费,而收入暂时的波动则不会产生显著影响。另外,他认为投资者的投资期是无限的,并且投资者会为子孙后代进行储蓄,而莫迪利安尼和布伦伯格则将遗产的影响降到最低限度。[3]

在凯恩斯、莫迪利安尼和弗里德曼的基础上发展出了许多现代经济学理论,这些理论汲取了经济学和社会科学的其他研究成果,尤其是关于人们如何对待生命的不确定性、如何平衡短期和长远利益的研究,从而建立了一个更为全面的储蓄和消费理论。⁴对那些储蓄和消费的重要理论进行的综述,为理解人们何时选择、为何选择储蓄和消费提供了理论框架。

下面我们来详细分析人们如何实现对储蓄和消费的选择。随着更广泛的人群开始享有投资的机会,人们对投资机会的利用不再只限于获得金钱收益。事实上,现代金融系统为帮助人们正确应对生活中复杂的经济活动提供了工具。

我们在第三章已经详细讨论过,退休这一概念的出现与投资大众化进程息息相关。这一进程中,非精英阶层的个人得以涉足投资和创造财富的活动。个人投资客户群体的壮大必然引起退休客户的增多,尤其表现为养老金计划和固定缴款计划,这两者是现今数百万美国人退休生活的基础。1974 年通过的《雇员退休收入保障法》除了创立养老金保障公司,为没有足够的资金支付给受益人的养老金计划提供保障外,还给予养老金有利的税收待遇。然而,在此后的数十年中,许多雇主由固定收益计划转向固定缴款计划。截至 2012 年底,固定缴款计划拥有 5.1 万亿美元资产。⁵ 这些计划包括 401(k)计划、403(b)计划和 457 计划,均不由管理某一类资金的某一家投资顾问公司进行管理,而是由每位雇员控制自己的账户。个人根据自己的风险承受能力和储蓄需求自行做出决策。这减轻了许多固定收益计划中与养老金空账相关的风险,但也将投资损失和资产管理的风险转嫁到受益人身上。雇主很可能继续选择固定缴款计划,以避免固定收益计划带来的债务和风险。

虽然非精英阶层的个人参与投资是投资大众化进程的基石,但是数十年来许多资产类别中直接来自个人的资本比重却严重下降。个人越来越多地被直接的财产信托或是可以间接获益的机构资金池所取代。新的机构客户,如捐赠基金、基金会、退休计划以及后来的主权财富基金等的出现,是为了满足个人投资者的共同投资需求。举一个具体的例子,1950 年机构客户在公开发行的股票中仅占 6.1%,而到 2009 年已经增长到 50.6%。[6] 这些机构客户成为与之前相比已经大幅提高的资本的守门人,这在一定程度上是因为,随着信托管理人被雇用来调节个人与投资之间的关系,投资管理业的发展速度加快了。

投资已经专业化了,但这种专业化在多大程度上带来了更好的结果却仍无定论。虽然大范围的专业化是一种新趋势,但是雇用专家管理资产的行为却已经有悠久的历史,如第一章讨论过的美索不达米亚、古埃及、古希腊、古罗马的财产和投资管理。养老金等固定收益计划通常由投资专家监督和管理,这些专家负责管理资产,专门为计划参与人的利益服务。为此,有专门的法规禁止养老金计划占有雇员所在公司过多的股份。在这种情况下,受益人将承受公司经营失败及公司难以填补养老金缺口所带来的风险。

捐赠基金

捐赠基金早在公元前 4 世纪的古希腊就已出现。现在的捐赠基金有两种形式——教育机构的捐赠基金和基金会的捐赠基金,两者虽然结构上略有不同,但目的相似,即强化其所服务的组织机构的职能。捐赠基金使机构得以跨期平滑支出,创设新项目,应对招生、捐款、政府拨款以及其他创收来源方面的缺口,从而提高机构的灵活性和独立性。

捐赠基金管理下的资产规模大小对投资的成功与否有所影响。

大量实证研究表明，资产规模大的捐赠基金效益更好。究其原因，拥有更多资产的机构有能力聘请专业的精英团队，能够进行合理的多样化投资，能够进行门槛较高的小规模投资等。[7] 捐赠基金的投资倾向于保全资本，其目的是产生持续收益，并避免大规模损失。捐赠基金也能够承受一定程度的流动资金不足，通过私募股权融资、风险投资及其他非公共投资等载体进行投资，这是由于捐赠基金的预期寿命往往是不确定的，其年度支出额度也较大。

捐赠基金必须在资产保全和因支援新项目与新方案而逐步增长的支出之间做出权衡。[8] 摆在眼前的问题是：考虑到未来投资回报和资本流入的不确定性，以及服务未来几代受益人的要求，支出多少才是明智的选择？2011 年，私立大学的有效支出率是 4.6%，公立大学为 4.3%。[9] 此外，教育捐赠基金享受免税待遇，从而能够以更快的速度获得投资回报。

1972 年，美国统一州法全国委员会颁布了《机构基金统一管理法》（UMIFA），规范与管理捐赠基金相关的投资活动。2006 年，该委员会又通过了《机构基金统一审慎管理法》（UPMIFA）。UMIFA 规定资产应跨类别有效部署（多样化），而 UPMIFA 又进一步规定，进行投资应遵循审慎的个人标准和诚实信用的原则。[10] 多样化仍是一种效果显著的投资策略，如 2005 年 6 月，教育捐赠基金平均 53% 投入国内股票，23% 投入国内固定收益投资，5% 为现金；[11] 而到 2011 年 6 月，教育捐赠基金投资平均分配状况为 16% 的国内股票、10% 的固定收益投资、17% 的国际股票、53% 的另类投资策略、4% 的现金和其他资产。[12] 简言之，捐赠基金多样化投资体现出的逐步国际化、采用利基策略的特征，均符合当代投资发展趋势。

基金会

现代基金会的形式可追溯至20世纪初,那时许多实业家发现他们庞大的财富可以用于改善社会。当时一些慈善实业家认为自己肩负着责任,而其中最能清楚地表达这些责任的人当数安德鲁·卡内基。他指出,当一个人幸运地拥有财富时,他应该"把所有剩余收入仅仅看作自己受命管理的信托基金,并用这些钱来创造对社会最有利的成果"。[13]

拉塞尔·塞奇基金会是首批现代基金会之一,是由玛格丽特·塞奇于1907年用已故丈夫拉塞尔·塞奇的遗产创办的。拉塞尔·塞奇生前投资铁路和电报公司,积累了可观的财富,享年89岁,留给妻子6 300多万美元的遗产。他的妻子玛格丽特终其一生向各类慈善基金捐出了7 500万~8 000万美元,其慈善活动很多是集中于大学和其他机构所做的对于贫穷等社会问题的学术、实践研究。还有一些面向劳工问题,匹兹堡调查就是其中之一,该调查分析了钢铁工业恶劣的劳动环境,并最终促使一些最严重的问题得到缓解。[14]

不久之后,安德鲁·卡内基于1911年成立了纽约卡内基公司,目的是"促进知识和理解的进步与传播"。截至卡内基公司成立时,卡内基已经为公共图书馆拨付了约4 300万美元,为其他慈善活动拨付了1.1亿美元。然而,卡内基希望将权力让出,以便将他个人的慈善决策转化为一个永久的慈善机构。在写给受托人的信中,卡内基说:"情况不可避免地发生改变,因此明智的人不会将受托人永远束缚在某种路线、目标或机构上。我绝无此意。相反,我赋予我的受托人改变策略的全部权限。"时至今日,纽约卡内基公司仍然在资助着大批国内外教育机构。[15]与卡内基类似,约翰·D.洛克菲勒于1913年创办了一个基金会，向医学院、美国红十字会以及世界范围内其他与医疗卫生相关的活动提供资金。[16]

1913年的《税收法》明确规定慈善基金会免税，1917年的《税收法》允许个人捐款减免税款，1918年的《税收法》则降低了向私人基金会捐赠遗产所缴纳的税款。在两次世界大战之间，独立基金会创立的步伐减缓，但在第二次世界大战后，企业基金会大量增加，这一现象无疑与第二次世界大战后美国经济再次蓬勃发展息息相关。[17]

然而，在20世纪60年代，一些基金会却卷入争议的旋涡中，因为在有利的法规政策下，它们的透明度低于其他慈善机构。此外，一些基金会被作为避税的手段，而没有真正为社会创造福利。1969年的《税收改革法》要求基金会向联邦政府支付款项，并规定了基金会总资产每年用作慈善用途的最低百分比，如果不能达到要求，则要缴税并承担其他后果。这些规定其后又进行了更改，变得更有利于基金会的创立和运作，促进了20世纪80年代后基金会的发展壮大。[18]

因掌握大量资产，基金会成为投资活动的重要来源。截至2010年，基金会拥有6 220亿美元资产。[19]受托人负责管理预算，做出投资决策。与教育捐赠基金不同的是，基金会的任务稍显复杂，因为它们为免除税务和其他处罚，必须让用作慈善用途的资金达到其总资产的一定百分比。由于这种最小支出额度的规定，受托人通常把精力放在管理新的捐款并谨慎地处理投资活动上，以避免基金会的资产大量流失。一个基金会的投资方案也与一家教育捐赠基金的投资方案类似，倾向于保全资本，进行多样化投资，谨慎地承担投资风险。

与教育捐赠基金一样，私人基金会所获捐款享受减免税款的待遇，其投资的收益也被免除联邦所得税。不同的是，捐赠基金通常将资金直接服务于本机构的方案或目标，而基金会则通常向慈善机构提供拨款或其他形式的资助，再由慈善机构将资金投入其他项目。[20] 也就是说，基金会不仅是其最终所服务的个人的赞助人，也是那些帮助最终目标人群的慈善机构的赞助人。

越来越多的基金会正努力将其运作的基本目标同其投资目标相结合。以休利特基金会和麦克阿瑟基金会为例，两者在决定所持上市公司的股权时，以减少、避免损失乃至获得收益为考量。同时它们不仅以经济收益为目标，还以总体的社会效益为目标。[21] 其他基金会则进行具体的与任务相关的投资，如为贫困人口提供小额贷款，为他们提供能支付得起的住房，购买清洁能源产业的资产或股权，以及尝试其他有明确社会目标的投资项目。虽然很难准确地说明固定的、与任务相关的投资有多普遍，但是基金会中心 2011 年对 1 000 多家基金会进行的一项调查显示，这些基金会中有 14.1%积极地参与此类投资。[22] 随着基金会不断以创新的方法利用其流动资金和固定资产来为目标群体谋求福利，上述趋势似乎将一直持续。

美国的基金会数量众多，截至 2012 年，全国共有 86 192 家基金会。这些基金会分为三类：独立基金会、企业基金会和运作型基金会。独立基金会通常隶属于个人，这些个人往往是富有的慈善家。企业基金会与某家企业挂钩，其预算通常来自企业盈利。运作型基金会则直接使用自己筹集的资金。2012 年，基金会共捐出 520 亿美元善款，约 67% 来自独立基金会，12% 来自企业基金会，11% 来自运作型基金会。其余 10% 来自社区基金会，这是一种从各种不同的捐赠者那里筹集资金的慈善机构。[23] 虽然基金会的资产通常来源于富有的个人、家族或企业，但是其资本部署策略却促进了投资大众化的整体趋势。

主权财富基金

近年来主权财富基金备受关注。作为一种投资形式，主权财富基金虽然规模较大，但直到 2007 年才受到公众的关注。事实上，"主权财富基金"一词直到 2005 年才出现，安德鲁·罗扎诺夫在《谁拥有国家的财富？》[24] 一文中首次使用这一术语。主权财富基金是另一种在现代投资中占据重要地位的资金池，截至 2014 年 3 月，共掌握 6.4 万亿美元。[25] 与捐赠基金和基金会类似的是，主权财富基金也通过管理资金为与其相关的组织谋求收益。而与前两者的主要不同在于，主权财富基金的资金属于一个国家而非一个机构，其资产不是来源于慈善捐款，而是来源于国家自然资源的收入、政府财政收入盈余、贸易顺差带来的外汇储备等。

与捐赠基金一样，主权财富基金管理资金的基本形式有两种。从短期来看，主权财富基金起缓冲作用，当财政收入或支出剧烈波动时，可动用主权财富基金来健全财务预算。这一点对于依赖出售自然资源的国家尤为重要。通过平滑支出，主权财富基金有助于缓和出口商品价格的不利波动对经济造成的打击。从长期来看，大多数情况下，出售资源带来的收益是有限的，而主权财富基金财富的积累则保证了后代人能够享受到这种收益。

第一个主权财富基金是哪一家？这个问题尚有争议。有观察者认为 1932 年成立的加州公务员退休基金（CalPERS）是第一个主权财富基金，其受益人为加利福尼亚州的公务员。[26] 虽然该基金符合国际货币基金组织对主权财富基金的定义，但仍在很多方面有其特殊之处。其一，CalPERS 的受益人是个人，而主权财富基金的受益人一般是国家。其二，与养老基金不同的是，主权财富基金通常没有显性负债。实际上，就主权财富基金真实负债的程度来看，它往往只是政府的另一部分。[27]

鉴于上述特征，多数观察者认为第一个真正的主权财富基金应该是 1953 年成立的科威特投资局。[28] 现在的科威特投资局是最大的主权财富基金之一，资产约有 5 480 亿美元，负责管理未来基金（每年有一定百分比的石油收入被转入未来基金中）和一般储备基金（资金来源为政府财政收入，同时也需支付所有财政预算支出）。[29] 科威特投资局完成了帮助国家渡过难关的使命。常务董事巴贝德尔·萨阿德指出，在 20 世纪 90 年代初伊拉克占领科威特期间，科威特投资局提供资金维持正常财政预算。[30] 如果没有科威特投资局，当时的科威特就会被迫陷入高利率贷款、高税率和依赖他国援助的泥潭中。

20 世纪 70 年代又出现了许多主权财富基金，其中包括阿布扎比投资局，它是目前世界上最大的主权财富基金之一。[31] 这些新的主权财富基金，有许多都是在 20 世纪 70 年代后期油价上涨时成立的。这一模式延续了下来，即商品价格飞涨或者在一定时期内稳定在较高的价格时，主权财富基金成立，以抓住时机获取利润。不仅在油价上涨时期如此，在其他类似的情况下，如智利铜矿价格变化时也是如此。20 世纪 90 年代，商品价格维持适中的水平，少有新的主权财富基金成立。但是在 21 世纪初，商品价格上涨，同时主权财富基金的优势也变得众所周知，因此不少新的主权财富基金在此时成立。仅在 2005—2012 年，新成立的主权财富基金就有 30 多家。[32]

主权财富基金引起了西方社会的不安，人们担心它可能出于政治目的而对金融市场产生不利影响，或者成为地缘政治杠杆。然而，实际情况并非如此。首先，迄今为止几乎没有证据显示主权财富基金有这样的意图。许多主权财富基金显示出经济活动上的理性，主要依照经济目的而非政治目的进行运作。其次，如果主权财富基金真的意在产生政治上的危害，那么在这个过程中它通常会危及自身。例如，当它快速抛售资产、压低价格时，它自身将遭受严重损失。若不是被某种强大的动机所驱使，政府是不会如此行事的。此外，虽然主权财富基金是资本的重要来源，但与许多机构基金的来源相比，它却只能算是较小的资金池。主权财富基金广泛存在于不同的国家中，各自有不同的计划和章程，让这些基金联合起来造成严重破坏的可能性微乎其微。事实上，到目前为止，证据显示所谓主权财富基金会成为政治武器的担忧多半是无稽之谈。

由于各个主权财富基金的特征有所不同，其运作倾向于不公开、不透明，所以很难对其投资策略做出精确的、概括的描述。主权财富基金的低透明度一定程度上取决于其受益者不是个人这一特征。主权财富基金只对其所服务的政府或人民负责，因此大范围地公开业务活动是没有必要的。

即便如此，主权财富基金的个别投资策略常与资金最初的来源相关。比如，中东的主权财富基金经常寻求在一系列产业中的多样化投资，以规避商品价格风险；亚洲的主权财富基金则不同，它们以贸易顺差带来的外汇储备为资金来源，因此更倾向于为规避货币汇率波动风险而进行多样化投资。[33] 主权财富基金的投资策略也倾向于与其创立的根本目的保持一致。大多数主权财富基金更倾向于资本保全，但对于那些以扩大资产为主要考虑的主权财富基金来讲，其风险容忍度通常稍高一些。不过总体来讲，主权财富基金呈现出广泛的多样化，能够应对较大的资产流动性变化，因为它们的负债没有确切的到期日。

考虑到历史趋势及其越发凸显的优势，主权财富基金的前景似乎很光明。国家要变现资源、规避风险、扩大财政收入来源，这些行为将促使主权财富基金进一步发展壮大。

新投资形式

投资的大众化有赖于新投资形式的出现，这些投资形式首次试图满足非精英阶层个人投资者对金融安全、财富积累和财富管理的需要。人寿保险和储蓄存款是两种最早出现、最为简单的投资形式。人寿保险的发展涉及滑稽的法律对策、精算数学以及"以死亡为赌注"这一概念的伦理冲击。储蓄存款的发展史同样有趣：经历了从一度对穷人至关重要的储蓄协会，到推动经济发展的商业银行，并经历了20世纪70年代依赖政府干预才得以度过的金融危机。其后，又出现了独立账户和共同基金这类更加复杂、通常具有更高风险的投资形式。这些投资工具不是预先制定的，且通常带有更雄心勃勃的资本增值目标，因此遭受损失的风险也更大。

人寿保险

人寿保险扮演着双重角色，它既是家庭存钱的途径，又能缓和作为家庭经济支柱的成员的死亡给家庭带来的经济影响。人寿保险合同的结构一般包括多次现金流出和一次性的现金流入，前者是被保险人在世时支付给承保人的保险费，后者则是被保险人死亡后承保人一次性支付给受益人的费用。现在，保险费支付、投资和调度的方式有很多种，合同的有效期也不尽相同。合同对被保险人和承保人双方都有利，前者将难以预料的死亡风险转嫁出去，而后者获得保险费，相当于以较低的成本筹集资金进行投资。保险公司收益的很大一部分是通过用浮动资金投资获得的。

下面将要提到的是有记录以来最早的人寿保险合同之一，其历史可追溯至 1583 年。被保险人名叫威廉·吉本斯,他的几个熟人为他办理了这份保险,合同有效期为 12 个月。保险费占死亡赔偿金的一小部分,收益率为 25∶2。吉本斯死于一年期限到期前的 20 天,保险的购买者认为自己会收获一笔意外之财。然而承保人一方对此大为不满,并提出了一种可谓是创造性的辩护。他们宣称合同的有效期是 12 个月,而一个月的天数最短为 28 天,即合同的有效期实际为 336 天,而非 365 天,因此他们没有赔偿的责任。虽然最终法庭认定这一辩护是荒诞的,承保人负有赔偿责任,但是这个小插曲却证实了当时保险行业对经济责任的规定是多么不成熟、不明确。[34]

定期寿险出现一段时间后,1756 年,英国数学家、皇家学会院士詹姆斯·多德森设计出均衡纯保费方案,使保单持有人按期交付的保险费处于相同水平,而其一生都能够享受保险服务。这一方案使多德森成为终身寿险之父。在创立均衡纯保费方案之前,多德森本人曾向协和保险社(Amicable Society,安妮女王 1706 年特许成立的提供保险服务的组织)申请人寿保险,但由于年龄过大而被拒绝。该机构愿意延长人寿保险的期限,但只限于对年轻的被保险人。[35]多德森指出,承保人每年向被保险人收取一定的保险费并向其提供保险服务,保险费金额合理反映出被保险人的死亡风险,被保险人在投保后的前几年支付较高的保险费,而在后期支付的金额较少,这就是均一保险费方案。多德森最终向政府请求授权,创立一个可以与协和保险社竞争的人寿保险机构。虽然多德森在有生之年未能完成这一想法,但爱德华·罗·莫雷斯坚信多德森的提议具有优越性,并最终于 1762 年获准成立了今天所说的公平人寿保险公司,这是世界上最早的相互保险组织。[36]

人寿保险很快在英国流行开来,但其他国家却没有立马采取这一形式。对于很多人来说,以死亡为赌注似乎是不合适的,因为死亡的时间被认为是上帝安排的，不在人类可推测的范围内。一些宗教团体的领袖更是公开声明完全反对这种行为。这种最初的宗教上的反应已经被纳入某些形式的人寿保险，许多辖区仍有法律要求，在一份保险单产生之初，受益人要有"可保利益"，也就是说被保险人的生存会为其带来合法利益。换言之，为了防止完全"以死亡为赌注"，也为了防止违法行为，一个人不能为陌生人办理保险。随着时代的发展，人们开始认识到转嫁死亡风险的重要性，但是很少有人还会对押注死亡时间抱有热切的期待。

  美国的宗教气氛不像许多欧洲国家那样激进，许多人开始逐渐重视人寿保险的价值。到19世纪40年代，美国的人寿保险行业达到了一个拐点，这是由该行业的两个结构性转变引起的。第一个转变是当丈夫为被保险人时，允许妻子作为受益人。在1840年以前，许多已婚女性不被允许自己签署保险合同，也不被允许作为丈夫的保单的直接受益人，因为当时婚姻关系本身不被视作构成可保利益的必要条件。死亡赔偿金将成为丈夫的遗产的一部分，因此债权人反而比遗孀先一步享受到保险的收益。这一情况改变的契机是承保人与妇女权益倡导者通力合作，促成了一些法律的通过，比如许多州自1839年和1840年通过的《已婚妇女财产法》。[37]

  人寿保险行业在19世纪40年代经历的第二个结构性转变是相互保险公司的发展。对于相互保险公司来说，收益不由股东享有，而由保单持有人自己享有。19世纪30年代末，由于经济危机的影响，其他形式的寿险公司在进入资本市场时遇到了难题，而相互人寿保险公司由于所需的种子资本要少得多，因此能够更顺利地进入资本市场。主要基于上述两个因素，从1840年到内战结束，人寿保险的覆盖范围极大提高，该行业也充分融入了美国经济。[38]

  当今人寿保险被看作家庭经济保障的基本要素之一。美国寿险行销调研协会（LIMRA）2010年进行的市场调查显示，70%的美国家庭投保了寿险。[39] 寿险承保人主要分为三类：第一类是股份公司，其保单的票面价值达到13万亿美元以上，占美国国内市场的70%；第二类是相互保险公司，这类公司由保单持有人共同拥有，其保单的票面价值达到5万亿美元以上，占美国国内市场的25%；第三类是互助会，只为互助会成员提供保险，其保单的票面价值总额约为3 150亿美元，占美国国内市场的1.5%。[40] 寿险行业的结余则由政府部门等其他组织为其承保。人寿保险公司的资产被用于投资，以便赚取利润来偿付债务。从历史上看，大多数人寿保险公司的资产是以固定收益证券的形式存在的，早期主要是政府债券，随后则包括抵押支持证券和公司债券。后来，保险公司开始持有更多的上市股权，2000—2010年每年增长5%。[41] 我们有必要认识到，由于越来越多的个人参与寿险、储蓄和其他投资活动，这种现象直接关系到保险公司作为投资载体的确立。

储蓄账户

第三章讨论了在退休的背景下女仆的生命周期储蓄。在本节，我们将分析扩展到储蓄这一投资形式的历史。储蓄协会在19世纪初期得到迅猛发展，它们使以往享受不到银行服务的人群（主要是那些工作的穷人）得以享受到储蓄机构带来的收益。费城储蓄基金会是美国第一家互助储蓄银行，于1816年开始运营。同年开始运营的还有美国第一家获得许可证的互助储蓄银行——波士顿公积金储蓄机构。储蓄银行的数量快速增长，从1820年的10家增长到1910年的637家，存款总额也从1820年的100万美元增长到1910年的30亿美元。储蓄银行的投资领域较为广泛，开始局限于政府债券，但随后包括了贷款、公用债券乃至大型企业的普通股本。[42]

这些储蓄银行多集中于美国东北部，那里有大量靠从事工业生产获得收入的劳动者，他们是储蓄银行的预期客户。与储蓄银行并行发展的是商业银行，商业银行的主要业务是以利益最大化为原则发放贷款，在美国边境地带占据了稳固的地位。商业银行所需资本总额较低，其治理结构也不像互助储蓄银行那样复杂，不像储蓄银行那样需要由重要而有成就的受托人监督银行的稳健性。因此，商业银行倾向于进行风险更高、潜在收益更大的贷款业务，这意味着虽然商业银行促进了许多地区的发展，但其稳定性却低于互助储蓄银行。

随着越来越多的人寻求能够帮助他们增加积蓄的金融机构和投资形式，储蓄信贷合作社出现了。这些机构最初的职能是将存款转化为贷款，投放于住宅的建设、维修和再融资中，后来则扩展到汽车贷款和个人信用额度贷款。这些机构对美国新城市的建设和现代化发展起到了至关重要的作用。在这里，个人储户能够享受到不错的收益率，他们有多种方式进行储蓄，包括以固定的时间间隔定期存款、股息再投资、不定期存款等。后来，联邦政府设立了联邦储蓄贷款保险公司，为这些储蓄信贷合作社的存款提供保险，因此联邦政府成为储户坚强的后盾。

即便银行业的竞争愈演愈烈，储蓄银行还是挺过了大萧条时期以及接下来的数十年，但却在 20 世纪 60 年代和 70 年代的通货膨胀中蒙受了损失。对于储蓄银行来说，储户存款的利率是有上限的，而当时高利率的环境促使储户纷纷将存款转投能获得更高收益的基金。[43] 随着 20 世纪 70 年代末利率的上升，许多互助储蓄银行破产了。在 1982 年，由联邦存款保险公司承保的互助储蓄银行的年损失竟高达总资产的 1.25%。[44]

同时，储蓄信贷合作社也出于同样的原因受到高利率的影响。政府控制通货膨胀的努力引起短期利率（这些机构借入资金的利率）的提高，但长期利率（这些机构借出资金的利率）却没有相应提高。储蓄信贷合作社因此不得不以高利率借入资金，而以较低的利率发放贷款。此外，储蓄信贷合作社还投资于房地产，而这一行业在 20 世纪 80 年代全面衰退，使贷款的抵押率和还款率均有所下降，进一步加剧了储蓄信贷合作社的困境。[45] 再加上当时政府对这些机构的管理极度放宽，导致了极不负责任的放贷决策，偶尔也出现公然的欺诈，如管理团队套取机构资产等。

联邦存款保险公司为力挽狂澜采取了许多不同的策略，以避免危机在这些机构中大肆蔓延。幸运的是，由于其结构的优越性，互助储蓄银行不必顾虑股东，而能够以保全资产为中心目标。[46] 引入期限更长的定期存款、将银行与其他机构合并等措施对该行业产生了积极影响。此外，1982 年颁布的《加恩–圣杰曼存款机构法》准许联邦存款保险公司收购银行的资本证券，即净值证券，以缓解其流动资金的压力，帮助银行渡过通胀难关。这些干预手段遏制了 20 世纪 80 年代早期银行危机的蔓延。1981 年底到 1985 年，在联邦存款保险公司的援助下共完成了 17 次互助储蓄银行并购，涉及总资产近 240 亿美元，相当于截至 1980 年底联邦存款保险公司承保的互助储蓄银行总资产的 15%。[47] 到 1995 年底，储蓄银行倒闭造成的损失约有 22 亿美元。[48]

储蓄信贷合作社的情况更差。1986—1995 年，有 1 000 多家储蓄信贷合作社倒闭，总资产超过 5 000 亿美元。联邦储蓄贷款保险公司随后无力偿还，需要总额达 1 240 亿美元的紧急财政援助。1989 年，该机构被并入联邦存款保险公司。[49]

后来，储蓄机构在经济体系中所占的比重越来越小。实际上，与过去相比，现在的储蓄信贷合作社和互助储蓄银行在美国储蓄行业中只占非常有限的比重。一项定量研究证实了储蓄行业的这一转变。美联储的数据显示，虽然储蓄信贷合作社一度比商业银行占有更大的存款量，但这种状况在 1982 年和 1983 年发生了根本性转变。今天商业银行的存款量达到储蓄信贷合作社的 6 倍之多。[50] 2014 年 5 月，商业银行占有 78.7% 的储蓄存款和小额定期存款，储蓄机构占有 14.2%，其余的则投资于零售货币基金中。[51]

投资顾问（独立账户）

从资本积累之初就有了投资客户，他们占有资源，寻求专家管理自己的全部或部分财产。我们已在第一章详细讨论过美索不达米亚、古埃及、古希腊、古罗马人雇用代理人来为其管理农业财产、借贷业务和贸易活动。在一般情况下，这些代理人是奴隶或者平民，他们拥有关于这些财产和经济活动的专门知识，也有时间投入这些任务中，这两样恰恰是上层人士所缺乏的。代理人或是直接受雇于财产所有人，或是建立契约关系，他们提供服务以换取酬金，而非固定工资。

现代形式的私人财富管理出现于欧洲中世纪末期，那时占有大量土地的传统富裕阶层开始变卖土地。家族办公室可能起源于十字军东征期间或之后，是为保持、管理和扩大家族多样化的财富而设立的，当时家族办公室蓬勃发展，一直活跃到现代时期。独立账户管理在历史上扮演着关键角色，直到 20 世纪初，它一直是管理个人或家族财富的唯一方式。

现在所说的独立账户管理指的是一种更为现代的行为，其历史大概不会早于 18 世纪或 19 世纪，其中服务的提供者是银行的信托部门、独立的投资顾问或者其他缔约方，他们为富裕的个人、家族或机构管理投资。提供的服务除了资产选择外，还包括制定投资方针、选择投资策略、监督投资组合的构成和风险等。

在这种情况下，被管理的资产必须足够庞大，才可以证明该账户没有和其他人共用资产，这也就意味着这种账户管理只限于那些非常富有的个人、家族或机构。独立账户管理通常有一个最低资产的门槛，虽然大多数达到一定规模的机构都有资格享受这类服务，但是对于大部分个人来说，即使确实有资产需要管理，他们也大多难以达到这个门槛。不过，这种管理形式已经存在了数十年，吸引了数量可观的资金。

独立账户管理常常利用各类投资经理的最新方法，但出人意料的是，它通常不是从最低的酬金和最好的投资成果中获益。那些最具想象力和冒险精神的投资机构，有时会把富有的个人或机构当成目标。独立账户管理服务一般是严格按照客户的需求定制和提供的，这意味着符合标准的客户通常觉得这类投资服务便捷且有吸引力。

在过去的数十年中，一个覆盖面广的私人财富管理系统建立了起来，将家族办公室的特征推向了更广泛但依然有限的受众。这一系统考虑了富人复杂的需求，提供财产规划，同时确保资产基础安全。与家族办公室不同的是，私人银行业务不需要将整个部门投入某一个人或某一个家族的财富管理中。然而，私人银行业务确实要求投资者有大量资产，它为个人提供量身定制的投资建议和其他服务，这些是商业银行分行和零售经纪业务无法做到的。[52]

J. P. 摩根私人银行是金融巨头摩根大通的一个部门，也是当今美国最大的私人银行，它为我们了解私人财富管理提供了一个良好的案例。[53] 虽然该银行账户的最低额度往往是数百万美元，但其传统上关注和擅长的领域却能够吸引更加富裕的投资者，大多数投资者的投资额至少达 2 500 万美元。2001 年，个人或家族在 J. P. 摩根私人银行投资的净值平均达 1 亿美元。[54]

2013 年，J. P. 摩根所有部门管理的资产有 1.6 万亿美元，客户总资产有 2.34 万亿美元。私人银行部门管理的客户资产达 3 610 亿美元（占管理的总资产的 22.6%），投资到这个部门的客户资产达 9 770 亿美元（占客户总资产的 41.7%）。实际上，2013 年 J. P. 摩根私人银行产生了 60 亿美元的收益，占资产管理部门总收益 113 亿美元的一半以上。[55]

共同基金

随着大众投资者的增加，满足其需求的产品也丰富起来。近来的一项创新是共同基金，这是一种风险较高，需要积极管理（即一个或多个专业人士积极地做出安全决策）的投资方式。共同基金的前身可追溯至数百年之前，但现代形式的共同基金是 20 世纪 20 年代才出现的，它已经成为大部分人储蓄和退休资产的投资选择。共同基金现在如此受欢迎，主要源于三个观念：其一，人们认为共同基金经理是更精明、更安全的投资者，具有专业优势；其二，共同基金能够进行更广泛的多样化投资，这是个人难以做到的；其三，许多人认为通过安全策略和市场择时，积极的投资者可能可以比被动的投资策略获得更好的收益。上述观念再加上共同基金存在于大多数人的投资策略中，共同解释了投资大众化如何带来投资的创新性和日益增强的专业性。

共同基金的前身

共同基金的前身源于 18 世纪至 19 世纪的欧洲，最初是政府债券的存托凭证。那时没有现代的大型公开拍卖，政府债券的投资者只有通过在账簿上登记才能获得相应的信息。当投资者交付了资金并已登记在册时，他会收到存托凭证，可依据凭证到发放债券的国家财政部门，以预先规定的时间间隔定期领取支付的利息。这一过程颇费周折，尤其当投资者投资了其他国家的债券时，他还要为了领取利息而出国。荷兰一家名为"希望与陪伴"(Hope and Company)的银行开展了一项颇为成功的业务：由该银行出面向国内外的财政部门收取利息，同时向投资者发放凭证，投资者可依据凭证直接从银行收取债券利息。这与债券共同基金的运作类似，它让投资者能够通过中间人获得他们之前无法获得的资产类别。最终这类票据可以被公开交易，从而增强了其流动性。[56]

1774年夏天，亚伯拉罕·范凯特维奇在阿姆斯特丹创立了另一种更接近现代共同基金的投资形式，除了中介化外，还包括更多的资产选择方式。范凯特维奇设立了一只投资基金，并向公众发行了2 000股，以投资政府、银行和种植园债券为目标。通过首次募股，范凯特维奇本质上创立了一只公开募股的早期封闭式共同基金。2 000股都被认购之后，如果其他投资者想加入这只基金，只能从现有股东手中购买股份。股票发行时提供了招股计划书、资产管理者信息以及关于两位基金投资决策监督人——德克·巴斯·巴克尔和弗兰斯·雅各伯——的详细介绍。[57]结果证明这一最初尝试相当成功，5年后范凯特维奇又以同样的方式创办了第二只名为"Concordia Res Parvae Crescunt"的基金，可译为"万物在和谐中成长"，这句话意指如果投资者赋予经理人更宽的权限来调用资金，收益会增长。范凯特维奇是最早的价值管理者之一，他的运作远早于本杰明·格雷厄姆和沃伦·巴菲特。范凯特维奇在计划书中写道，该基金要寻求"价格低于其内在价值"的证券进行投资。[58]

大萧条和开放式共同基金的出现

爱德华·G.莱弗勒创立的马萨诸塞州投资信托基金是美国第一只开放式共同基金，时至今日依然活跃在行业内。[59]范凯特维奇的基金是预先限定股份的数量，这些股份只有通过卖给新的投资人才能变现，莱弗勒则不同，他创立的共同基金股份数量不固定，资金的流动靠赎回来实现。也就是说，投资者所持有的共同基金份额可以直接通过基金的发行者进行交易，发行者将相应数量的现金偿还给投资者。莱弗勒的基金成绩斐然，运作一年后已有200名股东，管理着39.2万美元资产，在1924年这笔资产的价值要比今天大得多。就在莱弗勒创立基金的4个月后，保罗·卡伯特创立了美国道富投资信托基金，地点也在波士顿。[60]

  虽然这类基金确实在早期起到了一定的拉动作用，但是与20世纪20年代较大型的封闭式基金和其他投资公司相比，这类基金管理的资产微不足道。事实上在1927年，开放式共同基金的资产只占投资公司管理的总资产的3%。[61] 然而，1929年大崩盘期间，封闭式基金的大幅贬值使开放式共同基金变得更具吸引力。到1936年，马萨诸塞州投资信托基金管理的资金竟达到1.3亿美元。[62] 1936年的《税收法》使开放式共同基金获得了税收上的减免，促进了开放式共同基金的发展。

  与此同时，由于1929年大崩盘后暴露出的严重的经营不善和业绩不佳，政府开始密切关注缓慢发展的共同基金行业。政府的目标是管理投资人和投资顾问间的同盟关系，防止违法行为，帮助市场在大崩盘和大萧条后重拾信心。联邦政府颁布的一系列法案都对共同基金行业产生了或多或少的影响。首先是1933年的《证券法》，该法案要求共同基金要向联邦政府登记注册，如果投资计划书有变更，要向投资人提供更新的版本。其次是1934年的《证券交易法》，规定联邦政府不只对基金本身，也对参与管理资产的基金经纪人进行授权注册。该法案还要求共同基金每年要向1934年成立的美国证券交易委员会提交报告。[63]

  这些法案虽然是该行业迈出的积极一步，但没有根除所有不端行为。美国证券交易委员会在这些法案颁布后做了一项研究，研究发现一些销售人员或经理在没有明确投资目标的情况下，为了赚取酬金，将投资人的资产在不同基金之间进行转移。[64] 尽管美国国会在1934年的《证券交易法》的框架内采取了更严格的信息披露制度，但是这种方法不能够解决不法从业者滥用职权的潜在问题。因此，美国国会1940年通过了《投资顾问法》，该法案增加了登记注册条例，更重要的是包含了反欺诈措施和严格的管理规定。同年又通过了《投资公司法》。《投资顾问法》提高了现有法律的精确性，被认为是共同基金行业基础性的法律成果。该法案要求对运作过程和基金结构进行清晰的信息披露，要求更频繁地提供基金业绩的最新信息，还禁止了可能因产生不必要费用而损害投资人利益的关联方交易。[65] 此外，美国证券交易委员会可以对基金财务状况进行现场检查。该法案还明确规定，共同基金的董事与其他企业的董事负有同样的法律责任和受托责任，基金的董事会至少要有40%的成员不受投资顾问的影响（后来美国证券交易委员会将此比例提高至75%）。[66]

在很大程度上，法律本身的机制可以使其与时俱进。美国证券交易委员会被赋予制定法规和监督基金遵守法律的权力。美国国会了解共同基金行业发展的速度，毕竟其发展正是迫使国会采取行动的原因。[67] 同时国会也明白设置一系列可能妨碍投资者进行可增值投资的规定是有弊端的。这正是杰出的立法成就所应具有的特点——在保护投资者和持续鼓励创新发展之间寻求平衡。

"二战"后时期

"二战"后，共同基金表现出两大创新：其一，一只成立时间较早、名为"投资者多元化服务"的共同基金率先通过内部销售团队发放共同基金股份；其二，投资者能够接触到拥有更复杂、更能找准利基的投资策略的基金，其策略包括瞄准国际市场或固定收益、专注于某个产业部门等。[68] 这些发展最终有利于产品多样化的公司，使其能够利用内部销售团队为投资者量身定制产品,向投资者提供一整套产品。伴随着这些发展的脚步,共同基金在1946—1958年行情看涨,其股份的总销售额超过了100亿美元。[69]

此时,对于共同基金的市场情绪十分高涨。到处洋溢着对共同基金的热情,甚至那些和金融无关的书报刊物也对其进行报道。例如,《美好家居与园艺》杂志中写道,投资共同基金"不会让你倾家荡产"。[70] 这种过分膨胀的信心和热情被从1969年延续到20世纪70年代的熊市击碎了。共同基金在整体的经济形势和石油危机下未能全身而退,资产净值急剧下降,经常跌到最高值的一半。大众对下跌的共同基金不再抱有幻想,以至于《商业周刊》指责基金行业面临着"形象问题"。[71]

然而,也正是在这一时期,布鲁斯·本特和亨利·布朗创立了第一只货币市场共同基金——"储蓄基金"(Reserve Fund),[72] 其目标是承担极小的风险、保全资本、获得小而稳定的收益。这类基金能够吸引投资者,是因为规避了Q条例。当时Q条例对储蓄机构的存款利率做出了限制,这在当时通胀的背景下非常不利。这类基金的中心任务是,在不使资产净值跌破每个基金单位1美元的条件下产生收益。事实上,这类基金大多完成了使命,但在2007—2009年的金融危机期间,少部分基金未完成这样的任务,其中就包括布鲁斯·本特的"主要储蓄基金"(Primary Reserve Fund),该基金对雷曼兄弟的债务有一定的敞口。

共同基金在20世纪90年代资产大幅增长,主要有以下三个方面的原因。第一,共同基金资产的增长受益于20世纪90年代牛市时价格的上涨和投资者的热情。第二,401(k)计划和个人退休账户有利于客户转向共同基金。随着固定缴款计划的发展,以及投资负担从企业退休基金计划转向个人,共同基金成为投资者寻求的一种便捷的投资工具。第三，随着分配制度的完善、基金产品发行的增加，以及同指数基金的初步竞争，许多共同基金的收费降低，尤其是加入和撤出基金的手续费降低。

当代共同基金行业

共同基金行业显然也与时俱进。如今，股票型共同基金占共同基金总资产的45%，而主要投资美国国内企业的股票型共同基金占总资产的33%。同时，资产也越发集中在大型共同基金中。2000年管理资产最多的前10家公司共掌握共同基金总资产的44%，而到2012年末，这一比例上升到53%。[73] 2013年末，美国共同基金管理的资产达到15万亿美元。[74]

该行业也很可能继续集中于产品多样化的平台。虽然产品创新和提供一系列多样化产品的能力第一眼看上去确实是积极的发展，但是超过一定限度后，这些发展未必能让投资者获利。毕竟共同基金的目的是通过专业经理人来简化安全选择的任务，如果基金行业发展到使投资者必须在无数只基金中进行选择，那么简化的目标就没有真正实现。此外，在产品多样化的基金内部，存在这样的风险：该公司对某种特定基金的运作能力可能不及只负责单一产品的团队。对于负责单一产品的团队来说，每一只基金的效益都与其自身利益紧密相关，但对于管理多样化产品的经理人来说，忽视或停止某一只效益不佳的基金的业务可能不会对整体业务造成很大影响。这些都是未来数十年该行业将面临的基础且不可避免的哲学性问题，只有时间才能给出答案。

小　结

无论是个人投资者还是机构投资者，作为投资客户，他们拉动了对新投资形式和投资产品的需求，进而使投资管理逐渐形成一个产业。由于永久性机构的无限生命期和慈善目标的优越性，捐赠基金和基金会也始终扮演着关键的角色。主权财富基金虽然不太可能引起政治的不稳定，但是却面临着新的挑战，影响着投资领域的创新。由于家庭需要将经济支柱死亡的风险转嫁到人寿保险公司，人寿保险同样是投资领域不可或缺的一部分。在某种形式上，储蓄存款可能仍然是一种重要的、基本的投资方式。然而，储蓄存款的目的可能越发从单纯的投资工具转向管理短期资产流动性以用于支出，因为将超过近期开支需要的资金投入共同基金、指数基金、直接证券等，已经变得越发便利。投资顾问和共同基金的领导者肩负着作为投资专家的任务。如何设计并管理富有创新性和优越性的投资方式，在可接受的风险范围内实现足够的收益，始终是投资行业面临的挑战。

第五章
欺诈、市场操纵与内幕交易

本章主要讲述不道德的投资行为，包括欺诈、市场操纵与内幕交易。虽然这三种行为尚不能涵盖所有的证券违规行为，但是它们对公平市场的负面影响最大，备受媒体关注。而且，这些违规操作很显然是想通过不法和不道德的行为来获利。事实上，违规操作者欺诈、骗人的非法行为造成投资环境极端不公平，让人们义愤填膺，纠正错误、重塑公正成为市场的共同意愿。这些强烈的情感引发我们深入思考：我们从欺诈行为中能得到什么教训？非法操作者通常包括哪些类型？社会应该如何转变并进步？我们在控制不道德行为方面有什么新的举措？

　　本章通过翻阅历史资料，对欺诈、市场操纵与内幕交易依次进行介绍，我们会分析每种类型的重要典型案例。案例解析让结论更加明显，即我们已经能通过建立法律体系来更好地纠正违法行径。法律框架几经变化，大大提高了对违法操作的甄别能力以及惩处力度。虽然现实中欺诈者总是存在并且会一直存在，因为非法获利的机会总能引诱一些人铤而走险，但是这些依靠欺骗获取不当收益的人面临越来越大、不断调整的高压治理手段，欺骗获利已经成为高危操作。

现实中有三种手段能约束非法行为。第一是法律，通过制定、颁布新法律法规来禁止某些行为，将之前不属于违法的行为明晰界定为非法。第二是执行力，不断提高甄别非法行为的能力以及加大整治处罚力度。第三是监管，逐步提高监管质量，从而减少这些犯罪行为发生的概率。换言之，要努力减少可能滋生犯罪的条件，推出一系列举措，包括提高信息透明度，要求现金由合格投资顾问严格把控等。一言以蔽之，约束违法违规行为的三个重要手段是建立健全法律法规、提高执行力、不断优化监管。

阅读本章后，读者会发现尽管这些约束手段得以普遍增强，但还有很多薄弱之处，特别是执法和监管架构方面有待进一步提升。很多案例，如伊凡·博斯基案件，公诉人过于仁慈，这可能削弱对犯罪者的威慑力，导致执法失败。伯尼·麦道夫的欺诈行径在很长一段时间内没有被美国证券交易委员会察觉，这对于美国证券交易委员会而言是一大污点，也是其执法不力的另一例证。麦道夫管理资金极少面临约束，而且还顺利通过审计，这意味着监管框架也存在缺陷。尽管存在上述不足，但是不可否认，一旦欺诈行径曝光，我们可使用的现代法律工具已经越来越健全。

因此，本章会介绍投资大众化进程中是如何建立健全监管框架、提高执法力度、完善法律体系，从而有效应对欺诈、市场操纵与内幕交易的。然而，我们并非仅仅对过去取得的成就高唱赞歌，因为未来之路任重而道远。简言之，我们必须不断创造性地、缜密地设计法律法规、机构安排以及监管体系，以更精准地打击、抓捕并惩处违法者。

在了解投资世界的灰色地带之前，我们必须清醒地认识到绝大部分投资经理有较好的职业素养。实际上，那些造成巨额损失的违法者只是个别害群之马。我们应该谨记这些蓄意犯罪者用不道德的行为玷污了职业投资经理的名誉，在本章我们会分析解读这些不良行径，但是必须理性意识到个别行为不能代表整个行业，我们在此剖析是为了更深刻地理解这些行径的危害。

欺　诈

伯尼·麦道夫

　　我们首先介绍欺诈行径，即蓄意欺骗从而不当获利。我们讲述的第一个故事发生在 2008 年 12 月，故事的主人公伯尼·麦道夫因金融诈骗而臭名昭著，他完全没有预料到故事的结局。然而，到了 2009 年 7 月，他将用大卫杜夫雪茄、百达翡丽手表和曼哈顿上东区时髦的奢侈品来换取在北卡罗来纳州巴特纳的牢狱之灾。[1]

　　在曼哈顿上东区的一处豪华公寓内，伯尼·麦道夫在被捕前跟家人有这样一段对话。麦道夫对妻子和两个儿子——安德鲁与马克解释说，他的公司彻底倒闭了，整个运作是一场惊天骗局。安德鲁后来称他的父亲曾这样说过："所有的一切都是天大的谎言。这是一个巨大的庞氏骗局，而且已经运作了多年。这是全部能用于偿还的资金，我再也无法维持与掩盖骗局了。我无能为力。"[2]

　　据说，是安德鲁和马克将他们的父亲送到了监管机构。然而，令人质疑的是，安德鲁和马克没有任何过失吗？法院指定的破产受托人欧文·皮卡德对兄弟俩提起诉讼。现实情况是，骗人的投资咨询业务与做市商业务在不同的楼层，而做市商业务正是兄弟俩负责的。[3]

　　人们对此可能会有各种质疑。譬如，他们一点都不关心另一个楼层发生的事情吗？他们没有听到投资者称赞自己的父亲是传奇人物吗？他们不会试图去学习模仿吗？他们在咨询业务方面没有听到任何关于新战略的谈话吗？他们难道就没有丝毫警觉吗？或者说，尽管他们没有好奇心，但为什么他们没有受到"关键人物风险"的波及，而且让一个 70 岁的老人继续负责非常赚钱的业务是十分正确的决策吗？

实际上，伯尼·麦道夫自己的辩白让我们大致能猜测出问题所在，麦道夫称美国证券交易委员会本来应该很容易就能发现他所经营的是庞氏骗局。麦道夫说："我很吃惊，他们甚至没有检查我的股票记录。"[4] 他还注意到，检察官没有与美国存管信托公司（Depository Trust Company）核对信息。"如果你要检查一个庞氏骗局，这是要做的第一件事。"麦道夫说。如果麦道夫认为，负责监管数千家公司的证券交易委员会应该不费吹灰之力就能判断出自己的公司设计了一出骗局，那么很显然，负责公司其他业务的两个儿子自然也能察觉到。而且，安德鲁和马克愚蠢到居然没有任何疑问或者没有任何察觉，这自然让人难以信服。安德鲁出色的教育履历说明事实并非如此，他毕业于宾夕法尼亚大学沃顿商学院。[5]

投资者将资金交给麦道夫打理长达几十年，可能是因为对参与安德鲁和马克的投机交易不感兴趣，而从一开始就对麦道夫的经营更有兴趣。麦道夫在认罪服法时称，骗局开始于 20 世纪 90 年代。他为自己辩护时说道，当时的市场环境很难满足投资者所期望的回报。按照这个说法，麦道夫似乎也是自身成功运作的受害者。[6] 然而，麦道夫编造的故事只是弥天大谎的冰山一角。新近受到起诉的戴维·库格尔，自 1970 年起在麦道夫公司担任交易员，他承认骗局实际上从 20 世纪 70 年代就开始运作了。[7] 而负责本案件的专职调查员则认为，骗局可能起步于更早的时间，大约是 1964 年或 1965 年。[8]

这场骗局涉及人数众多，而且持续了几十年，为什么没能早些发现呢？首先，麦道夫曾担任纳斯达克董事会主席，这个身份增加了他的可信度，他把自己的履历放在了基金网站首页上。[9] 与其他欺诈案件一样，很多诈骗犯能成功，是因为他们与社会声望高的名人和机构存在密切联系。麦道夫与犹太社团来往密切，很多富人和慈善团体通过麦道夫进行资金管理。这种宗教性和民族性社团很可能让一些投资者对该公司比普通的经理－客户委托关系更为信任。正如犹太教拉比伊兹霍克·布赖托维兹曾说过的，"我非常认同，从心理上而言，在犹太社团中，人们通常会感觉同为犹太人的伙伴绝不可能做出背叛行为"，而且"我觉得这营造了一种彼此信任的氛围"。[10] 当然，尽管很多投资者不是犹太人，但与犹太人的紧密联系确实让麦道夫的基础资产快速增长。

而且，麦道夫通常回避对高额收益的大肆宣传，以免其他精明的人仿效（失败的可能性很高）他的做法。在这个圈子里，很多投资顾问试图模仿那些成功的公司，因此麦通夫一贯非常低调。

即便如此，这场骗局持续这么久难道没有引起任何人的怀疑吗？审计事务所是伯尼·麦道夫骗局中非常重要的角色，但一直以来很少引起关注。在当时监管薄弱的环境中，审计是保护投资者的最后一道防线。审计师的主要任务是确定账面资产是实际存在的。公司一般会如何选择审计事务所呢？显然，管理数十亿美元资产的公司通常会选择那种享有盛誉、拥有很多合格员工的审计事务所。毕竟，检查核对大规模、投资种类繁多的账务不是一项轻松、简单的工作。然而，与传统逻辑不同，麦道夫聘用的审计事务所没有显赫的地位，而且非常糊涂。为麦道夫提供审计服务的弗里宁和霍罗威茨公司（Friehling and Horowitz）的办公面积大约为550平方英尺①。[11] 杰罗姆·霍罗威茨是弗里宁的岳父,他在1998年退休,在2009年去世,此后弗里宁成为公司中唯一的会计师。一些在公司位于纽约附近的办公室工作的人说,弗里宁每次在公司可能只待15分钟,随后就离开了。但是,弗里宁每月差不多能获得12 000美元到14 500美元的款项。弗里宁对负责个人审计师行为合规监管的美国注册会计师协会(AICPA)辩解说,他经营的公司实际上并不开展审计业务。按照AICPA的要求,开展审计业务的公司通常要接受同行评审,由外部审计事务所检查操作是否达标。弗里宁和霍罗威茨公司编造谎言,宣称公司并不开展审计业务,但是实际上它确实为麦道夫基金提供审计服务,该公司逃避了同行评审过程。此外,纽约州在当时是六个无须同行评审的州之一。[12]

现实是残酷的,弗里宁似乎对麦道夫运作的庞氏骗局一无所知。毕竟,弗里宁家族也将自有资金交由麦道夫打理。因此,这家审计事务所并非与麦道夫串通,只是压根儿不具备合格的审计能力,对财务报表的审计只是走个形式罢了。弗里宁很快就承认他只是检查了报表的"账面价值",不符合审计的规范要求。[13] 由此我们不难看出问题的核心所在:如果监管当局允许某些投资载体接受较宽松的监管,那么应保证这种载体接受规范的外部审计,遵循严格的会计标准。应确保必须有机构对公司的账务进行监督,如果政府机构不担任监管者,那么必须在合格审计以及严厉处罚不合规行为方面制定行之有效的规章制度。

奇怪的是,很多人注意到麦道夫公司经营异常,而且有一个人一直要求麦道夫停止经营,这个人叫哈里·马尔科波罗斯。实际上,他就是在仔细了解麦道夫的经营策略时发现端倪的。马尔科波罗斯

---

① 1平方英尺≈0.09平方米。——编者注

就职于兰帕特投资管理公司（Rampart Investment Management），他按照公司的要求时常拜访麦道夫，了解其运作理念。[14] 麦道夫坚称自己运用了可转换价差套利策略，而真实情况是他导演了一出骗局。可转换价差套利策略是指交易者购买某一指数（或其中的子指数），卖出看涨期权，同时买入看跌期权。当指数价格下降时，看跌期权增加了盈利，能有效防止投资组合受到下跌资产的影响。卖出看涨期权则意味着，麦道夫公司会利用股票价格的上升空间（如果股价上升）换取固定数量的资金。这种策略的好处在于，收益或损失的波动性很小（因为期权交易从两端进行对冲）。那么这种策略有没有问题呢？这种交易方法无法获得麦道夫所宣称的风险后调整收益（也就是给定波动幅度所能获得的收益）。[15] 麦道夫为一家支线基金（Fairfied Sentry）提供资金管理业务，声称从1990年12月到2008年10月，年平均收益率大约为10.59%，而年波动率只有2.45%（最差的一个月波动率只有0.64%）。我们注意到很有趣的是，平均收益率本身听上去并不荒唐——这段时期可转换价差套利策略的年收益率为7%~11%，但奇特的是收益率居然达到收益率标准差（对波动幅度的度量）的4倍。[16] 也就是说，仔细分析这种投资策略，可以发现与宣传的稳定高额回报存在差异，随后我们进一步验证这个观点。

马尔科波罗斯意识到这一点，推断说存在两种可能性。一是麦道夫进行了不道德的提前交易——因为他同时也是这些客户的经纪商，能发现客户的投资取向，因此只要在为客户执行交易前，用自己的账户购买部分同样的证券就可以了。二是他设计的只是一出庞氏骗局。[17] 马尔科波罗斯写了一份详细的报告，足足有19页，标题简洁明了——《世界上最大的对冲基金是一出骗局》。这份报告只是美国证券交易委员会收到的众多报告中的一份，所述事例可以追溯至 1999 年 5 月。[18]

马尔科波罗斯当然不是唯一对麦道夫有所质疑之人。在那篇报告中，马尔科波罗斯还强调自己与很多不同公司负责股权衍生品交易业务（期权属于衍生品）的主管交谈过，他说："每一个与我交谈的高级经理都告诉我，伯尼·麦道夫所设计的是一出骗局。"然而，马尔科波罗斯猜测，很多人并不想因发表公开声明危害到自己的事业。[19]

随着一项关于美国证券交易委员会为何没有对该公司实施尽职检查的内部调查不断推进，真相渐渐浮出水面，实际上很多其他证据也表明麦道夫的设计是一出骗局。美国证券交易委员会曾经接到一名对冲基金经理的举报，称麦道夫在过去 10 年的收益与股票市场毫无关系，他不太可能按照可转换价差套利策略的数量要求进行大量的期权交易。2005 年 10 月收到的另一个举报来自一名投资者，他注意到该公司经营可疑，而且他迅速决定赎回自己的投资本金。[20] 然而，美国证券交易委员会并未根据举报检查上述疑点，没有对该公司实施有效监管，关于这点我们会在本章最后进行讨论。

麦道夫欺诈案涉及人员众多，资金数量庞大，时间跨度很长，给整个投资管理行业带来了剧烈的震动。特别是这一欺诈案涉及数百亿美元资金，这让很多经验丰富的专业投资经理也感到非常吃惊。

麦道夫案件过后，业界发生了一些可喜的变化。麦道夫案件中缺乏提供资产保护的独立基金托管人，因此建立并实施托管制度成为业内共识。欺诈案发生时倘若该制度已经存在，那么这一欺诈案持续多年的唯一合理解释只可能是托管人与麦道夫串通一气，或者托管人彻底失职。在后麦道夫时期，不采用独立托管制的注册投资顾问必须接受临时检查，也就是会计师会突然出现以检查总资产池是否与报告数据一致。而且,不采用独立托管制的注册投资顾问还必须将资产流动管理协议交给独立的第三方机构审查。[21]

与此同时,美国证券交易委员会内部也开展了相应的改革,包括提高识别欺诈犯罪的能力,针对潜在的欺诈案件创建专门的资料库,明确监管机构筛选和获取各种资料的职权。[22] 美国证券交易委员会开展的内部改革非常重要,之前它明显忽视了马尔科波罗斯提供的信息,早在1999年马尔科波罗斯就提出了充分的证据,可以证明麦道夫存在欺诈行为。当然,只有时间能告诉我们改革最终的成效究竟如何,而且这需要美国证券交易委员会持之以恒地不断努力。

艾伦·斯坦福

金融危机前,伯尼·麦道夫并非唯一因庞氏骗局而臭名昭著的富豪。艾伦·斯坦福同样导演了一出罪恶的欺诈案件。这位曾登上福布斯富豪榜前400名的亿万富翁因多项罪名被捕,获刑110年。[23]

斯坦福似乎对开展正当生意不感兴趣,这可能是由于他早年的职业生涯受挫,所以开始以欺诈为生。事实上,他早年从事一个相当简单的职业,在得克萨斯州的韦科经营一家健身俱乐部。他在加尔维斯顿和奥斯汀还组建了其他几家健身俱乐部,并打算在休斯敦再新建一家,以此来扩大整体的经营规模。然而,健身俱乐部在1982年破产倒闭,可能很大程度上是受到休斯敦石油价格飙升的影响。斯坦福在1984年宣布个人破产,资产不到25万美元,而负债超过1 000万美元。[24]

但是,斯坦福并没有就此收手。1986年,在宣布破产两年后,斯坦福在蒙特塞拉特岛建立了保卫国际银行(Guardian International

Bank），这家银行的种子资金来自斯坦福的父亲，他把自己投资房地产获得的盈利投入了这家银行，并担任该银行的董事长。保卫国际银行在拉丁美洲寻找客户资源，发布宣传广告称该银行的存单能享受高额收益。[25] 1992 年，斯坦福在休斯敦组建斯坦福金融集团，再次推销高收益存单，管理的资产总量很快达到 30 亿美元。[26]

这些钱究竟去哪儿了？斯坦福并没有遵守对客户的承诺将钱投资于低风险、高流动性的债券。他用一部分钱投资了房地产和商业项目，而将剩余的大部分钱直接私吞了。在斯坦福一路高歌猛进的岁月里，他用投资者的大量资金购入多套公寓、豪华游艇，给女友买各种礼物，甚至赞助板球比赛。[27] 他的消费金额令人瞠目结舌，在短短 3 年内用于私人飞机和直升机的消费金额超过 1 亿美元，仅为了将私人游艇的长度增加 6 英尺①他就花费了 1 200 万美元。[28]

斯坦福只要能源源不断地从投资者手中骗来资金，那么这场欺骗就永远不会结束。斯坦福对斯坦福金融集团的起源编撰了各种夸张的故事，他声称斯坦福金融集团是家族企业，由祖父在 1932 年创办。现在家族事业蒸蒸日上，他依旧坚持在公司的各个办公场所中都悬挂一张祖父的照片。虽然斯坦福的祖父确实组建过一家名叫斯坦福金融的公司，但那只是一家规模极小的保险经纪公司，与银行业毫无联系。斯坦福还编造了其他各种各样的谎言，有些谎言并没有带来任何直接的经济利益，只是为了满足他自我膨胀的心理。譬如，他四处宣扬自己是斯坦福大学创始人利兰·斯坦福的后裔，而这最终也被揭露是一个弥天大谎。[29]

在斯坦福案件的诉讼中，在该公司担任首席财务官的詹姆斯·戴维斯是重要证人，他对欺诈事实供认不讳，承认曾向安提瓜

---

① 1 英尺 ≈0.3 米。——编者注

官员行贿、给客户提供虚假文档、规避美国政府的监督检查等。[30] 实际上，戴维斯的工作是伪造金额，而这一工作他从事了 20 多年，从 1987 年或 1988 年开始，直至 2009 年真相大白。[31]

即使进入最终审判阶段，斯坦福依旧坚称自己并未资不抵债，反而是联邦政府搅乱了他的生意，他说："是他们（联邦政府的人）毁了这一切，让所有事情都落空了。"[32] 他毫无悔意。在法庭上，当一名受害者要求斯坦福仔细看看所有受害者痛苦的表情时，法官说斯坦福可以不必这么做，但是斯坦福居然径直按要求做了，并且没有一丝悔悟。[33]

正是由于加勒比地区的监管环境极为宽松，才造就了没有任何银行从业经验的人都能摇身一变开办拥有数十亿美元存款的银行。大千世界中，合法生意失败，但依旧不断追求"成功"和奢靡生活的人不在少数，而斯坦福只是其中一员。斯坦福找到了一个"成功"的市场切入点，他所设立的银行通常在离岸市场经营，所谓存单的主要营销对象在拉丁美洲和美国。或许我们不应该将两起金融犯罪案件相提并论，但是斯坦福欺诈案与麦道夫欺诈案确实存在一些值得关注的差异点。麦道夫欺诈案的受害者是高净值人群和机构，而斯坦福欺诈案的受害者分布极广，包括了从中产阶级到低收入人群等各类社会阶层，他们都购买了存单。而且，存单属于低风险金融资产，这类用剩余储蓄开展投资的人一般不希望承受较大的市场风险（麦道夫欺诈案中，投资方向是股票和衍生品市场）。最后一点是，存单购买者应该不知道斯坦福运作的是一出骗局，投资者购买存单所能获得的收益并不高，而在麦道夫欺诈案中，经验丰富的投资者本应该能发现麦道夫所谓的投资波动率很低但相应回报却过高。

媒体多次在大标题中用"庞氏骗局"来描述麦道夫和斯坦福欺诈案，而"庞氏骗局"源自名叫查尔斯·庞兹的人，他可能根本不曾料想到世界上会出现如此大规模的欺诈犯罪。

查尔斯·庞兹

1903 年，21 岁的查尔斯·庞兹从意大利移民到美国。他在多年后声称："我初到这个国家时身上只有 2.5 美元的现金，但是却怀揣着 100 万美元的梦想，而且这些梦想实现了。"为了实现暴富的梦想，查尔斯·庞兹设计了一出又一出骗局。他起初在波士顿，后来又前往加拿大蒙特利尔，在路易吉·扎罗西开设的扎罗西银行（Banco Zarossi）工作了一段时间。后来，扎罗西因直接挪用银行资产入狱，而庞兹在该银行工作期间也同样犯法，因欺诈罪被判在加拿大监狱服刑 3 年。[34]

这次经历给庞兹上了一课，但并非正确的一课，只是让他更加执迷不悟。他意识到开展金融欺诈并非特别困难。当时，监管机构缺乏足够的监管人员，也没有法定职责来对每家公司的业务仔细检查，因此时常发生一些机构负责人滥用职权的情形。然而，庞兹忽视了更重要的一点，那就是这些从事金融犯罪的作恶之人最终会被绳之以法。庞兹虽然被捕入狱，但是他已经开始谋划下一次骗局。

庞兹在 1911 年重返美国，参与人口走私，将意大利移民从加拿大私运到美国，随后被判在美国佐治亚州亚特兰大的监狱服刑两年。[35] 但是，这并没有阻止庞兹再一次犯罪。就在那几年，庞兹遇到了一个看似存在巨大盈利的套利机会，这促使他开始策划他的伟大计划，他也因此变得声名狼藉。

庞兹谋划的骗局主要基于国际回信券，国际回信券是标明邮费的凭证，人们给另一国的某人写信并且已经预付了回信的邮费。按照国际协议，签约国应该接受另一国所出售的国际回信券。庞兹发现很多国家在战后存在货币疲软现象，因此国际回信券在意大利等国的价值要低于美国等比较发达的国家。[36]

虽然套利机会在理论上存在，但是套利成本非常高，必须在一国购买大量的国际回信券，然后将其运送到亚特兰大（假设在美国出售）以供销售。实际上，虽然邮费本身比较便宜，但是整个计划运作的基础是能出售大量的国际回信券来获得足够的金钱，但是这非常困难。[37]

庞兹设计的骗局之所以成功，非常关键的一点在于，他让人们相信通过投资能获得非常高的回报。庞兹开办了一家证券交易公司，宣称90天内投资收益率高达50%（后来，更是扬言在仅仅45天内就能实现同样的收益率），从1919年起，这家公司开始吸引大批投资者。而且，推销员所组成的铺天盖地的销售网络让公司源源不断地获得资金，这些推销员按照为公司吸纳资本的10%取得高额回报。庞兹当即就用这些骗取的大量财富在马萨诸塞州列克星敦购买了一套公寓，在波士顿购买了大量房产用于出租，还购买了多辆豪车和许多奢华衣物。[38]

政府开始对该计划进行审计，《波士顿邮报》也开始调查庞氏骗局。该报在几个月前曾对庞兹的运营情况进行了报道（当时并不知晓这是欺诈），反而提高了庞兹的知名度，让其业务有所扩大。很快，《波士顿邮报》发表了一篇报道，说明了关于庞兹之前多次行骗后被起诉的事实。政府在完成相关审计后发现，数百万美元的资金被席卷一空，庞兹锒铛入狱。[39]最后，庞兹在美国联邦监狱服刑3年并转入州立监狱继续服刑多年。但是出狱之后，庞兹并未迷途知返，反而继续进行欺诈活动（其中有一次在佛罗里达州进行房地产投资的欺诈活动，其实所投资的房产所处的位置是沼泽地）。最终，庞兹被遣返回意大利，在意大利他再次卷入违法活动，帮助墨索里尼政府所设立的航空公司将纳粹分子从德国转移至巴西以暂时保护纳粹分子的安全。[40]

从法律法规的建立健全过程分析，非常值得关注的一点是庞兹因邮资券欺诈案被送入美国联邦监狱。在释放后没过多久，他在马萨诸塞州因盗窃罪被起诉。法律上存在争辩的是马萨诸塞州对他的起诉是否存在双重审理问题，因为庞兹是因同样一出骗局面临起诉的。1922年美国最高法院在关于庞兹对费森登一案的审判说明中指出，联邦判决并不意味着个人在各州可以免于因其他罪名所面临的刑罚（邮资券欺诈案和盗窃罪是不同罪名）。[41]因此，在被遣返回意大利之前，庞兹在马萨诸塞州监狱服刑7年。然而，回顾整个案件，我们可以清楚地发现，当时联邦政府缺乏相应的处理金融犯罪案件的法律工具，联邦政府对庞兹的处罚主要基于邮资券欺诈案的相关起诉，而不是因为其更为复杂的违法行为，其实后者更能恰当地勾勒出庞兹的犯罪行径。如果能对各类情况加以整合分析，联邦政府和州立政府或许可以对庞兹做出更加恰当的刑罚判决。然而现实情况是，马萨诸塞州在参与此案件的处理时才发觉联邦政府的处罚过轻。这无疑是因为制度设计不完善，当时的制度要求两级政府在收集证据并调查研究后再处理案件，这为庞兹在佛罗里达州再一次犯罪提供了机会，受害者要求伸张正义的诉求也因此被拖延。

与庞氏骗局相比，麦道夫的欺诈案更加发人深省。庞氏骗局只维持了区区一年多就败露真相，而麦道夫将骗局延续了几十年。麦道夫让数百亿美元的资金面临损失，而庞兹所造成的损失按照现在的资金价格换算为几亿美元。倘若欺诈者也可以有"偶像"的话，麦道夫多半会成为庞兹的"偶像"。

威廉·米勒

需要提及的一点是，虽然这种挪用张三的钱来偿付李四的骗局被命名为"庞氏骗局",但是庞兹并不是第一个如此精心策划骗局的人。1899 年,威廉·米勒——布鲁克林的一个记账员,开办了一家名为富兰克林辛迪加的公司,给投资者提供非常惊人的资本回报。他每周大约给投资者返还高达 10% 的令人难以置信的回报,后来他被人们称为"威廉·520·米勒",因为投资者在短短一年内能获得高达 520% 的投资收益。[42] 米勒宣称他能赚到足够的钱来偿付高昂的利息,而且他知道怎样在华尔街上赚取巨额财富。[43] 当然实际上,米勒并没有这种本事,他当年成功欺诈了大约 100 万美元,相当于现在的 2 500 万美元。[44] 滑稽的是,若干年后,当庞兹的融资计划被人们热议时,米勒不像庞兹已经收手不再行骗,他说道:"我可能比较愚钝,我真的无法想象庞兹居然能在如此短的时间内骗到这么大一笔资金。"他并不愚钝,因为庞兹的欺诈计划没过多久就败露了。[45]

麦道夫、米勒和庞兹欺诈案的共性在于,他们在起初或者在相当长的时间内一直都是直接、赤裸裸地进行欺诈。但是,现在很多欺诈案在最初的时候属于合法合规的正当经营,而过于投机的技术手段逐渐将其转变为欺诈性质,这种情况一般是在投资经理渴求成功但却始终落后于其他对手时发生的,此时投资经理已经造成巨额亏损。

回顾欺诈犯罪的历史记录,有一点非常清晰:欺诈阴谋随着时间的推移变得日益复杂。今天,人们不会轻易相信威廉·米勒犯罪案中所承诺的 520% 的年收益率或者查尔斯·庞兹所承诺的 90 天内收益率达到 50%。现在的欺诈者发现制订欺诈计划必须非常巧妙、不令人起疑,这样才能吸引聚集大量资本。在麦道夫案件中,麦道夫的狡猾之处在于,他声称给投资者提供的回报并没有脱离实际,一直维持令人难以置信的稳定水平。在斯坦福案件中,斯坦福并没有直接对存单提供高额回报,而是制造了一种安全的假象,对投资者兜售简单的金融产品,在监管失利的情况下人们无法意识到这是骗局。由此不难看出,人们必须不断提高戒备心,仅仅避开那些回报高到可怕的投资远远不够,还必须谨慎提防现代金融欺诈犯。

费迪南德·沃德

费迪南德·沃德似乎综合了我们上面所述的两类欺诈犯的特征,起初他并没有欺诈意图,但是当亏损出现后不久,他就开始了欺诈犯罪。在这种情况下,他还说自己同样是受害者,委屈程度不亚于美国前总统尤里西斯·辛普森·格兰特。

格兰特于1877年离任,之后带着他的夫人用两年时间游历欧洲和亚洲。虽然格兰特本身就热爱旅行,但是也有部分人将这次旅行解读为格兰特希望借此提高名望,为他第三次竞选总统做秘密铺垫。无论旅行是出于何种目的,年迈的格兰特的确收获很多,他以更加睿智、更善于处世的姿态回国,但是财富并没有过多变化。第三次竞选总统失利后,赚钱成为格兰特的目标。

当格兰特的儿子巴克邂逅费迪南德·沃德后,一个看似充满前景的投资机会展现在格兰特眼前,魅力非凡的沃德使巴克相信他拥有非常好的投资技能。这两人组建了一家公司,起名为格兰特和沃德公司。费迪南德·沃德从中看到了明显的赚钱机会:倘若他能让尤里西斯·辛普森·格兰特成为公司合伙人,他就能利用格兰特的知名度提高生意的合法性。格兰特将约20万美元——几乎他自己的全部财富,投入了这家公司。[46]

然而现实情况是,沃德所开展的经营与格兰特所预想的存在重大脱节。格兰特轻易地就相信沃德有超凡的金融投资本领,能通过投资获得巨大收益。而对沃德而言，他却告诉其他投资者，公司依托格兰特的影响获得了大量的政府协议。当然，格兰特并不具备这样的影响力，但是投资者信任沃德，认为这是一个简单便捷的获得收益的渠道。可见在现实中，沃德只是从投资者的口袋中骗取金钱，从事简单投机。[47]

一段时间之后，越来越多的新投资者被这家公司所派发的大额红利所吸引，公司的资本稳步增加。格兰特对此非常高兴，认为他自己能获得数百万美元的财富，他只需要与潜在的投资者谈笑风生就好，并把整个公司的经营都托付给沃德。[48]

格兰特非常不幸，沃德投机失败，损失惨重。1884年4月，沃德对格兰特提出15万美元的贷款需求。沃德不愿意承认公司已经濒临破产，他坚称这笔贷款只是为了救助一家与他们有业务往来的银行。格兰特依旧选择信任沃德，希望这笔贷款能力挽狂澜，他向威廉·范德比尔特（范德比尔特继承了父亲的铁路王国）提出贷款请求。范德比尔特同意发放贷款，但也清楚表明了自己的态度，他这么做并非为了谋利，而只是因为贷款对象是格兰特。"我对这家公司的了解并不足以让我对它提供任何贷款，"他说，"你——格兰特将军——是我提供这笔贷款的唯一理由。"[49]

格兰特成功获得了这笔贷款，将它全数转交给沃德。然而，就在第二天，沃德消失了，格兰特非常清楚一切都完了。沃德编造了一个弥天大谎，整个公司早已负债累累。最终核算发现，公司负债总额超过1 600万美元，远远超过那微薄的资产数额。沃德很快被绳之以法。[50]

格兰特与其他投资者一样被骗，变得身无分文。于是他被迫拿起笔撰写回忆录，与马克·吐温的出版公司签订了一份颇具吸引力的版税协议。结果，这本书销量很好，获利颇丰，而且外界认为格兰特文笔出众。然而，格兰特却在完成书稿后没多久就因喉癌去世了，无法享受这份成功。[51]

沃德属于另一类利用有社会影响力的朋友实施欺诈犯罪的典型。人们无法想到还有谁的知名度能超过美国前总统，至少格兰特作为前总统在美国北部依旧有着不可忽视的影响力。尽管最开始这并不是一场骗局，但是当沃德试图引入新投资者、增加公司资本时，公司经营很快变成欺诈性质，投资者所笃信的公司使命和战略与实际情况大相径庭。

伊瓦尔·克鲁格尔

沃德欺诈案并不是个例，现实中的确有不止一家公司最开始打算逐渐获利，但是当出现持续亏损后就走上欺诈之路的情况。伊瓦尔·克鲁格尔就属于这种类型，约翰·肯尼思·加尔布雷思称其为"骗术的宗师"。[52] 我们在下文会介绍，克鲁格尔确立了合法经营战略——坦率地说，比沃德的盲目投机要高明得多。他在一段时期内操作得相当好，但实际上良好的宏观经济环境才是其始终未暴露风险的有力支撑。

伊瓦尔·克鲁格尔1880年出生于瑞典卡尔马。[53] 他是家中长子，1913年继承了家族的火柴厂。但是，克鲁格尔并不满足于仅仅运作几个火柴厂。一段时间后，他看到将家族企业推向全球，构建火柴帝国的希望。[54]

当时正值第一次世界大战结束。很多国家满目疮痍，国家资本被持续多年的毁灭性战争消耗殆尽。资本重建是首要任务，但是很多国家无法找到资金来启动重建。毕竟，在经济摇摇欲坠的情况下再征收高额税款并不现实。克鲁格尔由此看到无限商机，他对各个国家提供贷款，有时贷款额度甚至高达1.25亿美元。他所提出的回报要求是什么呢？他希望对这些国家的火柴市场拥有完全垄断控制。对一些国家而言，这似乎只是小小的让步：它们需要资金支持，而火柴市场即使由克鲁格尔垄断，似乎对经济也不会造成过大影响。而且，这些国家还可以通过对火柴征收高额消费税偿还贷款，火柴的价格也可以在合同中提前约定。[55]

很多国家决定孤注一掷，克鲁格尔的火柴帝国因此快速壮大，在 15 个国家处于完全垄断地位，并在其他 19 个国家占据非常大的市场份额，其公司大约垄断了 75% 的欧洲火柴市场。[56]

当然，克鲁格尔并没有直接用公司的利润发放如此大量的贷款。他充分利用了美国资本市场，在资本市场中出售股票和债券作为筹集资金的渠道。但是，有些债券的利率非常高——通常高达 20%，导致债务负担较重。尽管我们并没有完全掌握克鲁格尔究竟是如何利用欺诈手段让公司维持经营的，但 1929 年股市崩溃与紧随其后的大萧条造成市场环境急剧恶化。特别是，长期以来为克鲁格尔提供贷款和再融资的债务市场逐渐枯竭。信用市场不再像 20 世纪 20 年代那样容易融资。实际上，正如麦道夫的弥天大谎因一场系统性危机而告终一样（在麦道夫案件中，全球金融危机促使很多投资者加快回流资金，补充自身流动性），克鲁格尔的最终失败在一定程度上也归因于 20 世纪 30 年代初资本市场的系统性风险。[57]

人们花了长达 5 年的时间才调查清楚克鲁格尔数百家公司与分支机构的情况，发现他篡改账务的金额高达数亿美元。克鲁格尔和托尔公司虚构的意大利债券大约为 1.42 亿美元，除此之外，还有多笔重复计算的资产。[58] 1932 年 3 月 12 日，克鲁格尔在巴黎被发现死于心脏中枪。当时被认定是自杀事件，但是几十年过后，克鲁格尔的弟弟托尔斯滕否认这一说法，他认为哥哥死于谋杀。[59]

克鲁格尔的欺诈案件在一定程度上推动了政府加速改革，制定审计和其他会计监管规则,从而避免这类骗局再次出现。[60]特别是,美国国会中的人一致认为,公开交易的公司必须由训练有素的审计师开展审计,但是当时对于具体做法尚未达成共识。美国国会提出两种方案,一是允许私人会计师负责审计任务,二是成立一家新的政府性审计机构。最终,美国国会认为成立政府性审计机构并不现实,因为相关审计任务非常繁多,当时一家知名会计师事务所的合伙人在参议院听证会上表示,"有会计从业资格的人员"不可能"离开目前的岗位单独为政府服务"。[61]

理查德·惠特尼

费迪南德·沃德和伊瓦尔·克鲁格尔实施诈骗时,常常利用广泛的人际关系网络不断渗透。譬如,沃德巧妙地利用美国前总统格兰特的影响力,而克鲁格尔则是利用自己曾经担任多位知名政策制定者顾问的经历提高合法性。与他们一样,理查德·惠特尼对此也非常擅长,而且他没有从一开始就行骗,他是在无法偿还债务后才转而使用不法手段,以期能扭亏为盈的。

1929年10月24日,黑色星期四让理查德·惠特尼声名大噪。[62]当时,华尔街弥漫着恐慌情绪,市场自交易开始就暴跌。金融大鳄被私下召集开会商议如何应对危机,参会人员包括J. P. 摩根公司的托马斯·拉蒙特和国民城市银行的查尔斯·米切尔等知名人士。他们商定认为,最佳的应对方案是对主要股票的出价要高于当时的价格,以恢复市场信心。理查德·惠特尼作为纽约证券交易所的副主席,负责该方案的具体执行。他走上台阶宣布:"我出价每股205美元购买10 000股美国钢铁公司的股票。"他以同样戏剧性的姿态大手笔购买了多只股票。[63]

救市行动在短期内推动股价上升,但是市场长期以来存在的结构性问题以及无法预测的经济前景无法阻挡股价进一步下跌。然而，惠特尼面对1929年市场崩溃时的冷静处理让其赢得了外界的尊重和敬仰，他随后升职为纽约证券交易所主席。[64] 他任职期间的成绩也进一步提高了他的声望（麦道夫也曾经担任纳斯达克非执行主席，虽然纳斯达克的影响力不如纽约证券交易所）。

惠特尼自己开办了一家小型经纪公司，主要为机构客户服务。惠特尼认为自己找到了蒸馏酒企业的商机，禁酒令解除后这家公司应该具备良好的发展前景。为了获得这家企业的股权，他不仅投入自有资金，而且四处借债，把全部资金投入蒸馏酒企业。如果在禁酒令解除后他立刻卖出股票，那么他能获取一定的合理回报。当时这家蒸馏酒企业的股价确实出现上涨，惠特尼坚信市场价格会继续走高，所以他一直持有股票。然而，股票价格开始下跌，惠特尼越来越难以负担债务。他开始利用自己的知名地位挪用资金，掩盖负债状况。第一次挪用资金发生在他担任纽约帆船俱乐部会计师时，他挪用了俱乐部所持有的15万美元债券为自己的债务融资做抵押。惠特尼很可能认为自己所做的只是权宜之计，随后我们会分析他曾经在1926年也有类似做法，暂时挪用其岳父的房地产资金，但是在未被察觉之前就顺利偿还。[65]

遗憾的是，惠特尼这次过于乐观地估计形势，财务困难依旧没有改善。第二家受害机构是纽约股票交易所抚恤基金，这家基金为交易所会员家属提供死亡抚恤金。当惠特尼的公司出售部分债券并购买新债券时，惠特尼挪用了新债券用作银行贷款抵押（当然，贷款银行完全不清楚真实情况）。[66]

惠特尼的公司在挪用资金和进行欺诈被发现之前，已经资不抵债很多年。纽约证券交易所的审计人员最终调查清楚了惠特尼的欺诈犯罪真相，将公司深陷亏损、数次通过不法手段掩人耳目的事实公之于众。[67]

惠特尼锒铛入狱。在判决时,审判长宣布:"你为了掩盖自己的盗窃罪和破产状态,非法侵占他人财产,进行欺诈活动,造假财务报表。"接着,审判长还陈述道:"惠特尼的犯罪行为严重损害了美国的形象。"[68] 最后,惠特尼的兄弟乔治——J. P. 摩根公司的合伙人之一,清偿了他的全部债务,惠特尼在纽约的新新监狱结束服刑后退出公众视野,在马萨诸塞州的一家农场度过余生。[69]

惠特尼在欺诈中更加"高超"地反复使用了其他欺诈案件中的伎俩。他有成熟的投资目标,不像伊瓦尔·克鲁格尔只试图构建火柴帝国。而且,他因有效抵御1929年的市场崩溃积累了良好的社会威望。

瞬息万变、难以预测的市场让很多无意犯罪之人最终走向欺诈之路。市场价格的上涨引诱人们固执地认定可以实现原有目标,坚信自己所做的选择是正确的。然而,每一次价格快速上涨后,市场必然会下挫,买方常常误认为"市场肯定会快速复苏"。这种思维模式压倒了理性,很多人在市场跌破关键点后仍旧认为,"这只是暂时现象。当市场回归理性,我会赚钱,没人会发现我的违规操作"。但是随着亏损越来越大,骗局无法再持续,想要扭转僵局已经无计可施。根据上述分析,我们可以非常清楚地知道,为何声誉对那些掩饰性的欺诈犯罪如此重要:那些声誉良好的骗子有很多机会来制造骗局。他们能够轻易获得信贷支持,因为很多金融机构都愿意给这些知名人士提供贷款。

理查德·惠特尼案件对于监管改革发挥了难以置信的推进作用。当时,美国证券交易委员会与纽约证券交易所在监管权力和其他监管深化举措方面存在分歧,纽约证券交易所认为它完全有独立监管的能力。1938年2月,两家监管机构的不和达到顶峰,美国证券交易委员会时任主席威廉·道格拉斯与纽约证券交易所顾问威廉·杰克逊有过一次会谈。两人似乎即将就新的监管规则达成共识，但是最终却因为纽约证券交易所是否应该引入外部主席这一问题有不同意见而功亏一篑。道格拉斯认为，倘若纽约证券交易所无法与美国证券交易委员会的思想一致，那么美国证券交易委员会将直接接管纽约证券交易所。[70]

杰克逊："当然，我猜测你会继续开展这项计划？"
道格拉斯："你说得太对了，我会这么做。"
杰克逊："如果你接管纽约证券交易所，我希望你牢记我们已经存在150多年了。可能有不少事你需要咨询我们。"
道格拉斯："我只想知道一件事。"
杰克逊："什么事？"
道格拉斯："你们把纸和笔放在哪里？"[71]

这场闹剧的始作俑者是与纽约证券交易所渊源深厚的理查德·惠特尼，他当时极力反对美国证券交易委员会的干预，认为纽约证券交易所能开展有效的自主管理。惠特尼的犯罪事实无疑增强了道格拉斯的说服力，让美国国会和公众认可应该增强美国证券交易委员会的权力。毕竟，纽约证券交易所的这次丑闻动摇了其监管根基。在大多数人看来，惠特尼案件证明了纽约证券交易所无法实施有效管控，而从政策层面分析，惠特尼成了自己最大的敌人。[72]

蒂诺·德安杰利斯

我们最后用蒂诺·德安杰利斯与色拉油丑闻的故事来结束本部分所讲述的欺诈犯罪。这起犯罪不仅是臭名昭著的金融欺诈案之一,而且对于恰当监管非常有启迪意义。

德安杰利斯 1915 年出生于纽约布朗克斯区,起初生活并不富裕。他暗下决心要改变自己卑微的出身,而且他并没有回避繁重辛苦的工作。早期他从事肉类的屠宰、腌制、包装工作,并很快得到晋升,于 1949 年成为安道夫·戈贝尔公司的总裁。[73] 在这家著名的肉类加工厂担任总裁期间,他似乎就对不道德的商业手段格外容忍。安道夫·戈贝尔公司获得了一个为学校供应肉制品的合同,这是全国学校午餐计划的组成部分,旨在为困难学生提供部分或全部补助。然而,德安杰利斯没有为学校提供符合食品安全的肉制品,并且对政府要价过高。此举激怒了监管当局,安道夫·戈贝尔公司被罚款 10 万美元,并失去学校午餐供应合同。德安杰利斯暂时被免职,但是个人并没有受到罚款或者牢狱之灾,1958 年他恢复总裁一职。[74]

与此同时,德安杰利斯设立了另一家公司——天然植物油联合提炼公司。德安杰利斯在 1955 年创办这家公司,初衷很简单,他认为美国政府实行的"以粮食换和平"计划将对出口植物油非常有利,这项计划允许食品紧缺和资金紧缺的国家购买有政府补贴的美国种植农产品。[75] 德安杰利斯将公司设在新泽西州北部,并不断扩大业务规模,1960 年时植物油出口已经大约占据美国植物油出口总额的 3/4。[76]

当时他获得了"色拉油国王"的美誉(如此称谓是因为植物油是调制色拉油的基础)。[77] 但是同时,他心中还酝酿着险恶的阴谋,他真正希望的是垄断整个植物油市场。按照他的设想,他可以通过大量开展豆油和棉花籽油的期货交易来操纵市场价格。[78] 然而,倘若他要控制期货市场,就必须拥有大量资本。这时,美国运通仓储公司引起了德安杰利斯的关注。这是一家成立不久的新仓储公司,对物品所有人提供仓储票据,证明存货真实存在,物品所有人可以将该票据用于融资抵押。德安杰利斯从中看到了机会:他可以充分利用这家仓储公司的服务,通过其检查核对存货并开立仓储票据,随后他可以将票据拿给经纪商以扩大保证金,用植物油存货抵押获得融资融券,从而参与商品期货市场。[79]

这家仓储公司遇到了一个大麻烦,德安杰利斯并没有按照他所说的那样持有大量的植物油存货,很多仓储罐内注满的只是清水,而签发仓储票据的仓储公司并不知情。德安杰利斯利用各种方法让核查人员相信自己有充足的植物油储量,他使用了带夹层的仓储罐,在物品核查时用输油管将油从一个油罐输送到另一个油罐,这样核查员在油罐里看到的始终是同样的植物油,所谓的植物油只是浮在装满水的油罐里最上面的一层,充分利用了油比水密度小的特点。[80]

1963年11月,这场豪赌以失败告终。德安杰利斯无法再继续掩盖骗局,市场的反向波动让他损失惨重。华尔街上弥漫着恐慌。哪些公司曾经与德安杰利斯有交易往来?除了那些与他直接交易而走向破产的公司之外,还有哪些公司受到间接波及?经纪公司的倒闭会给其他投资者带来何种影响?可以说,德安杰利斯的欺诈行径的破坏程度非常广,200多家公司走向破产,而且持续时间久远,最终处置解决后续问题花费了数年时间。[81]在破产公司中,艾拉·豪普特经纪公司因为允许德安杰利斯用仓储票据而非现金支付大量保证金而破产,这一操作无疑严重依赖票据的真实性。[82]

当然,仓储公司的核查员因失职理应受到责罚。实际上,正是这场骗局暴露出核查过程中的漏洞与错误不计其数。美国运通仓储公司认为,德安杰利斯所存储的油量(大约4.25亿磅)远远超过了油罐的最大容量。[83]而且,在核查过程中,德安杰利斯公司的职

第五章 欺诈、市场操纵与内幕交易

员站上油罐，向油里抛下油尺，然后读出数据让核查员记录，因此核查员本身压根儿没有认真进行任何检查。[84]

美国运通仓储公司由于这些错误必须承担法律责任。公司股价严重下挫，跌幅超过50%。也正是此时，沃伦·巴菲特对美国运通做出了著名的交易操作，购买了大量股票，他认定（后来证实是正确的）相比公司所拥有的广大信用卡市场而言，这些负债并不多。[85]

虽然公司破产了而且很多人失去了工作，但德安杰利斯本人受到的处罚却微不足道，他被判处在宾夕法尼亚州刘易斯堡联邦监狱服刑20年，但实际上他只服刑了7年。[86]

色拉油丑闻留下了太多发人深省的教训。譬如，让我们再次铭记，社会地位并不能保证合法性（但是人们在日后仍会重蹈覆辙，直到深刻铭记这一教训）。首先，对于核查员而言，他们认为自己打交道的是成功的大客户，因此内心早已认定公司的行为必然诚实可靠。其次，对管理层而言，监督金融行为并不像私有化那么简单。美国运通是一家私有制公司，资金量巨大，但是在检查环节存在明显缺陷。最后，策划这场大规模且成功的骗局的罪犯曾经在道德的灰色地带游走并违犯过法律，他早年曾经欺骗学校购买自己公司所生产的不安全、质量很差的肉制品。

但是，究竟实践中有多少实验研究能支持我们得到的观察性结论呢？近几年关于对冲基金的不同研究对此问题均有所涉及。史蒂芬·迪莫克和威廉·克里斯托弗·格肯对投资经理的特点展开研究，试图挖掘那些容易形成欺诈的先兆特征。他们在论文《发现伯尼·麦道夫：通过投资经理察觉欺诈》中写道，之前的民事或刑事活动、曾经的欺诈犯罪以及过去的合规记录都是典型的先兆特征。[87]

这些特点有实际政策启示：那些有多次违规记录的人通常容易欺诈

犯罪。当然这并不是说执法机构应该只关注那些过去存在不良记录的公司，而是说必须对此类机构抱有更高的警惕性。毋庸置疑，关于欺诈犯的心理和惯用手法的进一步研究有助于提高执法水平。

剑走偏锋：交易欺诈

在结束对欺诈的案例研究之前，我们发现有一种欺诈模式与其他模式相去甚远，那就是交易欺诈。人们把这些欺诈交易者称为"无赖交易员"，他们通常欺诈性地歪曲或者简单地掩盖交易敞口，不让供职银行或机构发觉。与我们之前讨论的其他金融欺诈不同，欺诈犯通常来自机构内部，而非外部客户或第三方个人。我们将简要介绍这类金融欺诈，这类欺诈有可能影响金融秩序，甚至摧毁资本充足的金融机构。这一类欺诈犯罪不胜枚举，其中有两个欺诈人员值得重点解读，即巴林银行的尼克·利森和法国兴业银行的热罗姆·柯维尔。尼克·利森的交易欺诈将古老的巴林银行带入深渊，而热罗姆·柯维尔的欺诈案是银行业历史上最大规模的欺诈案之一。

尼克·利森与巴林银行

尼克·利森1967年出生于英格兰沃特福德，那是一个距离伦敦大约有17英里的以工人阶层为主的小镇。利森先是在一家私人银行工作，随后在摩根士丹利任职，但时间都不长，1989年他进入巴林银行，给银行高层留下了很好的印象，因此在1992年被派驻新加坡担任首席衍生品交易员，负责新加坡国际货币指数交易。利森的部门主要通过为客户执行交易和套利两种方式为巴林银行创造财富。其中，套利方式非常简单，即在新加坡和日本根据两个市场时而出现的价格背离对日经指数做期货交易。这种外汇套利就好似免费的午餐，因为这涉及用一种汇兑比率购买较便宜的合同，然后用另一种汇兑比率卖出同样的合同，充分利用两种价格的背离。按照巴林银行的规定，利森应该按此程序为银行创造利润。

然而，利森并没有只按照客户的指令执行交易并套利，他对指数和货币的走势还进行了投机交易。而且，利森开展的不是小金额的市场套利，他将全部未套期保值的资金投向自己所认定的市场方向。起初，利森获得了一些回报，这使他在银行内部获得了更高的声誉，而且人们似乎也不再怀疑他的所作所为。[88] 但是，一切很快就发生变化，利森的损失逐步加大。虽然他偶尔也会通过承担更大的风险赚回部分资金，但这种盲目投机显然并非可持续战略。

利森绞尽脑汁，利用各种手段掩盖损失，凭空捏造银行与客户之间并不存在的交易，让银行相信似乎所有的头寸都得以对冲，而且他还让自己的员工在系统内输入虚假信息。利森在巴林银行成为新加坡国际金融交易所的成员后立刻开设了后来被人们熟知的"88888"账户——如此命名是因为数字"8"在新加坡华人文化中表示运气与财富。[89] 这个账户实际上是用于平衡交易错误的簿记账户，而这本身是违规的。利森先是利用这个账户掩盖他的非法收益，随后又掩盖投机所带来的巨额损失。

1995年1月的神户大地震让利森的损失快速增加，神户大地震造成几千人死亡以及大面积房屋受损，之后日经指数巨跌而利森却对指数走势判断错误。最终，利森的全部损失达到14亿美元，把巴林银行的资本金消耗一空。1995年2月，成立于1762年的巴林银行就这样轰然倒塌了，很快巴林银行以1英镑的名义价格被出售给荷兰国际集团。

利森起初与他当时的妻子飞去马来西亚，他在桌上留了一张纸条，上面写着"对不起"，那时还有几天就是他28岁的生日。利森想要回到欧洲，这样他就能避免在新加坡服刑。他随后飞往德国，但最终被引渡回新加坡，在那里的监狱服刑三年半。[90]

应该说，推动巴林银行最终走向倒闭的并非行为串通，而是管理无能。巴林银行存在诸多管理漏洞，本来可以减少利森所造成的损失，但是却完全丧失了管控。其中，最大的管理漏洞是让利森同时负责交易监督与清算。前台部门与后台部门需要谨慎隔离，理由很简单，因为机构需要有专职人员负责监督交易清算，以确保交易事项与银行的指导意见和风险预期相符。利森同时承担前台与后台两种职能，独立监管的缺失让他有条件在很长时间内掩盖巨额损失。此外，利森继续欺骗巴林银行总部，告诉总部新加坡国际金融交易所要求增收保证金，因此需要比正常情况更多的资金。巴林银行相信了利森的说法，这意味着银行高层并不真正了解日本与新加坡市场之间的套利机制。最后一点，利森的交易操作长期以来缺乏有效且一贯的审计，这也表明巴林银行在风险管理方面存在严重缺陷。

热罗姆·柯维尔与法国兴业银行

下面，我们介绍一起近年发生的损失金额巨大的流氓交易欺诈案件，即热罗姆·柯维尔对法国兴业银行的交易欺诈。热罗姆·柯维尔出生于1977年，儿时一直生活在法国西北部的布列塔尼。他大学本科和研究生阶段学习的是金融专业，2000年硕士毕业后，成为法国兴业银行中台部门的工作人员。在这个岗位上，他很快熟知了银行在交易监督、监测和处置中的流程与技术，并且能熟练应用执行相关任务的计算机系统。[91] 几年后，柯维尔被调到了"Delta One"项目的前台部门，他的职责是基于欧洲股价对不同投资工具之间的小定价偏差开展套利交易。"Delta One"是衍生品交易业务，其中"Delta"是指某种投资工具对另一种参考投资工具波动变化的敏感度（譬如，期权价格对相应股票价格变化的敏感度）。

柯维尔的行径与利森类似，因为他并没有按照规则进行套利交易，而是在毫无对冲保值的基础上对某个投资工具全额持仓。柯维尔与利森一样，他所依赖的全是投机交易，并不是套利交易。有趣的是，柯维尔的交易在2008年之前获得了巨大的利润回报。仅在2007年，他就获得了高达14亿欧元的惊人利润，但是他报告给上级的金额只有5 500万欧元，他认为如果上报了高额利润——相当于公司股权收益部门6个月的收入——会让银行发现他的冒险行径远远超过了授权范围。2008年1月，柯维尔对股票指数的风险敞口超过500亿欧元，这不仅让他损失了2007年的巨额利润，而且还让他新增了数亿欧元的损失。当柯维尔试图捏造对德国股票指数300多亿欧元的虚假交易时，引起了法国兴业银行的警惕。这个操作非常危险，倘若这是一笔真实交易，按理会要求交易对手的经纪公司为兴业银行提供数量庞大的、超出正常范围的保证金。[92] 法国兴业银行组成内部工作组开展核查，很快便发现柯维尔试图掩盖的真实头寸甚至超过了这笔虚假交易。工作组在周末彻查清楚内情，周一开市后，最早开盘的亚洲股票市场应声下跌，法国兴业银行以较低价格平仓，柯维尔的交易欺诈最终导致银行至少亏损49亿欧元。

随着案件调查的不断推进，真相逐渐浮出水面。柯维尔通过操纵银行名为"埃利奥特"的风险管理系统以及捏造并不存在的对冲账户，成功避开了银行的早期监测。[93] 柯维尔被定罪为失信和伪造，判处有期徒刑3年，但是最终只服刑5个月，后来允许在戴着脚镣的情况下被保释。

与巴林银行一样，法国兴业银行因没有及时发现这些未授权的交易而备受指责。外部审计机构普华永道发现银行交易清算系统存在缺陷，无法有效记录并分析交易，很多操作由后台部门员工手工处理，而后台部门也没有足够的高层管理人员开展事前监管。[94]柯维尔长期以来坚称银行高层对这些非套利交易有所了解，但视而不见。这种说法有一定可能性，但即便是实情，银行高层也绝不可能对如此大规模且可能影响整体经营的风险敞口视而不见。

总体而言，要杜绝流氓交易非常困难，此类交易通常是交易员利用中后台部门的缺陷而对交易进行长期操纵的结果。有时，修正错误的手段可能比较简单，譬如对于利森案件，解决问题的关键在于今后要避免让同一个人负责交易和清算岗位。但是在很多情况下，有效预防需要金融机构清楚意识到，它们必须确保交易员遵守岗位职责，不得超越风险权限，这才是符合最大经济利益的最佳操作实践。否则，正如我们在很多流氓交易中所观察到的，起初的小额损失或收益很快会变成无法控制的局面，因为交易员会试图更加冒险激进，从而可能危及整个企业。

市场操纵

我们会在本部分介绍那些对市场进行操纵或妄图操纵市场之人。操纵植物油市场是蒂诺·德安杰利斯的梦想，欺诈实际上只是他为了后来的垄断定价所做的铺垫，然而最终他只走完了第一步就被绳之以法。我们接下来首先介绍美国早期的威廉·杜尔市场操纵案。

威廉·杜尔

外界对于威廉·杜尔出身豪门的身世一般都轻描淡写。威廉·杜尔的父亲约翰·杜尔是富有的农场主，在安提瓜岛拥有大量房产。威廉·杜尔出生于 1743 年，在久负盛名的伊顿公学接受教育，伊顿公学是英国贵族学校，那里的学生基本来自社会地位很高且极具权力的家族。虽然威廉·杜尔含着金汤匙出生，但是有一个事实改变了他一生的命运：他是父亲的第三个儿子。当时，社会实行长子继承制，他想要获得可观的财产，简直毫无希望，因为家族不愿意平均分配财产，只会把最大的部分留给长子。如果威廉·杜尔在成年后依旧要延续儿童时代所享有的奢华生活水准，那么他必须依靠自己积累财富。[95]

威廉·杜尔长大后进入木材行业，在纽约州奥尔巴尼附近开办了该地区的第一家锯木厂，此后逐渐崭露头角。此外，杜尔还表达了对参与革命事业的浓厚兴趣，他在大陆会议上担任纽约州代表，主要负责国库相关事宜。然后，杜尔对利润的追逐高于一切，他能够为利润牺牲道德和忠诚。1783 年，美国独立战争结束后，杜尔获得为英国留守部队提供补给的合同，这被很多对革命事业忠诚的美国人断然拒绝，他们认为这属于对敌军的支持。[96]

尽管如此，杜尔却成功说服人们相信这对于新建立的国家有利无弊，随后他在财政委员会获得工作职位。借由职务便利，杜尔给自己签发了一张来自财政部的授权书，他因此在 1788 年顺利获得第一笔个人贷款。虽然杜尔的职业操守令人质疑，但是令人吃惊的是，亚历山大·汉密尔顿却在 1789 年提拔杜尔担任财政部助理部长，杜尔欣然接受。虽然美国国会明确希望并尝试制定举措让财政部员工在任职期避免参与公共证券交易，但是杜尔却无法抵御国债的利润诱惑，当时国债折价发行，交易价格只有其票面价值很小的一部分（因为市场认定发行国债非常冒险），联邦政府会承担这部分债务。杜尔被抓时，虽然辞去了职务，但他自 18 世纪 90 年代后期开展国债交易以来已经赚取了可观的利润。[97]

杜尔在财政部任职期间开展了上述不道德交易，但他对市场的实际操纵却发生在此之后。杜尔的第一次市场操纵行为是战略性地向市场散布关于合众国银行（Bank of the United States）的消息，当时合众国银行的股票已经公开交易。杜尔大量买入其股票，大约占到发行总额的 6%。他成功引导银行董事长在费城召开的一次会议上当众宣布银行将在美国各地开设多家分行，按照他的预测，该声明会提振股价，从而增加他的股票收益。果不其然，股价飙升，杜尔随后将一半股票出售转为现金。[98]

有了这次成功的市场操纵经历之后，杜尔更加贪婪，他想要通过垄断市场对合众国银行的股价和联邦债券价格施加影响。乍一看，美国国债和合众国银行的股价应该并不相关。但是，亚历山大·汉密尔顿当时制定的一项条款规定，购买合众国银行的股票时可以用美国国债予以抵付。与现在购买股票必须有足够的现金（或保证金）不同，人们购买合众国银行的股票可以用现金支付 1/4 的费用，并用美国国债支付剩余 3/4 的费用，政府希望能借此拓宽国债的所有权范围。杜尔由此想到，如果他能买到足够的国债，那么他就能同时操纵合众国银行的股票与联邦债券市场。杜尔大量融资，首先从银行和其他机构贷款，当信用额度用完后，他勾结一个名叫艾萨克·惠波的人，面向欠缺投资经验的普通大众兜售金融票据，承诺每月支付的利率高达 5%~6%。[99]

但是，出乎杜尔意料的是，合众国银行有意减少货币供给，这破坏了杜尔的阴谋。汉密尔顿当时已经意识到，合众国银行在费城的总部发放的贷款过多且过快，货币供给的不断扩张推高了债券价格。汉密尔顿很快发现了两种金融资产价格之间的联系，1792 年 1 月 18 日，他给在纽约银行工作的威廉·西顿去信表示："新设立的这家银行让我体会到无限的痛苦，它带来的效应几乎全是负面的。肆无忌惮的投机交易已经对政府以及整个公共信用体系造成损害。"最终政府决定通过不再续借经常性贷款的方式来缩减货币供给,这一举措确实发挥了作用,杜尔损失惨重。1792年3月,杜尔无法按照合同规定履约,市场出现大面积恐慌且价格螺旋式下降(在出现违约后,杜尔试图垄断的国债市场的价格在两周内下挫了25%)。事情的结局是,汉密尔顿非常巧妙且机智地化解了危机、稳定了局面,而杜尔妄图操纵市场引发了华尔街第一次大型金融危机,即后来被称为"1792年大恐慌"的危机。[100] 杜尔在监狱度过了余生。[101]

威廉·杜尔的故事有三个地方引人深思。首先,它让我们清楚了解到人们早先如何对美国资本市场进行操纵。其次,让我们清楚认识到市场操纵当时可能对整个经济构成的威胁。最后,整个事件向我们揭示了当时资本市场有多不完善。当时,监管控制极为松懈,对于恰当的道德行为也缺乏制度化标准,这造成了一系列不良后果,譬如财政部官员利用自己的职务便利影响证券价格并进而投机,杜尔能够向毫无戒心的买方销售票据以获得更多资金,政府没有办法直接应对、处理价格操纵。我们在下文即将分析,虽然当今社会仍然存在部分市场操纵情况,但作案者一般会使用更加隐秘的操作方法,通常包括多个参与者(大部分市场规模庞大,极具市场深度,单凭一两个参与者难以撼动),而且不会对整个金融体系造成影响。

伊利战争

即使在70年后,防范市场操纵的监管体系依旧脆弱不堪,这种强大的破坏力源自19世纪60年代臭名昭著的伊利战争。实际上,伊利战争并不是真实的战争,而是指一场金融对决,一场以伊利铁路的所有权和控制权为赌注的金融对决,这场对决的赌注——伊利铁路——是连接纽约与其他西部城市中心的一条主要干线。

发起这场战争的是一位名叫丹尼尔·德鲁的轮船运营商,他在伊利铁路东部和西部路段都有基础设施投资,他向伊利铁路董事会施压,希望在董事会拥有一席之地。早先就已经有种种迹象表明,德鲁一直希望能操纵铁路股票价格以便为自己牟利。譬如,德鲁在伊利铁路的董事会任职没多久,就开始散布关于伯根隧道建设工程(属于铁路完善计划的一部分)的谣言。他宣称伯根隧道的成本将会超出预算,伊利铁路可能得放弃整个工程。这次操纵事件让股票价格大幅下跌,德鲁在股市上做空狠狠地赚了一把。他在伊利铁路董事会任职期间多次有类似行径,而且他在后来发表的文章中还高调地承认了自己的行为。[102]

德鲁并没有就此收手,他不断牺牲伊利铁路的利益为自己牟利,而这时伊利铁路引起了铁路巨头——科尼利厄斯·范德比尔特的注意。范德比尔特比德鲁有着更老练的铁路运营经验,有多个成功运作案例,他认为自己的经验与原则可以推广,还可以为自己增加一笔更有吸引力的资产。为此,他开始秘密地购买伊利铁路的股票,慢慢获得足够的股本对公司进行控制。德鲁意识到随后公司会发生变动,董事会成员将被范德比尔特替换掉,于是他前往纽约与范德比尔特会面。德鲁成功说服范德比尔特允许他继续留在董事会,并且还介绍了两位朋友——杰伊·古尔德与吉姆·菲斯克加入董事会。[103]

范德比尔特丝毫没有意识到他犯了一个很大的错误。德鲁在古尔德与菲斯克的帮助下,暗中谋划重新控制公司。为了达到这一目的,他们列出一份包含众多完善计划的清单,而这些计划必须筹集新的资金。德鲁发现将债券转换成股票应该是驱逐范德比尔特最好的方法,于是德鲁、古尔德与菲斯克发行了数百万美元的可转换债券,并将其中的很多债券直接转换为股票。之前,范德比尔特一直吩咐证券经纪人尽可能多地购买股票,因此当看到有新股票时,经纪人自然选择继续购买。但是,范德比尔特很快就发现了这个阴谋,他察觉到德鲁在不断减少他所占的股权比例,从而稀释他的所有权和控制权。[104]

范德比尔特在愤怒之下,利用法律手段将这三个串通之人绳之以法。纽约签发了对他们的逮捕令,但是这三个人却越过哈得孙河去往新泽西州,在那里他们可以暂时避免被捕。他们在那里拜访了政坛巨贪威廉·特威德,特威德当时是坦慕尼协会的负责人,该协会因操纵纽约市政事务且收受贿赂而臭名昭著。他们请求特威德颁布法令让他们稀释股权一事变得合法化。这个贪婪的政客在收取了一大笔贿赂之后答应了他们的请求。[105] 后来,德鲁与范德比尔特达成和解,但是菲斯克却被情妇的另一个追求者谋杀,而古尔德也被捕并退还大部分不法收益,这次政治操纵事件只是让这个三人团体的阴谋晚些暴露罢了。[106]

德鲁不仅能够操纵伊利铁路的股票,而且还策划实施股本彻底改造,如此便能进一步稀释控制权,此后还成功将这一阴谋变得合法化。这次事件再次彰显出缺乏有效的监管机构对市场操纵进行防范。

沃尔特·泰列

前面讲述的两个故事都是关于知名人士如何操纵大量证券的。下面我们要讲述的故事略有不同,主要介绍一个人如何通过发布一家中等规模公司的错误信息而操纵大量的小额证券。实际上,沃尔特·泰列可以算是现代欺诈性市场操纵的鼻祖。泰列对金融并不精通,但他作为销售员非常上进且才华出众。他早年曾经销售化妆品,在20世纪20年代转向证券市场,从事了几十年的证券交易工作。[107]

泰列从20世纪50年代开始策划操纵股票。起初,泰列的主要欺诈性操作是买入小额股票,或者承销新发行股票,并大肆宣传其优势进而推高其出售价格。如果股价被操纵后高于其基本价格,并低于之前的交易价格,泰列就会脱手出售股票,赚得盆满钵满。[108]

泰列聪明地想到在主要报纸和广播上刊登广告,为了吸引潜在买家,他让公众返还填写了自己联系方式的优惠券。[109]他的宣传灵感来自他们公司为联合铀矿所做的广告:"没有人能不承担风险就轻易赚钱,所以如果你有实力,希望投资一只拥有最好成长前景与获利可能的股票,我们作为华尔街拥有20多年投资经验的专业中介向你推介联合铀矿股票,现在其价格约为每股70美分,两年前其价格约为每股15美分——你猜猜看,从现在起到两年后它的价格会达到多少?"[110]

他还吩咐员工和分支机构调查潜在买家的净资产,这样他就能由此估计出这些人的购买实力以及未来可以被挖掘的购买潜力。获得这些信息后,他筛选出一份营销对象名单。[111]

然而,正当泰列在新泽西州郊区的住所内享受奢华生活时,政府发现了他的阴谋。政府准备以违犯《证券法》和邮件欺诈的罪名将其逮捕,但泰列试图收买一名证人来脱罪。当然,徒劳的反抗注定失败。[112]1955年底,泰列因违犯《证券法》和开展邮件欺诈被起诉,获刑四年半。

时至今日,虽然类似的阴谋依旧在资本市场不断上演,但所幸的是大部分事件影响较小。现在对于市场操纵的多项实证研究显示,这类操纵事件一般发生在流动性相对不强的市场。此外,针对股票市场操纵的研究成果表明，市场操纵对象主要是市值较小的股票，譬如在粉单市场和场外柜台交易系统交易的股票。[113] 美国证券交易委员会、美国金融业监管局和纽约证券交易所监管公司（纽约证券交易所下属的非营利性子公司，职责是确保纽约证券交易所上市股票和分支机构诚实守信）等监管机构，均负有对市场操纵的监测与识别职责。

健力士股票交易欺诈

有一起市场操纵案件，名为"健力士股票交易欺诈案"，是一起针对高流动性股票市场的案件。这起案件恰恰说明了现代市场操纵手法非常隐秘，而且经常处于法律灰色地带，与前面我们所讲的不加遮掩地直接操纵存在明显区别。

这次事件的起源是，两家英国公司——健力士（Guinness）和阿盖尔食品（大型超市运营商）针锋相对，竞争收购蒸馏酒公司（Distillers Company）——世界上最大的苏格兰威士忌生产商。[114] 阿盖尔在1985年12月出价27.4亿美元用于收购，而在1986年1月，健力士出价32亿美元。[115]

按照健力士最初的设想，更高的收购价格能推高健力士的股价，并进而增加这次收购交易对卖方的吸引力。健力士的收购计划包括对蒸馏酒公司的所有者提供健力士股票。如果蒸馏酒公司最终选择健力士而不是阿盖尔作为收购方，那么健力士股价的高涨必然会增加卖方收益。因此，推高股价是最符合健力士公司的利益的，且更容易获得收购权的选择。与此同时，健力士还在伦敦和美国联合其他外援，包括伊凡·博斯基（此人随后很快获刑入狱，一项罪名是内幕交易，另一项罪名是在调查期向监管者告密），秘密购买了数百万美元的股票，因为他们估计这些损失在日后能得到加倍补偿。为此，四个商人被起诉，其中三人入狱，剩下的那个人因身体问题被处以罚款并削去爵士身份。[116]

除了我们所说的现代社会中市场操纵的形式比过去更加隐秘以外，健力士丑闻还让我们清楚地看到，修订完善证券相关法律需要不断努力。通常，只有当一个或几个人违反规定或跨越界限，法律法规才会调整。法律不够明晰是推动这些人以身试法的原因。杰拉德·龙森掌管着两家公司，曾经收取过金钱帮助推高公司股价（当审查者说龙森的公司涉案后，龙森立刻退还了收受的资金），他曾经说道："当时这对我而言并非不寻常的行为或是阴谋。"[117] 当然，如果监管当局能提前发现监管法律存在的缺陷，结果可能会好很多，但是这个故事依旧引人深思。这些案件足以证明，证券相关法律框架存在瑕疵、模糊以及不足之处，从而推动立法机构和监管当局完善监管体系，对问题及时加以纠正。

健力士丑闻对监管体系既有短期影响，也有长期的影响。当时在英国此类交易需要遵守的是《收购与兼并城市法规》中的相关原则，丑闻发生后，当局对相关原则迅速调整完善。但是，这些法规的执行情况长期以来备受争议。该法典由志愿小组负责执行，该小组名为"收购与兼并问题专门小组"，其任务是确保该法规得到遵守。但是，这个小组本质上是一个自律组织，当时并没有任何强制执行权。直至 2006 年《公司法》出台后，该组织才获得法定权力，健力士操纵丑闻成为立法支持者多年来一直提及引用的案例。[118]

LIBOR 操纵丑闻

另一个推翻传统认知的市场操纵事件是发生在小规模、弱流动性市场的伦敦同业拆出利息率（LIBOR）操纵丑闻。这个丑闻直到 2012 年才真相大白，而有证据显示，利率操纵最早始于 2005 年。[119]

LIBOR 是各大主要银行相互拆借贷款所收取的利率。LIBOR 体系由英国银行家协会创建于 1986 年，主要目的是对银行制定利率提供基准参考。现在，全球每天公布 150 种不同的 LIBOR，包含 10 种不同的币种和 15 种不同的时间期限。[120]

LIBOR 最大的缺陷在于，利率水平根据银行机构的调查进行测算，并不是基于真实交易数据。实际上，美元 LIBOR 在计算时基于主要银行调查，并分别去除了 4 个最高报价和 4 个最低报价，然后取用中间报价的平均值。[121] 如果一家银行希望让 LIBOR 高一些或者低一些，那么它可以操纵自己的报价水平从而影响利率。当然，如果只有一两家银行如此操作，那么对利率水平并不会产生实质影响。但是，如果许多银行都故意改变利率报价，那么最终的测算结果必定偏离真实水平。

我们最不希望看到的状况却真实发生了，很多银行多次申报假数据，邮件和其他电子通信系统留下了它们的操作痕迹。譬如，瑞银集团的一个交易员告诉场外经纪人，如果经纪人当天能让 LIBOR 保持稳定，那么他会给经纪人上万美元的回报。[122] 2007 年 8 月，在苏格兰皇家银行，一个交易员对在新加坡负责日元投资产品的主管称，他能让 LIBOR 在交易头寸确定的情况下"根据你的要求变化"。另外两个交易员认为利率水平应该更低，随后第一个交易员回复说："好的。我会让曲线下降 1 个基点，并尽可能压得再低点。"[123]

LIBOR 丑闻影响巨大的一个原因在于，很多资金与 LIBOR 直接挂钩。正如麻省理工学院教授罗闻全曾说过，LIBOR 从未想过自己会成为大量金融契约的定价基础。[124] 受 LIBOR 影响的契约包括住房抵押、利率互换和其他债务安排等，其中利率互换是指交易方同意将固定利率交换为浮动利率，而浮动利率通常比 LIBOR 学生贷款利率高出一定的百分点。经过估计,大约有价值 300 万亿美元的合同与 LIBOR 挂钩,对 LIBOR 进行一个基点的微小操纵都会造成大量财富的转移。[125]

LIBOR 丑闻说明了当今典型市场操纵的一个重要特征:面对高流动性市场,需要一定的串通勾结。此外,我们还看出有效的法律体系对于确保市场职能至关重要。LIBOR 丑闻再次揭示出,哪怕是小小的阴谋欺骗,背后的激励因素都是巨大的,不少人无法抵挡诱惑。因此,改革内容不仅应包括行为监管以及处罚,还应该创新性地重新设计容易引发操纵的金融契约,这样才能有效杜绝和减少市场操纵。

内幕交易

利用大额购买力或通过串通勾结来影响价格并不是在市场中非法获利的唯一手段。本节会剖析利用内幕信息,即秘密利用公司重大事件、收入、并购活动,或者其他实质性的非公开信息来获得非法所得的案例。

伊凡·博斯基

我们首先介绍伊凡·博斯基,他就是电影《华尔街》中戈登·盖柯的原型。[126] 他说过最有名的话莫过于:"贪婪是好的。我希望你们明白这一点。我认为贪婪是有益的,你可以贪婪,但仍旧感觉良好。"这个与众不同的言论来自博斯基 1986 年在加州大学伯克利分校商学院的发言内容,引来听众的一阵笑声和热烈鼓掌。[127] 然而,现在让我们回顾来看,人们很难抽丝剥茧地看清伊凡·博斯基所谓"好的"贪婪给社会造成的后果。

博斯基的父亲是俄罗斯移民，在密歇根州底特律经营夜总会。年轻时，博斯基曾经开车卖冰激凌。早年，他就精于投机取巧，违反冰激凌售卖许可，卖冰激凌的时间甚至超过晚上 7 点。后来他前后上了三所大学——美国韦恩州立大学、东密歇根大学和密歇根大学，但都没能顺利毕业。随后，他选择了底特律法学院，这里不需要任何大学学位就能攻读，并迎娶了西玛·西尔伯斯坦，女方的父亲本·西尔伯斯坦是房地产投资商，非常富有。[128] 本·西尔伯斯坦从未对博斯基有任何高度评价，甚至称他为"废物伊凡"。[129]

很快，博斯基进入证券业，但是并没有由此走向成功。在第三份金融业工作中，他在一次投资中亏损高达 2 万美元，然后被公司辞退。在接下来的一份工作中，他通过大笔买入股票操纵股价，并因非法做空被美国证券交易委员会处以 1 万美元罚款。[130] 博斯基经历了一次又一次失败后，似乎逐渐找到了发财的捷径。

没过多久，博斯基创办了属于自己的投资公司，公司资本主要依赖妻子家族的投入，博斯基这次的尝试取得了成功。他很快就开着豪车上下班，在纽约韦斯特切斯特富人区购买了一套占地面积达 200 英亩[①]、有 10 间卧室的华丽住宅，过着奢侈的生活。博斯基养尊处优，并且将自己包装成看似非常精通金融的成功人士。他到处宣称自己的成功是因为能熟练运用战略，譬如擅长并购套利，这个概念是他从之前的同学那儿学来的。后来，博斯基甚至出版了一本书，名叫《并购狂热：套利是华尔街最佳生财之道》。[131]

并购套利是一个相对简单的策略。在其基本结构中，投资者购买一家即将成为并购目标的公司的债券或股票，因为投资者预期，并购交易中的报价与目标证券在公告前的交易价格会存在价差。此

---

① 1 英亩 ≈ 4 047 平方米。——编者注

外,这种策略还有一种比较复杂的形式,投资者在并购交易完成后,购买、出售与并购相关的证券和金融衍生品,仔细评估不同的金融工具之间的相对价值,特别是可能影响圆满达成交易的各种风险(譬如,无法获得股东支持、监管机构不批准、没有足够的资金以及其他障碍)。[132]虽然这一策略在今天已经众所周知且容易理解,但是在20世纪60年代博斯基四处宣扬时还比较深奥神秘。他获得大笔财富,背后的诀窍压根儿不是他聪明地利用了并购套利策略,而是他采用了传统强硬且狠毒的手法。[133]

博斯基一直依靠内幕信息,而且向公众隐瞒了伙同他人影响市场价格的真相。这些同伙包括丹尼斯·莱文、迈克尔·米尔肯和马丁·西格尔,他们的公司能接触到大量信息,譬如,凭借对并购交易的咨询顾问资格获得信息。他们与博斯基合作,非法利用内幕信息分享利润所得。[134]

为了更清楚博斯基的实际运作,我们来看一则案例,即马丁·西格尔向博斯基提供钻石三叶草公司(Diamond Shamrock)的内幕信息。钻石三叶草公司是一家化学公司,有意通过收购企业拓展石油业务。西格尔所在的公司——基德尔-皮博迪公司(Kidder Peabody)当时是交易顾问,私下掌握钻石三叶草公司有意收购企业的名录。西格尔将候选公司纳托马斯公司(Natomas Company)的名字传给博斯基,心想博斯基能在交易公告前提前大量买入股票(因为钻石三叶草公司当时仍在收购考察期),这一举动并没有被美国证券交易委员会处罚。博斯基按此行事,在交易执行后获得了百万美元收益。[135]

美国证券交易委员会似乎对博斯基格外宽大,但是美国证券交易委员会以内幕交易为由在1985年起诉丹尼斯·莱文,莱文是纽约德崇证券的投资银行家。[136]莱文向美国证券交易委员会全数交代,美国证券交易委员会从而掌握了博斯基的犯罪证据。[137] 博斯基后来得到美国证券交易委员会的从宽处罚，因为他协助监管机构调查清楚了"一条大鱼"——同属德崇证券的迈克尔·米尔肯。最终，博斯基因犯罪被罚款 1 亿美元[138]，但获准出售其投资，如此一来为他节省了大量资金，博斯基最终仅入狱 3 年。[139]

博斯基受罚程度最轻，很大程度上是因为与美国证券交易委员会合作态度良好。金融犯罪结构复杂、环环相扣，虽然罪犯的坦白与协助的确能帮助公诉人将更有社会影响力的罪犯捉拿归案，但是我们应该更加深入地思考究竟如何平衡坦白合作与处罚之间的关系，不让任何罪犯有机可乘。博斯基的案例恰恰说明我们并没有很好地实现这种平衡关系，尽管他最后被判监禁，但是处罚力度与他所犯罪行并不相符。值得慰藉的是，博斯基案件之后（20 世纪 80 年代并购狂热发展进入新阶段），美国通过了相关法律，赋予公诉人更多的权力。然而，正如博斯基案例中所表明的，公诉人必须愿意使用这些权力。

拉杰·拉贾拉特南

幸运的是，自从博斯基被捕后，执法机构在起诉内幕交易犯罪方面取得明显进展。2011 年秋天，拉杰·拉贾拉特南被判内幕交易罪，被判处了内幕交易史上最长的刑期：11 年。但是倘若考虑到他多次利用内幕信息，量刑似乎就变得明显不足。他因身体不好而得到宽大处理，公诉人为他减刑共计 24 年 5 个月。[140]

拉贾拉特南在初入职场时努力学习钻研科技股票，很快在尼达姆投资公司（Needham & Co.）得到晋升，在 1987 年升为研究部主管，1989 年升为首席运营官，1991 年成为总裁。他最终选择离开公司，1997 年与尼达姆投资公司的几个同事一起合伙创办了盖伦集团（Galleon Group）。盖伦集团虽然经历了科技泡沫，但是依旧运作得非常成功。实际上，在2000—2002年标准普尔500指数下挫37.6%时，公司股价上涨超过40%。[141]

由此开始，拉贾拉特南的故事与其他内幕交易者就别无二致了。几乎所有的内幕交易者都有一个明显特征，那就是他们本来就已经取得成功或者渴求成功。他们完全不需要依靠内幕交易来发财。那么人们自然会问，他们为什么要违规越界呢？他们为什么对能合法赚取的回报不屑一顾？

虽然问题似乎符合逻辑，但答案非常简单：他们认为自己有一种对于市场走向确定性的"把握"，他们相信自己不会被抓。调查者利用窃听器取得证据，录音资料让公众了解到这些人的猖狂。达尼埃尔·基耶西因为向拉贾拉特南提供内幕信息而获刑，她曾这么评价自己对内幕信息的获取："我接到朋友的电话，我对他的心思了如指掌。"[142] 他们认为自己圆滑老练，似乎永远不可能被捕。

戴维·帕伊钦和尤金·普洛特金

这个故事讲述两个微不足道的小人物。他们的非法所得有限，属于那种渴求成功但却寻找捷径，结果走向歧途的类型。

戴维·帕伊钦是克罗地亚移民，在圣母大学求学期间曾获得全额奖学金，并在那里取得了一定的学术成就，以优异成绩毕业。毕业后，他在高盛集团获得理想岗位，从事大宗商品研究与交易，但是几个月后他离开高盛，尝试了几家不同的金融公司。至于尤金·普洛特金，他在加州理工学院学习一年后转入哈佛大学。这两个人在高盛集团培训期间相识，他们强烈渴求成功，但是却放弃了原本一帆风顺的上升通道，选择利用内幕信息这种不可取的道路来实现成功。[143]

2004年他们第一次犯罪，当时帕伊钦和普洛特金在网上发布招聘工厂工人的广告，收到了来自新泽西州的尼古劳斯·舒斯特的回复。他们希望舒斯特在夸德/制图公司（Quad/Graphics）获得工作机会，夸德/制图公司是一家商业印刷公司，负责印制《商业周刊》。按照计划，舒斯特顺利在夸德/制图公司成为一名叉车操作员。这次行动的目标是《商业周刊》上一档名叫《华尔街内幕》的专栏，这档专栏的文章会对股票进行分析，有大量读者群，专栏建议会影响股价。这次行动就是为了获得专栏文章的副本，这样在文章正式公开前，帕伊钦和普洛特金可以先建仓。这次计划非常成功，周四早上舒斯特拿到了杂志复印件，将内容告知两人。在2004年11月至2005年7月短短8个月内，这两人的收益超过25万美元。[144]

但是这个两人小团体在行动中也曾面临不少挫折。有一次他们计划雇用脱衣女郎诱惑银行家说出并购消息，但后来以失败告终。还有一次，帕伊钦的一位老友打电话告诉他，他所在的大陪审团准备对百时美施贵宝公司的会计异常问题和可能存在的欺诈犯罪进行调查。这个朋友告诉帕伊钦，这家公司的一名高管很有可能被起诉。帕伊钦推测这会导致公司股价下跌，因此他对股票做空。然而，出乎意料的是，这家公司最终与公诉人达成和解，起诉并没有发生，这两人也因此遭受损失。[145]

帕伊钦和普洛特金获利最大的一次交易来自斯坦尼斯拉夫·施皮格尔曼，施皮格尔曼在美林集团的并购部门工作，被普洛特金发展成联系人。2004年末，普洛特金与施皮格尔曼相识于华尔街附近的一家俄罗斯澡堂。施皮格尔曼吹嘘他在美林集团帮忙完成的一家公司收购案例——宝洁公司收购了吉列。普洛特金觉得时机尚未成熟，他等待施皮格尔曼打电话通知他这笔交易即将对外发布公告。8周后，施皮格尔曼告诉普洛特金行动机会快到了，普洛特金开始购买吉列公司的看涨期权。这次交易让他们大赚了一笔，随后他们还根据施皮格尔曼提供的其他消息，利用惯用伎俩从三笔交易中获得利润。然而，普洛特金和帕伊钦并不知晓，当他们想要在锐步公司的交易中采取类似操作时，已经引起监管部门的注意。他们购买的锐步公司期权不仅快到期，而且远远超过市场价格。这意味着除非锐步公司股价在短期内快速上涨，否则他们不可能获利。美国证券交易委员会市场监管部门认为，如此大量地购买虚值期权是不正常的，于是着手对他们进行调查，但是只发现了其他问题。这两人在纽约使用的是注册地在克罗地亚的账户，他们认为如此操作能掩盖行踪，但是其精心谋划反而弄巧成拙。监管机构发现，每笔交易都被完美地定时操作，深度调查之后，终于掌握了他们多次开展内幕交易的真相。[146]

这两人从著名学府毕业，是曾经就职于高盛集团的成功人士，但却放弃了光明的前途，选择利用内幕交易非法获利，最后误入歧途。帕伊钦后来坦承，他一直在寻找最迅速的致富捷径，这比通过常年努力获得成功要更令人舒服、愉悦。他对美国证券交易委员会的监管者这样说道："好吧，我无法忍受等待。我只是不愿意等上譬如4年时间，却仍在底层奋斗。"[147]

与我们前面介绍的拉杰·拉贾拉特南一样，普洛特金和帕伊钦从未想过自己有一天会被捕。他们自认为非常小心，万无一失。谁会将登广告找工人的事追查到他们身上？谁又能料到他们会利用克罗地亚经纪账户进行交易？

今天，诸如拉贾拉特南、普洛特金和帕伊钦等类似的人都被认定是罪犯。他们违犯法律，破坏公平市场秩序，损害其他合规投资者利益，非法获利。

毋庸置疑，这类行为违反规则，理应受到惩罚。这在一定程度上反映了市场大众化进程：每个人都能够参与市场，并且清楚其他参与者不会违法利用非公开的重要信息。然而，过去并非如此，内幕交易曾经一度是合法的。对内幕交易的严厉禁止经历了漫长而艰难的过程，这得益于学术界和一些监管者的不懈努力，他们长期以来对巨头公司甚至国会的某些做法表示不满与抵制。

艾伯特·威金

大通国民银行总裁艾伯特·威金在1929年大崩盘时的吸金手法，能让我们更加深刻地认识到对内幕交易不进行监管是完全不可取的。威金是一位受人尊敬的银行家，提高了大通国民银行在业内的地位，让大通不断扩张。[148] 威金本身并不是一个恶毒的人，当时内幕交易也尚未受到监管。

为方便自己开展证券交易，威金成立了三家机构（这三家机构分别是谢尔马公司、穆尔林公司与克林斯顿公司），由他或他的家族全额控股。威金对大通国民银行的股票进行交易，获利丰厚，1828—1932年利润超过1 000万美元。然而，他最糟糕的行为并非任总裁期间买卖股票，而是散布了股市崩溃的消息。当大通与其他银行尝试恢复市场信心，开始买入股票之际，威金反向卖出个人股票。他宣称此举是为了减少自己家族的股市风险敞口。这个理由似乎完全合理，但是这并非全部事实。他在此期间对大通股票大量做空，从而获利。也就是说，他卖出的股票远远超过当时所持有的股票，从价格下跌中获利，赚得盆满钵满。[149]

威金的行为当时未被大众觉察，后来当国家组建佩科拉委员会，专门调查1929年股市大崩溃时才公之于众。迫于公众压力，威金后来放弃了他每年高达10万美元的退休金。[150] 当然，这只是一个小小的让步，因为仅在 1929 年末，他通过做空获利超过 400 万美元。[151]

当时，威金为了满足个人利益做空股票并未犯法。我们讲述这个故事并不是为了斥责他，而是想让大家了解那个时代的特点，了解我们如今已经大踏步前进。身处那个遥远的年代，应对内幕交易等不公正、不诚实行为的唯一手段，就是公众谴责。

抵制内幕交易之路

值得注意的是，1868 年纽约法院的一项裁决指出，公开上市公司的董事会在利用个人账户收购或处理股票之前并没有向市场公开非公开信息的义务（也不需要等到信息公开后再交易）。1933 年，在马萨诸塞州的古德温诉阿加西斯案件中出现了类似情形，这一案件深刻影响了未来几十年间关于内幕交易和内幕信息的看法。[152] 在古德温诉阿加西斯案件中，原告抛售了一家矿产公司的股票，但是随后发现这家公司的董事会在公开市场大量买入股票，因为他们提前从相关勘探研究中获知公司所拥有的这块土地可能蕴含丰富的铜矿。法庭最后判决公司董事在股票交易前无须让其他股东了解该消息。[153]

直到约翰·F. 肯尼迪总统在 1961 年任命威廉·卡里担任美国证券交易委员会主席后，内幕交易的相关法律才出现巨大变化。卡里是一位杰出的学者，本科毕业于耶鲁大学，在耶鲁大学学习法律，后来又在哈佛商学院学习。第二次世界大战期间，他曾短期在罗马尼亚和南斯拉夫的战略服务办公室工作。但是没过多久，他又回到了法律界，最后成为哥伦比亚大学的法学教授，他的大部分职业生涯都在哥伦比亚大学度过。[154]

让我们首先来听听卡里在 1962 年的一次演讲，通过这场演讲可以对他的行为方式有一个大概的了解。为了引起监管界的重视,他在演讲中直言不讳地称纽约证券交易所"虽然是一家公开机构,但实际上却保留了私人俱乐部的很多特点"。卡里全力推动证券监管改革,力排众议,最终取得巨大成功。[155]

卡里虽然在美国证券交易委员会任期很短,但是他实现了主要目标,改变了古德温诉阿加西斯案件的法律判定。[156] 卡里利用一项称为"关于卡迪-罗伯茨公司"的判决,对古德温诉阿加西斯案件形成强大冲击。对卡迪-罗伯茨公司的判决涉及一家名为柯蒂斯-赖特的上市公司,其董事会投票决定将分红减少1/4。董事会中有一个名叫奇弗·考丁的人,是卡迪-罗伯茨公司的合伙人,卡迪-罗伯茨公司主要为客户提供经纪和资金管理服务。考丁告诉罗伯特·金特尔(合伙人之一),柯蒂斯-赖特公司决定削减股票分红,金特尔意识到这会让股价下跌,因此立刻抛售了自己持有的大量客户股票。[157]

美国证券交易委员会依旧认定金特尔违反的是美国证券交易委员会10b-5规则[158],这条规则创立于1942年,主要是为了避免证券购买或销售中的欺诈。当时,规则设定必须获得美国证券交易委员会全体委员的同意,萨姆纳·派克是全场唯一发言的人,他说:"事实是,我们反对欺诈,难道不是吗?"[159] 威廉·卡里改变了10b-5规则的释义。美国证券交易委员会的委员无论如何无法想象,20年后这条规则会被后继者援引用于严禁内幕交易。卡里认为既然美国国会保持沉默,那么自己必须有所作为,他利用这个有说服力的案例让10b-5规则扩大适用于各种明目张胆、早有预谋的欺诈。[160]

对卡迪-罗伯茨公司的判决使内幕交易处理发生了两个重要变化。一是明确暗示、告诫或者向其他人提供交易的内幕信息(如同考丁告诉罗伯特·金特尔的一样）是非法的。二是严禁任何基于内幕信息的交易，包括兑换交易。过去，只有面对面的内幕交易才面临起诉，而兑换产生的客观交易并不属于处罚范围。但是现在，美国证券交易委员会宣布这种交易方式也被禁止。因此，只要信息是非常重要的非公开信息，那么公司掌握内幕信息的人就不能进行任何交易。[161]

可以说，卡里是内幕信息现代监管理念的奠基人，并不断在此领域取得骄人成绩。1968年，美国证券交易委员会诉得克萨斯州海湾硫黄公司案件获得胜利。这次案件也如同古德温诉阿加西斯案件一样，涉及一家矿产公司。当时，得克萨斯州海湾硫黄公司正在加拿大进行地质勘探，评估开采可行性。公司勘探发现一块可能蕴含丰富矿产资源的区域，于是决定在那里开采，而且这块区域后来证实矿产资源的确极其丰富。公司没有将这个消息公开披露，但是公司高管已经买入公司股票。这一举动引发公众关注，很多人认为这家公司的股票被大量买入必定事出有因，于是跟随性地买入股票。公司高管随后抛出一则公众声明，否认发现矿产资源，借此阻止外人买入股票。当然，这则声明后来被认定没有合理披露开采运营结果。公司直至最后一刻才披露正确信息，披露时间明显滞后于公司高管购买股票的时间。美国证券交易委员会提起诉讼，案件由美国联邦第二巡回上诉法院审理，最终法院做出了有利于美国证券交易委员会的裁决。法院最终认定法律应该确保"所有投资者在非人际关系化交易中能相对平等地获得重要信息"，此外，"所有投资主体面临同样的市场风险"。[162]

1984年，美国国会通过《内幕交易制裁法》后，这条监管规则才得到强制执行，真正成为有效的工具。法律允许美国证券交易委员会对基于内幕信息的交易，按照非法获利金额的3倍处以罚款。这项法律出台于 20 世纪 80 年代，而 80 年代也是各种不当金融操作频繁发生的年代。这些法律举措惩罚了诸如伊凡·博斯基、丹尼斯·莱文、迈克尔·米尔肯等妄图利用不当内幕信息和市场操纵获取巨额利润之人。[163]

小　结

美国在促进市场公平的大众化进程中取得了令人注目的成绩，推出了一系列禁止市场操纵、基于内幕信息交易以及欺诈的法律法规和监管规章制度。我们将很多行为，如基于内幕信息的交易界定为非法，在过去很多行为缺乏明确的法律界定。我们意识到市场操纵行为损害市场公平性和资产合理定价。我们修订完善了禁止欺诈的法律法规。当然，现行体系并不完美，仍有很多亟待完善之处，很多问题可能在新参与者的行为无法被现存举措有限覆盖时才会暴露。

然而，今天我们的关注点与几十年前非常不同。过去，监管体系完全缺失，利用内幕信息获利一度被视为公司以及附属机构董事会、管理层的优势，市场操纵则被视为高度资本化的团体进一步扩大财富的手段。现在人们的想法已经发生了翻天覆地的改变。但是，我们需要正视挑战，现行法律法规体系本身的框架并没有缺陷，而是欠缺有效执行。

近年来，美国证券交易委员会一直缺乏足够的监管资源来有效履职。《多德－弗兰克法》赋予美国证券交易委员会更大的职权，但是波士顿咨询公司进行的一项研究显示，美国证券交易委员会至少需要再雇用数百名员工才能恰当地开展市场监管。[164] 无疑，自由放任的理念主张大量削减了美国证券交易委员会的预算。滑稽的是，众议院拨款委员会大幅削减了美国证券交易委员会在 2012 财年的预算请求，拨款金额维持在 2011 年的水平，完全无视《多德－弗兰克法》所提出的新挑战。然而，众议院拨款委员会缩减预算的一些原因却让人如坠迷雾，包括"美国证券交易委员会处理庞氏骗局的做法让人担心"。[165] 美国证券交易委员会没有恰当识别并起诉涉及庞氏骗局的很多案件，解决这一问题的办法绝不应该是让其监管资源更加捉襟见肘。

削减美国证券交易委员会的预算似乎是为了从政治上限制其权限。立法者以联邦赤字规模为由大幅减少美国证券交易委员会的预算是愚蠢的，因为美国证券交易委员会的会员收费与罚款金额要大于其自身预算。[166]

当然，美国证券交易委员会并不是一个毫无缺点的机构，亟待彻底改革其管理架构，应该更有效地利用工会削减冗余人员。美国国会还应该考虑增加美国证券交易委员会员工的薪酬。目前，高管层与一线监管人员的工资差异已经引发外界担忧，这种层级差异可能无法吸引高端人才进入美国证券交易委员会。尽管美国证券交易委员会存在上述缺陷，但是可以肯定，减少预算绝不应该是解决问题的办法。美国证券交易委员会需要更多的支持、资源以及创新思想，而这些改善不可能在资源短缺的情况下实现。如果我们希望通过优化、完善监管框架继续推动大众化进程，就必须积极应对上述挑战。唯有如此，在未来投资者才不会因为诸如麦道夫、庞兹、斯坦福、博斯基、拉贾拉特南和泰列等人而受到利益损害。

第六章
管理周期性危机的进步

我们不能脱离当前的经济环境空谈投资。经济发展中的动力或阻碍将直接关系投资活动的兴衰成败。经济发展为投资的起步与壮大提供基础条件。倘若离开经济支持，投资繁荣只能是"水中月镜中花"。

我们在本章着重分析比较美国政府对两次经济大危机，即20世纪30年代大萧条与2007—2009年大衰退的应对举措。虽然大萧条与大衰退的诱因和特点存在差异，但是每次严重的经济混乱与政府的应对举措却逐步推动经济理论更趋完善，使救助措施更趋有效。这些政策举措说明，经济环境的民主化进程在不断推进，而经济环境是投资活动的基础。21世纪的政策制定者在经济危机中意图对大部分市场参与者进行保护与扶持，这也能说明政策方向已经悄然发生变化。

社会上有一种流行的观点是，20世纪20年代末已经出现明显的金融过度化现象，始于1929年10月的市场崩溃在此之前已有充分的迹象，但是通过对当时经济、市场投机水平与金融过度化的全面评估，可以发现要准确预测这次市场大崩盘依旧缺乏明显指征。相比而言，最近的金融危机之前，我们发现2004—2006年的过度投机反而更为明显。

虽然遭遇过这两次大危机的冲击，但是美国积极吸取大萧条的教训，采纳了约翰·梅纳德·凯恩斯在20世纪30年代提出的富有远见的财政政策思想，同时美联储在2008年还运用了米尔顿·弗里德曼和本·伯南克所提出的货币政策，这些因素共同促成美国在最近一次的金融危机中经济表现显著改善。

我们在本章深入剖析两次经济大危机的发展脉络，吸取教训，从而更加深刻地认识两次危机的共性与差异，以及两次危机中截然不同的政策举措及结果。

股票市场崩溃与大萧条

如果要对大萧条追根溯源，我们必须首先了解20世纪20年代美国的经济繁荣以及这种繁荣背后的社会大环境，也就是说，必须首先对美国在第一次世界大战后的转型有所认识。

1918年停战后，美国在政治上出现了对战时指令性经济日益明显的抵触情绪。公众抱怨政府插手私营企业的运营。美国时任财政部长很快给时任商会主席写信表示："从敌对行动停止的那一刻起，财政部已经推出了重建政策，旨在尽快恢复正常的经济秩序，取消政府控制与干涉，重塑个人创造力与商业领域的自由竞争。"实际上确实如此，政府在敌对行动停止后的48小时内就开始解除很多价格控制。[1]

起初，美国的经济表现并不尽如人意。战后一度出现温和衰退，并且在1920—1921年有所加剧，当然此时的经济衰退与20世纪30年代相比是小巫见大巫。发端于1920年1月的经济衰退在当年愈演愈烈，工业生产至7月下降7%，截至年底跌幅总计达到

25.6%（与 1 月的高点相比）。与此同时，失业率开始大幅增加。在 1918 年与 1919 年，失业率大概只有 1.4%，但是在 1921 年失业率却迅速飙升至 11.7%。此次经济衰退伴随着极其严峻的通货紧缩，虽然不同的指标对精确数据的估计有出入，但是以 GNP（国民生产总值）价格平减指数来测算的价格水平，却下跌了 13%~18%。[2]

美国经济所面临的状况并不令人诧异，从指令性经济转变成自由市场经济不可能一帆风顺。当时，对于通货紧缩的出现，人们各执己见。货币主义者指出，第一次世界大战期间出现明显的通货膨胀，是由于美联储下调利率，以确保政府能用低成本融资加强军事力量。而第一次世界大战结束后，美联储过晚而且过于缓慢地采取加息政策，错失了实施政策的良机。其他学派譬如凯恩斯主义者则认为，造成这次通货紧缩的原因是美国政府重新强调财政可持续性。第一次世界大战后，政府追求财政平衡，从赤字逐渐转变为盈余，这造成政府支出净下降，总需求也随之减少。[3]

然而，现实情况可能是由上述因素共同作用的，通货紧缩部分原因在于货币政策，部分原因在于财政政策。不论什么原因，这次经济衰退最终在 1921 年 7 月画上句号，并且清晰地勾画出以下三个方面的事实。首先，第一次世界大战对经济造成深刻影响（既有负面效应，也有正面效应，具体见下文）。尽管战争对 20 世纪 20 年代初发生的经济衰退有更加明确且可测度的影响，对 20 年代末大萧条的影响明显弱化，但是我们不能低估战争效应。其次，在没有金融危机爆发的情况下，潜在的经济衰退依旧可能发生。我们不应该简单地认为所有的经济衰退都是由资产价值崩溃引发的。最后，也是本章最关键的内容，我们当时没有工具，也缺乏必要手段来避免通货紧缩或者总需求和总供给的过度下降，这造成通货紧缩在 20 世纪 20 年代末重新抬头。

第六章　管理周期性危机的进步

20世纪20年代的经济增长

虽然经济转型不可一蹴而就，但第一次世界大战确实推动美国走上了经济增长之路。在战争中，美国在很多方面处于优势地位：美国没有经历实际战争浩劫，经济反而受到刺激。而其他国家，譬如法国和德国却陷入泥淖，由于战争破坏和人员伤亡（因煽动冲突导致经济受损），经济产出大幅减少，1920年的经济产出比战争之初下跌大约1/3。在澳大利亚、匈牙利和波兰，经济状况则更加惨淡，总产出同期减少1/2。[4] 即便是英国，在20世纪20年代也无法达到与美国同等的经济增速，直到1924年之后英国经济才实现增长。[5]

战争除了带来浩劫以外，惨重的人员伤亡还让人们陷入深深的绝望中，孤立主义因而盛行。欧洲基本与邻国断绝往来，试图抑制与其他国家的经济联系，并对进口施加高额关税。当然，美国也毫无例外受到孤立主义思想的冲击。由于亨利·卡伯特·洛奇带头反对威尔逊提出的国际主义思想，美国没有加入国际联盟。尽管美国是移民国家，但当时却制定了严苛的限制政策，阻止南欧人大量进入美国海岸。受1924年《移民法》中移民配额的制约，美国年均移民数量从1914年的120万人锐减至1927年的15万人左右，东欧和南欧或多或少都受到移民配额的影响。[6]

既然美国当时也受到孤立主义思想的影响，那么它后来究竟是如何走向繁荣的？美国的经济飞跃，部分原因在于其独特的地理优势。在欧洲，高额关税造成市场割裂，很多欧洲公司无法打通更广阔的消费者市场，而美国则拥有大片广袤的土地，这意味着美国公司不受关税的影响，能发展大量的潜在客户。[7] 由于欧洲各国面积较小，人口有限，关税效应相当于将美国分割成不同的州，造成经济区域化。

美国不仅拥有广阔、未分割的市场，而且战争还让其具备了大规模生产的能力。战争时期对军用装备的巨大需求促使很多工厂扩大生产能力，这些厂商希望能满足"山姆大叔"的采购需求。此外，汽车行业也是战争的受益者，美国陆军部为飞机订购大量的自由发动机（Liberty engine），而大量的汽车制造商获得了这些订单。这些大批量订单推动经济向大规模生产过渡，战争结束后一旦这些工厂重新调整策略，它们就能轻松大量地生产各种消费类产品。[8]

本杰明·斯特朗

要理解这10年间的经济环境，就必须关注这段时间政府所推出的各类方针政策，特别是美联储的货币政策。从1914年开始，纽约联邦储备银行在行长本杰明·斯特朗的领导下，一直执行扩张性货币政策，直至1928年斯特朗去世。这为美国经济增长创造了宽松的宏观环境，有助于经济复苏。而且，美国国内消费需求的高涨、免于战争破坏而不断提高的竞争力，以及大规模生产的繁荣也都反过来支持扩张性货币政策成为主导政策。

为了让大家更清楚地了解斯特朗如何在任期内影响经济，我们有必要深入剖析他本人及其举措。斯特朗的职业生涯刚起步时，看似顺风顺水，但生活一度充满艰辛。他结婚组建家庭，随后与J. P. 摩根的合伙人亨利·戴维森建立了深厚的友谊。斯特朗由于参与处置1907年恐慌而名声大振，成为最杰出的银行家之一。1907年恐慌是指尼克博克信托公司的倒闭风波所引发的美国股价巨幅下跌。尼克博克信托公司是一家大型金融机构，试图用部分资金操纵铜矿市场，但此举失利，造成金融风险传播，其他市场参与者不再接受尼克博克作为交易对手方。当时，戴维森受邀帮忙为纽约联邦储备银行推荐行长人选，他引荐了斯特朗。起初，斯特朗并不乐意，认为美联储的组织结构受到政府的过多影响，但他最终还是接受了这个职位。[9]

那时斯特朗屡遭不幸，他的第一任妻子自杀，之后他再婚，但到 1902 年，他的第二任妻子也离开了他。随后不久，斯特朗患上肺结核，在担任纽约联邦储备银行行长的后 8 年，他疾病缠身、身体虚弱。斯特朗有时必须卧床休息，长期患病使他向美联储请辞，但是美联储认为斯特朗有突出贡献，因此拒绝接受其辞呈。[10]

斯特朗任期内的最大成就是，成功应对金本位制所带来的问题。当时，很多人惋惜于金本位制的告终，认为这种货币体系比法定货币体系更加稳定、安全。但是，20 世纪 20 年代云谲波诡，金本位制实际上造就了极端不稳定的货币框架，世界各国不得不跟随其他国家的利率变动做出相应调整，通常被迫执行对本国不利的利率政策。在法定货币体系中，如果两个国家的利率水平不相等，那么这些国家的货币价值可能会随之调整，从而减少对高利率国家货币进行投资所获得的收益——这就是所谓的"利率平价原则"。然而，在金本位体系中，一种货币的价值并不跟随另一种货币的价值而变动，两种货币都按照一定比例与黄金兑换。因此，投资者为了实现投资收益最大化，常常在那些高利率国家进行投资。问题随之而来，如果一个国家提高利率，则其他国家担心黄金从本国流入那些高利率国家，倘若黄金流出风险越来越严重，那么这个国家将不得不提高利率以防止资本外流。而且提高利率的时间可能不合时宜，因为在经济本身羸弱的情况下，提高利率会让整体投资环境更加恶化。如此就产生了"以邻为壑"的效应，所有国家都希望本国能执行最优政策，但是从整体而言却有害无利。

法国与英国在东欧市场投资竞争中就曾经出现这种"以邻为

壑"的政策。英国认为东欧是极具发展前景的贷款市场，能收取较高利息。但是，法国也有发展东欧市场的宏图大志。结果，法国将持有的3 000万英镑兑换成黄金，迫使英国在本国提高利率。这一做法背后的逻辑是，英国应该需要更多的黄金储备以抵消这次黄金流出所带来的负面冲击，故应提高利率水平以吸引更多资金流入。[11] 在此环境下，由于英国融资成本提高，所以法国对东欧国家的贷款能享受更大的息差。

这就是本杰明·斯特朗所处的时代环境，而他的职位迫使他必须直面挑战。斯特朗因关注欧洲"以邻为壑"政策所带来的困境，以及资本流动的不稳定而受到责难。后来，他还被胡佛总统挖苦"对欧洲有附庸心理"。然而，真实情况是，斯特朗认为带领欧洲从第一次世界大战后的萎靡不振中走出，既是高尚的做法，也能令美国受益，因为世界上没有任何一个经济体能独立存活。斯特朗与英格兰银行行长蒙塔古·诺曼交好，当斯特朗在欧洲发生摩擦后下调美国利率以保持英国黄金供给充足时，他因为顾及外国利率水平而备受责难。[12]

斯特朗于1928年离世，乔治·哈里森接任纽约联邦储备银行行长，至此，美联储逐渐调整宽松货币政策，出现收紧趋势。[13] 与此同时，财政政策需求尚未被清晰全面地认知。凯恩斯当时尚未提出后来对经济产生深远影响的论点，他的观点直到1936年才见诸书籍。因此，当年对市场危机和经济低迷的应对举措可能在个人、家庭或者私营企业层面进行剖析都是恰当的，但是将其放大到整个国家层面来分析却并不正确。与家庭不同，对于联邦政府来说，在收入下滑后，简单削减开支并非恰当的应对方案。这类决策只能让联邦政府的总需求减少，会对经济造成更大的损害。与私人减少开支相反，政府应加大开支，如此才能弥补私人需求的减少。从世界范围看，发达国家广泛实施金本位制的国际压力也造成财政政策出现偏差。全球范围内出现经济混乱，随后演变升级成大萧条，需求、生产与就业受到抑制，最终导致严重的全球性金融与银行业危机。

1929 年大崩盘与大萧条

国际货币体系的结构性缺陷才刚刚显现。金融体系很快就迎来了美国历史上最严重的一次市场灾难，即 1929 年大崩盘。大崩盘出现在 1929 年 10 月 23 日美国股市交易的最后一小时内。股价快速下跌，华尔街没人知道刚刚到底发生了什么。投资者充满担忧地等待下一个交易日的到来，但是股市尚未等到交易结束就出现了新一波巨幅下跌。[14]

10 月 30 日，交易刚开始时出现一次小幅反弹，市场反弹是受到部分投资者看多买入的影响，他们认为市场问题已经得到充分释放，可以买入股票进而快速获得盈利。市场上还出现以几百美元为单位的递增谨慎买入模式。[15]

股市中散户的活跃与华尔街的惨淡形成鲜明对比。华尔街交易员经历了持续一周的前所未有的惨淡交易，一个个都没精打采、萎靡不振。很多人已经在办公室连续睡了好几晚，吃剩的食物和饮料瓶越堆越多。纽约证券交易所主席决定，如果市场状况继续恶化下去，纽约证券交易所将缺乏人员来维持有效运营，因此周五股市闭市。[16] 尽管这场小小的混乱结束了，但是华尔街没人能预料到这种混乱将随着市场螺旋下降而一直持续多年。

在讨论投机泡沫破裂时，人们常常是"事后诸葛亮"。对于这次大崩盘也照样有"事后诸葛亮"，人们现在对当年出现问题的缘由似乎条理清楚、头头是道，仿佛当时每个经济代理人都应该能预感到危机的来临，而人们也很难同情那些行为不理性的投资者，认为他们应该能注意并避免犯同样的错误，这从历史上看似乎是无比清晰的道理。

然而，现实非常残酷，对于那些身处其中的人而言，要预测到1929年大崩盘非常困难。即使是了解历史和市场周期性波动特点的著名经济学家，在此次危机中也未能幸免。约翰·梅纳德·凯恩斯是这一时期最具影响力的经济学家，这次大崩盘事件让他的储蓄以及他帮助管理的剑桥大学国王学院的捐赠资产出现亏损。著名经济学家欧文·费雪同样受到大崩盘的冲击。在大崩盘前，他对股市的前景感到乐观。在1930年，即1929年黑色10月过后一年他还发文称，制造业中有很多企业的价值被错误低估。经济学家保罗·萨缪尔森也进行了回顾性模拟测试，在测试中他遮挡住日期，仅根据当时的基本面做出买卖股票的决策。萨缪尔森说："我发现自己也会在1929年大崩盘中一败涂地。"[17]即便是曾经在1907年恐慌和1929年大崩盘前成功做空而大赚一笔的华尔街传奇人物杰西·劳里斯顿·利弗莫尔，其财富也因投机行为于5年后彻底缩水。简言之，必须重新评估和正确认识那些发现大崩盘来临且非常有才能的名人。[18]

我们没有理由认为当时的市场被蓄意高估，把1929年看作另一场现代的"郁金香狂潮"。在大崩盘前，市场对于上市公司的平均市盈率存在判断分歧。经济学家哈罗德·比尔曼对很多此类研究的均值和差异进行测算，最终得出结论，在1929年夏天，135家主要公司和行业的平均市盈率大约为16.3。此外，在现实中不可能每只股票都在最高价位交易，在大崩盘前获得高收益的投资者一般都对有成长潜力的科技创新型并产业进行投资，譬如飞机、广播、电话、电报和化学。另外，当时的产出和就业数据也表现稳健，工厂工资指数在 1929 年大萧条前夕甚至达到历史高点。[19] 大崩盘让大多数市场参与者猝不及防。

大萧条的因果论

我们在上文已经论述，没有人能对市场崩溃进行准确预测，那么下面我们会剖析引发大萧条的原因。要深刻理解 20 世纪 30 年代的投资环境，必须首先分析大萧条的成因，而且更为重要的是，我们必须消除是股市崩盘导致了经济危机的偏见。

关于大萧条成因的诸多研究结果可以整理归纳为以下三种学派：奥地利学派、货币主义学派和凯恩斯学派。虽然相关分析论断并不尽善尽美，而且当今很多研究大萧条的学者将这些学派思想进行了融合，但是依次介绍这三类学派的思想精髓将有助于深入探讨大萧条的成因。

奥地利学派

奥地利学派最著名的经济学家代表是弗里德里希·哈耶克和路德维希·冯·米塞斯。奥地利学派认为美联储在大萧条中负有不可推卸的责任，因为美联储在整个 20 世纪 20 年代实施宽松货币政策，大幅增加货币供应量，最终造成市场混乱。消费者贷款以及用于购买金融证券的贷款出现不可持续的增长，泡沫开始出现。此外，货币供给增加推高了市场上长期商品的价值，特别是资本商品的价值，因为较低的利率水平意味着在较长期限内现金流入的净现值会随着贴现率的降低而提高。廉价贷款也推动资本结构调整，企业倾向于通过发行更多的长期债券或者股票来融资。奥地利学派认为，本来无法存活的企业因为市场上到处泛滥的廉价信贷资金而得以生存，而且受压抑的利率水平造成总储蓄减少，储蓄收益率变得越来越缺乏吸引力，消费的机会成本随之减少，因此消费需求受到刺激。[20] 在纽约联邦储备银行担任了 14 年行长的本杰明·斯特朗于 1928 年去世，奥地利学派将此视为这一宽松阶段的终结，并认为其继任者明显收紧信贷，撼动了本就脆弱不堪的经济。在整个 20 世纪 20 年代对资本商品的过度投资最终也走向终结，因为企业发现它们之前大量投入资本的项目无法为其带来巨大的经济效益。

然而，很多主流经济学家并不认同奥地利学派的分析框架，认为其对大萧条的成因剖析过于单一。这些经济学家质疑斯特朗去世后利率提高究竟能对经济产生多大影响，以及 20 世纪 20 年代企业过度扩张究竟在多大程度上受利率单一因素的驱动。

现在看来，当时经济存在很严重的结构性问题，而这才是经济脆弱的关键因素。斯特朗的支持者，如经济历史学家、作家查尔斯·金德尔伯格就曾发表过完全相悖的观点，他说倘若大崩盘时斯特朗仍然在世，情况可能比现实要好许多，因为斯特朗比他的继任者乔治·哈里森更老练，哈里森在危机前无法与欧洲达成有效合作。哈里森的处理方式让各国之间的矛盾升级，当英国为应对黄金大量流出伦敦、流入纽约而提高利率后，他发动了黄金竞价战（并且在一次峰会上驳回英国希望其削减利率的请求）。[21] 为此，如果非要说是斯特朗催生了大崩盘，那也绝不能归因于他在世时的政策，而只能说他的突然离世让时局失去控制。

货币主义学派

第二个主流学派即货币主义学派，这一学派也对美联储的政策加以指责，但与奥地利学派却存在细微差别。货币主义学派的米尔顿·弗里德曼与安娜·施瓦茨在《美国货币史（1867—1960）》中首次从历史角度综合剖析了大萧条。他们认为美联储当时的应对举措极为糟糕，影响了原本正常、季节性波动的商业周期，造成原本温和、正常调减的产出大幅下降。货币主义者指出，银行业恐慌给货币存量带来严峻的紧缩压力。[22] 然而,个人的流动性偏好在当时并没有下降(实际上,个人流动性偏好反而增加),这引发了货币紧缩。美联储的问题在于,没能在货币紧缩时同步扩张资产负债表,造成基础货币持续下降。货币主义者的解读分析虽然极具说服力,但是随后关于货币存量作用的研究却论证出金本位制其实才是出现大萧条的主要原因。在很多人看来,弗里德曼并没有强烈批判金本位制,而这才是造成通货紧缩,并束缚美联储积极作为的根源。

凯恩斯学派

第三个试图阐明大萧条成因的主流学派是凯恩斯学派。该学派认为,市场出现了供给与需求的"断裂"——要么供给过多,要么需求减少。但是,凯恩斯学派面临一个严峻挑战,即如何准确识别在大萧条之前经济是存在过度供给还是需求枯竭。可能常被提及用于揭示需求-供给不均衡的就是汽车产业。白宫经济顾问委员会首任主席埃德温·诺斯最早在此领域开展研究,得出的最终结论是,汽车产业存在明显的产能过剩。但是,这项研究成果在后来被不断修正,因为诺斯研究的重点是分析产能过剩与厂商实际产出的关系。实际上这个框架本身就存在问题,企业的生产决策是追求成本曲线最小,因此,尽管企业有能力制造大量汽车,但是这样的决策可能没有任何经济效益。然而,仍然有一些学者(如E. H. 奥克萨宁)认为,学界尚缺乏充足的证据来说明大萧条之前存在产能过剩。其他经济学家研究分析房地产行业,以此判断住房供给是否不足或过剩。部分学者如伯特·希克曼认为住房供给存在过剩,而其他学者如理查德·穆特则相信住房供给存在不足。[23] 尽管凯恩斯主义理论在一开始就为思考产出下降提供了统一框架(如工资黏性、过度储蓄、可贷资金市场),而且有各种有效工具来应对危机,但是在凯恩斯学派内部对大萧条之前是存在需求缩减还是供给过度依旧有明显争议。

股市大崩盘与大萧条之间的联系

很明显，现在对大萧条的成因剖析有多种解释版本，其中有些解释很有说服力，但是需要明确的关键一点是，股市大崩盘并非原先预想的是导致大萧条的根源。当然，我们并不否认1929年大崩盘的巨大破坏性。实际上，很多著名经济学家（包括本·伯南克）的研究已经有明显论断，大崩盘的确加剧了经济中的结构化问题，进而催生了大萧条。本·伯南克、西蒙·吉尔克里斯特与马克·格特勒在一篇研究报告中指出，危机来临后，实体经济和金融部门之间的联系因"金融加速器"而变得紧密相关。金融加速器理论的基本观点是，危机同时对信贷机制和抵押能力造成影响。信贷服务由银行业金融机构提供。银行需要收集借款人信誉方面的信息以有效估算风险，按照风险程度规定利率。金融危机爆发时，很多银行业金融机构因挤兑和单纯的前景不确定而倒闭，无法发挥其应有职能。危机带来的另一种效应是房地产价值不断下跌，这造成极其严峻的问题，因为银行授信通常基于充足的抵押品（并且需要维持一定的贷款价值比率）。[24] 然而，虽然大崩盘的确令大萧条的局势更为恶化，但两者之间并非简单的因果联系。

货币与财政应对举措

美国总统赫伯特·胡佛就职时恰逢经济处于前所未有的快速发展期。但是，他就任总统后没过几个月，整个国家就陷入大萧条的泥淖，各种指责之声不绝于耳。在大萧条之初，胡佛总统多次试图实现预算平衡，但所有的努力都毫无成效。他卸任时，美国已经背负接近30亿美元的赤字。[25]

胡佛总统认为预算平衡至关重要，他的坚定立场让人印象深刻。他曾说过:"没有什么能比预算平衡更重要,起码应实现税收增长。联邦政府应该明确立场,在下一个财年即 7 月 1 日之后不再发行增加公共债务的新债券。这对于促进就业和农业生产至关重要。预算平衡能为商业和工业提供积极支持,政府会把商业、工业与货币市场隔离,允许工业和农业为生产经营进行融资。"[26] 胡佛总统的观点可以归纳为赤字支出是有害的,因为此举推高了货币市场利率。我们并没有找到合适的知识工具,也没有充分细化的机构分工来使用工具,并配合恰当的财政政策和货币政策。今天人们对于政府赤字支出可能挤占货币市场私人资本需求的担忧已经减弱,因为美联储会推行宽松货币政策,在财政部借款时,通过公开市场操作购买证券来降低利率。

为了更公平客观地评价胡佛总统及其政府的政策思想,我们应该意识到当时对于赤字支出理论基础的理解与现在并不相同。正如之前我们曾提及的,凯恩斯的代表作《就业、利息和货币通论》直至 1936 年才出版问世,其中发表了对此领域的深刻见解。尽管如此,美国直到经历大萧条后才真正增强了对凯恩斯思想的信心。

此外,富兰克林·德拉诺·罗斯福总统在任期内因经济危机时期实施财政紧缩政策也得到了痛苦而深刻的教训。1936 年,美国保守派财政部长小亨利·摩根索以及财政部的其他成员都联合起来极力劝说罗斯福,认为国家已经到了收紧开支并重新实现预算平衡的时机。罗斯福听取了他们的建议,在 1936 年的竞选中强调,美国应该重新实现预算平衡,而他也知道在前些年推行预算约束为时过早:"在 1933 年、1934 年或 1935 年推行预算平衡对于美国人无异于犯罪。当时为实现这一目标,我们不得不对纳税人征收没收性的资本税,或者我们必须对人民所受的苦难漠不关心。如果美国人民在受难,我们不可能无动于衷。人民永远是第一位的。"[27]

然而，其他向罗斯福进言的顾问却持有完全不同的意见。他们认为主张紧缩政策的人过于草率，可能影响经济增长前景。持有此观点的顾问包括哈里·霍普金斯、亨利·华莱士与马里纳·埃克尔斯。当时，经济仍保持增长——1934 年 GDP 增长 10.9%，而 1935 年 GDP 增长 8.9%——但是他们认为时间太短无法观测到真实影响。遗憾的是，小亨利·摩根索得到了罗斯福的支持，罗斯福开始削减开支，而此举为时过早。经济仍需要赤字支出所提供的刺激，而削减开支造成了 1937—1938 年的"罗斯福衰退"。[28]

紧缩政策让经济受损严重，那些之前拥护紧缩政策的人转而呼吁政府改变赤字削减政策。1938 年，罗斯福在美国国会发表演讲时，提到了经济衰退所造成的公众情绪变化："我们之前多次听人们谈到要追求预算平衡，但有趣的是很多人之前认为预算平衡是唯一要求，现在却支持影响预算平衡的额外政府支出。"[29]

在此，我们有必要解释一下对于大萧条的一些误解。有些经济学家教条地反对赤字支出，他们认为 1932 年并没有出现真正的经济紧缩政策，因为政府支出在 GDP 中占比更大。这个观点似乎言之凿凿。的确，当年虽然政府支出在 GDP 中的比重更大，但是 GDP 却断崖式下降。实际上，分母下降——而并非分子有所增加——才是造成政府支出占比上升的根源。这些经济学家的言论无视财政的刺激作用，财政支出能对减少的私人支出发挥替代效应，用更多的公共支出来避免总需求出现灾难性下降。如果公共支出没有增加，那么就无须关注它在 GDP 中的比重，因为公共支出明显没有弥补下降的私人支出。最终，财政政策在大萧条时期没有发挥应有的作用，因为当时缺乏成熟的工具，也没有实际经验能让人们对财政政策的积极效应充满信心。

监管当局对大崩盘和大萧条的应对举措

在某些方面,监管当局对 1929 年股市大崩盘的应对举措似乎无法及时有效地维护经济稳定。我们在上文已经探讨过,股市崩溃并不会必然引发严重的经济衰退。而且,与大衰退不同,大萧条时期并没有需要实施监管干预的蔓延性破坏行为。虽然当时也需要纠正欺诈、操纵等行为以改善市场功能,但是这些行为并没有对整体金融系统造成实质损害。这与大衰退时期明显不同。在大衰退时期,监管当局必须妥善处置那些大型、高杠杆机构的不恰当风险行为。

也就是说,监管当局的对策,特别是 1933 年《证券法》与 1934 年《证券交易法》的出台,推动上市公司准确披露信息并且成立了专门的机构对证券交易进行监管。虽然这些举措可能无法让金融体系快速恢复稳健,但通过提高上市公司披露可信度、增强投资者信心,为金融体系长期健康发展奠定了良好的基础。

1933 年《证券法》要求上市公司比之前披露更多关于财务、经营风险以及机构健康情况的信息。该法案通常被称为《诚信证券法》,旨在给投资者提供充足的信息以做出最佳的证券交易决策。此法案结束了各州独自立法的混乱局面,在证券信息披露方面形成统一的联邦标准。为了推行这项标准,罗斯福指定雷蒙德·莫利(长期演讲撰稿人,罗斯福政治哲学的拥护者,最后成为一名犀利的评论家)作为负责人。莫利随后向哈佛大学法学教授费利克斯·法兰克福特请求帮助,法兰克福特此后任职于美国最高法院。法兰克福特联合詹姆斯·兰迪斯(后来成为哈佛大学法学院院长)和律师本杰明·科恩共同起草法案。他们在卡尔顿酒店起草法案,并准备对某一机构赋予监管权,而不仅仅是简单地对禁止性行为予以界定。[30]

1933年《证券法》虽然是一项重大的立法进步，但却留下了外汇监管和实际执行等悬而未决的问题。按照立法的最初设想，对证券交易的监管权应赋予美国联邦贸易委员会（FTC）。然而，很多公司立刻提出异议，因为美国联邦贸易委员会一直以来享有高度独立性，很多激进分子对它承担繁重的监管职责表示非常担忧。为此，政府成立了一个新的机构，也就是美国证券交易委员会。罗斯福总统起初希望将监管权赋予美国联邦贸易委员会，但最终还是选择了新设立美国证券交易委员会的方案，他表态说这"无论如何，并不是最重要的事"。[31] 因此，现代美国证券交易委员会诞生了。除此以外，法案要求各类市场参与者如交易商、经纪商在美国证券交易委员会注册，并要求如果一个参与者购买5%及以上的股票发行数，就必须进行公开披露。而且，法案还制定了代理权征集规定。罗斯福总统推进金融市场改革的努力对于市场未来的健康发展至关重要，新法案明确了机构监管的广泛权力。[32] 然而，在短期内，监管当局并没有立刻对可能威胁整个经济体系的不当金融操作进行惩罚与纠正。

大衰退

两次危机的间隔时段

现在看来，20世纪30年代至2007年之间是两次主要金融与经济危机的间隔时段，这个时间段内出现了很多"新"的有用的经济政策工具（部分政策仍有争议）。正是对这些酿成大萧条以及大萧条期间所发生的重要事件的分析，才诞生了创新性的经济思想和政策建议,其中特别著名的就是约翰·梅纳德·凯恩斯的闪光思想,深刻揭示了金融和经济灾难的根源与影响。

我们之前已经剖析了当时的三大主流学派,即奥地利学派、货币主义学派与凯恩斯学派。在两次危机的间隔时期,各种不同学派的思想催生了过于简单的实用知识主义,导致人们对奥地利学派不受约束的自由市场主张产生怀疑,更广泛地认可积极的货币政策,并对凯恩斯主义财政政策可以减缓严重经济疲软的有效性达成广泛共识,但并未完全达成一致。

在此期间,经济政策的中心也逐渐转变为就业管理,并且不再将严重的经济混乱简单视为对企业和公众投机、贪婪金融活动的一种自然、健康的整顿。

尽管经济思想、政策与工具已经出现建设性变革,但是尚未出现公共约束或信心恢复的迹象,也没有经济成功复苏的迹象。遗憾的是,每当经济进入上涨周期,为工商企业与普通大众带来丰厚的经济回报时,我们似乎都需要有效的政府监管保驾护航,从而避免人们再次面临灾难性风险。

在 2007—2009 年大衰退出现之前,美国国会和各类监管当局都普遍认为应解除很多有约束性的限制条款,而之前颁布这些限制条款是为了有效应对大萧条以及随后接踵而来的各类金融危机,譬如 20 世纪 80 年代末的储贷危机、20 世纪 90 年代的各种国际金融危机,以及 1998 年的长期资本管理公司破产危机。20 世纪 30 年代美国国会通过的《格拉斯-斯蒂格尔法》禁止商业银行在大萧条之后开设投资银行,从而避免存款性金融机构从事高风险金融交易。[33]

在这一时期,竞争性的监管机构得以发展,监管空白随之出现而且没有得到纠正,监管职责尚不明晰,监管执法失误也时有发生。

风险积聚

这一阶段出现了各种资产泡沫，艾伦·格林斯潘领导下的美联储实施相对宽松的货币政策，对美国资产泡沫推波助澜。这些泡沫，包括1999—2000年的互联网泡沫、2004—2006年极具破坏性的房地产泡沫似乎都在无限膨胀。现在看来，互联网泡沫尽管对股市影响巨大，但与随后的房地产泡沫相比，似乎对整体经济的系统性影响要弱一些。

我们目前尚无法有效应对的一个经济内生特点是，经济扩张中的不稳定因素造成市场参与者过度自信与投机。已故经济学家海曼·明斯基在很多公开出版物中（包括1986年的专著《稳定不稳定的经济》）都剖析过这种趋势。[34] 明斯基发现了经济扩张中的人性弱点，2004—2006年房地产泡沫中人性的弱点就尤为突出，市场参与者在市场发展中呈现出过度自信、过度贪婪、过度投机、过度粗心等特征。面对2007—2009年金融危机，虽然美国政府和美联储出台了各种应对方案、新监管政策、政府救助并配合其他救助措施，但是目前尚不明确这些举措能否有效化解经济周期中人性的弱点。

此外，美国经济的高杠杆让人性的弱点、政策错误、监管过失等问题变得雪上加霜。我们必须谨记正是由于人们在市场操作中过于激进地使用衍生工具而且没有实施对冲策略，才造成银行体系杠杆率越来越高。

美国房价不断高涨预示着金融危机即将来临，而且当时其他国家的房价也在节节攀升，特别是西班牙。但是造成大面积破坏的主要因素还是金融业创造出极其复杂的金融工具，向公众兜售，被各类人群、企业和机构广泛投资。在美国以及国际经济体系中，高杠杆譬如金融衍生品的大量使用更加剧了这种破坏性。[35]

住房作为多年来按照通胀率持续升值的资产,突然在21世纪初(2002—2006年)变成了"不能倒"的经济增长引擎。从1947年直至20世纪90年代中期,美国房价按照凯斯-席勒房价指数测算基本保持稳定,房价指数上升幅度可以忽略(1947年的86.6到1996年的87.0)。然而,在1996—2006年,该房价指数从87.0迅猛攀升到160.6,随后在2009年又大幅下跌55个点至105.6。[36]

资产定价通常很困难,住宅地产的定价也毫不例外。然而,与房主可进行投资的平均收入水平,或者不买房而需要支付的房租相比,住房不仅升值太快,而且对于很多做投资的市场参与者而言价格也过于昂贵。

为了维持市场热度,做市商四处宣扬房屋的全国性价格在历史上从来不曾明显下降。即使房屋价格下降,那也是局部或区域性现象,下降幅度与持续时间均有限。甚至,市场上还提出一种观点,即对房屋的投资或者房屋融资可以不受经济周期重大风险的影响。但是,危机来临的迹象已经浮现。耶鲁大学经济学家罗伯特·席勒在灾难来临前就曾断定,不断推高的房地产价格可能是受到人们心理因素的驱动,因为房租或建筑成本的增加并不足以解释房屋价格的快速上涨。[37]现实中,我们看到新的建筑项目欣欣向荣,住宅地产市场一片火热,房主的住房资产不断增加。

在市场繁荣期,越来越多信用记录不良的房屋购买人能以较宽松的条件获得融资。而且在此阶段,融资比率、对借款人财务能力的关注度、借款人对利率增加的风险敞口也全部放松。这些因素造成风险不断累积。在高度证券化的金融市场,贷款方通常不保留这部分贷款,而是将其打包成风险分散不足的大型投资组合,增加投资者的风险敞口。

这次市场崩溃完全是成熟的逆向投资者利用不当融资技术来构建融资方案并豪赌一场的结局，这些融资方案在创造之初就存在缺陷，一旦经济下行就必然面临违约风险。几乎没人能预测到最终的结局，主要金融机构出现连环倒闭，数百家企业也因错误估计形势受到连累而倒闭，过度杠杆让整个局势风雨飘摇。

市场崩溃

2008年最终迎来了市场崩溃。在重大的灾难性消息登上新闻头条之前，市场上已经出现了一系列小风险事件，包括住房抵押贷款风险、房地产市场加杠杆风险和其他各种风险事件，特别是次级抵押贷款的融资结构已经暴露出诸多问题。而且，重大风险已初见端倪，譬如住宅地产市场价格急剧下挫。但是当时，美国整个金融结构存在的问题的严重程度尚不明朗。

金融危机出现时，通常伴随两种紧急状况，而且这两种紧急状况经常相互交织，进而发展成一个大灾难。这两种紧急状况分别是"流动性问题"与"偿债能力不足问题"。很多时候，某一金融企业会同时面临这两种问题。

流动性问题对于美联储而言比偿债能力不足问题更容易处理，危险性较低。美联储的解决方案是，担任金融机构的最后贷款人，并果断且自信地采取行动，接受银行的良好抵押品以提供融资支持。金融分析人士和评论家已经充分剖析过央行的最后贷款人职责，至少可以追溯到19世纪70年代沃尔特·白芝浩的经典著作《伦巴第街》，其中提到了英国银行业的最后贷款人。[38]

相比之下，偿债能力不足是更加棘手的问题。偿债能力不足是指金融危机让金融机构的资产价值锐减，而且让其缺乏足够的抵押品从中央银行如美联储那里获得资金以解决流动性问题。而且，金融机构的高杠杆率也让问题变得无比复杂。假设一位投资者的资本占总资产的3%，即使资产价值仅仅下跌5%，这个投资者（或机构）也会变得资不抵债。

监管当局认为，市场崩溃中如果出现这类情况，就需要及时救助，这就产生了"大而不能倒"这种带有贬义的用词，以此描述金融机构本来应该破产，但是美联储、财政部和管理层却认为它们具有系统重要性或者与其他主要经济成员存在关联影响，因此不能允许其破产。

表6-1列出了金融危机的重要事件，大部分发生在2008年1月1日至2009年6月30日，生动刻画出危机中的多米诺骨牌效应。

表6-1 金融危机与大衰退的重要事件

时间	重要事件
2006年2月1日	本·伯南克就任美联储主席
2007年10月	股市变成熊市
2007年12月	大衰退出现苗头
2008年3月16日	贝尔斯登被出售给摩根大通
2008年9月7日	房地美和房利美被政府接管
2008年9月14—16日	雷曼兄弟破产， 美林证券被出售给美国银行， 美国国际集团被政府救助
2008年9月20日	财政部出台问题资产救助计划草案（3页）
2008年9月21日	高盛集团和摩根士丹利转型为银行控股公司
2008年9月25日	华盛顿互助银行（美国最大的存贷款机构） 被摩根大通接管
2008年9月29日	国会拒绝救助方案
2008年10月3日	美联银行被出售给富国银行， 国会通过问题资产救助计划
2008年11月4日	奥巴马当选美国总统

续表

时间	重要事件
2008年11月23日	美联储、财政部和联邦存款保险公司联合救助花旗集团
2008年12月11日	伯尼·麦道夫被捕
2008年12月11日	问题资产救助计划对通用汽车和克莱斯勒汽车提供贷款
2009年1月	美联储、财政部和联邦存款保险公司联合救助美国银行
2009年2月17日	7 870亿美元的经济刺激法计划签署通过
2009年3月	美联储第一轮量化宽松
2009年4月30日	克莱斯勒汽车申请破产
2009年6月	大衰退结束
2010年7月21日	《多德-弗兰克法》签署通过
2010年11月	第二轮量化宽松
2010年11月18日	通用汽车进行首次公开募股,走出破产
2012年9月	第三轮量化宽松

金融危机的应对策略

自2008年开始,有关当局实施了一系列与大萧条时期迥然不同的政策举措,产生的效果也大相径庭。在2008年9月至2009年2月的6个月间,美联储和美国财政部联合对多家企业开展救助和财务重组,抑制金融危机再扩大。同时,美联储和美国财政部精心筹划推出一系列强有力的货币政策(美联储)和现代财政政策(美国财政部与国会)。这些更为完善的构想,以及有力推进的政策举措主要得益于过去70年间经济思想与社会本位的进步与发展,这些政策举措的目的是中止潜在萧条,启动漫长但稳健的经济复苏。

在此,我们主要关注美国财政部与政府部门(财政政策)、美联储(货币政策)的财政政策与货币政策,以及相关的监管措施。

首先让我们一起来分析美联储的货币政策。

货币政策

虽然本·伯南克很晚才察觉到房地产泡沫破裂以及接踵而来的金融危机对经济的全面影响，但 2006 年 2 月担任美联储主席的伯南克可能是最能胜任该重要职位的人选。伯南克之前是普林斯顿大学的经济学教授，并且是大萧条研究专家，他不仅在危机领域有深刻洞察力，而且多次撰文对大萧条和随后重大的经济周期波动进行政策分析，包括撰文剖析了 20 世纪 90 年代初导致日本经济进入"失落的十年"的房地产市场崩溃。[39]

与本杰明·斯特朗一样，伯南克也是一位积极、勇敢的创新者，在利率已经降至"零下限"之后，依旧向金融体系提供充足的流动性。他推行多轮量化宽松政策，并在公开市场操作中除了接受美国国债外，还决定接受抵押支持证券，以向金融体系源源不断地提供流动性，而这些举措受到各类政治家和评论员的诟病。但是，当"硝烟"散去时，整个金融市场逐渐出现缓慢但稳健的复苏信号，信贷市场重新启动，消费者因资产价格再次提升而获得财富效应，有融资渠道的企业重新发现自己能以较低价格融入资金用于投资，而且对前景越来越有信心。

财政政策

在财政政策方面，为了遏制金融危机，美国财政部采取了几个重要的、实质性的财政激励政策。2008 年 9 月 20 日，美国财政部发布简单备忘录，称将启动问题资产救助计划。令人吃惊的是，两周后问题资产救助计划就以更复杂、更完善的形式被国会通过。修订后的问题资产救助计划最初计划对各类金融机构和工业企业救助对象提供 7 000 亿美元的财政援助，随后按照《多德－弗兰克法》的要求将财政援助削减至 4 750 亿美元，但是最终大约使用了原本的 7 000 亿美元援助计划 60% 的额度，即 4 310 亿美元。[40] 然而，从更准确的角度讲，问题资产救助计划可以被视为对经济的流动性补充而非永久性的财政刺激。尽管问题资产救助计划援助资金的接受方或者本身偿债能力不足，或者运用这些资金来收购破产企业，但问题资产救助计划现在已经由资金接受方足额偿付。

相较而言，援助力度更大、持续时间更长的是高达 7 870 亿美元的经济刺激计划——《美国复苏与再投资法》，由美国总统巴拉克·奥巴马在 2009 年 2 月 17 日签署。这个更传统的财政刺激计划持续时间更久，以便为经济复苏提供额外的动力和缓冲期。[41]

除了上述财政计划之外，美国还有大量有待支付的军事和社会项目，自小布什总统卸任后，政府一直用大规模联邦预算赤字来刺激经济增长。因此，在对抗金融危机和随后的经济衰退之初，积极、刺激性的财政政策就已经发挥着主要作用（极具讽刺性的是，美国国会和民众中不少人原本吵着要削减赤字）。

我们很清楚，在未来的 20~40 年需要恰当处理美联储推动下的巨大流动性问题，以及潜在的预算赤字问题。但是我们并不知道到时候国家是否有政治意愿去解决这些问题，也不清楚这些解决办法会对经济造成何种影响。

财政部对大萧条和大衰退的应对举措存在明显差异。在 2008 年金融危机来临时，提高政府开支以刺激经济得到了更加广泛的认同。财政刺激政策产生了积极反应，但是存在两个问题。一是刺激政策的力度极为有限，经济刺激大约只占 GDP 的 1.6%，而且只有短短两年多的窗口期。[42] 二是刺激政策中很大一部分是减税而不是政府直接开支。财政刺激能够通过货币乘数效应对 GDP 产生比原始投入更大的净推动效应。所谓货币乘数，是指在财政刺激期间初始开支被数倍放大的一种现象。也就是说，如果财政刺激对 A 提供1美元，A用其中一部分与B进行交易，而B又将一部分与C进行交易，依次类推，这使GDP的增长幅度明显大于原始金额。与政府直接开支相比，减税所存在的问题是支出的循环较少，因此减税所产生的货币乘数与直接开支比会小一些。

所幸的是，虽然财政刺激可能力度过小、时间过短，而且主要通过减税实施，但是货币政策足够强健，能帮助国家摆脱经济衰退。此时，政府的财政政策与大萧条时期完全不同，但是财政刺激存在一定问题，其主要问题不在于财政刺激工具匮乏，而在于政府缺乏用更多的财政刺激促进经济快速增长（并且降低失业率）的意愿。

监管对策

大衰退时期的监管经验与大萧条时期迥然不同。大衰退时期，政府救助最终引发了一个重要的热点问题：银行是否变得"大而不能倒"？"大而不能倒"的概念会引发以下两个问题。第一，如果这种说法恰当，可能会催生道德风险，即大机构会从事高风险业务，因为它们相信能获得政府救助以应对可能的巨额损失。那么专门救助大机构能改变其行为模式，减少道德风险吗？银行现在会有冒险行为，是否因为它们相信自身的风险已经得到联邦政府安全网的保护？

第二，政府救助可能导致小机构和大机构出现不公平的资本获取渠道。譬如，大机构可能会得到实际利率补贴，因为贷款人对规模更大的机构存在更大信心，认为大机构的部分贷款在极端压力情况下能获得政府救助。一些官员已经对该问题予以关注，其中包括联邦存款保险公司前主席希拉·贝尔，她说："'大而不能倒'问题变得越来越严重。这一问题已经从之前的不明朗变得非常明晰，造成大机构与小机构之间竞争悬殊，因为每个人都知道小机构可能倒闭。因此，小机构筹集资本、寻找资金的价格更加昂贵。"[43] 实际上，牛津大学赛德商学院的学者观察大衰退前与大衰退期间的信用违约互换市场，就政府担保对大银行借款成本的影响开展研究，他们发现了一些能说明大机构的借款成本会因此降低的证据。[44]

目前，"大而不能倒"的概念已经被恰当地解读为一种破坏力。《多德－弗兰克法》已经在遏制该问题上取得一定成绩。《多德－弗兰克法》第一章设立了金融稳定监督委员会，旨在监测并纠正大银行的风险承担行为。金融稳定监督委员会是负责金融监管的主要高层官员交流、讨论与决策的论坛，有10位拥有投票权的成员，其中包括财政部长、美联储主席、货币监理署署长、美国证券交易委员会主席、美国联邦存款保险公司主席。[45]《多德－弗兰克法》还对监管当局制定了明确的压力测试内容。拥有500亿美元以上资产，由金融稳定监督委员会监测的银行控股公司与非银行机构，必须每半年开展压力测试，并在美联储的直接监督下每年接受一次补充压力测试。[46]

监管当局不得不面对的另一个问题是如何准确区分偿债能力不足与流动性不足，前文已经对这两个概念进行了讨论与界定。现实中，人们有时无法确定某机构是否真实存在偿债能力不足问题。这主要是基于两个方面的原因。第一，银行资产价值在清算时可能很难估价。危机中，银行资产的账面价值可能与清算时被迫廉价出售的价格差别极大，如果其他银行（自然买家）有自身的财务问题，价格差距就会更明显。第二，监管当局可能希望偿债能力不足是暂时的问题。换言之，如果观察银行所持有的资产，可能会发现它对某公司存在负资产，但是监管当局却相信在不远的未来可能会有资产重新升值的机会，能让机构起死回生。国际货币基金组织前首席经济学家西蒙·约翰逊指出，危机中很多银行实际上存在偿债能力问题，但是很多人希望资产价格会重新上升以扭转这一局面。[47]因此，监管当局不得不全面审慎思考银行的偿债能力问题，通盘考虑清算价值，以及银行有少量的负资产，但随着财政刺激有机会存活，只是暂时处于资不抵债的可能性。

让银行系统更具稳定性的一个最有效工具是"沃尔克规则"，该规则以美联储前主席保罗·沃尔克的名字命名。[48]最初颁布这条规则是希望减少或避免自营交易，或者用公司自有资本对金融工具进行交易。这条建议极具稳健性，其背后的逻辑在于，认定银行最成功的业务应该是日常业务，包括简单的期限转换，即从短期储户那里吸收存款对资产覆盖率良好的长期借款人提供贷款，建立恰当的抵押和契约，对借款人信用记录进行紧密监测。银行不应该涉足金融衍生品等投机交易，因为这类交易可能使高杠杆机构出现巨额亏损，造成资本锐减，从而削弱金融体系的稳定性。当然，这并不意味着金融市场应全面禁止投机交易，而是指投机活动的参与者应该限定为有风险承受力的个人、对冲基金、私募股权公司以及其他投资者，信用市场不会受到任何冲击。

酝酿了长达两年之久且饱受争议的沃尔克规则终于得以实施。因为自营交易对于很多投资银行而言是盈利业务，但是自金融危机爆发后，自营交易就风光不再。沃尔克规则最初在一段时间内备受质疑，保罗·沃尔克说道："我最初撰写的提案远比现在的简洁。我原本希望将提案内容控制为4页，禁止自营交易，并让董事会和总经理对机构合规承担责任。"但是最终出台的版本却长达900页。[49]

设计最优金融监管法规面临的一大困难是，唯有危机才能带来真正的变革。在非危机时期要想通过重要的监管法规一直以来都非常困难，反对者通常宣称监管机构正在试图解决不存在的问题，从而赢得大众支持。因此，一国很少能在平稳时期出台防范性的金融监管规则。危机爆发后，我们设计新监管规则时就必须精密筹划，应确保相关监管举措能避免国家再度深陷下一场危机，因为在危机间隔期修订规则基本不可行。

与之类似，我们还必须与经济周期中的冒险行为不断抗争。但是现实很残酷，随着经济走向成熟与繁荣，无论是对于企业还是个人，人们都倾向于接受更高的经济风险。人性的脆弱似乎永远不会改变，而且金融体系在经济繁荣时期的自由放任倾向也不会有任何改变。如果经济处于繁荣时期，法律法规的宽容倾向以及监管放松就愈加明显。

鉴于此，我们不难看出《多德－弗兰克法》具有一定的创新性做法，但是该法案原本应该能更好地限制自营交易，加强公司高管层的问责，设计更严格的监管控制措施。毕竟，直到下一次深陷危机，我们才可能有新的机会。而且事实上，最后只有时间能证明这部法案对于提高金融体系稳定性的成效。

金融与实体经济的交互关系

大萧条与大衰退的另一个明显差异还在于金融与实体经济的关系。本章已经详细论述了1929年大崩盘并不是出现大萧条的真正原因。当然，大崩盘是一场灾难——股市崩盘给部分消费者带来负财富效应，他们的资产价值在不断缩水。但是，大崩盘并不是大萧条出现的根本原因。

然而，当今的形势完全不同。几乎所有的实体经济在一定程度上都依赖于金融市场，而且特别依赖于信用环境。金融创新的效应多少具有一些讽刺性。资产证券化属于金融创新的一种，金融创新有助于实现风险的社会化，将少数人（机构）资产负债表的风险扩展分散到由多数人（机构）承担。就这点而言，金融创新在整体上具有积极效应,而且金融创新让保险市场变得富有生机,信贷供给不断提高。

然而,在风险社会化的过程中,金融创新也带来一些负效应。金融创新给不断增加的经济主体创造了一种共同风险源。当然只要经济主体能提前合理认知到潜在风险,就没有任何问题。但是如果经济主体没有完全正确领会风险的本质特点,那么它们可能会在某一刻变得非常痛苦,因为它们同时暴露于一种共同的风险源。美国次级抵押贷款市场从宽松走向收紧就是很好的例证。很多人在事情发生时会想到一个简单的问题:谁有相关的风险敞口?由于金融创新,传统借贷模式以外的更多经济主体都存在风险敞口,包括银行、外国政府、市政当局、养老基金、个人和其他机构。它们不得不同时承受同一风险源所引发的金融冲击。尽管金融创新在正常情况下是有益的,但是现在所造成的震动无异于一种致命病毒。起初,没有人知道谁可能感染病毒,因此各经济主体在信用市场停止与其他主体产生进一步联系,进而试图避免传染。金融创新的两面性显而易见,虽然风险社会化有很多积极效应,但是如果并非完全了解这种风险的潜在本质和冲击力度,那么一大批机构可能同时遭受冲击。

今天,我们处于高度金融化的经济时代。现在让我们思考一下为什么科技股泡沫没有产生严重的经济危害。按说股灾肯定会让实体经济收紧,但是这种说法并不一定准确。科技股泡沫没有严重摧毁实体经济,主要原因可能包括以下两个方面。第一,尽管股市让持有科技公司股票的风险变得社会化,但是相关投资者已经将这种投资视为高风险资本。经济主体完全了解科技公司的股票不可能属于低风险投资,因此它们通常不会完全依赖这些股票来偿还债务,科技公司股价的巨幅下跌并不会给理性的经济主体带来严重灾难。相对而言，这一点与高等级住房抵押贷款债务（通常为AA或AAA评级）截然不同，开展此类投资的经济主体普遍相信这类资产非常稳健，而且通常将此作为偿债的主要来源。简言之，经济主体认为这些住房抵押资产是低风险投资，可以将更多债务与其匹配，所以一旦这种预期存在问题，自然就无法避免灾难来袭。

第二，科技股泡沫没有给信贷市场造成严重危害。当然，泡沫破裂后，科技公司经历了无法融入任何资本的困难时期，但是实体经济中的其他部门并未遭遇信贷紧缩。潜在贷款人并不认为所有潜在借款人都有风险，因为低风险资产没有受到广泛冲击。因此，当时的金融创新虽然带来了一定风险，但是没有让实体经济停滞不前。

综上所述，我们可以看出在大萧条时期与大衰退时期，实体经济与金融之间的交互关系迥异。就大衰退而言，一次明显的金融冲击就带来巨大的实体经济灾难。但是对大萧条而言，其原因则是渐进的结构化问题，不同学派对此问题的看法也不一致，有的认为是总需求问题，有的认为是总供给问题，还有的理解成央行利率设置不当所引发的问题。

经济复苏

金融体系中的狂热活动造成金融危机，并进而形成经济萧条。我们将2007—2009年的这次经济崩溃称为大衰退，从而区别于20世纪30年代的大萧条，这也是为了说明我们当前的经济形势远未沦落到萧条的地步。回顾历史，尽管我们处于自20世纪30年代以来最严重的经济倒退中，但是其持续时间和强度都远远不及大萧条。

以美联储为首，美国财政部配合实施的各类政策在抵御严重金融危机时发挥了重要作用。用通俗的话来说，这次金融危机"差不多是历次中应对最好的一次", 虽然对经济造成严重危害, 但是相关影响已经受到明显控制。

由于这次出台的许多货币政策有新的特点, 部分财政支持政策还伴随着其他无法预测的效果, 很多美国人似乎对已经采取的举措以及预定目标产生了错误的解读。

这并不奇怪, 根据卡门·莱因哈特与肯尼思·罗格夫的研究, 经济复苏是一个缓慢的进程, 不会立刻呈现强劲复苏态势。通过整理历次经济危机的状况, 莱因哈特与罗格夫得出结论, 如果严重的经济衰退伴随着金融危机, 则经济复苏进程通常较为迟缓、漫长。[50] 实际上, 美国自2009年后就经历了这种历程。

这次危机还给我们带来了一个更深刻的教训, 即政府和有关当局面对严重的经济危机应该采取积极的货币政策与财政政策, 已经有迹象显示美联储所推行的货币政策, 以及小布什和奥巴马两届政府所采取的财政政策发挥了稳定就业的作用。国家对高风险信贷交易对手的救助政策产生了一些积极效应, 但这些政策的核心并非对银行家、高管和企业巨头提供救助。我们看到了"民主化"得以推进, 政府不再奉行奥地利经济学派的不干涉政策。

小 结

本章讨论了美国在过去一个世纪所经历的两次巨大经济震动, 以便揭示我们应该如何应对周期性危机、如何推动让大部分人受益的投资大众化进程。本章的实例充分说明, 国家经济政策的重心有所调整, 体现了广泛民主化思想, 通过不断改善经济管理政策从而提高经济稳定性、就业与消费水平。

对两次危机的比较分析显示, 我们已经采取了更加主动和有效的措施以应对周期性经济问题。为了更加详细地说明，本章着重讨论了两次危机发生后货币政策的发展、财政政策的改进，以及监管政策的调整。

在大萧条和全球金融危机发生之前，货币政策惊人地相似。这表明两位央行行长——本杰明·斯特朗与本·伯南克都非常激进，也勇于创新。两人都实施了精心部署且非常大胆的政策以维持经济秩序与市场秩序。在此过程中，他们两人都饱受政治指责。然而，斯特朗过早离世，并没有机会在1929年至20世纪30年代初的危机中大展身手。两个人的诋毁者则宣称他们的政策不可能成功，甚至还会对金融体系造成无法弥补的破坏。但是历史已经证明，这些诋毁者目光短浅。

第七章
投资理论的出现

报纸上有关于投资的专题报道，各大广播电台有关于投资的简短资讯，每天夜间新闻对此也有热烈讨论。我们每天都被各种实时更新的财经资讯包围，如关于道琼斯指数、纳斯达克指数或者标准普尔500指数的资讯。媒体对市场脉搏的触碰一刻都不曾停歇。自金融市场诞生，各类评论员就热衷于解读各种变动，即便是短期变动也不遗漏——这些变动有的缓和，有的急剧，但是都难以预测。

这引发了一个核心问题：人们如何理解市场变动？人们如何过滤所有的噪声，观察到有意义的变动？这是投资者面对的一个重要任务，他们必须综合使用各种估值工具。估值是在噪声中发现逻辑的一个过程，以期发现那些价格机制失灵的市场领域。这些领域如果被恰当开发，就会为投资者带来丰厚的利润。

投资以及对企业进行估值不仅仅是科学，一直以来更像是一门艺术。然而，投资学在20世纪迅速发展，深刻影响了投资者的行为与策略。随着投资学的发展与进步，专业投资者逐渐掌握了相关的投资工具。部分专业人士频繁使用这些工具，而其他人则基本不使用。然而，即便是从未使用过的人，对其也有基本的了解，并对这些工具有强烈的自我见解。

打个比喻，投资学的工具箱就如同有三个抽屉，也就是说有三个不同的领域。工具箱的第一个抽屉是资产定价理论（核心估值理论），第二个抽屉是投资组合的风险（与估值相关的风险），第三个抽屉是对投资经理业绩的测算与评价（专业投资人士正确估值，发现获利机会）。我们将依次介绍这三个领域。读者会发现部分基本原理是将人们长期以来的认知进行正式的论述，譬如人们已经发现在不同资产上进行多元化投资的重要性，而且部分金融市场存在随机运动的特点。此外，还有其他发展变化也极大地改变了我们对投资的理解，譬如如何对不同风险与回报的资产分配资金。这些都给投资留下了不可磨灭的印记，因为其发展与专业投资人士的核心工作息息相关，他们需要对投资进行价值评估，并高度重视风险。

第一个抽屉：资产定价

第一个领域，或者说第一个工具箱是资产定价。什么是决定金融资产合理价格的因素？按照经典理论，价格是由供给曲线与需求曲线的交点决定的。金融资产的供给曲线在大部分情况下是直线，如流通股、债务资本等。然而，金融资产的需求并非那么简单，其依赖于资产负债表的稳健性、资产配置领域的情况以及企业管理的共识、利率（或者更准确地说，是未来现金流的贴现率）等一系列因素。实际上，金融资产比普通消费品的需求曲线更加复杂，会受到更多因素的影响。例如，对消费品而言，在这种情况下，它的价格是由人们用特定价格消费一定量的商品的简单欲望形成的。那么究竟通过什么方法才能合理地对金融资产进行定价呢？

数理金融学之父

人们说，路易斯·巴舍利耶在20世纪初提出的衍生品定价理论为数理金融学奠定了基础。巴舍利耶的父亲是葡萄酒销售商，科学研究是其业务爱好。巴舍利耶的父母在他获得学士学位后突然离世，他只能投身于管理家族事业。这段经营实业的经历让他后来的金融研究格外顺利，没过多久他就跟随学识渊博的亨利·庞加莱重新进行学术研究。[1]

他于1900年3月发表了学位论文中的第一部分，题目为《投机交易理论》。在这篇文章中，他展示了如何运用高等数学对法国复杂金融衍生品进行估值。实际上，他的方法与多年后费希尔·布莱克和迈伦·斯科尔斯的研究有一些相似之处。巴舍利耶的研究首次创新运用随机模型对市场进行描述与评价。在报告中，他运用了后来所称的布朗运动。[2] 布朗运动的名称取自罗伯特·布朗，他研究了花粉在水中的随机运动过程。阿尔伯特·爱因斯坦在1905年的一篇著名文章中也描述了同样的现象。描述这种随机运动的数学基本理论不仅适用于小物体的运动，也同样适用于市场运动。

然而，巴舍利耶的相关研究似乎没有对市场产生即刻且深远的影响。虽然这篇研究文章出现在应用概率学书籍和一些权威期刊中，有一定的影响力，但是直到几十年后保罗·萨缪尔森偶然发现这篇文章，其理论价值才被金融学界高度认可。[3] 巴舍利耶虽然当时没有被金融学界给予高度赞扬，但他是当之无愧的现代数理金融学之父。

欧文·费雪：净现值

巴舍利耶尝试用高等数学对衍生品定价，而欧文·费雪用数学回答了一个更基础的问题：人们怎样对基础资产（非金融衍生品）

定价？

欧文·费雪1867年出生于纽约，是一位多产的美国经济学家。他在多个领域有过突出贡献，如提出衡量通货膨胀程度的指数理论（詹姆斯·托宾称他是此领域"有史以来最伟大的专家"），研究区分实际利率与名义利率，进一步改进货币数量理论等。[4] 他还提出债务通缩理论，认为债务通缩在大萧条中对经济造成了严重破坏。虽然凯恩斯的经济思想在当时的影响力超过了费雪的思想，但是2007—2009年全球金融危机爆发后，债务通缩理论再次受到重视。费雪的研究成果丰硕，给金融界留下了深刻的烙印，米尔顿·弗里德曼称其为"美国历史上最杰出的经济学家"，这不足为奇。[5]

在投资理论领域，费雪的主要贡献是提出了一种度量标准，评估哪种收入流体现了最优"成本收益率"，这一概念就是今天我们所说的净现值。费雪在《利息理论》中提出选择最优投资方案的两条基本原则。关于第一条原则，他说道："面临两个投资机会时，第一条原则是对各种可能的收入流进行逐一测算。有些方案所产生的收入流应该永远不会被我们选中，因为其现值不可能是最大值。"[6] 费雪期望投资者放弃净现值为负数的项目，这些项目不可能有最大的净现值，因为如果投资后净现值为负数，那么人们显然应放弃投资。

第二条原则具体如下："第二条投资机会原则就是现值最大化，这一点非常重要……让我们换一种形式重申最大化原则，即如果某一方案与其他方案的收入流相比，相对流入明显超过支出（用现值来衡量），那么应选择该方案。"[7] 费雪告诉投资者应该对未来现金流进行贴现，应留意到虽然有些投资方案可能在特定时间内产生较高的现金流，但应该从更广泛的视角对所有的贴现现金流进行比较。最后，费雪将成本收益率界定为让两种投资方案现值相等的贴现率。[8] 如果一项投资的成本收益率高于利率，那么就可以进行这项新投资。

这个公式虽然简单,但是非常实用。人们可以通过测算未来现金流的净现值来评估一项投资方案的稳健性。

贴现现金流模型

费雪创立了对任何资产的贴现现金流理论,但是约翰·伯尔·威廉斯对这一理论做了明显改进。威廉斯本科在哈佛大学攻读数学和化学,而数学理论对他未来的人生大有裨益。20 世纪 20 年代,他曾做过股票分析师,亲眼见证了 1929 年的股市大崩盘。这次崩盘事件激发了他对经济学本质的研究兴趣,随后他返回哈佛大学攻读研究生。[9]

威廉斯的论文是关于股票估值的,他认为股票的价值应该等于所有未来股息的贴现值。如果一家公司不能现在支付股息,那么该公司股票的价值应该是再投资收益最终变成股息时的预期股息分配。威廉斯当时已经构建了今天我们所称的股票估值的股息贴现模型。[10]

威廉斯还认为,大部分市场波动是因为投机者没有找到对未来股息贴现的合理估值方法,他们只是一味地对预测股票卖出价感兴趣。

有趣的是,虽然这个理论非常重要,但是当威廉斯在 1938 年发表《投资价值理论》,系统地阐述这些理念和依据时,出版商和教授这两大群体却表现出不悦。起初,麦克米伦出版公司与麦格劳-希尔出版公司拒绝出版该研究,辩解说因为书中在证明部分大量运用数学推导,不符合广大读者的兴趣。威廉斯后来自己承担了一部分出版费用,才说服哈佛大学出版社出版了这本书。此外,学校论文评审委员会责难其在论文未通过委员会评审、未确定学术价值时就过早地将稿件提供给出版社。[11]

虽然一开始就遭遇诸多困难，但威廉斯的学术思想为现代金融学研究奠定了基础，提出股票估值的现金流和贴现因子。威廉斯所做的研究在一定程度上借鉴了传统资产价值评估理念，譬如房地产或债券价值等于贴现现金流之和，并将这种理念用于股市，用股息代表现金流。现在看来这也许只是一个简单的应用，但当时是一大思想进步。

资本结构对资产定价的效应

弗兰科·莫迪利安尼和默顿·米勒分析了资产定价中的另一个问题：资本结构如何影响一家公司的价值？也就是说，债务、股本作为不同形式的资本组合如何影响估值。这两位经济学家最初的合作很有趣，他们俩同在卡内基-梅隆大学工业管理研究所负责教授公司金融课程，但是这中间出现了一个问题——他们对教材都不是特别熟悉。因此，他们一起通读教材，发现前期的很多研究互相不一致且概念混淆。[12] 于是，两人决定重新研究，而且研究成果最终于 1958 年发表于《美国经济评论》，论文标题为《资本成本、公司金融与投资理论》。[13]

于是，MM 理论（莫迪利安尼-米勒理论）由此诞生，该研究帮助默顿·米勒在 1990 年获得诺贝尔经济学奖，并帮助弗兰科·莫迪利安尼在 1985 年获得诺贝尔经济学奖（除了 MM 理论之外，莫迪利安尼还有生命周期假说）。[14] MM 理论的成立首先应基于以下前提条件：没有税收或破产成本，没有不对称信息，价格随机游走，而且必须是有效市场。如果这些条件成立，则公司的价值应该不受其资本结构的影响。换言之，债务价值与股权价值的总和应该保持恒定，无须考虑整体资本在债券与股票之间的不同分布。由于现实世界并非完美市场，因此出现了对 MM 理论的改进，将税收因素加入对资本结构的讨论。这一研究结果在公开发表前并不明显，但是在公司金融领域最终引发了对资本结构及其与资产定价相互影响的研究热潮。

保罗·萨缪尔森与金融衍生品理论

我们现在重新讨论一下资产定价理论发展历程中的衍生品定价问题。在某种意义上，将路易斯·巴舍利耶与随后将介绍的布莱克和斯科尔斯的早期研究联系在一起的是保罗·萨缪尔森。萨缪尔森在经济学领域做出了诸多卓越贡献，直至他走完94年的生命历程。萨缪尔森来自印第安纳州加里市，20世纪30年代初就读于芝加哥大学，他的同学包括著名的经济学家米尔顿·弗里德曼。萨缪尔森在20岁获得了学士学位，随后前往哈佛大学攻读硕士学位，他于1947年撰写的《经济分析基础》获得哈佛大学戴维·威尔斯论文奖。这篇学术研究论文还让萨缪尔森成为第一位获得约翰·贝茨·克拉克奖的经济学家，这个奖的获奖对象是40岁以下对经济领域有突出贡献的经济学家。[15] 没过多久，萨缪尔森前往麻省理工学院，在消费者最优化、贸易、经济增长与均衡等领域开展多样化的理论研究。

L.J.萨维奇曾经给一些经济学家写了明信片，询问是否有人熟悉巴舍利耶，而萨缪尔森的另一大贡献就是让巴舍利耶的研究成果赢得外界关注。[16] 萨缪尔森对巴舍利耶所提出的很多假设进行重新思考，譬如留意到巴舍利耶提出投机者的预期收益不应该为零，而应该为正值，应该与投机者所承担的风险程度相匹配，否则，投资者应该直接选择不投资或者持有无风险债券（短期国债）。萨缪尔森还对巴舍利耶的方程重新定义，用另一种略有差异的布朗运动，并用收益替代实际股价变动，因为巴舍利耶在描述布朗运动时允许股价为负数，但这并不符合现实，所谓股东的有限责任就是指其投资价值最低为零。[17]

1965年萨缪尔森的一篇报告，以及1969年与罗伯特·默顿合写的一篇同领域研究报告，激发了学界对衍生品定价的研究兴趣。但是萨缪尔森随后注意到，他遗漏了一个关键假设，而布莱克和斯科尔斯在期权定价公式中有所补充。[18] 可以说，萨缪尔森激发了学界对金融衍生品这个子领域的重视，尽管他自己最终并没有提出此领域最著名的基础理论。

布莱克－斯科尔斯期权定价模型

迈伦·斯科尔斯在芝加哥大学完成研究生学业，在那里结识了默顿·米勒与尤金·法马。他后来在麻省理工学院斯隆管理学院担任老师，遇到了后期与他共同研究金融衍生品理论的费希尔·布莱克。布莱克毕业于哈佛大学，本科与研究生阶段均攻读应用数学专业。当与斯科尔斯相遇时，布莱克就职于理特咨询公司。

布莱克与斯科尔斯在1973年的一篇题为《期权定价与公司债务》的论文中发表了他们的革命性研究成果。[19] 布莱克－斯科尔斯期权定价模型从两个方面颠覆了人们对金融衍生品的理解。第一大贡献是萨缪尔森之前遗漏的一点，他们在衍生品定价中假定了市场不存在套利条件。他们运用了动态套期保值概念，即人们能通过构建一种金融工具，在价格变动（德尔塔套期保值）、合同价格敏感度有变化（伽马套期保值）以及波动性有变化（维加套期保值）时，购买或出售不同数量的基础股票来获得同样的收益。所谓动态套期保值，是指在上述任何因素发生变动时都必须完成交易。

布莱克与斯科尔斯对动态套期保值有一些不太现实的假设。他们假设没有交易成本，不会妨碍持续交易。此外，还有一个隐含假设，市场会形成持续定价机制，但现实中价格变化经常不连贯。也就是说，一只股票的价格可能从每股 7 美元直接下降到每股 6.75 美元，没有任何过渡，因此动态套期保值所需要的无套利环境很难实现。但是，这些假设也并非完全脱离现实，市场如果有充足的流动性，就可以让交易成本保持在非常低的水平，而且不会产生巨大缺口，完全可以推翻动态套期保值观点。

布莱克与斯科尔斯所做的第二大贡献是改进了詹姆斯·博内斯的模型，之前该模型基本处于被遗忘的角落。博内斯最初的想法中存在几个严重的错误，影响了他的成就。其中一个错误是模型中的贴现率。[20] 布莱克-斯科尔斯模型中所用的贴现率是无风险利率，因为市场被假定为无套利环境。但是博内斯之前用股票的预期收益率作为贴现率，而这并不符合动态套期保值的逻辑。此外，博内斯尝试把风险偏好纳入研究，但布莱克-斯科尔斯模型假定风险中性，并没有区分不同群体的风险特征。[21]

从方程本身分析，这是一个偏微分方程，其中偏导数分别为希腊字母德尔塔、伽马、维加、西塔、柔，与热力学方程有些类似。当然，他们于 1973 年发表的论文并没有收录所有的成果。罗伯特·默顿在随后发表的一篇论文中解释了模型的数学原理（他在第一次提及该公式时也称其为布莱克-斯科尔斯公式）。他在文中详细论述了这个模型的结果能广泛适用于不同类型的金融衍生品与市场。[22] 布莱克和斯科尔斯进一步完善了萨缪尔森与巴舍利耶的相关研究，并最终提出了期权定价模型。

1997 年，斯科尔斯与默顿因期权定价模型获得诺贝尔经济学奖，但布莱克因罹患癌症于 1995 年去世，失去评选资格，终未获此毕生殊荣（诺贝尔奖原则上不授予已去世之人，历史上只有个别情况例外，即授予之人在入围后突然离世）。[23]

第七章 投资理论的出现

第一个抽屉对我们的启发

资产定价包含两个方面，分别是金融资产定价理论与衍生品定价理论，这两大领域的学术研究成果存在明显差异。在衍生品定价层面，默顿、萨缪尔森、布莱克与斯科尔斯开展了大量重要的研究，其他经济学家也有不少学术贡献，因此成果丰硕。衍生品定价理论较为成熟完善，能让人们清楚了解在股价确定时，该股票的期权价格。当然这并不意味着该领域已经再无研究必要，只是我们现在要对"应该得出怎样"的结论心中大致有个底。现在，我们常常看到对衍生品定价模型的改进，一般都是尝试对众所周知的微分方程进行部分改动，或者是进行计算机模拟。

衍生品定价理论与其他金融资产定价理论相比更为成熟，其优势在于能将基础资产作为输入变量，而非衍生品领域的资产定价则面临一个更大的问题，即股价应该如何确定。

当然这并不是说所有的市场参与者都能根据该理论成功地进行衍生品交易。我们所说的理论成功是指输入变量与输出变量的映射关系准确度很高，其前提条件是投资者能使用准确的输入变量（这一点很难实现）。衍生品定价理论虽然本身很成熟，但是面临"无用输入、无用输出"的困境。

资产定价理论仍有很多内容待学界进一步补充与完善，但是事实上，确定资产价格是整个投资管理行业的核心。一些投资者尝试在股票市场中，通过观察产品周转期、公司管理改进或考察各种指标和数据来发现"错误定价"的资产。有的投资者则偏好不良债务，期望从中发现"璞玉浑金"。此外，还有一些投资者发现市场上有大量定价错误的资产。投资管理的核心就是资产定价，每个投资管理者在履职时都会融入自己的价值论。虽然在学术层面尚有很多值得研究探讨的内容，但是我们永远无法得到"放之四海而皆准"的完美价值论，因为投资不仅是理论，更是一门高超的艺术。

第二个抽屉：风险

大多数人了解自己的风险偏好，以及在何种情况下会选择冒险。一些人是风险偏好者，如赌徒、企业家、极限运动爱好者。其他人则是风险厌恶者，他们喜欢按部就班、安全性与可预测性。实际上，我们知道自己该如何应对生活中所存在的各类风险，但是我们很少停下来思考一个最基本的问题：风险是什么，风险是由什么引起的？

风险来自所犯的错误，而犯错是因为我们缺乏预测未来的能力。如果我们能预知明天以及此后每一天发生的事情，那么就不会出现风险。我们能对可以预知准确结果的事情做出正确决策。我们不会感到风险所带来的忧虑不安（或者极度兴奋），也不会成为风险事故的受害者。如此一来，世界将变得足够完美，但是无趣单调。因此，我们可以将风险视为人类认知局限所引发的烦恼。

我们的人生面临各种可能性，因为各种未来情况都有一定的实现概率。如果未来的结果差异性极大，那么该未来状态的集合就是高风险，而其他有类似结果的集合就是低风险。上述说法尽管略有不准确，但是能帮助我们思考风险的本质。我们将在下文研究人们在投资组合管理中如何形成效率边界。

多元化的起源

有多少家长曾经告诉他们的孩子"别把所有的鸡蛋放在一个篮子里"？这个简单精辟的格言充满智慧。非关联资产的多元化正是投资风险管理的核心。差不多所有投资者都留意到了这个理念。长期以来，人们已经对资产多元化有了深刻的理解。西方正典一次又一次出现关于多元化的良言，《圣经·旧约》中的《传道书》讨论过多元化的重要性："如果把粮食运输到海洋彼岸，你可能在很多天后能得到回报。如果对7种甚至8种产品投资，你无法获悉自己的土地将面临何种灾难。"[24] 威廉·莎士比亚的《威尼斯商人》中，安东尼奥在第一幕第一场时说："感谢我的运气，我的买卖成败并不完全寄托在一艘船上，更不是依赖某一处地方；我的全部财产也不会因为这一年的盈亏而受到影响，所以我的货物并不会让我担忧。"[25]

无论从《圣经》中，还是从莎士比亚的著作中，长期以来人们已经了解把风险分散到不同项目或买卖的基本理念，我们经常会多次提及鸡蛋与篮子的格言。但是，关于投资多元化也有不同的看法，原因在于倘若投资是为了实现高额回报，那么就不该选择多元化投资。在非多元化投资的情况下，成功率可能很低，但是回报极高。安德鲁·卡内基有一句名言："变成富人的途径是把所有的鸡蛋放在一个篮子里，然后盯着篮子。"比尔·盖茨早年就积累了大量财富，这得益于他对微软公司的专注经营，他是在获得成功后才考虑多元化经营的。

对多元化投资的不同看法取决于差异化目标。如果目标是保全资本、审慎管理资金，人类古老的智慧则在此适用，我们应该广泛投资，因为多元化投资能确保大部分财富完好无损。然而，倘若一个人的目标不是保全资本而是积聚大量财富，那么多元化投资策略就变得不适用。

人们的投资策略出现分歧的根源，在于多元化投资究竟能给预期收益带来怎样的影响。想象数轴上有一个正态分布曲线（也称钟形曲线），对应单一资产的预期收益。该曲线描绘了未来可能收益的分布情况。非关联资产的不断增加能让正态分布曲线的尾部变薄，更趋近于预期收益。在此过程中，人们减少了高额损失的概率（左侧尾部面积），有利于保全资本。相应地，人们也减少了右侧的尾部面积，即减少了获得高额收益的概率。因此，从不同的视角看，古老的格言和卡内基的名言都是正确的，只是目标设定有所差异。你能接受左侧的尾部风险并且孤注一掷，以期获得右侧尾部的丰厚收益吗？或者你会选择放弃右侧尾部，同时避免左侧尾部风险，从而让自己尽可能处于曲线中间吗？

马科维茨的模型与托宾的改进

尽管多元化的概念已经存在一些时日，但是直到哈里·马科维茨才推导出多元化的数学表达形式。哈里·马科维茨1927年出生于芝加哥，并一直在那里生活与学习，大学阶段就读于芝加哥大学。马科维茨兴趣广泛，爱好哲学（对大卫·休谟特别感兴趣）与物理。[26] 但是，他最终被经济学所吸引，留在芝加哥大学跟随雅各布·马尔沙克继续研究生学业，马尔沙克是俄裔美籍经济学家，主要研究计量经济学。马科维茨曾经在等待论文导师时，偶遇一位证券经纪人。这位证券经纪人建议马科维茨思考一下线性优化算法下的投资组合选择问题，而马科维茨之后听取了他的建议。[27] 马科维茨对线性优化非常熟悉，曾经跟随乔治·丹齐格在兰德公司学习相关方法。[28]

马科维茨冷静地意识到，资产定价理论如果缺乏相应的风险理论，必然是不完善的。他认为虽然人们能通过股息计算价值（这是对的，以此近似代替贴现现金流），但是未来的股息本身是不确定的。而且，费雪提出的净现值概念或约翰·伯尔·威廉斯的股息贴现模型都没有恰当地反映出上述风险。[29]

马科维茨对此给出了技术上的解决方案。我们对他的部分思想按照当代特点略加变动，他的方法是把全部资产画在图上，纵轴表示预期收益率，横轴表示波动率，具体用资产收益的标准差衡量（见图7-1）。这个方法是为了清楚地表达收益与波动性之间的关系。投资组合如果希望获得较小的波动性，那么就需要以低预期收益作为代价；如果希望获得高预期收益，则必须承受高波动性。按此规则，我们能标出所有可能的投资组合风险与收益。[30] 在给定波动率时，代表最高预期收益率的曲线被称为"有效边界"。

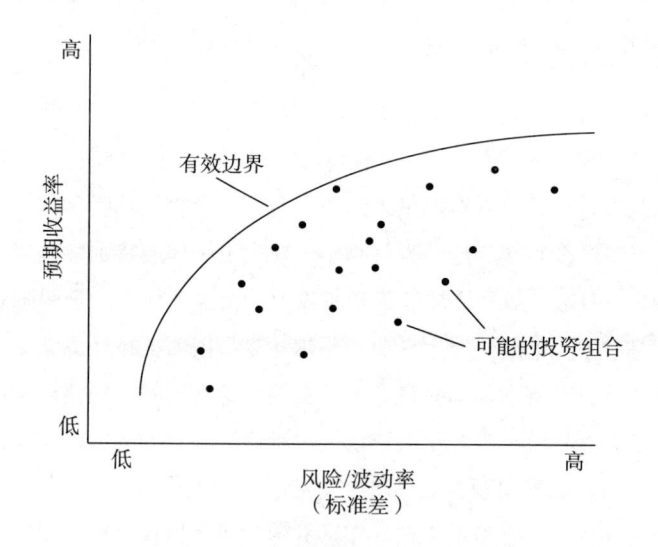

图7-1 对马科维茨效率前沿的当代解读

资料来源："modern portfolio Theory and the Efficient Frontier," Smart401k, accessed 2013, http://www.smart401k.com/content/retail/resource-center/advanced-investing/modern-portfolio-theory-and-the-effcient-frontier。

人们可能希望只对位于有效边界的投资组合进行投资，他们认为如果不处于有效边界上，就可以选择另一个投资组合，在同等的风险水平上使预期收益率更高。

在 1958 年的一篇研究报告中，詹姆斯·托宾进一步改进了马科维茨的理论，加入无风险资产（如美国财政部短期国库券），对应纵轴，无风险资产被视为不存在任何波动性的资产。从无风险资产所对应的点向有效边界画切线就能找到有效边界上最有效率的点。这条直线就是资本配置线，代表市场投资组合与无风险资产新的可行组合。由此产生了著名的托宾分离定理，代理人应该选择无风险资产，以及有效边界曲线与资本配置线的切点所对应风险资产的最优组合（见图 7-2）。[31]

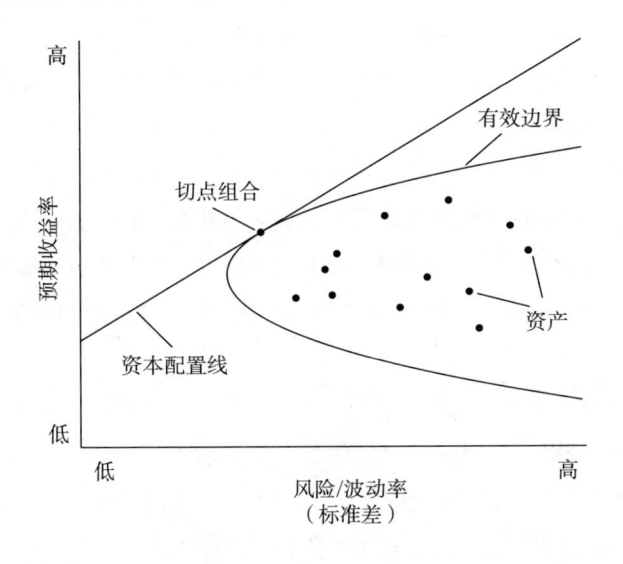

图 7-2 托宾的分离定理

资料来源："The Capital Asset Pricing Model—Fundamental Analysis," EDinformatics, accessed 2013, http://edinformatics.com/investor_education/capital_asset_pricing_model.htm。

托宾分离定理给我们带来了深刻启示：市场中每位代理人持有资产的差异只是在于无风险资产与切点投资组合（假设每个人都对

投资机会集合内所有资产的收益与风险特点看法一致）的配置。根据模型，输入变量的差异是造成投资组合与理性投资者均值－方差最优化选择的唯一理由。无风险资产与切点投资组合的最终配置，取决于投资者愿意接受风险的程度。极端风险厌恶的个人投资者可能只持有无风险资产，而特别爱冒险的投资者在理论上可能会利用借款加大对切线投资组合的风险暴露程度。

马科维茨的模型受到一些人的指责。譬如，一些经济学家指出，用投资收益的标准差无法充分衡量波动率。而且，马科维茨提出的投资收益分布缺少左偏的概念。更重要的是，该模型无法预测预期收益率与波动率。如果无法提前预测投资收益率与波动率，那么如何能构建模型？马科维茨建议使用历史数据。然而，后期的大量文献已经证实预测收益率与波动率特别困难（预测收益率尤其困难，而波动率在短期内能较准确地预测）。即便该模型存在自身缺陷，但不可否认马科维茨的思想颠覆了之前关于投资组合设计与资本配置的观点，为投资理论、资本资产定价模型的下一次革命铺平了道路。

资本资产定价模型

威廉·夏普和约翰·林特纳分别在1964年和1965年的研究中提出了资本资产定价模型，是对马科维茨模型的扩展。[32] 资本资产定价模型假设投资者对投资机会集合内各种资产的预期收益与方差看法一致，而且投资者能通过借款筹集投资资本，并按照无风险利率出借资金。这就生成了一种条件，即所有投资者按照同等份额持有相同的资产组合，创造出市场投资组合。[33]

贝塔在资本资产定价模型中至关重要，测量了资产对基准价值变动的响应程度。贝塔值为1意味着资产与基准资产保持同步，贝塔值为0则代表资产的变动完全与基准无关。从更加学术化的角度分析，贝塔值等于一种资产的价格变化与基准资产价格变化的相关系数乘以两种资产价格波动率（用收益的标准差衡量）的比值，其中该资产的波动率为分子，而基准资产的波动率为分母。

资本资产定价模型受到学界的关注主要有两点原因。第一，该模型能用于决定是否为市场组合添加某项资产。具体来说，资本资产定价模型在给定资产对市场投资组合的贝塔值后，可以确定最低预期收益。如果资产的预期收益超过最低预期收益，那么投资组合是有价值的；反之则应该避免。

第二，投资经理有时可能会在投资组合中加入预期收益为负数的资产，资本资产定价模型的这一重要启示最初让大众难以接受。我们可以想象一下，如果无风险资产的收益为零，那么当某资产的贝塔值为负数时，这个预期收益为负的资产可能就被投资经理加入市场投资组合。上述操作是因为引入该资产能减少投资组合的总方差。这种做法很有吸引力，因为能使整体资产组合更加稳定。但是，如果组合中还有其他的"食材"，如"沙拉或日本寿司米"，那么味道会更好。资本资产定价模型让投资者了解到分析一项投资组合时不仅要包括个人感兴趣的投资资产，还应该仔细剖析组合整体。

资本资产定价模型对于公司金融也非常有用，能帮助公司决定是否应该投资某个项目。公司有一定的资本成本，可以简单用贝塔值衡量。如果在给定投资资本的情况下，某投资项目的收益率比资本资产定价模型所确定的最低收益还低，则公司应该舍弃该项目，因为该项目没有充分有效地利用资金。

基于上述论述，我们可以发现资本资产定价模型最大的难题在于计算贝塔值，这不同于马科维茨模型中需要预测预期收益率和波动率。至今，投资者最常使用的计算下一期贝塔值的方法是，采用最近一期的历史性贝塔值数据，把它视为最恰当的替代值，这被称为常数贝塔值方法，实际上也是预测贝塔值最直接的方法，除此之外，还有很多更复杂的数学方法。

法马－弗伦奇三因子模型

1992年，尤金·法马与肯尼思·弗伦奇合作撰写了著名的论文《预期股票收益的横截面分析》，发表于《金融杂志》，他们在该论文中的观点是贝塔值本身不足以全面捕捉风险与收益的权衡关系。他们引入了另外两个因子——规模（用市值衡量）和价值（用股票账面价值与市场价值之比衡量）——作为对股票表现的解释因子。他们发现有价值的公司（或者说与成长型公司相比，市净率较低的公司）与小公司（低市值）总体来看有较高的预期收益，但同时也有较高的风险。换言之，持有潜力股或小市值股票通常会有风险溢价。三因子模型明显比纯资本资产定价模型更具有解释力。[34]

这个观点有很重要的现实意义。法马与弗伦奇认为，其他因素也可能形成风险溢价，单因子资本资产定价模型可能无法充分解释市场风险溢价。此外，他们还表示之前忽视风险溢价潜在来源效应的投资者，其投资组合收益可能不仅取决于市场收益与股票挑选技术，而且取决于对不同市场因子的风险暴露。[35]

第二个抽屉对我们的启发

对于风险的认知，我们已经取得很大进步，但是该领域的研究仍有相当广阔的拓展空间。譬如，马科维茨及其后的资本资产定价模型都指出可以使用波动性等指标来有效计算风险，波动性一般用资产价格标准差与资产的贝塔值衡量。但是这些测度能有效捕捉风险吗？我们在多大程度上能依赖价格波动识别投资的真正风险？

我们还需要更加有效地理解尾部风险的本质，即极端情景下的市场投资组合与市场行为。这些异常事件对资金管理会产生巨大影响，引发相应的极端冲击，范围从流动性危机、信用枯竭延伸到经济中的根本性变化。我们无法将尾部风险事件的本质加以概念化，这造成一些投资者与机构过于冒险，而其他投资者与机构则过于谨慎。尽管前者明显不可取，因为这类激进行为可能影响机构生存，但过于谨慎也可能造成投资业绩不理想。

无法真正理解尾部风险的微妙变化给我们带来了较为严重的后果，市场参与者通常总是在错误的时间过于冒险或者过于谨慎。当一切进展顺利，某些特定资产的价格似乎不会下跌，此时正好是潜在风险最大的时候。同样地，当资产价格明显下挫，危机过后的市场到处弥漫着不堪忍受的绝望，很多市场参与者因为存在进一步损失的可能性而倍感痛苦时，他们会拒绝投资只有中等风险的资产。其实，这正是难得的市场投资机遇，投资者会发现其中很多资产具有良好的成长潜力，但是更多时候大多数人会感到恐慌，因而错失投资良机。

我们在这里所面临的并非相关理论不足的问题，而是数据不足的问题，现实是主要市场并不会出现大量的尾部极端情景。在过去大约25年间，主要危机包括1987年的股市大崩盘、1998年长期资本管理公司的陨落、20世纪90年代末直至21世纪初的科技泡沫、2007—2009年的大衰退。为了构建完善的理论或者有效的模型，我们需要更广泛的数据，进行引用、合成、以及最终的归纳。当然，我们并不想过度强调主要市场发生的极少数尾部事件所带来的问题，我们肯定不希望再经历那些严峻的考验。但幸运的是，尾部事件的数据质量随着时间的推移已经逐步提高，譬如用于分析1929年大崩盘的数据的质量比1987年大崩盘的数据的质量要差，虽然前者对市场的冲击更大。由于危机发生的次数极其有限，而且内容大相径庭，因此投资者很希望能了解在面对极端压力情景时应该如何恰当地对投资组合套期保值。总体而言，投资管理中对尾部风险的分析具有非常重要的实践价值。

第三个抽屉：专业投资者的业绩

投资经理用第一个抽屉中的工具评估单项资产的价格，用第二个抽屉中的技术将它们配置到合适的投资组合中，此后就能够用第三个抽屉中的理论来评估其表现。客户也能用这些工具来评估其投资经理的决策结果。就这一点而言，专业投资者打开第三个抽屉可能更紧张。这些理论非常强大但也充满风险，是衡量投资业绩与投资增值的参照标准。简言之，这是一套工具集，可以用来判断专业投资者是投资能手还是虚有其表。

考尔斯与投资预测分析

阿尔弗雷德·考尔斯三世对金融预测能否得出准确的结果很感兴趣。考尔斯与父亲、叔叔一样，在耶鲁大学求学，1913年毕业。他发现许多金融从业人士在1929年大崩盘前对股市进行预测，但是均没能预测到危机的来临，这无异于给他泼了一盆冷水。1932年，考尔斯组建考尔斯经济研究委员会，现在称为考尔斯基金会，旨在让经济学成为更加缜密的学科。考尔斯在此之前曾经营过自己的金融研究团队，发现可以借助学界的力量，于是依附于学术机构，开始了金融与计量经济学领域的研究。[36]

考尔斯最具有突破性的一篇研究论文是《股市预测者能预测吗？》，这篇文章完成于1932年，发表于1933年。这篇文章对两类组别进行分析，一类是对某些个股走势进行预测的机构，另一类是对股市整体方向进行预测的机构。在第一类组别中，考尔斯分析了 16 家金融公司四年半的数据（从 1928 年初到 1932 年 7 月），以及 20 家火灾保险公司近 4 年的数据（从 1928 年到 1931 年），这些公司都对某些个股走势发布预测。在第二类组别中，考尔斯主要考察了 24 份金融出版物从 1928 年 1 月 1 日至 1932 年 6 月 1 日对股市整体走势的预测。[37]

在这两种针对不同对象进行预测的案例中，考尔斯发现它们的预测不仅在大部分时间都不正确，而且其预测结果在整体上甚至比随机结果还要差。在个股预测方面，他发现金融公司所预测的股票通常每年比市场表现差 1.43%，而火灾保险公司预测的每年比市场表现差 1.20%。在整体市场走势预测方面，他发现这些预测结果每年依旧比市场随机结果表现差 4%。[38] 实际上，根据考尔斯的观点，投资者听从它们的预测建议还不如掷骰子。虽然考尔斯所选择的研究对象过于狭窄，无法全面反映整个投资管理行业，但这促使我们对某些金融服务的增值性产生初步质疑。

从贝塔的应用到阿尔法的出现

考尔斯的研究方向很正确，满足了对金融行业业绩进行衡量的需求，但是直到迈克尔·詹森提出阿尔法，才真正改进了对投资经理的测算标准。1968 年，迈克尔·詹森构建出投资业绩衡量标准，以此评估共同基金经理能否让所兜售的股票组合增值。[39] 这种方法是在资本资产定价中使用贝塔的概念，我们首先会与参考基准进行比较，计算出投资组合的贝塔值。譬如，美国大市值股票的投资经理可能会参考标准普尔 500 指数。接着，我们会使用贝塔值和总收益直接计算出阿尔法值，代表"超额"或"反常"收益。超额收益就是詹森提出的阿尔法。如果阿尔法值为正，则代表投资经理已经在风险调整的基础上跑赢了基准股票，并进一步说明投资经理提供了增值空间。如果阿尔法值为负，则说明投资者最好直接对基准股票进行投资（暂且不谈费用），而投资经理不具备让股票增值的能力。

詹森在1945—1964年对共同基金开展的初步研究结果显示，在给定投资组合风险时，很少有投资经理能比预期获得更高的投资收益。[40]投资者最后会通过一种机制，筛选出风险调整收益最大的活跃投资经理。

萨缪尔森与法马：有效市场假说

投资经理能否成功增加阿尔法值一直是学术文献中充满争议的一个问题。很多人认为投资经理无法长期持续让股票增值，因为我们所处的是有效市场。

"有效市场假说"的创建人之一是尤金·法马，我们在前文讨论过他与弗伦奇提出的三因子模型。法马在1970年发表了名为《有效资本市场：理论综述与实证研究》的论文，对三种效率进行了有效界定。第一种是弱式有效市场，即无法根据当前信息预测未来价格。从实践角度来看，该假说认为技术分析不会带来超额投资收益。第二种是半强式有效市场，股价充分反映了所有的公开信息，因此投资者不可能根据公开信息获得超额收益。第三种是强式有效市场，股价充分反映了所有信息，包括公开信息与非公开信息[41]（当然，大多数监管体制中存在各种法律约束，无法形成纯粹的强式有效市场，特别是各国法律严禁内幕交易。实际上，正是因为市场偏离了强式有效，内幕交易才变得有利可图）。有效市场假说给人们带来一个重要启示，如果市场真正有效，那么人们无法战胜市场。

为了充分理解有效市场假说，我们有必要讨论一下其坚定的反对者，即价值投资学派，本杰明·格雷厄姆与戴维·多德是该学派的奠基人，他们在1934年出版过著名的书籍《证券分析》。格雷厄姆与多德认为，投资者可以通过集中投资有价值的股票从而使投资表现超过市场。这些有投资价值的股票有安全边际，或者它们的基本估值超出了市场估值，这也确保了其投资增值性。他们还提倡投资者寻找市净率相对较低的股票，或者价格比有形资产净值还低的股票。他们相信股市存在非理性，能让股价下跌，也能让股价远远高于其基础价值。[42]

随后，格雷厄姆在《聪明的投资者》一书中形象地用"市场先生"的比喻对市场短期非理性进行讨论。格雷厄姆将市场比作销售员，他每天都来上门推销，而且会告诉我们他愿意购买或出售股票的价格，价格经常听起来很荒谬。格雷厄姆在类比中承认市场的随机游走，但是他相信正是这种随机游走才让市场充满获利机会，当然获利的前提条件是投资者正确地评估股价。在格雷厄姆与多德的观点中，市场绝不是有效的。[43]

然而，这并非格雷厄姆对市场的最终判定。在他晚年的职业生涯中，格雷厄姆实际上抛弃了他之前在书中的主张，提出市场不再像之前一样存在获利空间，他在书中写道："总体而言，我不再认为证券的技术分析能让人们找到高额获利空间。40多年前，我们撰写的第一本书问世时，技术分析在当时能带来回报。"格雷厄姆接着说他认同部分人的观点，即市场在大部分时候已经对股票有了正确定价。他说："在一定程度上，我站在有效市场学派的一边，而有效市场假说得到各类学者的广泛认同。"[44]

尽管格雷厄姆可能改变了人们对股市的认知，但是很多奉行价值投资哲学的人并没有改变其思想。我们可以用巴菲特对有效市场假说的驳斥作为例证。巴菲特指出，我们应该看重投资者，其投资表现常常超过市场。有效市场假说的大部分支持者回应说，在市场投资经理数目一定时，从统计学上看的确有部分投资经理的表现似乎优于市场。1984年，巴菲特在哥伦比亚商学院做了一场演讲，给大家讲述了他在职业生涯之初就认识的9位价值投资者的辉煌投资成果，这9位投资者的投资业绩在风险调整的基础上始终优于市场。让我们来分析一下巴菲特反驳的本质，从统计学角度分析，让同一组投资者在一年内业绩表现优于市场，而且还要让他们一直在整个职业生涯中保持这种优势无疑是一种极端异常的情况，除非他们的投资策略确实能增值。然而，有效市场假说的支持者却指出，巴菲特所列举的只是一种市场异常。他们指出巴菲特等人的反驳有如下逻辑：如果100个人在拉斯维加斯待一个小时，其中至少有一个人能赚得盆满钵满。当然，这个观点存在一个问题，其获得成功可能是因为市场随机游走带来了机会。这种说法从科学角度看无法被证伪，因为无法检验，人们总是能说运气好是成功的原因。因此，人们相信价值投资学派的成功或许是基于好运气，或许恰好发现了有这么一批高收益的投资者，而他们自职业生涯之初就非常认同价值投资思想（很多人一直回避有效市场假说）。[45]

另一种批判：行为金融

巴菲特用逸事性与传记性的讲述方法对有效市场假说进行驳斥，实际上，有效市场假说的支持者与其他思想学派在过去几十年间一直有激烈的争辩。而且，大量文献已经提出行为金融理论框架。行为金融试图解释包括有效市场假说在内的经典风险模型的经验反常与偏离情形。该理论并没有将市场参与者视为超级理性且完全遵守存有争议的效用函数的行为人，相反，该理论认为行为人存在偏差、成见与倾向，而这些因素对市场与金融交易存在真实且可测度的影响。丹尼尔·卡尼曼与阿莫斯·特沃斯基在此领域合写了一篇重要的研讨论文，简要阐述了"前景理论"，该理论描述了经典期望效用框架之外的个人最优化。这篇首创性的文章提出了很多大家早已熟知的行为，而这些行为与期望效用理论存在偏差，譬如彩票问题（人们倾向于一次性付款，尽管这可能比随机过程中获得大面额或者零的期望值要小）与概率保险（人们对于某种类型的保险有不恰当的厌恶情绪，其实这种保险能覆盖不确定的而非数学计算出的损失）。前景理论认为，个人在选择时更多关注效用或财富的变化而非最终价值，而且大部分人表现出风险厌恶的特点，即相比同样数量的回报带给人的幸福感，损失会让人感到更加明显的挫败感。[46]

这个理论似乎非常有趣，但是这与金融和投资究竟有什么关系？自卡尼曼和特沃斯基发表相关研讨论文后，其他学者在后续研究工作中更看重心理学与市场的紧密联系，其中有一篇报告探讨了"股票溢价之谜"。"股票溢价之谜"最早由拉吉尼希·梅赫拉与爱德华·普雷斯科特在1985年的一篇论文中提出。[47]其中的主要"难题"是，虽然投资者因持有风险更高的股票而获得的收益应高于持有无风险资产（如国债），但是他们获得的补偿金额从历史数据看似乎过高了。换言之，股票持有者似乎存在过度风险补偿。有人认为存活者偏差能解释这一现象，也就是说，由于现实中存在公司破产或者摘牌，因此高溢价并不真实存在。[48]其他人则认为还有无法解释的市场摩擦，譬如交易成本。但是，行为经济学家给出了另一种截然不同的解释。有一种最常被引用且备受尊崇的解释来自什洛莫·贝纳茨与理查德·塞勒，他们在1995年提出"短视的损失厌恶"，这一概念明显借鉴了前景理论的观点，如人们呈现出风险厌恶的特征，他们更关注财富变化而不是财富的绝对值。经常查看股票投资组合的投资者——如每日或者每周关注股市，而股市在短期内呈现随机游走的特点，上下波动——会比其他人感觉到更多的负面效应，这主要是因为他们从损失中体会到了

第七章 投资理论的出现

更多痛苦，而同等数量的收益却让他们的幸福感并不那么强烈。然而，在较长的评估期内，如果市场整体呈现向上的趋势，那么风险厌恶的情绪将有所减少，因为股票会随着时间的推移不断升值，人们能接受持有股票。股票溢价的程度实际上是由关注股市频率过高的投资者存在较明显的风险厌恶决定的。如果投资者在更长的周期内查看其投资组合，他们会降低风险溢价补偿的要求，如此就能解答该谜题。[49] 对此，行为经济学家还给出了其他解释，主要侧重于收益不确定性，以及其对投资者风险承担意愿的影响。此外，还有行为经济学家建立动态风险厌恶模式，模型中投资者对股价急剧上升后下跌，以及买入后直接下跌的风险反应不同。

　　行为金融学除了能解释金融市场的股票溢价之谜以外，还能解释市场动能。最近学界对此有所关注，分析序列随时间变化的相关关系。通常，我们认为包含了所有价格信息的完美有效市场应该自发呈现出统计学上的随机游走特点，而且随机游走不应该表现出与自身的持续相关性或者说"自相关性"。因此，察觉出序列自相关性可能会削弱有效市场假说。行为学派对上述情况给出两种解释。一种解释是，当市场参与者看到市场价格上涨，会决定买入，因此市场存在反馈效应；或者是另一种类似情况，市场参与者看到价格下跌，于是决定卖出头寸。这种效应也被称为从众效应。另一种对市场动能的解释是，市场对新信息的反应不足，因此当有消息冲击市场时，市场出现变化但是反应并不充分，可能在短期内只是朝着趋势缓慢移动。[50]

　　有效市场理论者对这些反对声音做出驳斥，他们说虽然一些市场中存在动能，但是由于存在交易成本，投资者不可能真正获得极其丰厚的收益。有效市场假说的拥护者将使用动量交易策略的投资者与买入持有策略的投资者进行比较，从而说明后者的收益相比前者更多或者持平。其他试图撼动有效市场假说的研究则主要集中于通过不同指标来预测股票收益，譬如股息率和市盈率。相关实证研究的结论也不一致，一些研究认为道琼斯指数（或者基于股息率的策略）能带来丰厚收益。但随后立刻有反驳者指出，这并不适用于所有周期，可能只是部分股票的集合，而且也有反驳者称人们坚持此策略无法获得预期的超额收益。

第三个抽屉对我们的启示

对第三个抽屉的效果的最好表述可能是，这一工具非常强大但是尚未充分发挥作用。虽然很多成熟老练的机构投资者，如捐赠基金，一贯认为投资经理的阿尔法值是衡量其投资业绩的参考标准，但是其他投资者对这个概念不以为然。很多投资者将资金交给投资经理打理，但是不思考投资经理能带来的阿尔法值有多大。譬如，对于共同基金来说，阿尔法值显示的评价结果令人十分失望，共同基金每天能获得价格数据，因此能计算出准确的阿尔法值。阿尔法值能让投资者了解投资经理是否具备基金管理能力。

同样地，贝塔也是功能强大但是未被充分利用的工具。投资经理可能在价格上涨的市场中有出色表现，但是投资者可能认为投资经理的证券组合贝塔值过高，当市场下滑时，头寸可能损失惨重。投资者应该了解他们所承受的系统性风险，但是系统性风险无法直接根据绝对收益数据来进行判断，必须综合利用上述工具仔细分析。

此外，我想在此强调最重要的一点，这些工具应该能激发投资者的某种精神——受过教育的怀疑精神。市场可能不像法马所假定的那般有效，但市场也不可能被轻易操纵与利用。而且，一些市场比其他市场更加有效。一个聪明的投资经理完全有可能利用市场不易察觉的混乱与参与者很少的机会，比在成熟的、有无数双眼睛盯着一举一动的市场获得更大的阿尔法值。投资者应该对投资经理持有怀疑态度，从而推动他们解释其投资界限、对投资标的的选择、对相应风险的理解，以及投资方法的差别。现实中的确有投资经理能获得阿尔法值，但必须承认有很多投资经理无法做到，本章所介绍的这些工具能帮助投资者有效识别投资经理投资组合的缺陷，并有效甄别其业绩表现的良莠。

小　结

我们在上文已经介绍了资产定价理论、风险以及对投资经理业绩的衡量。这些故事的主人公都是一个个鲜活的人，有的人运气很好，有的人偶然遇到一些事情（或者不走运）可能影响一生的轨迹，有的人可能会质疑某些学者的研究适用性。有的经济学家如巴舍利耶，其研究成果可能数十年无法被外界理解；有的经济学家如布莱克、斯科尔斯，他们的研究成果让人们的思想很快发生改变；有的经济学家偶然进入这个领域或者涉足相关问题的研究，如马科维茨在他的导师办公室门口偶遇了一位证券经纪人，这次偶遇让他改变了一生的研究方向；还有米勒与莫迪利安尼，他们最初的合作只是因为两人都无法准确理解教材，但后来两人提出了著名的MM理论；有的经济学家如本杰明·格雷厄姆，最终却推翻了自己研究的价值，因为他认为人们在当前社会能大量方便地获取信息，所以他提出的方法对此并不适用，但是他的部分观点在后来得到验证（沃伦·巴菲特的故事，法马与弗伦奇将价值因素视为额外收益的来源）。似乎我们更喜欢从更高的层面而非现实生活的层面来思考科学的价值，但是对投资科学的发展进程的回顾让我们发现，事实并非如此。实际上，正如理论学家尝试研究的市场一样，本身就充满了不可避免的随机游走、偶发事件和反复无常。

第八章
更多新的投资形式

本章追溯近年来出现的新颖投资形式的发展历史，尤其是另类投资以及指数基金和交易所交易基金等低成本的被动型投资工具。这两类投资形式在许多方面迥然不同。另类投资（包括对冲基金、私募股权和风险投资在内的投资类别）往往具有高收费、相对排他性的特征，并通常属于机构类产品。相比之下，指数基金和交易所交易基金的费用低，通常包含基于规则的被动所有权，可供散户投资者和机构投资者使用。针对这些投资工具的相对优势以及如何将两种投资形式结合至一个多元化的投资组合中，展开了激烈的争论。但是，几乎很少有研究尝试揭示不同投资形式的发展历史，进而解释其含义以及未来可能会有的发展。本章恰好旨在挖掘这些投资工具的起源和发展变化。

另类投资：对冲基金、私募股权和风险投资

另类投资涉及的领域广泛，不仅包括对冲基金、私募股权和风险投资，还包括大宗商品、房地产和基础设施。这些投资工具引起了广泛的关注，这在很大程度上是因为受到了关于杰出管理者和丰

厚回报的故事的推动。毫无疑问，一些投资者对于这类复杂投资工具的敬畏和尊敬，在一定程度上源于这类工具长期以来仅面向高净值的个人投资者和机构投资者开放，致使这类工具在公众面前显得有些神秘莫测。事实的真相更加微妙。

另类投资概况

自20世纪70年代以来，另类投资一直为机构类专业投资者所使用。虽然另类投资通常是指对股票、债券、房地产或更复杂的资产等有价证券的非常规投资，但该术语囊括了一揽子投资标的，可适用于关于对冲基金、私募股权、风险投资、房地产以及其他金融合约和衍生品等领域的投资。

另类投资与广泛使用的指数以及其他资产的关联程度通常较低，且往往缺乏流动性，这是被投资专业人士和市场参与者用以解释反对另类投资的最常见原因。但是，包括耶鲁大学和哈佛大学捐赠基金等在内的许多主要投资机构却盛赞另类投资所带来的净收益，包括其具有的对冲潜力以及其降低整体投资组合波动性的能力。另类投资领域的主要投资类别包括房地产、对冲基金和私募股权。2011年，全球排名前100位的另类投资经理把78%的总资产投入上述三个类别。[1]

自大约50年前引入另类投资概念以来，其受大众欢迎的程度不断提高。在20世纪80年代中期至90年代，另类投资资产的总委托量以每年20%以上的速度增长。1977年刊登在《金融分析师杂志》上的一篇报告证实，与之类似的趋势贯穿于20世纪90年代末，尤其是在养老金计划领域。1992—1995年，养老金计划开始更多地投资于私募股权，大量资金的到来导致其总体委托规模增长92%至700亿美元左右。[2] 关于上述增长的部分原因，可以用养老基金管理资产的总体增长进行解释，其资产管理规模从 1980 年的 7 860 亿美元增长至 1985 年的 1.8 万亿美元，再到 1990 年的 2.7 万亿美元，到 2004 年时达到 8 万亿美元。鉴于巨额增加的可投资资本对于获取充足收益的需求与日俱增，上述资产规模的增长提升了对另类投资的兴趣。[3]

过去的几十年里，另类投资同样呈现出在全球范围内扩张的趋势。1992 年，美国之外的国家对于私募股权投资仅表现出微弱的兴趣。然而，仅仅过了 3 年，国际上的私募股权投资差不多占到了另类投资总额的 6%。专家们普遍认为，国际上私募股权的增长主要归于三个方面：一是投资者对于全球公开交易股票的兴趣不断增长，二是由政府主导型经济向市场经济的转型，三是全球伴随出现的产业私有化。[4] 随着上述宏观经济的变化，各国出现了对于美国在私募股权投资工具结构方面成功实践的效仿。此举导致了大型合伙制法律构架在全球范围内的形成，其中许多总部位于美国，但在世界各地开展投融资活动。

尽管机构投资者对于市场上可供选择的另类投资表现出明确的支持力度，但是要定量统计参与该类资产投资的个人投资者并非易事。然而，有强有力的指标表明，另类资产的传统零售投资正在增长。业绩突出的基金经理和投资主管评论称，他们的客户的理念正朝这个方向发展。举例来讲，债券基金经理比尔·格罗斯在 2012 年曾宣称："带来两位数的投资组合收益的信贷扩张时代结束了，通货膨胀的时代正在逼近。"他认为，为了增加收益并对抗通胀，此举将引发对另类资产的探索，并将导致全球股票市场陷入困境。[5] 许多基金经理持有的观点并非那么消极，但是他们相信，恰当的多元化投资应该纳入这些资产类别。

在美国，传统零售业投资私募股权、风险投资和其他另类投资所面临的一个主要障碍是，美国证券交易委员会的几项规定，以及美国国会关于"合格投资者"的法案。按照1933年《证券法》D条例第501条，为了参与投资种子期融资项目、有限责任合伙公司、对冲基金、私募配售和天使投资网络，"合格投资者"除满足其他条款之外，必须拥有至少100万美元的净资产（不包括其主要居所的价值），或是在过去两年中其每年的收入至少达到20万美元以上。由于这些障碍限制了客户的收购行为，另类投资的卖家在大多数情况下把确认投资资格的包袱转嫁给了客户本人。该条款通常伴随着令人生畏的购者自慎（买家风险自负）规定，提醒潜在投资者关于此类投资的内在风险。[6]

所有这一切表明，未来私人募集资本规则的确切性质处在不断变化中。2012年《就业法》包含了一个条款章节，拓宽了对冲基金面向客户做宣传的能力，并针对仅能够与合格投资者对话的规定降低了标准。这需要由美国证券交易委员会制定一套更加详细的规则，说明允许和禁止的行为。共同基金行业是对该条款持坚定反对意见的群体之一。[7]该行业目前享有开展宣传的能力，但对于来自对冲基金的竞争前景并不满意。

对于另类投资宣传最突出的担忧或许是出于逆向选择的可能性。考虑到与个人相比，机构凭借其全体员工的参与，通常拥有较长期的资本以及更完善的承销和监督机制，许多业绩好的基金可能主要定位于服务机构投资者。因此，有可能出现品质较低的对冲基金大比例寻求广泛宣传的情况，因为这些基金从专业机构等传统渠道筹集资金的尝试一直不太成功。由于将整体合格投资者中的低端群体作为市场目标，这些基金获得的投资者可能不那么专业，缺乏足够的经验来开展适当的尽职调查。

尽管另类投资历来被视为与股票和债券等传统的投资形式关联

程度较低的任意种类投资，但是如今许多分析人士针对该描述展开了反驳。事实上，有一个实例可以说明在何种情况下所有资产类别之间的关联性趋于加大，那就是金融危机。首先，相对于特殊的、资产特定的因素，资产价格更多地受到广泛宏观经济因素（如货币政策公告、贸易数据或就业数据）的影响。其次，在危机期间，通常会出现以现金为中心，远离风险资产的情况，而随着市场参与者开始寻求流动性，会导致资产价格下跌。在危机期间，这种抛售行为通常涉及许多资产类别，导致各类别之间的关联度飙升。概括地讲，另类投资对此也不能幸免。[8] 事实上，即使是缺乏实时价格的私募股权和风险投资，同样会经历价值下降，因为公司获利退出后可能会导致价格走低。

在概括介绍另类投资的一系列基本情况后，本章将率先从对冲基金开始探讨几个主要的投资工具。关于对冲基金的讨论篇幅略长，这与对冲基金的受关注程度以及妥善处理该主题所需的关切度相一致。

对冲基金

近年来，对冲基金时常见诸报刊头条，然而，在关于这些资金池的实际业绩、应该如何运作以及应该在更广阔的金融环境及其所处的投资组合中发挥何种作用等问题上，所传递出来的信息似乎未能达成一致看法。实际上，一些投资者谴责对冲基金自2008年全球金融危机以来表现不佳，而其他投资者却称赞其在动荡时期提供了相对的稳定性。一些人谴责这些基金容易受到欺诈的影响，而其他人认为只要能够回避基本的危险信号，这些基金是相对安全的。一些人迫切地认为有必要加大监管，而另一些人则将此类监管视为多余和不便之举。

公众的反应之所以不一致，大致有两个方面的原因。一方面，对冲基金通常隐藏在迷雾之中。其中一些神秘感是其自身营造出来的，因为许多成功的对冲基金没有兴趣向全世界公开其投资策略，以免受到模仿而使其投资利润不那么丰厚。然而，涉及透明度的许多问题是监管环境造成的。根据1933年的《证券法》，如果对冲基金能够克制住唆使不合格的投资者，那么它们则被允许免除部分登记注册。如此一来，当仅仅因为共享特定信息的行为受到限制时，对冲基金有时会表现得不那么引人注目。

另一方面，缺乏一致性的原因在于对冲基金的定义仍然格外宽泛。对冲基金作为一个资产类别，如今几乎投资于所有类型的工具，涵盖了衍生品、股票、公司债券以及私募配售。一些基金设立专门的多头头寸，而其他基金则采取卖空作为投资组合的补充。一些基金决定坚持使用杠杆，另一些基金结合策略选择性使用杠杆，还有一些基金则完全避免使用杠杆。

滑稽的是，对冲基金最常见的共同特征或许与对冲基金究竟是做什么的毫无关联。确切地讲，最一致之处是对冲基金如何向客户收取服务费。许多对冲基金收取两笔费用：一是资产管理费（通常费用是总资产基数的1%~2%，基本上不随基金的业绩发生变化）；二是业绩佣金，约为基金超出正常较高收益以上部分的10%~20%。[9]

鉴于这种模棱两可和缄默，难以对该投资工具进行深入分析。但是，一些问题显得至关重要：这些基金是怎么形成的？它们收取的费用合理吗？它们采用了哪些不同的策略？业绩突出的基金的共同特征是什么？未来的走势如何？通过不懈努力，突破这些信息障碍，得到了令人满意的答案。

对冲基金的起源

谈到最初的构造,对冲基金这种工具的定义远比现在更加具体和明确。它是一种采用"对冲手段"的基金,而实际上被称为"避险基金"。

世界上第一只对冲基金的创始人是阿尔弗雷德·温斯洛·琼斯。从哈佛大学毕业后,琼斯于 20 世纪 30 年代在美国驻柏林大使馆工作,后来的西班牙内战时期在西班牙生活。此后他转入哥伦比亚大学攻读社会学博士学位,1941 年毕业后,他将自己的毕业论文《生命、自由和财产:关于冲突的故事以及冲突权力的测量》交付出版。琼斯对于金融的激情似乎直到他在第二次世界大战时期成为《财富》杂志的一名记者时才显露出来,最终他开始围绕金融预测进行写作。[10]

在撰写金融类文章的过程中,琼斯通过研究发现不需要将风险敞口完全暴露于市场走向就能创造收益。实际上,琼斯认为采取避免全部风险敞口的措施可以创造出更可观的收益。他决定,买入自己认为具有很高风险补偿特征的股票,卖空那些不具有吸引力且作价过高的股票。琼斯并非典型的完全贝塔值呈中性的投资人士,他所卖空的波动性风险敞口是与其多头头寸的大小精确匹配的,但他的确使用卖空来剔除一些方向性风险。事实上,琼斯是创造了一只长短仓对冲基金。

在操作控制方面,琼斯将实际的股票选择权留给了投资经理以监管投资组合的各个部分。[11] 这些内部经理拥有很大的自主权,被授权为交易订单做准备。一旦琼斯或他的副手给他们递一个眼色,他们就知道自己被允许实施交易。琼斯并没有启用特别活跃的投资委员会。[12] 与此同时,琼斯给予自己一项要求更高的任务,如果整体投资组合充分实现了多样化,应想办法确保经理获得成就感并发挥其决定性作用。

对于其提供的服务,琼斯向客户收取一笔业绩提成,比例最终确定为 20% 的惯例。对于该比例,他参考了腓尼基船长从航行利润中提成 20% 的做法,并给予了合理解释。[13]

对冲基金的增长与发展

随着其他一些市场参与者加入该领域,琼斯提出的对冲基金概念很快便产生了两个方面的革命性变化。首先是在随后的几年里套期保值的使用变少了。原因很现实:20 世纪 60 年代早期以及中后期,股票市场出现了快速上扬。许多经理对空头仓位的看法拖累了投资组合的高额回报。[14] 实际上,琼斯手下的许多投资组合经理(与其竞争对手不同,仍继续采用卖空)认为,比起发掘那些诱人的多头仓位,寻找好的卖空机会的难度要大得多。[15]

其次是杠杆的引入,其被采用的理由如出一辙:利用当时股票市场强劲攀升的机会。在 1969 年、1973 年和 1974 年市场处于下跌的时期,一些基金采用杠杆加大其多头市场策略,结果造成了严重后果。[16] 一些采用高杠杆率的基金被剔除出该体系。许多基金陷入了市场下跌导致的痛苦之中,而这正好是琼斯设立对冲基金所想要缓解的地方。

经历这些时期之后,公众不再对对冲基金抱有太大兴趣。事实上,1966 年出版的一期《财富》杂志(琼斯曾经工作过的地方)上有这么一篇文章,其标题恰好是《没人紧跟琼斯了》。当然,无人问津并非由于他缺乏业绩表现,在该文章发表的 10 年之前,琼斯已经累积了 670% 的总收益。[17] 公众兴趣的缺乏在一定程度上归结为当时的对冲基金规模太小。即使到了 1984 年,对冲基金的总数也只有60多只，直至20世纪90年代对冲基金才大量涌现出来。[18]

随着20世纪90年代对冲基金获得成功的案例不断增多，公众的兴趣终于被调动起来。其中一个成功案例就是朱利安·罗伯逊的老虎基金。尽管罗伯逊的基金于2000年宣布关闭业务，他所采取的在买入200家最佳公司股票的同时卖空200家最差公司股票的策略在科技泡沫时期扭曲的股票市场上表现得并不好，但是多年来他都被许多人视为金融市场的奇才。其他获得媒体关注的基金显得更加奇特。例如，乔治·索罗斯管理的量子基金获得了很高的曝光度，在当时该基金利用英镑升值的预期"击败了英格兰银行"。[19]

事实上，其中一些对冲基金的交易工具越发显得奇特，似乎激发了一种令人生畏的感觉。毕竟，像琼斯管理的对冲基金，其选股看起来与共同基金的选股没有很大不同，而两者最主要的功能性区别在于长短仓的做法。但是就外汇交易和衍生品来讲，人们对那些能够利用难以理解的投资机会来赚取钱财的人怀有一颗尊敬之心。

对于对冲基金的崛起及公众对其兴趣的提升，一个被忽视的贡献者就是计算机。通过计算机，金融从业者可以获取大量的信息和数据，而这在以前是很难做到合成加工的。如果离开计算机，几乎不可能开展动态机理模型的测试。此外，如果没有计算机，无法想象量化基金或者量化策略的概念。离开了计算机的辅助，我们无法构建稳健模型并开展后续检验，甚至无法在触发某些设定条件的情况下生成信号。

当今的对冲基金行业

截至2014年，对冲基金行业管理的资产已经接近2.5万亿美元。其中，大约有4 550亿美元归属于对冲基金母基金，这种多元化的投资工具旨在通过挑选那些能够带来超额收益的对冲基金经理并对其实施监督来实现价值增值。[20] 在详细讨论这些母基金之前，我们先仔细想想单个对冲基金所采取的不同策略。尽管难以根据不同策略对对冲基金进行分类（许多基金采用多种方法），但是表8-1 提供了关于基金策略相对构成的大体概述。

表 8-1　2014 年对冲基金行业资产管理情况

单位：亿美元

2014 年对冲基金行业管理的资产	
对冲基金	25 084
对冲基金母基金	4 553
分类如下：	
可转债套利	295
不良证券	1 849
新兴市场	2 776
多头偏好持股	2 038
长短仓持股	2 023
仅多头持股	1 325
股票市场中性策略	426
事件驱动型	2 912
固定收益类	3 967
宏观对冲基金	2 040
并购套利	304
多重策略	2 738
其他	966
特定分类	1 425

资料来源："Hedge Fund Industry—Assets Under Management," BarclayHedge Alternative Investment Databases, accessed 2015, http://www.barclayhedge.com/research/indices/ghs/mum/HF_Money_Under_Management.html。

当前，真正像琼斯那样采取市场中性、长短仓持股的风格仅占据对冲基金管理资产的一小部分。[21] 仔细观察部分策略，有助于阐明对冲基金目前所覆盖的全部范围。

并购套利涉及买入目标收购公司的股票（通常，如果股票收购已经完成，同时会卖空收购方的股票）。实际上，这代表一个赌注，断定收购或兼并能够克服涉及股东批准、监管审批以及买方融资的各种问题。如果交易最终达成，并购套利一方将赚取股票价差；如果该收购未获得通过或无法筹措资金，他们将承担损失风险。从投资组合多元化的角度来看，这个策略颇具吸引力，因为单个交易的获批与市场的关联甚微。

事件驱动型策略寻求资产价格变化的催化剂或直接导火线，最典型的做法是观察公司管理层或董事会采取的明确行动。该策略可能包括资本结构套利，其做法是对冲基金对一家公司进行分析，判定该公司面临很大的破产风险，然后沿着资本机构进行相应投资。举例来讲，在一家公司陷入困境的情况下，对冲基金可能判定该公司拥有足够的资产来偿付优先债务持有人，但是留作股本的剩余价值将降至最低。于是，该基金将针对优先债务建立多头，同时卖空股本，期待公司的破产会加速对不同类别证券的重新估值，并因此创造利润。

可转债套利策略通常尝试坚持市场中性，其做法是购买可转换为股票的证券（指带有息票兑现，而且有权按照预先确定的转换因子转为股本的可转换债券），并卖空股本。该策略旨在利用现实中许多此类可转换工具风险较低的波动性来赚取利润。但是，该策略当然不会没有风险。在采用该策略的历史上，最为人熟知的灾难之一是在 2005 年将通用汽车公司的证券卷入其中，并在两个重大事件的共同作用下加速发酵。2005 年 5 月，柯克·克科里安向通用汽车发出股权收购要约，出价大约高出前一交易日收盘价的 15%。就在第二天，标准普尔下调了通用汽车的债务评级。[22] 此举导致可转债套利基金的投资者不仅承受了股本损失（他们采取了卖空交易），还蒙受了债务损失（他们采取了多头交易）。

固定收益类对冲基金在策略选取的风险方面呈现出相当大的差异。一些基金表现出极度的风险规避偏好，试图买入那些有吸引力的、能够给予不间断安全支付的债权证券。其他基金则凭借复杂得多的方案来获取收益，比如利用收益率曲线的畸变。这种情况可能发生在收益率曲线采用一种非常规几何结构（通常为一个极端平缓或陡峭的面）的情况下。基金经理采取多空仓策略，当收益率曲线改变时即可获利。最常见的一种固定收益投资策略是"掉期息差"，这牵涉到收集国债利率与掉期利率的息差。其他基金则投资于那些如由房利美和房地美打包出售的抵押支持证券。

宏观对冲基金设法预测经济体出现的重大结构性变化，既可能是市场自发力量（或许市场严重过热，应当得到修正）引起的，也可能是政治环境导致的。例如，保尔森公司的约翰·保尔森利用导致美国经济陷入危机的事件，通过卖空次级抵押支持证券赚了大钱。由于所从事的工作似乎是在预测未来，许多成功的宏观对冲基金经理发现自己很快就声名鹊起。然而，这些宏观对冲基金经理的预知能力遭遇绊脚石的情况也很多。例如，约翰·保尔森本人的一只基金在 2011 年的业绩非常糟糕，导致一些人在接下来的几年里质疑收益的持续性。[23] 其他宏观基金经理认为很难维持利润。就像路易斯·培根，他在 1990 年基于萨达姆·侯赛因将要袭击科威特的假设获得了可观的回报，但这对市场的长期影响很有限。培根于 2012 年宣布，鉴于金融危机之后政府加大了干预力度，很难赚取收益，他将退还大约 1/4 的管理资产（约合 20 亿美元）。有人将该事件称为"技术官僚的各种胜利"，这些人掌管着政府应对金融灾难的措施。从许多方面来讲，这些评论家是正确的。[24] 这也揭示出宏观投资面临的另一个挑战：那些能够带来最赚钱宏观交易的轻微变化通常都属于相当极端的情况。事实上，管理宏观导向型的投资组合并取得持续成功并非易事；能够识别一连串的异常变化才能将昙花一现般的奇迹与宏观投资巨人区别开来。

相对价值基金可以整合几种不同的策略。一些基金参与所谓的配对交易，或者说买入被视为相对"廉价"的证券，并卖出另一种看似相对"昂贵"的证券。当这一对证券的价格出现调整时，相对价值基金就能获得盈利。一些基金采用统计套利策略，其通常做法是观察时间序列的行为，并基于历史估值来调整相对价值。其他基金则更加倾向于基本面，坚信定位良好的公司会胜过其竞争对手。相对价值基金采用的另一个常见策略是，通过上市公司的资本结构来发现价值。举例来讲，某一只相对价值基金可能认为一家上市公司会在接下来的6个月里遭遇严重困难。该基金可能预计，如果困难来临，公司股票将一文不值，并因此卖空持股。但是，该基金或许仍相信优先债务值得投资，因为该公司的资产能够覆盖其债务，不会导致优先债务受损。因此，该基金通过卖空股票并买入优先债务来挖掘相对价值。

量化基金采用模型量化因子来开发关于股票、大宗商品以及货币的买入或卖出信号。这些模型存在广泛的复杂性。一些模型较简单，旨在利用经充分研究的来自股市的风险溢价源，比如惯性、价值以及小规模市值。相比之下，其他模型更加复杂，会分析收益率曲线或期货价格曲线的敛散形态、倾斜度和平整度，甚至会通过新闻稿和电话会议筛选出被市场忽视的公司股票信息。量化基金面临一些难题，不过最优秀的基金公司有能力克服。首先，应确保模型不会对历史规律过度拟合。换言之，如果采用了历史价格形态对一个策略进行设计或调整，那么很可能会对其进行改进。尽管该策略在过去一直很有效,但或许它不能捕捉到潜在的变化,那样会影响到策略在今后的成功运作。其次,无论多么成功,没有一个量化策略能够适用于所有的市场环境。许多策略在特定的市场环境下成效显著,但是没有一个策略能做到万无一失。问题的复杂性在于,如果一个给定的量化策略在一段时间内失效了,很难分辨其中的症结究竟是由于市场面临的短期状况发生了变化,还是因为模型实际上存在根本性缺陷。这需要依靠耐心和决心来度过市场环境的艰难时刻,并等待那个策略能够在其中发挥作用的市场机制出现。最后,一些量化策略提供相当小的风险溢价。如果不采用杠杆,几乎没有量化策略能够带来惊人的回报。这意味着,许多量化基金会采用杠杆来增添收益的吸引力。如果谨慎对待,杠杆完全可以被接受。但是,如果一个策略或一组策略确实表现不佳,也可能对一只基金造成实质性的损害。

考虑到策略的类型繁多(还有更多的策略没有在此得到阐释),接下来的问题自然是哪些策略最有效。这是一个非常难回答的问题,因为评估基金实际上应该基于阿尔法值,而不仅仅是回报。此外,业绩最好的基金也会随着时间的推移而发生改变,因为市场不会总是眷顾相同的策略。也就是说,为了提供关于上述策略近期表现的实证启示,可参考由毕马威会计师事务所和对冲基金研究公司整理的1994—2011年的总体风险与收益数据(见表8-2)。数据表明,在风险调整的基础上(按照其夏普比率计算),相对价值基金和事件驱动基金的业绩表现最佳。[25]

表8-2 关于对冲基金策略的统计数据

	股票对冲	新兴市场	事件驱动	期货及宏观基金	相对价值	市场中性	空头偏好
年化后的平均值	10.58	9.60	10.32	8.39	8.23	5.73	1.04

续表

	股票对冲	新兴市场	事件驱动	期货及宏观基金	相对价值	市场中性	空头偏好
年化后的标准值	9.49	14.25	6.97	6.69	4.35	3.30	18.96
年化后的夏普比率	0.74	0.42	0.97	0.72	1.06	0.65	−0.13

资料来源：Robert Mirsky, Anthony Cowell, and Andrew Baker, "The Value of the Hedge Fund Industry to Investors, Markets, and the Broader Economy," KPMG and the Centre for Hedge Fund Research, Imperial College, London, last modified April 2012, http://www.kpmg.com/KY/en/Documents/the-value-of-the-hedge-fund-industry-part-1.pdf, 11。

相比之下，空头偏好基金在风险补偿方面往往最缺乏吸引力，每年的收益率仅略高于1%，但是在所有类别的对冲基金中呈现出最大的波动性。主要原因是20世纪90年代的牛市表现强劲，并且在出现科技泡沫之后与发生全球金融危机之前的那段时间，证券市场再次出现上涨行情。正如琼斯在几十年前发现的那样，要确定卖空的时机极其困难。毕竟即使某只基金的前提假设是某资产存在不合理的过高估值，可能需要等上好几年市场才会认识到其不合理之处，并相应地换购其他资产。做空或许是稳健之举，但是其节奏可能太过于领先，而且会面临借贷成本与日俱增及其价值遭受侵蚀的风险。

业绩表现强劲者的特征：基金规模和成立时间

考虑到整体的状况，我们的下一个问题是，能够带来持续良好收益的对冲基金是否存在某些共同特征？毕竟投资人只要能够识别出那些扣除酬金费用后整体仍产生正回报的对冲基金，就不必担心那些不能有如此表现的基金了。

许多成果卓著的研究都得出一个出人意料的结果：规模较小的对冲基金比规模较大的更能持续地产生良好的业绩。一项相关研究使用了 Lipper TASS 对冲基金专门数据库，查阅了 20 世纪 80 年代末期以后的数据，包括持续运作以及关闭交易的基金。这项研究尽力排除了可能引起显著的整体收益向上倾斜的数据回填。研究的结果不是成立时间较短的基金收益明显更佳，而是在以往业绩记录良好的基金中，越可能产生正回报的基金越能够维持运作，并且这些基金的规模较小。不过这一结论似乎并不太适用于母基金。[26]

能够解释这一趋势的原因有很多。首先，最显而易见的原因是，一些小型基金经理人对市场的某一区域非常了解，以至于能够很容易地发现市场无效性，但是规模扩大带给他们的资本超出了他们能够成功配置的能力范围。其次，一些对冲基金经理可能是非常好的投资人，但是在管理业务方面不是非常成功，所以组织本身无法适当地扩大规模。当然，还需要通过进一步的研究来帮助明确究竟为什么小型基金更倾向于持续地产生正收益。

对冲基金的母基金

对冲基金的母基金持有对冲基金的投资组合，而不直接投资于标的证券。相比于单独的对冲基金，母基金可能有若干显著的优势。最明显的一点可能是母基金有能力在一系列对冲基金和策略中实现多样化。在没有母基金的情况下，除非财富极其丰富，否则可能难以实现多样化，因为对于许多优秀的基金来说，投资的最低金额门槛都相当高。[27]

另一个虽然并不是关键的，但也同样重要的因素是，母基金能够接触到最专业的投资经理，主要通过两种方式。其一，通过识别已经拥有优秀经理人的基金，与经理人定期会面，将收益与基准进行比较，来判定他们是否真正地创造阿尔法收益，从而不仅对基金的投资过程，更对其业务组织进行评估。这种准备工作至关重要，因为如果一只对冲基金存在关键人物风险，在管理员工方面有困难，或者合伙人对于公司的发展方向无法达成共识，那么从长期来看，这只基金的收益可能受损。母基金的职责在于考虑那些可能对自己的投资人产生负面影响，但在季度性或其他投资人交流中并不完全显而易见的因素。其二，一些母基金能够接触到非常成功的经理人，他们可以关闭基金交易以做进一步的投资。[28] 有时对冲基金会关闭交易开展新的投资，因为经理人判定他们拥有的资本对于现有的利用市场无效性的机会来讲是过多的。虽然这一决定可能看似违背直觉，但通常来说却是合乎理性的。归根结底，虽然新的资本流入能够提高资产管理费用（基于总投资额的固定费用）的总收入，但是也能使基金规模超过其实际能力，导致收益受损。已经投资于交易关闭基金的母基金能够为其他无法接触到这些基金的经理人提供额外的接触机会。

即便如此，母基金的结构也不是毫无不利之处。例如，在一定的规模下，也许母基金最好通过直接雇用经理人、节约酬金来把某些策略引入内部。这也将使母基金有能力直接仔细审查交易，并能更好地控制资产流动性和风险。[29] 实际上有一些基金贯彻这种混合策略，既有内部能力又有外部平台，可以雇用经理人投资于机构内部人员无法成功执行的利基策略。一些大学的捐赠基金，比如哈佛管理公司，就是执行这样的混合策略，并敏锐地意识到将投资组合的很大一部分保持在内部是合理的。

母基金还有一个缺点更为复杂。略有讽刺意味的是，母基金的多样化程度越高，这个缺点就越突出。在任何时候，都有一些策略将会成功，而另一些则会失败，但是多样化的母基金都必须为成功的策略付出业绩报酬,即便整体上母基金没有获得正收益。所幸母基金投资于特定对冲基金的年限越长,业绩报酬的问题确实越小,因为基金必须超过高水位线才能收取业绩报酬。

最后要说的缺点可能是最重要的一点,那就是母基金必须清偿两个层面的报酬:它本身的报酬和它投资的对冲基金收取的报酬。[30] 这意味着母基金经理人增加的价值相对于这两个方面付出的报酬必须相当显著,才能够比直接投资标的证券收益更佳。所幸对于母基金来说,实证研究表明这些经理人确实成功了。一项研究采用了 Lipper TASS 和对冲基金研究公司两个数据库的数据,对母基金进行了为期 8 年的调查分析,研究得出结论:事实上,母基金整体上在扣除费用后成功地增加了价值。然而,同样有趣的是业绩产生的原因,母基金的成功靠的是合理的战略性资产配置,而不是战术性资产配置。实际上该研究发现,平均来看,战术性资产配置在大多数时候似乎不增加价值,甚至会减少价值,虽然其中一部分可能是经理人的流动性约束造成的(母基金不能马上重新配置基金,因为基金通常随时受到赎回窗口的影响)。[31]

对冲基金的非流动性

对冲基金与市场上的许多其他投资方式相比流动性较低。投资人通常面临初始投资的禁售期(该时间段内不能出售股份、撤回资本),即使在禁售期之后,投资人接下来还要通过具体的赎回窗口选择撤回资本。

一些对冲基金经理利用对冲基金固有的非流动性,规划投资组合来赚取非流动性溢价,或者说产生这种收益,实际上是由于持有的资产在不影响市场价格的情况下是不能被迅速售卖的。在这样的情形下,除非投资人清楚地了解对冲基金正在投资非流动性产品、依靠非流动性本身获取收益，否则经理人创造的绝对回报可能看起来比实际的更多。此外，这种非流动性溢价对于随着新投资人的涌入而有大量资金净流入的基金来说或许是完全能够接受的，但会摧毁那些被大量赎回并不得不在高度非流动性的情况下出售的基金。如果基金具有"侧袋"功能（即赎回时是将投资人持有的非流动性资产另袋存放，而不是直接赎回兑换为现金），或者具有在不景气的时期能够减缓大规模赎回的"闸门"，那么这种情况可以得到缓和。实际上，一项研究发现，相比于资金净流入低的基金，有大量资金净流入且大量接触非流动性产品的基金，其业绩每年要高出约4.79%。[32]

这种情况更容易出现在以不良债权、可转换债券以及其他拥有影子市场或是除公共市场活动之外还持有私人投资的衍生品作为交易对象的基金上。相反，长短仓股票基金通常没有这种流动性风险，除非它交易的是低市值或者低周转率的股票。因此，在一定程度上，基金的类型可以透露出其受益于非流动性溢价的可能性。无论情况如何，投资人必须了解资金流入的变化如何影响业绩，以及业绩多大程度上取决于市场的非流动性而非经理人的价值增值。

风险与回报

有一个记录在共同基金文献中但同样可能适用于对冲基金的现象是，业绩不佳时期风险增加。研究人员发现，许多在某一年中业绩不佳的共同基金倾向于在这段时间内承担更大的风险，显然是希望弥补损失。一项研究调查了从1976年到1991年的334只成长型共同基金，发现当一段时期内业绩不佳时波动率会增加，其数值具有非常显著的统计学意义。[33] 这并不一定意味着这些经理人有意做出不诚实的行为，他们很可能真正感觉到为投资人增加价值的责任。然而，他们履行责任的方式——承担比平常更高的风险——却是更加有害的。

要知道，我们只能推断这种现象同样适合于对冲基金，因为我们没有日收益率数据来精确地测算波动率。但是，我们的推断基于两个充分的理由。首先，对冲基金通常有一个额外的便利条件，即不透露在这段时期内所承担风险的程度，因此其行为更加难以跟踪调查（开放式共同基金则相反，只需用日收益率的标准差来计算波动率，即可得到反映风险的指标）。其次，共同基金经理只是间接地从共同基金的收益中获益（因为更高的收益通常转化为更高的净流入，从而提高了资产管理报酬），但是对冲基金经理在收益良好时能够赚取业绩报酬。因此，对冲基金经理在业绩不佳时期承担更高风险的动机可能更加强烈，更何况这一行为不会立即为人所知，而且回报可能很可观。

最后一项观察结果是关于资金加权收益和买进持有收益之间的区别。对冲基金几乎自始至终能够获得的收益是买进持有收益，这种收益是基于投资人投入基金的总资金不随时间变化的假设而运作的。也就是说，投资人不会稍后决定投入更多的资金或者赎回现有的投资。这就得出一个结论，鉴于在获得良好收益后投资人认为收益将在未来持续，因此资本流入趋于增加，对冲基金在实际拥有的资金的基础上产生了更多财富。[34] 同理，基金在收益不佳时往往面临资本流出，因此如果业绩恢复到平均水平，则资金加权收益会比买进持有收益低很多。

一些研究突出了一个事实，即对冲基金在全球金融危机中受到的冲击很可能比它所呈现出的大得多，因为对冲基金占有的资金在2007年达到了最大值。因此，资金加权损失比买进持有收益指标反映出来的更加严重。一些研究试图测算对冲基金买进持有收益的衡量标准和资金加权收益之间的偏离程度。研究表明，资金加权收益每年比买进持有收益低3%~7%（精确值根据研究分析的时间段而定）。[35]

总之，对冲基金作为一种投资工具，其复杂程度高于人们对它的普遍认知。它包括了过多地带来不同风险和收益的不同策略。尽管大量对冲基金都拥有极佳的业绩，但是确切地讲，整个对冲基金行业惊人业绩的"神话"，不过是将一小部分出色投资人的佳绩与其他人一概而论的虚幻故事。

私募股权、风险投资和其他另类投资

接下来，我们要关注私募股权、风险投资和其他另类投资。正如20世纪中期之前，大型金融机构、投资银行和私人银行的财富管理部门主要推动引领着投资管理领域的发展，机构类投资者以及较小规模的个人投资者则主导了21世纪的广泛另类投资。

私募股权

传统意义上的私募股权，是通过购买或者创造私营企业，最终实现将其卖给战略买家、其他私人股权公司，或者使其在公开市场上市的目标。作为一个新兴产业，它在20世纪后期经历了过山车一般的起起落落并最后发展为目前的局面。

早期，私募股权的发展中心是一家名为美国研究与发展公司的小型企业。哈佛商学院教授乔治·多里奥、实业家及议员拉尔夫·弗兰德斯、麻省理工学院校长卡尔·康普顿、马萨诸塞州投资信托公司主席梅里尔·格里斯沃尔德、哈佛商学院系主任唐纳德·戴维于1946年在波士顿创立了美国研究与发展公司。第二次世界大战结束后数百万名老兵从战场回国,经济发展经历了劳动力数量的大幅增长,美国研究与发展公司不仅重视提供资金,也注重增强商界的管理技能。[36]

该公司主要寻找制度资本而不是向散户投资者寻求资金,这在资产管理界是比较独特的,这种独一无二持续了至少 10 年。在 1972 年与德事隆集团最终合并之前,该公司成功投资了各种类型的公司。然而,直到 20 世纪 70 年代,政府的制度第一次发生了重要的转变,投资者开始形成对私募股权基金的观念,这个行业才真正繁荣发展起来。

政府意识到私募股权资金的缺乏,从而发起了制度上的变革。小型企业管理局重新审查了目前的管理规定,决定通过调整证券相关法律和改写《雇员退休收入保障法》来重新搞活私募股权和风险投资交易。20 世纪 70 年代至 80 年代,尤其是 1980 年,许多监管约束被取消。例如,美国劳工部改变了之前迫使许多私募股权经理人注册成为投资顾问的规定。此外,1980 年私人股份公司被重新划分为企业发展公司,因此不再需要遵守《投资顾问法》。这个法案对私募股权合伙公司的数量进行了限制,最多只允许有 14 个,而规则的改变允许私募股权合伙公司可以无限制增长。[37]

清除了阻碍私募股权市场发展的障碍,这个行业就蓬勃发展了起来。几乎在顷刻之间,从 1980 年到 1982 年对私募股权的投资总额就高于之前 10 年间投资总额的两倍。[38]然而,看上去似乎无法阻止的私募股权投资总额的增长实际上也是有很大波动的。原因之一是杠杆收购这一行为的剧增。杠杆收购是利用杠杆作用来增加投资利润并使上市公司私有化的一个典型的例子。对被收购公司的资产负债表上显示出的杠杆作用的依赖也是杠杆收购的特点。交易结束后,私募股权的操作经理接管资产组合公司,不用考虑上市公司的报告要求。私募股权公司可以制定公司的结构变化,包括战略上的重新定位、人员变动、通过与其他公司合并或者并购实现原始投资翻倍的目标。杠杆收购的概念最早是 J. P. 摩根公司在 1901 年以 4.8 亿美元收购卡内基钢铁集团时提出的。1933 年的《格拉斯－斯蒂格尔法》将存款银行和投资银行严格区分，实质上是对 J. P. 摩根这样的商业银行进行了调节。[39]

科尔伯格－克莱维斯－罗伯特公司是第二次世界大战后最早出现的私募股权公司之一，公司的创始人于 1978 年离开纽约贝尔斯登投资银行成立了这家公司。1988 年，科尔伯格－克莱维斯－罗伯特公司中标得到了在那个年代的投资历史上最大金额的杠杆收购——以 250 亿美元收购了雷诺兹－纳贝斯克公司。这是历史上一个著名的投资案例，《门口的野蛮人》这本书和同名电影记录了这个故事。[40] 20 世纪 80 年代的这几家公司，是私募股权领域最早使用当代杠杆手段、高收益率债券、股息资本重组和新的资金结构等技巧的公司。这些技巧在当今的私募股权领域十分盛行。产业内第一批先驱者的创造性让他们获得了巨大的成功和奖励。

然而，即使恰当地使用借贷是许多私募股权资金获取高额回报的重要因素，但当具体运作和经济环境没有按照预期发展时，也可能导致一些严重的后果。1982—1993 年，高额和低质量的债券发行确实导致私募股权产业出现了很多问题。

这种影响呈现出周期循环的特点。20 世纪 90 年代初期的经济衰退导致公共股权市场的价值被低估，机构性私募股权公司地位突出并再一次处于上升趋势。直到 21 世纪初，技术发展的泡沫破碎，随之而来的是另一次上升趋势的终结和 2008 年的经济危机。许多依靠杠杆收购的私募股权公司的发展和公共股权市场有紧密的联系——毕竟许多退出方式是通过首次公开募股面向公共市场的。因此，投资活动和证券市场经历从巅峰到谷底的起伏并不令人惊讶。

第八章　更多新的投资形式

自 1980 年资产管理产业繁荣兴盛以来，主要的一些私募股权公司能够获得的收益和投资非常可观。经验丰富的基金经理始终能够得到两位数的收益率，这对投资人和学者也有很大的吸引力。这个行业的拥护者预言，有了适当的操作管理和投资纪律，在未来的 10 年间成功的私募股权基金经理有可能得到超过 20% 的年收益率。然而，一些批评家警告大家要对持续看涨的私募股权产业小心谨慎。许多人认为，在收购私募股权领域有很多新的竞争，因此公司能够通过市场赚取大量收益的时代将要结束。曾经能够独享的非流通债券有了更广泛的参与者，随之而来的则是未来预期收益总体上可能降低。

风险投资

风险投资是私募股权的一个子集，风险投资早期的发展是和私募股权的发展同步的。风险投资倾向于选择高风险、增长型的公司，且多为技术型产业，例如信息技术、生物技术、能源技术、计算机技术。这些风险投资大多针对还没有得到证实的技术，或者是那些还不具备明确的市场的产品。历史上也有其他产业获得过重要的风险投资基金，例如星巴克和联邦快递早期也得到过风险投资人的融资。尽管它们现在取得了举世瞩目的成就，然而在公司发展的初期，未来的发展命运面临巨大的不确定性。

20 世纪的科技革命真正地开启了计算能力、药物和医疗供给、数据处理分析、电子工业和其他领域的发展之路。这也驱使着风险投资作为一种新型投资方式抓住机遇为这些新兴产业提供资金。

几十年之后，1958 年《小企业投资法》的出现真正带来了风险投资的蓬勃发展。产权投资市场困难重重、更加复杂的上市程序为公开募股带来了障碍并将导致风险投资的终结。[41] 1973 年美国风险投资协会成立，接下来的几十年里，流入风险投资领域的资金激增

（见图 8-1 和表 8-3）。当前，对于旨在拓宽投资途径的机构投资者和高净值投资人士来讲，风险投资是一个主要的另类投资形式。

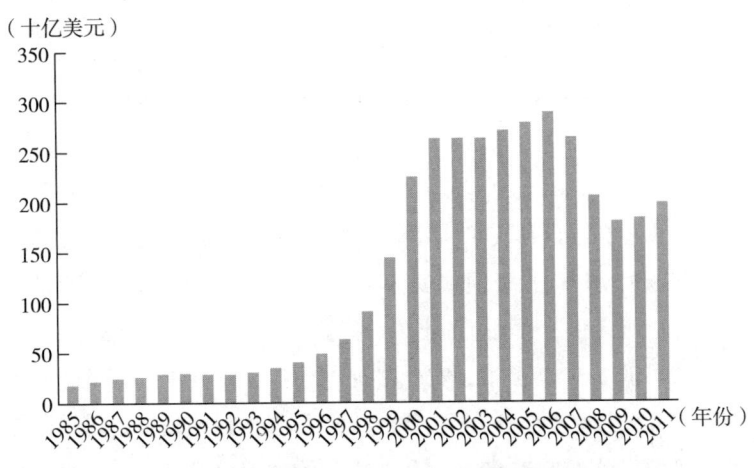

图 8-1　1985—2011 年美国风险投资资金

资料来源："2012 National Venture Capital Association Yearbook," National Venture Capital Associationand Thomson Reuters, last modified 2012, http://www.finansedlainnowacji.pl/wp-content/uploads/2012/08/NVCA-Yearbook-2012.pdf, 10。

表 8-3　风险投资公司

指标	1991 年	2001 年	2011 年
现有的风投公司数量（家）	362	917	842
现有的风投基金数量（只）	640	1 850	1 274
专业人员数量（人）	3 475	8 620	6 125
首次募集的风投基金数量（只）	4	45	45
本年度募集资金的风投基金数量（只）	40	325	173
本年度募集的风投资本（十亿美元）	1.9	39.0	18.7
风投资本管理规模（十亿美元）	26.8	261.7	196.9
各公司风投资本的平均管理规模（百万美元）	74.0	285.4	233.8
截至目前的风投基金平均规模（百万美元）	37.4	95.4	110.6
本年度风投基金的平均募集资金（百万美元）	47.5	120.0	108.1

第八章　更多新的投资形式

续表

指标	1991 年	2001 年	2011 年
截至目前募集金额最大的风投基金（百万美元）	1 775.0	6 300.0	6 300.0

资料来源："2012 National Venture Capital Association Yearbook," National Venture Capital Associationand Thomson Reuters, last modified 2012, http://www.finansedlainnowacji.pl/wpcontent/uploads/2012/08/NVCA-Yearbook-2012.pdf, 9。

　　风险投资与旧金山湾区的硅谷有着十分紧密的联系。这片区域汇聚了世界顶尖的研究型大学和科技公司，拥有得天独厚的优势，也能兼顾最初风险投资领域多与科技紧密相关这一属性，因此是风险投资业萌芽和发展场所的不二选择。瓦里安公司于 1956 年上市，惠普公司于 1957 年上市，安派克斯公司于 1958 年上市，是硅谷首批完成首次公开募股的公司。当今大名鼎鼎的风险投资公司红杉资本和凯鹏华盈于 1972 年在硅谷成立，使加利福尼亚州门洛帕克的沙丘路成为风险投资机构的中心。此外，在加利福尼亚州得到风险投资的公司的数量是其他任何州的 4 倍之多，这些公司关注所有的领域，尤其是互联网市场的发展。[42]

　　与美国相比，世界上其他地区风险投资的发展并没有达到同一水平。例如，2011 年，中国风险投资者共筹集资金 169 亿美元，而美国 2011 年风险投资金额为 287 亿美元。[43] 此外，美国的风险投资公司也比其他地方多。2014 年，加拿大有 50 家风险投资公司，英国有 75 家风险投资公司，中国有 87 家风险投资公司，而同年美国已拥有 770 家风险投资公司。[44]

　　从风险投资人的角度而言，与公司、机构投资者和能够从风险投资公司得到融资的企业家建立经济联盟至关重要。这样的公司通常会在它们资助的新兴企业的董事会取得一定的席位来保护它们的投资人，确保资金的合理使用，以及获得最大化收益。规模较大的风险投资公司的投资人主要是机构投资者,然而近些年,越来越多的资金来自高净值投资人士。⁴⁵ 同私募股权相似,风险投资是一种流动性相对较弱的投资类别。许多公司的有形资产是有限的,能否通过风险投资真正赚钱,很大程度取决于这个公司能否发展成功。

总体而言,风险投资是美国私募股权投资的一个重要子集,也是另类投资的主要组成部分。增长势头强劲的公司通过被更大、更完善的公司收购,或者通过公开募股的形式被公众所知最终获得利润的这种形式将继续吸引该行业的投资者。然而,近年来,评论家和行业专家担心不断减少的收益、科技产业资产泡沫的不确定性,以及网络公司市场饱和造成的投机行为可能导致下一个10年内出现资本外流的情况。只有时间能够验证一切。

房地产

房地产产品是另类投资领域很重要的一部分。房地产投资信托基金是房地产产品的关键。1960年,当德怀特·艾森豪威尔总统签署了美国国会提交的《雪茄消费税扩展法》后,标志着这些信托基金正式生效。最初,设立这些信托基金是为了将房地产发展成一种大型机构投资者和资源较少的散户投资者都能够获取流动性的、可交易的不动产形式。同如今的房地产投资信托基金类似,最初的信托通过许多渠道积累资金,比如从机构、银行和证券销售处贷款,然后将钱借给建筑公司和房地产开发商。房地产投资信托基金用途广泛,能够覆盖商业、住宅、林地、卫生保健、房地产和其他领域。2003年,170家房地产投资信托基金(其中134家在纽约证券交易所进行交易)的资产总额达到3 100亿美元。⁴⁶

尽管像房地产投资信托基金这样流动性强的房地产投资工具很受投资人的欢迎,但是大家依然对某种产品有更明显的偏好。在一个行业调查中，68%的受访顾问说他们使用了这样的投资工具，但是他们中间只有33%的人给客户使用不可交易的房地产投资信托基金。[47]这表明投资者选择另类投资方式时，投资方式的流动性、透明度、可说明性、是否具备在遵守监管者制定的标准的情况下仍然能够获得高回报对投资者的选择至关重要。

尽管在许多方面，房地产投资信托基金和公开交易的股票与传统的上市公司并没有很大不同——它们只是恰巧从事为房地产提供资金的工作，对资产有不同的包装和管理结构。然而，房地产投资信托基金确实有一些税收优惠，比如，如果超过90%的收入被分配给单位信托证券持有者，可以免除信托层面的税收。同其他种类的传统投资方式，甚至同其他另类投资相比，房地产产品和房地产投资信托基金具有低杠杆率、相对高收益的特点，因此得到了许多投资者的青睐。

其他另类投资

在完成对另类投资的讨论之前，很有必要再讨论一些其他主要的类别，如大宗商品和自然资源，木材、农业和农田，基础设施和货币。

大宗商品和自然资源

20世纪以来，针对大宗商品和自然资源的投资日渐增多。最早的商品指数之一，《经济学人》商品物价指数于1864年发布，到目前已经持续发布超过150年。然而，这个指数是不可投资的第一代商品指数，因为它关注的是商品的现货价格而非真实市场的买卖差价。真正可供投资的商品指数是1991年问世的高盛商品指数，后来1998年又出现了道琼斯－瑞银商品指数。[48]

对商品和自然资源的投资既包括传统的期货，也包括抵押的商品期货和直接占有黄金及其他资源等实物资产。矿产权和收入来源许可权也是在大宗商品和自然资源领域进行另类投资的典型例子。大宗商品投资是投资多元化的一种很有吸引力的方式，因为它们通常具有收益高、与股票及其他可投资的流动资产关联性低的特点。[49]

木材、农业和农田

1974 年颁布的《雇员退休收入保障法》促进了木材投资的增长，因为养老基金有能力流入新的、专业性更强的资产类别。[50] 从 20 世纪 80 年代中期起，木材领域得到的机构投资就从 10 亿美元显著增长至 500 亿美元。[51]

20 世纪 80 年代至 90 年代，日本的需求和定价带来一定影响，使木材资产收益十分坚挺。国有林地输出量的减少有助于收益的进一步扩大。输出上的减少大部分是由于环境问题带来了法律挑战，例如木材的输出会破坏濒危动物斑点猫头鹰的栖息地。越来越多的机构从林业主和经营商手中购买木材，从而成为木材的所有者。[52]

农田（仅包括土地）和农业（在土地上从事的生产活动，例如种植和收获农作物，以及放牧牲畜）大致属于同一种类。同样，由于大部分固定资产都来源于房地产，因此，正如我们之前讨论过的，农业和农田领域的另类投资历史与房地产领域的另类投资历史密切相关。

基础设施、固定收入和其他另类投资

在美国和世界范围内，投资基础设施都属于另类投资资产类别中很小的一部分。机构投资者和散户投资者可以通过上市的基础设施股票进行投资，形式或许是公开交易的基金、业主有限合伙制企业的基金或者开放式基金。[53]

这些基础设施项目通常是由地方、州甚至联邦政府管理的。因此，购买政府发布的固定收益证券，例如国债或市政债券是投资者投资基础设施项目的一种方式。

大体上来说，全球固定收益证券和产品，例如结构性债券产品、夹层债券产品、不良债权产品是另一种形式的另类投资。美国许多大型金融服务公司都有一个专门的部门或者小组负责创造这种结构性金融产品，并将它们推广给客户、机构和高净值投资者。

除了我们提到的这些形式的另类投资之外，专业投资者和散户投资者也会在投机性资产领域进行投资，例如对艺术品、邮票、硬币、红酒进行投资。然而，考虑到量化这种投资范围存在的难度、自由市场的属性，以及难以区分投资者的目的是获得丰厚回报还是仅仅将收藏珍品当作爱好，本章在此就不对这些另类投资加以重点关注。我们清楚地知道这些上市的和未上市的不动产、货币、债券产品占据了另类投资方式的绝大多数。

关于另类投资的结束语

21世纪前的几十年对全球资本市场的衍化进程起到了巨大的作用，许多另类投资，例如私募股权、风险投资、房地产投资信托基金、大宗商品、基础设施投资登上时代的舞台。从某些层面来说，投资的大众化促进了另类投资的产生和发展。中产阶级财富的增加以及随之产生的服务中产阶级的机构框架（如养老基金、大学捐赠基金以及其他形式的教育、慈善、退休储蓄）衍生了资金管理的需求。下一章我们会详细介绍，由于一些管理活动在经济份额中发挥的作用尤为突出，所以从管理服务中获得的利润并非均等的。下面我们将介绍在大众化趋势中最为突出的投资工具。

指数基金和交易所交易基金

我们现在考虑一些完全不同的投资工具：指数基金和交易所交

易基金。指数基金和交易所交易基金不属于主动型基金，主动型基金主要依靠投资经理根据时间做出恰当的证券选择。指数基金和交易所交易基金是被动型基金，根据一些规则例如行业和市值追踪有价证券（后面讨论的 2008 年以后出现的新的主动型交易所交易基金是例外）。这种策略所收取的费用远低于主动型基金。近几年，交易所交易基金和指数基金有很好的市场表现，给传统的共同基金和另类投资带来了很大的挑战。2012 年底，指数共同基金总额和交易所交易基金均达到 1.3 万亿美元。[54] 这一节会详细介绍这两种投资工具，并把它们作为一个整体放置在投资管理行业这一大背景下。

指数基金

直到 20 世纪 70 年代，个人买入股票或者投资共同基金都是投资股票市场的主要形式。这一切的改变开始于 1976 年 8 月 31 日，先锋集团的创始人杰克·博格尔引入了第一指数投资信托。其核心前提是，简单地买入并持有大盘股票市场（如标准普尔 500 指数）比通过选股来跑赢市场大盘结果更好。当时，这种想法有很大的争议，还被嘲笑投资不应该仅仅追求"达到一般水平"。[55] 这个基金短期内并不受欢迎，在 20 世纪 70 年代初期仅筹集到 1 100 万美元，远远低于先锋集团所预期的要用 1.5 亿美元来支付在同一基金内占有 500 股的交易成本。然而，后面的 10 年里，这个基金开始实现资产的增长。1980 年 3 月，先锋集团将第一指数投资信托改名为先锋指数信托，并保持增长的趋势。[56]

先锋集团不是唯一的玩家。1984 年，富国银行集团创立了第二只指数共同基金——公共马车（Stagecoach）公司股票基金。博格尔认为这只基金没有获得成功的原因是它的收费过高。博格尔主张指数基金这一类的被动基金要让投资者接触到低价的资产类别，从而放弃需要高额收费的主动型基金。早期，其他一些价格高昂的指数基金确实也没有取得长久的成功。例如，殖民地指数信托的销售比例为 4.75%，日常开销比例为 1.5%，这个基金仅仅存在了 7 年，于 1953 年关闭。[57]

直到 20 世纪 90 年代，先锋集团才开始遇到一些竞争对手。截至 1992 年底，先锋集团共拥有 11 只不同的指数基金。同年，竞争对手创办了 35 只新的指数基金，使投资市场的指数共同基金总数接近 80 只。产品供应领域也得到拓宽。1953 年，先锋集团和它的一些竞争对手创立了第一只债券指数基金。投资者除了股票之外有更广泛的投资选择。20 世纪 90 年代的金融旺市促进了产业的持续增长，这一时段内，美国的许多股票指数基金迅猛发展，势头胜过积极的管理账户。1994—1996 年，美国股市中 91% 的管理账户的收益表现不及指数基金——指数基金这一曾被讽刺为"平庸之人的选择"的投资工具取得了胜利。[58]

如今美国有将近 300 只不同的股票和债券指数共同基金，100 只被动的交易所交易基金。投资领域早已不仅仅将指数基金当作固定的投资工具，而是接受它成为风险调整收益下跑赢市场大盘策略的一部分。[59] 以往指数基金的客户定位于那些仅仅想获取股票市场这个大馅饼中的一小份的被动型投资人。而现代的指数基金，不仅仅迎合了想要拓宽证券投资渠道的被动型投资人，也能够满足想要通过编制特定投资类别的指数来提高投资收益的主动型投资人。例如，有的指数基金专门关注木材投资，有的杠杆指数基金试图将普通的股票指数，如标准普尔 500 指数的日常收益翻倍或者增至 3 倍，有的指数基金专门关注大宗商品。指数基金正在通过各种潜在的投资类别和市场范围快速发展，为了保持竞争力，卖方在市场中也越来越咄咄逼人。因此，投资者必须对自己的投资业务采用更加细致的审核标准。

交易所交易基金

1993 年面世的交易所交易基金和指数基金之间有着密切的联系。从根本上说，交易所交易基金是一个可以通过证券账户买卖的公开交易的投资公司。这些基金由一个受托人（通常是大型的财政机构或银行）来确保交易所交易基金能够追踪到恰当的指数。这种追踪可以是完全追踪——对相关指数的所有证券进行追踪，也可以采用近似但非完整的典型抽样的方法来选取样本的子集从而追踪指数。后者的好处在于交易成本低，但是可能存在额外的追踪错误。[60]

交易所交易基金和指数基金之间的差别非常微妙。首先，交易所交易基金的买卖在交易日进行，而指数基金的购买或偿还每天进行一次。其次，指数基金根据投资组合潜在股份的资产净值交易，而交易所交易基金可以通过资产净值的折价或溢价交易。许多交易所交易基金确实能够防止资产净值和价格出现大的偏差，但是并不意味着它们必须按照资产净值进行交易（和指数基金一样）。指数基金会立即对股息进行再投资，而交易所交易基金是在有规律的间隔时间内（通常是一个季度）获取现金、分配资金的。股份交易和赎回的形式使交易所交易基金比指数基金在税收方面有优势，但是向经纪人支付的费用和买卖差价也让交易所交易基金的交易成本变高。尽管这两种投资工具之间的差别很微妙，但是当交易所交易基金第一次被提出时，是需要得到证券交易委员会的豁免的，因为交易所交易基金自身的结构不符合 1940 年《投资公司法》的规定。

2008 年以后，交易所交易基金获得更多的许可。2008 年以前，交易所交易基金的发展方向是基于规则的被动指数追踪。但是在 2008 年，主动管理型交易所交易基金出现了。这种新的交易所交易基金的受托人所扮演的角色是不同的，受托人要选择证券而不仅仅是追踪指数。交易所交易基金经理每天要更新基金所拥有的证券情况，使整个过程既复杂又深奥。同样地，如果交易所交易基金试图在某个公司建立一个大的仓位，就会面临其他的市场参与者提前运作的风险。考虑到这种投资工具还很新颖，陪审团对于这种主动管理型交易所交易基金会给行业带来何种影响还未做出一致的判决。[61]

交易所交易基金这种资产类别迅速流行起来。即使科技发展的泡沫破裂、全球股票指数急剧下跌，交易所交易基金资产依旧保持稳健，并在21世纪初期以惊人的速度大幅增长（见图8-2）。

（十亿美元）

年份	2001	2002	2003	2004	2005	2006	2007	2008	2009	2010	2011	2012
不符合1940年《投资公司法》规定				1	5	15	29	36	75	101	109	120
符合1940年《投资公司法》规定	83	102	151	226	296	408	580	496	703	891	939	1 217
合计	83	102	151	228	301	423	608	531	777	992	1 048	1 337
交易所交易基金数量（只）	102	113	119	152	204	359	629	728	797	923	1 134	1 194

■ 不符合1940年《投资公司法》规定的交易所交易基金的净资产总值
□ 符合1940年《投资公司法》规定的交易所交易基金的净资产总值

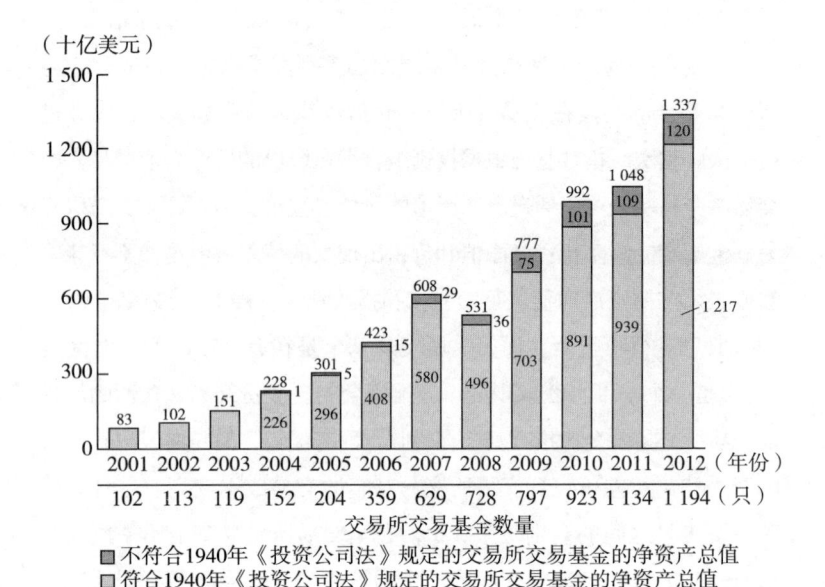

图8-2 交易所交易基金数量和资产净值

资料来源："2013 Investment Company Fact Book: A Review of Trends and Activities in the U. S. Investment Company Industry," Investment Company Institute, accessed 2014, http://www.ici.org/pdf/2013_factbook.pdf, 47。

这10年间出现的交易所交易基金中有一些大宗商品交易所交易基金。第一个大宗商品交易所交易基金出现于2004年，资产为10亿美元。由于贵重金属的需求大、性能好，该基金到2012年底时资产已增长至1 200亿美元。[62]

指数基金和交易所交易基金改变了人们投资管理的方式。它们在各种资产类别中的出现和普及，证明了这些投资工具带来的投资多样化和流动性。从被讽刺为"平庸之人的选择"到被散户投资者和机构投资者完全接受，指数基金和交易所交易基金都为传统的共同基金的发展带来了挑战。这些投资工具的主要目标客户是被动型投资者，但是交易所交易基金的激增导致对此类基金的设计更加纷繁复杂，也开始吸引一些主动型投资者。从许多方面来说，指数基金和交易所交易基金体现了投资的大众化，因为它们允许小额投资者从多样化投资中获利。个人投资者可以选择将资金投放到收费较少的投资产品上。

毋庸置疑，指数基金和交易所交易基金在未来会有更多的产品创新，允许投资者进入更加专业、涉猎人数更少的领域。例如，不良债权和合并套利已经体现了这种发展趋势。被动型和主动型投资工具之间的竞争会继续存在，因为投资者更加细致地考虑如何利用超额收益分析来衡量主动收益率。

小　结

另类投资的未来仍然不确定，有两个因素会影响另类投资的发展轨迹。第一个因素来自管理和控制层面。毫无疑问，在出现了诈骗和其他形式的违法行为后，政府和证券监管者会密切关注并详细审查另类投资类别来保护产品的投资者和消费者。然而，如果历史能够指引未来的发展，监管人也要花时间来实现既允许市场获利又不会有失公正地关闭整个市场这两者之间的平衡。被咨询的专家认为，透明度、管理制度、投资绩效和运行风险四个因素是另类投资行业未来 3 年发展的主要障碍。[63]

第二个因素是相关业绩。另类投资经理要能够识别出合适的基准并在扣除成本费用后仍能跑赢大盘，因为机构投资者越来越关注另类投资能否带来更高的风险调整收益率。

指数基金和交易所交易基金给所有的主动型投资——无论是传统投资还是另类投资的发展都带来了挑战。坚持要求低成本、高绩效为主动创新型的经理人处理好与投资大众、机构投资者和高净值投资人士之间的关系带来更大的障碍。

无论情况如何，接下来的几十年将会面临许多变革，这一点是明确的。可能会出现的变革包括，金融业对私募股权制度化做出的应对，风险投资以及其他另类投资方式将会带来积极的影响，因为作为一种新事物，它能够带来更广泛的熟悉度和更强的流通性。

第九章
创新造就新精英

无论是为借款人策划一份独一无二的协议，还是慧眼寻得一个有潜力的投资机会，抑或是精明地决定最优的资本结构，在各种各样的投资过程中，创新都居于核心地位。不难看出，成功的投资者所采取的创造性举措，最终不仅依赖于投资项目本身的渠道和创造性，更依赖于投资管理。

20世纪的大部分时间，商业银行和投资银行内部的大型机构与财富管理部门是推动投资管理行业发展的主要力量。管理投资是一种大规模的集体性努力，包含了整个公司内许许多多个人的团结协作。虽然这些员工薪酬丰厚，但所谓天价薪酬的时代尚未到来。然而，在20世纪70年代，投资顾问和投资经理开始纷纷离开大型机构，寻求独立发展。这种行为中蕴含的独立精神和企业家精神，共同为金融行业迎来创新时代培育了土壤。

随着这些投资经理成为自己公司的股本所有人，投资管理行业也逐渐壮大，并且在许多情况下创立新投资管理公司的人能够获得更大的收益。这些新的独立公司的服务费通常比以前的市价高出许多，却吸引了大量客户。在几十年之内，投资管理行业的经济情况和组织方式都发生了重大转变，这些转变也极大地影响了该行业的未来发展。越发强调财富的创造和投资管理的真正价值已成为趋势，这一趋势为投资经理发挥创新性和企业家精神提供了更多机会。

尽管发生了重大转变，这些创新从许多方面来说都只是投资大众化的副产品，因为寻求替代产品的客户中有很多都是大型机构客户，如保险公司和养老金计划等，这些客户的资产来源于更加广泛的大众。然而，这些大众化的资产投资于新产品和独立公司时，也为投资管理行业中的所谓"新精英阶层"创造了大量财富。

独立精神与企业家精神：环境、动机和行为

经济领袖早就认识到，企业和独立行为对于创造更好的结果与收益颇有裨益。古代美索不达米亚农业发展的历史也揭示了农民个人与国有农业实体订立合同以提高效率的现象。意大利城邦中以美第奇家族为代表的银行家为拓展业务、提高盈利，创立了分权制的组织，雇用家族以外的有广泛自主性的合作伙伴。当代许多成功的产业管理者仍在采用这种分权式的管理策略。

投资管理也是大同小异，该行业已被证实是独立性和创新性的肥沃土壤，吸引了许多富有企业家精神的人。实际上，过去的一个世纪内所发展出的新的投资管理方式大多是由新的独立公司首创的，这类公司经常为满足客户高收益的期望而采取全新的投资手段。20世纪70年代，投资管理领域出现了新的创业趋势，其中一部分原因是机构账户和财富管理账户增多、客户对高收费的接受度提高以及资产流动性加强。投资经理纷纷离开银行、保险公司和大型且完备的共同基金，追随着强调管理激励和决策过程独立性的时代潮流，成为自己公司的股本持有者。

起初，独立的投资经理主要处理多头股票投资策略。他们的管理服务费仅仅占其所管理的资产结余的小部分百分比，与绩效或是客户的收益并无关联。客户对投资的结果也没有太大野心。然而，当相当一部分投资经理脱离了他们的公司时，投资管理行业开始首次向在资金管理中创造内在价值进行转变。这些经理以企业家的思维思考，致力于绩效和收益的最大化，关注投资理念、投资方式、投资产品和市场营销。创新型投资方法、最佳方案和人力资源管理策略的发展，也都体现了这一强调独立性的时代趋势。长期以来，在评估其他公司前景方面训练有素的投资经理自身成为商人。

1974年的《雇员退休收入保障法》是为投资管理中的独立性铺平道路的关键法律文件之一。美国国会通过该法案，是为个人养老金计划设立最低标准。[1] 这一法案对投资管理行业的影响主要有两个方面。其一，它使投资经理在不逾越法律限制的同时，能够自由地以创造性的方式履行其对投资者承担的受托责任，允许独立经理通过多样的手段（其中多数仍然归入政府所定义的类别）投资于较高的风险调整后收益，进而促进创新。其二，通过为该法案促成的新投资管理公司建立全行业通行的标准，《雇员退休收入保障法》鼓励更多的经理人脱离大型机构，在业界独立探索。加之对新投资管理公司的种子资本要求很低，《雇员退休收入保障法》为独立公司的繁荣创造了条件。

独立性、创新性和企业家精神的协同作用得到了独立经理的高度推崇，原因如下。首先，他们管理资金时得以不受大型机构的章程和官僚主义的限制，能够自由地在做出投资决策和评估潜在投资方面施展才干。其次，这些经理优先考虑他们和客户的关系，至少他们认为自己作为独立的创业者在这一方面比大型机构做得更好。他们通常觉得自己对客户盈亏的单方面关注将在他们独立创业的探索中发挥作用，因为许多华尔街的公司似乎过于关注公司的业绩，而不是致力于为客户创造最大价值。而对于这些经理来说，当这两个目标有冲突时，后者更为重要。[2]

客户通常对这种见解表示赞同，许多客户认为与独立的投资经理合作有诸多益处，包括追求客户收益最大化的内在动因。在历史上，有可用于投资的资本而自己又无暇顾及的人经常雇用在制定投资策略方面具备专业知识的投资经理。虽然决定雇用他人管理资本和投资在很大程度上源于对时间和专业技术的需求，但这种动机却不能解释为什么客户更青睐独立的投资经理而非传统的机构经理。不过，新兴的独立公司确实承诺高收益、提供创新型的投资产品，因此吸引了客户，使之放弃传统机构。一位知名投资顾问曾宣称，一位投资组合经理要超过同行，除了纯粹的运气外，有两种方式。其一是比其他人掌握或者能够接触到更多信息，其二是更加善于对所有投资者都掌握的信息进行综合和总结。[3]在走向独立的过程中，拥有自己的公司的投资经理基于自身拥有上述出众能力的信念，努力实现投资者收益的最大化，虽然由于世界范围内的证券监管者在重要的非公开信息方面采用和执行了一系列法规，但第一种能力已经打了折扣。

脱离传统的金融服务机构，开始在独立投资管理公司工作并不会败坏名声。相反，由于创业文化越发浓厚，加上以更优方式为客户创造价值和财富，由此获得更高的经济和个人收益吸引着投资经理，这种举动还受到鼓励。良好的创业精神在投资管理行业持续存在，同时随着私募股权、对冲基金和其他另类投资经理的出现，又一股创新潮流兴起。

当独立的潮流来势汹汹时，大型机构中经验丰富的投资经理纷纷意识到了他们面临的对手有强大的竞争力。留在大型机构的经理人也响应这种独立的原则，鼓吹在久经时间考验的机构内设立单独的部门由他们来领导，而该部门要参与多种市场并获得比任何一家独立投资管理公司都更加广泛的授权。举一个具体的例子，摩根士丹利的一位投资主管表示，他有能力管理一家国际知名的大型金融机构下属的一流投资管理部门，这也是机构投资管理比独立投资管理更具优越性的原因之一。然而，他也承认，在近几年，在大型机构内部做得非常成功的投资经理数量相当少。[4]走向独立的趋势太强劲，以至于传统的投资管理行业难以在新的行业格局中独占鳌头。

的确，规模的问题使一些独立出去的投资经理面临困境，资产管理公司在业务方面具有很强的规模调节能力（虽然在投资方面并非如此，因为规模太大反而更难寻得大笔资金）。具体来说，事务部门（合规、人事、法务、市场营销）一般能够在资产管理中很好地调整规模。业务规模的可调节性高意味着，随着管理的资产基数的增加，管理其中一部分基金的成本趋于降低。[5]规模可调节性的问题使独立的资产管理人当下难以与大型机构内的竞争对手相抗衡，但是这也意味着运营这类独立公司的成本将随着规模的扩大而降低。幸运的是，对于一些新成立的独立公司来说，这种规模可调节性很快就能达到，因为独立公司的许多客户实际上是大型的机构客户。

创新的推动力和摆脱大型金融公司死板的官僚主义作风的愿望也许能解释为什么投资经理渴望独立开展业务，但是这些因素不能解释为什么独立的趋势开始于 20 世纪 70 年代。要探究这个问题，需要了解对这些投资管理服务的需求究竟源于何处。独立的投资管理服务大幅增加，主要是因为养老金储蓄越来越多。关于养老金的问题已在第三章详细讨论过。1974 年退休资产总计约 3 700 亿美元，其价值相当于今天的 1.75 万亿美元以上。[6]到 2014 年中期为止，退休资产总计24万亿美元。此外,《雇员退休收入保障法》引入的个人退休账户现有7.2万亿美元资产,在1974年尚属一个全新的事物。在过去40年内,随着雇员纷纷从固定收益计划转向固定缴款计划,后者的资产也大幅增长,到2014年中期总计有6.6万亿美元。[7]

自20世纪70年代开始,新的大型资产越来越需要进行投资,而这种投资通常需要一个专业的资产管理人。在1980年,美国的家庭财产中只有3%由投资公司管理;到1995年,这个比例占到10%以上;而在2011年,近1/4的家庭财产由投资公司管理,其中退休资产占据了很大份额。家庭退休账户中的共同基金缓慢增加,占退休资产中固定缴款计划的比重从1991年的13%上升到2011年的55%,占退休资产中个人退休账户的百分比从1991年的24%上升到2011年的45%。[8]

这些新的退休资产资金池为投资管理服务创造出越来越大的需求,将整个投资管理行业的收益引领到新的高度。这段时期是投资管理行业大发展的时期。仅就共同基金而言,股票共同基金管理下的资产从1980年到2010年增长了135倍。一只共同基金平均每年的开支比率总共增长了4.8%,所以股票共同基金行业的最终收益增长了超过141倍,年复合增长率达17.9%。[9]事实上,仅仅在一代人的时间内,投资于股票的共同基金的增长率就高到难以置信,似乎只有高科技产业才能达到如此高的增长率。在独立潮流刚开始的时期,这样的增长率是难以想象的。然而,考虑到投资大众化带来的投资资产的增长,又恰逢独立精神和企业家精神的兴起,这样的增长率也是合理的。

创新投资和另类投资的兴起

在这一新的领域获得成功的管理人中有许多创造、开发了能够提高业绩并获取更高服务费的新的投资方法、投资技巧和投资产品。对冲基金和私募股权公司的第一批客户是那些对投资资本有很高的风险容忍度的客户。这一点很容易理解，因为在当时对冲基金和私募股权公司的业绩记录通常是简短的、不完整的，甚至根本不存在。实际上将资本投资于这样的公司只在理论上具备合理性。

然而，在几年之后，这些新的独立投资经理采取的另类投资和创新投资的策略开始在一些方案中显示出能够实现更高的风险调整后收益的优势。首先进入另类投资领域的机构就包括耶鲁大学捐赠基金，该基金自1985年起由戴维·斯文森主持。斯文森任职后不久，耶鲁大学捐赠基金就于1986年开始进行另类投资。在斯文森的领导下，耶鲁大学捐赠基金大幅增值，超越了普林斯顿大学和得克萨斯大学，规模上仅次于哈佛大学排到第二名，其年均收益率超过了股票市场和一般的大学捐赠基金。耶鲁大学捐赠基金的成功很大程度上得益于提高在私人股票、林地、房地产和对冲基金方面的投资。[10]

以俄勒冈州为代表的州政府也是另类投资的先驱。州一级的部门，如俄勒冈投资委员会等，被授权用各类政府资金进行投资，包括公共退休基金和意外保险基金等。[11] 总之，早期向另类投资的转变使客户获得了良好的收益。独立的另类投资经理将迎来辉煌的几十年，那些在初始阶段进入该领域的人也相应收获了丰厚的利润。显然，早期投资者的动机是对更高的风险调整后收益的预期。此外，当时投资行业的许多观察家评论道，一些人认为传统的股票和债券的投资策略不如另类投资更有吸引力，尤其是涉及筹集资金或为投资基金吸引新资本时。随着时间的推移，又有大批高净值人士和小额投资者加入进来，相应地，大量资本涌入另类投资市场。这些投资策略也经过30年的发展衍化，从一开始的相对简单，变得越来越复杂。

为了理解投资者总体转向独立资产管理人、具体转向另类投资的现象，我们必须充分认识到私募股权等行业中发生的重大革新。虽然在本书中，私募股权投资管理行业本身在另类投资的章节中单独讨论，但私募股权的创新确实是20世纪投资行业创业历程中一个引人注目的转折点。第八章对当代对冲基金采用的多样投资策略的讨论，揭示了以创造更高的风险调整后收益为目标的基金投资方法如何快速演变发展。这些投资策略、理念和技巧大多数是近二三十年才出现的。

结果：新增客户、优良业绩和公司规模

早期投资者良好的业绩吸引了一大部分潜在客户，为了分一杯羹，他们愿意支付相当高的管理和业绩薪酬。对冲基金和私募股权公司的吸引力大大增加，虽然与此同时，这些另类投资手段引起的公众审视和媒体批评有增无减。到了20世纪90年代，投资者、客户和竞争中的投资经理都被一个独立管理人所能实现的潜在成功深深吸引了，这种成功不仅包括展示给客户的业绩，还包括管理人获得的薪酬。

21世纪初业绩斐然的独立公司有一个重要的共性，即成功的人管理的规模较小。如前文所述，经济理论和以往的学界共识表明，对于大型资产管理公司来说，其技术、销售、招聘和法律问题等方面都从规模经济中获益。然而，当涉及业绩时，规模过大有时不利于投资者或客户，投资业绩的规模变化往往与成本的规模变化不成比例，这一点在第八章讨论对冲基金的内容时描述过。[12]也许

其中最重要的原因是，小规模的投资管理公司常常能够探索投资市场更为隐秘的角落，其中可能包括复杂情况下的小型证券不能够容纳大规模投资。当一家公司规模过大，需要投资其专业核心领域之外不占优势的领域时，收益可能会下降。

2008年金融危机结束后的初期，金融服务行业内只有非常有限的几个领域能够繁荣起来，独立资产管理就是其中之一。危机过后，由于不少大型机构的名誉扫地，一些高净值人士和富有的客户转向了独立资产管理人。[13] 这在一定程度上可能是客户认清了某些暴露出来的问题，当时一些投资银行向客户出售它们不看好的产品，而用自己拥有的资本进行相反的投资。到这一阶段，独立资产管理人的发展自然非常顺畅，他们也成为金融服务领域的主要参与者。

独立成为主流

2013年底全美管理资产规模排名前300的管理人榜单揭示了投资管理行业中独立性对成功的影响程度。事实上，如果我们将"独立"这一概念概括为以下几个类型——独立的共同基金经理、独立的投资顾问公司、主要由经理所有的投资公司、今天的私募股权和对冲基金（不包括大型投资银行和商业银行，以及这些机构内部的部门，如银行信托部门、机构所有的对冲基金、半独立顾问、受银行支配的财富经理），那么美国管理资产规模排名前八的管理人中，有四个属于"独立"这一类别。[14]

管理资产规模最大的公司是纽约的独立资产管理公司贝莱德集团，它掌管着4.3万亿美元资产。排名第二的是波士顿的道富环球投资管理公司，管理2.3万亿美元资产，但由于它从属于大型金融服务公司道富集团，所以它不是一家独立的投资管理公司。排名第三的是独立的先锋集团，管理资产超过2.2万亿美元。[15] 由于美国排名前三的投资管理公司中有两个属于独立资产管理公司，其管理的总资产超过 6.5 万亿美元，独立管理人便定义了当今投资管理的本质。

实际上，通过仔细观察《机构投资者》杂志提供的历年美国资产管理人榜单来对比独立资产管理人和非独立资产管理人，可以收获一些有趣的见解。例如在 1991 年，美国前 25 位资产管理人当中，独立管理人管理的资产占比为 24%。接下来的 20 年中，虽然经历了 2008 年金融危机后的全球宏观经济动荡，但是就美国排名前 25 位的资产管理人而言，可以看到大量资金流入独立资产管理人手中。到 2013 年，排名靠前的资产管理人中，51% 的资产由独立资产管理人管理（见图 9-1）。[16]

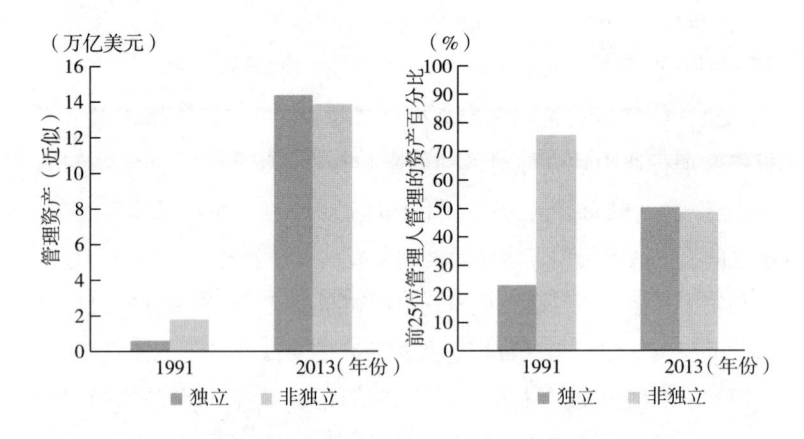

图 9-1 美国管理资产总额前 25 位的管理人

资料来源："America's Top 300 Money Managers," *Institutional Investor*, accessed 2013, http://www.institutionalinvestor.com/Research/4376/Americas-Top-300-Money-Managers.html; "Ranking America's Top Money Managers", *Institutional Investor*, August 1992, 79–83。

这一趋势意味着独立资产管理人越来越受到客户的欢迎，资产的流入也对他们有利。此外,虽然管理资产规模排名靠前的资产管理人中不乏大型银行和传统金融机构,如高盛、J. P. 摩根等公司中的部门,但是排名前 300 的资产管理人中多数都是独立所有和运营的。[17]

大量数据显示了独立资产管理人受欢迎程度的显著提升,这意味着独立资产管理的时代已经来临。因此,对投资管理方法和独立投资公司的组织方式的创新,为 21 世纪的独立投资经理打下了坚实的基础。

反向趋势:市场效率和指数化

当独立管理人从大型金融机构脱离出来并在自己的资产管理企业中创造成就时,由有效市场理论和指数化现象推动的一种平行的发展趋势出现了。指数化是一种投资策略,即被动地收集和追踪股票和债券的指数,或追踪为市场的特定部分提供基准的公司。关于指数化和市场效率,存在两个学派的思想。第一种是许多独立投资经理可能赞同的思想,即主动管理能够在中长期为客户和投资者创造价值,与指数化的投资组合相比,可以获得显著的阿尔法值。

持第二种思想的是市场效率运动的拥护者,这种思想认为,从长期来看,主动管理通常并无很大成效,一般来说资本市场在定价方面效率很高。因此,对于投资人来说,选择指数化的投资工具成本更低廉、效益更丰厚。这一阵营中的一些人认为,一些主动管理者最优业绩记录产生的根源是幸存者偏差,即一个成功的投资者背后都有许许多多失败的投资者,而区分成功与失败的因素常常是运气或者有利的市场风向。

追踪基金或被动型基金的服务费与是否高于市场平均收益的业绩无关,多数情况下只是复制基准指数的结果,这样的服务费只是一些基点（即 0.01 个百分点），与独立投资管理行业中的主动对冲基金和私募股权经理收取的 "2% 和 20%" 的服务费有很大差别（见图 9-2）。高收费随着时间的推移可能成为复合收益的一大拖累。一位知名的观察家指出了这类高收费的危险性以及投资指数基金的潜在收益。他提出，将 10 万美元以每年 6% 的利率投资 30 年，每年收费 25 个基点，那么该投资组合价值将接近 53.5 万美元。如果年收费高达 1.5%，30 年后该投资组合价值仅 37.5 万美元。2014 年一项重要的行业报告估算，拥护第二种市场效率思想的人所青睐的低成本指数基金，其全球市场份额到 2020 年将增长 100%，即从 11% 增长到 22%。[18]

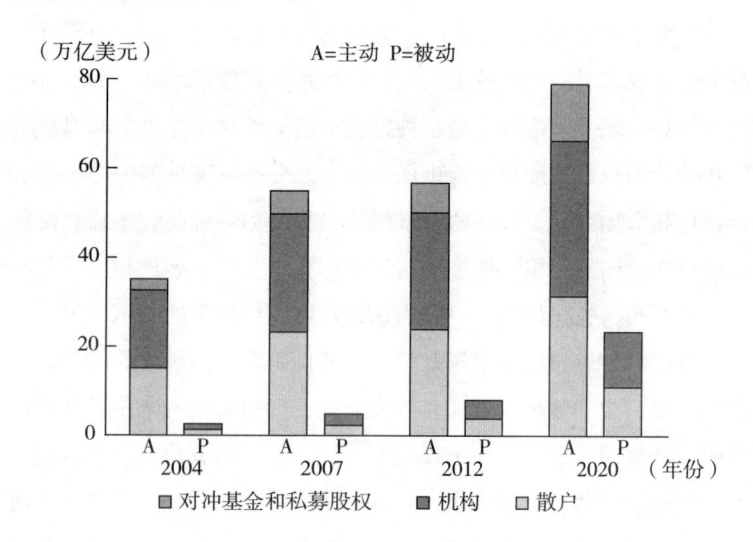

图 9-2 被动与积极：全球被管理的资产

注：2020 年为预测数据。

资料来源："Will Invest for Food," *Economist*, May 3, 2014, http://www.economist.com/news/briefing/21601500-books-and-music-investment-industry-being-squeezed-will-invest-food。

2014年5月《经济学人》杂志上的一项分析提出，近来趋向更被动的投资管理的转变可以归结于诸多原因。首先，更多的投资顾问是由客户提供服务费，而不是从客户的资本投资的基金提供者那里获取佣金。这种方式更好地将客户和投资顾问的动机关联到一起，使投资顾问能够推荐诸如低成本的指数基金和交易所交易基金，而非可能获取更高服务费的主动管理的基金。其次，运用不同的衡量标准收集自定义指数（不同于传统的基于市场资本化的指数）的"聪明贝塔"（smart-beta）基金开始出现，并且越来越受欢迎。此外，固定收益养老金计划下的总资本在缩水，而固定缴款计划则蓬勃发展，因此一定程度上降低了分配到另类投资中的养老基金的增长率，而如果固定收益计划和固定缴款计划之间没有进行转换，这种情况就不会出现。[19]

在这几十年中，有效市场和指数化投资的思想流派的命运发生了变化。伴随着另类投资经理做出的优良业绩和被他们激发的热情，以及主动管理的"被认可"，这一思想的许多追随者倒戈，开始寻找高收费、高收益的投资机会。然而，关键问题是被动指数的业绩完全是市场贝塔系数的函数，也就是一个既定资产类别或其他系统策略的风险溢价，而不是投资经理主动的安全选择，而许多另类策略的出众业绩难以长时间保证。

回报：投资经理的巨大收益增长和财富创造

有效市场理论表明，在没有基本的信息优势的情况下，投资经理应该不能持续地实现较大的风险调整后收益，关于指数基金、交易所交易基金、共同基金以及本书讨论过的其他投资工具的大量学术研究似乎都证实了这一理论。然而，这类研究似乎不能解释以下现象：有一小部分实战的、个人的、独立的资产管理人持续地获得高于市场平均的收益,或是获得更高的风险调整后收益,他们年复一年地实现这种业绩,至少他们在相当长的一段事业期内都是如此。这些聚积了大量财富和影响力的"超级成功"的投资经理值得我们抽出片刻来关注。2014年3月,美国亿万富翁共计512人,其中金融和投资行业的亿万富翁共128人,占美国亿万富翁总人数的25%。而金融和投资行业雇用的从业人员不足整个国家劳动者的1%。据《福布斯》杂志统计,亿万富翁中投资经理所占的比例在近几十年稳步增长。美国亿万富翁中的这一类别包括了那些以投资、对冲基金、杠杆收购、私募股权等方式积累财富的人。[20]

管理下的投资资产大幅增长,改变的业务结构和法律框架允许另类投资方式激增,这两个因素与当今投资管理行业现存的薪酬格局相互影响、相互作用。在这样的形势下,投资者、股东和高管开始跻身新兴的精英阶层。新资产管理精英的兴起也依赖于多样化的酬金种类和结构。虽然对冲基金、私募股权、共同基金和其他投资方式的薪酬格局有所不同,但是管理费、业绩费、开支费、基于事件的交易费、附带权益等都是资产经理潜在薪酬的组成部分。

管理费是基于时间的费用,主要根据基金的规模来决定。这类收费从几个基点到几个百分点不等。典型的对冲基金服务费结构为"2%和20%",即管理费按管理资产的2%收取、业绩费按为客户创造的收益的20%提取。对于对冲基金来说,业绩费也是基于时间的,主要是根据一段时期内(通常是一个日历年)经理创造的回报决定的。对于私募股权公司来说,业绩费是根据某一基金所获得的回报来收取的,一般取决于是否达到了最低收益标准,只有达到了标准,普通合伙人才有资格获取业绩费。开支费也是以时间为基础,由基金或投资管理公司的运营开支决定的。主动的投资经理通常收取高额开支费,而被动的投资经理和一些共同基金则可以收取较低的开支费。交易费是以事件为基础的费用，主要取决于经理进行交易的规模。经纪人通常向与他们进行证券交易的个人或公司收取小额交易费。

很快，成为"对冲基金业内高手"变成了公认的对于一个人来说最诱人的经济机会。实际上在 2010 年，收入最高的 25 位对冲基金经理的收入总计是标准普尔 500 指数公司的 500 位首席执行官收入总和的 4 倍以上。2012 年，收入最高的 10 位美国对冲基金经理通过管理费和业绩费赚取了超过 101 亿美元。相比之下，收入最高的 10 家企业的首席执行官"仅仅"赚了 3.8 亿美元。[21] 这些长年累月的惊人的薪酬早已不是什么新鲜事。早在金融危机前，排名前 25 位的对冲基金经理平均每年赚取 1 亿美元，就在危机前的 2007 年，这一超级精英群体薪酬的平均数上涨到 10 亿美元。2012 年这一数据相对有所减小，但仍有庞大的 5.4 亿美元。[22] 客观地说，很难精确地确定其中个人的收入是多少，因为一些收入可能是与团队共享的。

无论人们如何审视这些薪酬数据，无可争辩的是，在对冲基金行业里，最成功的独立对冲基金经理追求业绩的内在动因创造了一个新的精英阶层。通过与投资人自愿签署的合同，给顶尖的对冲基金经理的回报推动了近年来许多独立投资经理服务费和收益的大幅增长，而这一现象似乎还会持续很久。

要记住这里列举的收益数据完全是现金薪酬的数字。2013 年一项关于净值增加的调查包括了在公开市场持有和交易的股票价值形式的收入，该调查显示最高收入榜单上的人有所不同。广受赞誉的投资者沃伦·巴菲特位居榜首，他在 2013 年平均每天赚取 3 700 万美元，这还不包括他作为传统的 "2% 和 20%" 对冲基金经理所持有的伯克希尔–哈撒韦公司股票的资本增值。[23] 这一精英队伍的其他成员主要是现在一些大型公司的创立者，他们公司的市值在一年内显著提高，这一年内标准普尔 500 指数上涨了 30% 以上。

2012 年，收入最高的对冲基金经理其旗舰基金的净收益率达到近 30%，个人赚取了 22 亿美元。[24] 一方面，对于一个业绩远远高于股票市场和对冲基金平均水平的经理来说，这样的收入是当之无愧的。而另一方面，他所付出的劳动与客户支付给他的巨款却是不相称的。

直到最近才出现了关于削减这种巨额收入的讨论。例如，在一些情况下，投资者能够将对冲基金资产管理费从传统上的被管理资产的 2% 压到 1.5%，并在一群顶尖管理者之间实行。然而，即便这个百分比下降了，许多对冲基金和公开交易的私募股权公司还是从服务费中获得了越来越多的收益，其原因在于受到零利率环境下高收益的吸引，被管理的资产数目持续增长。

这种状况使一些资产管理人陷入了两难的境地：他们应该以收益最大化为中心，还是以增加被管理资产的规模为中心？选择前者的确能够帮助实现后者，因为业绩良好的基金会吸引更多的投资者参与。然而，管理的薪酬动因却会偏离，因为管理人过分关注被管理资产的最大化常常是以收益为代价的，例如他们会把时间不断花在发掘潜在客户上，而不是致力于尽职地调查和评估。

2014 年 5 月，杰出的对冲基金经理变得越来越富有的趋势进一步被证实：2013 年薪酬排名前 25 位的对冲基金经理的收入共计 211.5 亿美元。这一数据是自 2010 年起的最大值，与 2012 年相比提高了 50%。位居榜首的基金经理收入为 35 亿美元，比 2012 年的最高薪酬还高出 13 亿美元（见图 9-3）。这种增长一部分是由于他的两只基金为投资者创造了 42% 的收益率，其收费结构即文中描述的典型结构。[25] 这样的收益相当出色，但值得注意的是，与遵循市场指数得到的业绩相比，他们为投资者实现的收益并不是全都这么出色。

（百万美元）

1.	戴维·泰珀 Appaloosa Mgmt.	3 500
2.	史蒂文·A. 科恩 SAC Capital Advisors	2 400
3.	约翰·保尔森 Paulson & Co.	2 300
4.	詹姆斯·H. 西蒙斯 Renaissance Technologies	2 200
5.	肯尼思·C. 格里芬 Citadel	950
6.	伊斯雷尔·A. 恩兰德 Millennium Mgmt.	850
7.	利昂·G. 库普兰 Omega Advisors	825
8.	劳伦斯·M. 罗宾斯 Glenview Capital Mgmt.	750
9.	丹尼尔·S. 洛布 Third Point	700
10.	瑞·达利欧 Bridgewater Associates	600
11.	保罗·都铎·琼斯二世 Tudor Investment Corp.	600
12.	约纳森·S. 雅各布松 Highfields Capital Mgmt.	500
13.	罗伯特·奇特罗 Discovery Capital Mgmt.	475
14.	约翰·格里芬 Blue Ridge Capital	470
15.	O. 安德烈亚·哈尔沃森 Viking Global Investors	450
16.	小斯蒂芬·F. 曼德尔 Lone Pine Capital	450
17.	爱德华·S. 兰珀特 ESL Investments	400
18.	丹尼尔·S. 奥哈 Och-Ziff Capital Mgmt.	385
19.	尼尔森·佩尔茨 Trian Partners	375
20.	詹姆斯·G. 迪南 York Capital Mgmt.	360

图 9-3 收入最高的对冲基金经理（2013 年）

资料来源：Alexandra Stevenson, "Hedge Fund Moguls' Pay Has the 1% Looking Up," DealBook (blog), *New York Times*, May 6, 2014, http://dealbook.nytimes.com/2014/05/06/hedge-fund-moguls-pay-has-the-1-looking-up。

到 2013 年，对冲基金的平均业绩已经连续 5 年不及股市大盘。这对于一个以无论何时业绩都高于市场平均水平为价值主张的资产类别来说似乎是令人诧异的。在分析了超过 2 000 份投资组合后，对冲基金研究公司提供的数据显示，2013 年对冲基金的平均收益率为 9.1%。相比之下，标准普尔 500 指数（最广泛的美国股票市场指数之一）在计入成员公司支付的股息后，产生了 32.4% 的收益。[26] 此处要声明，将对冲基金的收益率与标准普尔 500 指数直接对比是有失公允的，原因有两点。第一，标准普尔 500 指数仅仅代表一个资产类别（美国股票），对冲基金则通常涉及一系列资产类别。第二，与标准普尔 500 指数相比，对冲基金一般有不同的（通常是更低的）贝塔值，这是由于通过不同的策略进行对冲或接触不太相关的资产类别。因此，为了使比较有意义，必须比较风险调整后的收益而不是总收益。但是这一比较在体现较大的业绩差异方面仍然具有普遍意义。尽管与股市大盘相比业绩黯淡，但还是有数额空前的资本持续涌入对冲基金。

近几年，附带权益（根据业绩支付给投资经理的利润份额）作为私募股权行业的薪酬种类之一，也成为被审视的对象。附带权益的税收问题复杂，经常被描述成资产管理人（包括私募股权经理和对冲基金投资组合经理）轻松赚取大笔薪酬的主要手段。[27] 由于附带权益和业绩费构成了顶尖的独立资产管理人大量收入的主要部分，附带权益的税收问题成为一个有争议的政治问题。如今在美国，附带权益被定义为个人的资本收益，因此享受相当低的资本收益税率。支持把附带权益归为资本收益的人坚持认为这一政策鼓励了效益丰厚的投资和经济增长，而反对者则指责这一政策带来相关税收负担、损害先进的税收系统。且不论这些立场正确与否，毫无疑问的是，附带权益及其作为资本收益的待遇确实有利于新精英阶层的兴起和其金融业务方面持续的成就。

薪酬结构及其细微差别

贝塔和阿尔法的捆绑作用

业绩费几乎总是以收益作为支付依据,而不是以阿尔法值作为依据。阿尔法值是与基准相关的风险调整值,由投资经理通过安全选择、商机把握、规模投资或风险管理等方式的组合最终估算得出。然而,基金的收益受到阿尔法值和贝塔值的共同影响。举例来讲,假设有一只偏重多头的对冲基金(即这只基金可能进行一些卖空,但总体倾向于多头),由于其偏重多头的特点,其投资趋于上涨,总的来说,占市场上涨的60%。如果市场在某一年上涨20%,根据贝塔值或者只是由于其市场风险,该基金应该上涨12%。假设虽然市场上涨,投资经理却没有创造阿尔法值,这一年收益率仅为12%。在传统的对冲基金中,投资者将仍需支付这12%的20%作为业绩费,这就使投资者仅仅因为贝塔值就要向投资经理支付2.4%的费用。

然而,投资者本来也可以支付微不足道的费用来购买像标准普尔500指数那样的股指,面临的市场风险也是一样的。实际上,这就是关于业绩费的第一个问题:业绩费的支付是阿尔法(投资经理的附加值)和贝塔(市场回报)捆绑作用的结果,但是更合理的方式是只为阿尔法支付业绩费,以酬谢经理创造的额外回报。这一问题困扰着投资了那些市场风险较大的基金的人,此类基金包括倾向多头的基金、私募股权基金、商品基金和倾向多头的部门基金等。投资经理和投资者应该力求在计算阿尔法值的基准和方法上达成一致,这样经理只因超过平均水平的业绩获得收入。其实在特定的时期，这种做法对经理是有利的。比如，如果某只基金是倾向做多的，市场急剧下降，但投资经理业绩下降的幅度小于贝塔值预示的幅度，因此投资经理有超过市场平均水平的业绩，应该相应获得回报。这样做的目标是，使投资经理与投资者的内在动因保持一致，使业绩费依据投资经理业绩超过市场平均水平的多少而决定，而不取决于市场收益率，因为通过指数基金、交易所交易基金或者直接持有证券等方式，可以以更低的价格购买具有所期望的贝塔值的指数。

收费代表质量的误导性

另类投资市场标准的 2% 和 20% 收费体系带来了一个可笑的结果，那就是当一只对冲基金或一家私募股权公司收取比市场平均水平低很多的服务费，以更好地使其薪酬系统有利于联盟客户时，许多投资客户反而会质疑这一举动：这个团队降低收费是因为出了什么问题吗？如果这个公司足以胜任，那么投资经理为什么有钱不挣呢？通常一只基金的收费低于市场平均水平，要么是因为刚刚成立，要么可能是之前的基金（这种情况存在于私募股权公司）业绩并不好。

在这一点上，投资经理和外科医生有一些有趣的相似之处。想象一个人生了重病需要手术，他可能咨询了很多家医院，询问了手术大概的花费。他从不同的医生那里得到了如下的报价：6 万美元、5.5 万美元、7 万美元、2 万美元。与很多其他商品或服务市场不同，他不太可能选择报价最低的医生。这是一项需要技术高超的从业者提供的服务，由于自己不是医生，患者对于判断每个医生的专业知识和技能的能力十分有限。因此，患者倾向于相信第四位医生收费如此低廉必然是有原因的，也许是他主刀的手术效果不佳，致使少有患者上门，他才不得不降价吸引新的患者；又或者他训练不够、经验不足，无法和高水平且高收费的医生竞争。同理，对于一些投资者来说，价格是质量的代表。这可能也意味着投资者的价格弹性不太高，因此如果经理大幅降低服务费，基金资产的规模调整可能达不到能够增加价值的程度。总之，在这类市场中，价格发现是一个艰巨的任务，那些大幅降低收费的投资经理常常面临客户怀疑和不安的反应。

作为看涨期权的业绩费

进一步讲，业绩费本质上是一种看涨期权。也就是说经理获得上涨部分的 20%，下降的话则无收入，所以业绩费与以基金净资产价值成交的看涨期权（每年成交价设定在高水位）有同样的特征。期权价值的一个决定因素是波动性，因为标的资产的波动性越大，期权的价值越高。理论上，经理受到经济上的激励会选择较高的波动性，其预期的支出趋于上升。换句话说，他们有押高风险赌注的内在动因。要明确的是，大部分投资经理都是谨慎的资本管理者。实际上，从长期来看，他们的谨慎是明智的，因为资金的大量消耗可能冲垮基金，并损害运作团队的名誉和前途。然而，将业绩费看作看涨期权时，不谨慎的投资经理可能被吸引而冒更大的风险，因为"赢了是我的，输了是你的"。因此，投资者可能需要注意在这一只基金中投资经理投入了多少自己的资本，是否制定并实施了正确的风险控制方法以确保投资经理与客户的利益一致。

高收费的潜在影响：阿尔法值的竞争力和人才流失到投资管理行业

除了为顶级公司的领导者提供超高的薪酬外，收费结构还对劳动力市场产生了其他影响。投资团队的其他员工也享受高水平的薪酬，因此成功的投资管理公司有能力吸引顶尖的人才。几十年前，有一个流传甚广的笑话：全家的财产由最笨的儿子来管理，因为这项工作无聊乏味、毫无难度。如今则恰恰相反，投资管理公司吸引了在物理、数学、统计以及其他专业领域的杰出人才。还有公司为能做深度的基本面分析和统计分析的人才支付一流的薪水。难怪 2013 年哈佛大学的毕业生中有 15% 的人计划一毕业就进入金融领域。实际上由于 2008 年金融危机的影响，这个比例与 2007 年的 47% 相比还是下降了的。[28] 需要说明的是，"金融"这个概念比投资管理要广泛得多，银行业的岗位和一些企业的财务工作都包括在内。人才的流失真实发生着，原本能成为科学家、医生、工程师、数学家的人才，现在纷纷涌入金融行业。

包括迈克尔·莫布森（瑞信银行全球金融战略部门领导人）在内的一些人认为，投资管理行业内可能有一个有趣的现象在悄然兴起。莫布森讨论了史蒂芬·杰伊·古尔德的作品，其中分析了为什么泰德·威廉斯是最后一个击球率高于 0.400 的美国职业棒球大联盟选手。古尔德认为，随着时代的发展，投球的质量越来越好，这也意味着竞争的水平提高了。作为一个杰出的选手，泰德·威廉斯的成功至少有一部分是由于他的处境：他就像畅游在小池塘里的一条大鱼，但是现在池塘里充满了其他大鱼，一个选手相对于其他选手的优势被削弱。莫布森指出，具有讽刺意味的是，"绝对技术兴起，相对技术削弱，运气的戏份多"。[29] 金融行业也类似，随着行业吸引了顶尖的人才，投资经理的整体才干和技能得到了提升，个人想要超越平均水平可能更加困难了。

业绩对服务费？

关于不同类型的独立投资经理的业绩，出现了许多问题。例如，扣除服务费的话，对冲基金是否在为客户增加价值？私募股权公司是否继续产生较高的风险调整后收益，或者私募股权作为一种投资工具的发展壮大，仅仅是资本流入一种为高溢价而接受非流动性从而暂时获得良好业绩的资产类别？

如今的另类投资经理享受着极具吸引力的薪酬方案，然而在这个时代，扣除服务费后客户得到的回报与早先相去甚远。一般的对冲基金和私募股权公司的业绩现在当然没有超越市场对绝对回报的基本标准，甚至就连许多顶级的投资经理也只在一定年限内有优良的业绩。

考虑到这些结果，为什么市场还支持2%和20%的收费呢？其中一个因素是服务费设立过程的不对称。当客户确实想要某一个经理来运作其资产时，管理费和业绩费可谓多少都不算高。投资者对投资经理、策略和预期阿尔法值充满乐观期待。相反，当客户认定投资经理的业绩、服务、投资方式都不再符合期望时，他们不会向投资经理施压使其降低收费，而是会解雇投资经理并把资本转往他处。由于策略无效、投资经理不作为、市场环境恶化，投资者幻想破灭，感到灰心丧气。这些原因使投资者一开始的乐观期待烟消云散，他们心里最不可能想到的事就是降低费用，这些费用相对于当初通过投资经理赚取的低水平回报来说是微不足道的。

因此，如果以传统的新古典经济学的视角看待投资管理服务费市场，施加在服务费上的下行压力比人们认为的基本供求法则的影响要小得多。从这个意义上讲，投资经理是价格制定者，而客户是价格接受者。不再看好某个投资经理、想把业务移交他人的客户也没有成为价格制定者，他们只是四处寻找合适的新经理，而不是同原来的投资经理协商更低或更有利的费用结构。这样一来，投资经理仍是该行业的价格制定者。这种相互作用的方式极大地促成了新精英阶层的崛起，与此同时最终客户的相对价值也下降了。

另一个问题是投资经理能够获得"更容易"的资金池。从养老金计划到主权财富基金，某些非常大的机构有在短时间内划拨大量资产的强烈需求，必须将有限的资源更多地使用在发现新投资机会上，而不是在费用上讨价还价。很多时候，这类资金池不会给投资经理施加巨大压力，迫使其对客户更加友好。如果一个投资经理可以获得足够多的此类投资者，他就不再对向条件高、难满足的机构寻求资本感兴趣了。这些"更容易"的资金池有效削弱了其他机构向投资经理提苛刻条件、讨价还价的能力。

不过这种情况似乎确实随着时间的推移得到了改善。更加复杂、供给充裕的资金池也学着协商费用。虽然难以一概而论，但有证据显示，收费慢慢从"2%和20%"下降到"1.4%和17%"（见图9-4）。一些观察家认为，这种现象不仅是由于近年来另类投资带来的收益相对较少，更归结于投资知识的增加让新的另类投资客户发挥出更强的谈判力。2%的管理费似乎承受着最多的压力。[30]

然而，另一种下行压力的来源可能没有得到充分的重视：低价售出的系统化的阿尔法值。近几年，曾经的"秘密武器"，即过去需要极大的专业化才能实现的阿尔法值生成策略也经历了系统化。例如，合并套利或动量投资策略在20世纪末以前是相对罕见的，而在20世纪末对冲基金经理和其他业务人员发现了这些策略的阿尔法值生成潜力。这类投资策略在为投资者创造价值方面成绩斐然，其直接结果是，21世纪后更多的资本流入这类投资策略中。此外，产品多样化公司以低于2%和20%的收费出售这类投资策略的投资机会。事实上，近几年合并套利共同基金的出现再次证实了低价出让曾经罕见、复杂的策略的现象。尤其是对冲基金将不得不与这些低成本对冲基金提供者（如未来的阿尔法值策略）竞争。

当然，成功投资策略的激增在降低费用的同时，也可能通过产生大量竞争者而损害其阿尔法值。

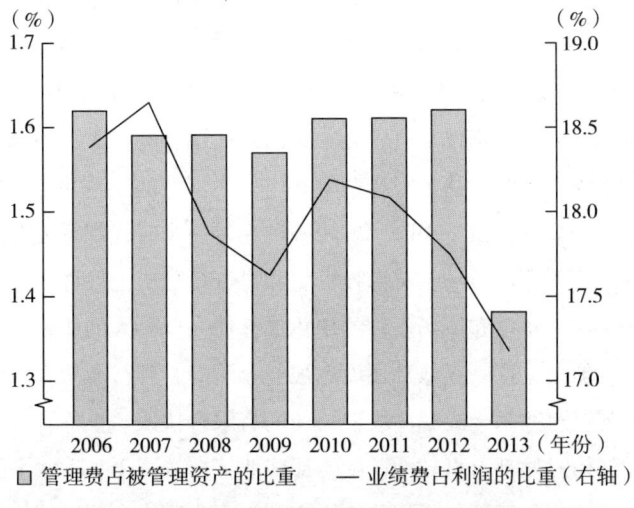

图9-4 对冲基金平均收费（以成立年份计）

注：2013年数据到第三季度。

资料来源："Down to 1.4 and 17," *Economist*, February 8, 2014, http://www.economist.com/news/finance-and-economics/21595942-cost-investing-alternative-assets-fallingslowly-down-14-and-17。

小　结

很明显，20世纪下半叶在全球投资管理史上占有重要地位。独立投资经理群体的形成使投资管理业发生了彻底的大变革，这一群体在企业家精神的鞭策下，以创造复杂而有创新性的投资产品为目的。这种独立精神不仅回馈了投资经理，也回馈了客户：提供给客户的高品质产品、由经理增加的价值、提高的投资收益率以及创新管理的自由。就企业一方而言，组织领导力问题、赢利能力、业务管理和微观经济都促成了独立经理个人的成败。

虽然独立投资管理时代的开始是以投资经理个人脱离大型金融机构为标志的，但今天的独立资产管理业却有一个显而易见的赢家（至少在薪酬方面），即对冲基金和私募股权的"业界高手"。这些新精英阶层的成员不仅从过去几十年的发展中获益极大，而且很可能在未来继续兴旺发达，因为薪酬和增长率下滑的风险并不高。

漫长的投资史似乎表明，发明一种在每一个时代都行之有效的投资方法是不太可能的。就像投资史和投资管理史上许许多多重要的创新一样，竞争和市场条件的变化最终使一度骄人的业绩渐渐归于平淡。然而，这一点似乎还没有被当今资产管理行业的客户清楚地认识到：对冲基金或私募股权公司的有限合伙人（投资者）仍然追求在任何时候都有卓越的业绩。那些业绩持续高于平均水平的投资经理，也许甚至还包括那些组织有序、不为客户大幅增加价值的公司，他们可能继续享受较高的薪酬，从而阻止收费结构的重大转变及对收费施加的外源性下行压力，而这两者旨在缓解本章讨论过的不对称问题。因此，这个顶尖投资经理获得庞大收入的时代虽然很可能随着时间慢慢改变，但是不太可能完全消失。

不过最终，下一代金融革新将成为关注的焦点。变化可能发生在利基市场，如算法交易、商品策略或实物资产。变化也可能包括一种整体的方式，如专注捐赠基金的公司或多策略公司。只有时间才能解答未来何种金融革新能够卓有成效。

结　论
21 世纪的投资

显而易见，投资已经成为一项重要的人类事业。毫不夸张地说，投资是社会经济、文化活动的重要组成部分，这些社会活动包括人们从事何种工作，怎样消费以维持生计，如何教育年青一代，如何培养智力兴趣，以及如何投资各种资源。这样一项调查揭示出社会发展多个层面的信息，包括资源随着时间的推移如何在所有者之间分配，在集体责任面前每个人的职责是什么，谁有能力参与投资，谁负责管理投资品等。简言之，投资行为及投资形式是社会的另一种支柱，与饮食、健康、物质满足和文化使命等并无二致。

　　千百年来，投资一直只属于那些拥有财富和权力的人。只有社会中享有权力的人才有资格持有并利用资源，从而获取回报。大多数普通民众，则几乎不可能参与这种投资未来的有偿活动。今天，数十亿人成为投资者，通常是为了在退休时获得稳定的资金回报。通向投资大众化的道路复杂且艰辛，也常常充满争议，然而一路以来却取得了令人注目且意义非凡的成就。人们从中获得的尊严是早期文明社会所难以想象的。创新与企业家精神的联结创造了一个蓬勃发展、充满动力的投资蓝图，并且为人类社会提供了持续发展的机会。

事实上，本书的主题是投资大众化。在研究早期投资环境和工具，以及现代社会的主要投资形式及其发展之后，我们了解到股份制公司、工业革命和公开市场的巨大作用，即创造了更加平等的投资环境。本书进而研究了大众化所带来的结果：养老金概念的出现，监管体系的民主化，危机管理能力的发展，以及投资理论的出现。

但是这项工作远未结束，在大众化进程中涌现出各种机会的同时，还存在许多挑战和困难，在提供公平投资机会时也可能产生扭曲现象。早期的特权阶级已经被21世纪的新精英所代替，这些新精英是指在投资浪潮中识别并且抓住机会的人。在很多时候，这些新精英并非含着金汤匙出生，但他们依旧取得了引人注目的成就，这反映出投资周期、投资形式与投资心理中有时存在极端的机会主义。

改进监管体系或者设定限制性法规并非最恰当的矫正机制。21世纪，我们应不断提高对投资的理解，应该认识这样一个投资事实，即每个人都可以掌握投资的基本原则和成功要义。

每个人都必须根据自身的学识水平、理解能力和投资信心做相应的投资。对大多数人而言，一项成功的投资并不意味着拥有高于常理的收益率，也并非指迅速致富的计划，而是指人们能够意识到个体和机构的生命周期需求，并且将自己的知识、成熟的思维与现实情况理性结合，以期获取合理的预期回报。

自20世纪中期开始，由于专业投资人对独立和创新的追求，越来越多的新投资形式开始涌现。这些令人惊奇的创造性工具，大多出现在过去40年间，这使专业投资管理领域越发复杂，同时也给参与者创造了更多获得盈利的机会。在很多情况下，客户和其他投资参与者都可以获取回报，但这并不是一个普遍适用且一成不变的事实。此外，投资者大量运用投资理论，进行工具创新，并推广有创造力的投资方法，他们利用自己的想象力、勇气和技术创造了巨大的也是应得的回报。与此同时，为建立一个更加安全稳定的市场环境，经济政策制定者和市场监管者做出了许多努力（有时候进展缓慢或举步维艰），制定了相关的框架与指导意见。尽管以上成就还需要被进一步理解和完善，但仍然令人钦佩。

由于投资过程不断变化而且竞争激烈，从业者的回报和客户的回报有时会出现偏离。投资创新的成功模式日新月异，市场也日趋饱和。创新的回报最初非常丰厚，并且在经历峰值后仍然可能持续增长，但倘若认为有人可以长期创造巨大的超额回报，并且应该获得巨额的薪酬，这种想法至少是不现实的。问题的关键不在于高额薪酬是否合理或者是否符合道德规范，而在于人们很难通过一种资产投资长期获取高额的风险调整后收益。因此，多元化投资可以很好地发挥作用。投资理论说明多元化是一种有力的工具，其风险调整后的资本收益显而易见。尽管将鸡蛋放在一个篮子里并选择正确的篮子可能使收益最大化，但即使是最优秀和"正确"的投资者也会面临高风险，因为挑选一个最优秀的篮子并非易事。除了分散风险之外，我们还应该特别注意所投资资产的市场波动性。

如果投资者的现实投资计划充分考虑了资源可得性和自身需求，那么不需要依靠专业投资人士，自己就能解决问题。一个经过深思熟虑的投资组合以及对专业投资人士的谨慎选择，是人们在衡量成本与收益之后的结果。当人们意识到主动且创新的投资管理模式在长期内的局限性后，更趋保守和较低成本的"中间选择"（如指数基金和交易所交易基金）进入人们的视野，逐渐成为许多客户的选择，并且越来越多的人开始从投资中获益。

另外，创新为人们的投资带来超常回报，但同时也是巨大风险的来源。历史经验表明，投资创新需要建立在监管的基础上，也就是说，不应该存在过多风险。机构客户通常会雇用专业人士甄别创新投资工具的各种方案，然而遗憾的是，个人投资者通常没有这样的专业能力，寻找以合适的报酬承担这项职责的投资顾问并非易事。因此，在面对这个难题时，个人客户通常被建议选择低成本的指数产品进行投资。

因此，个人投资者必须具备一定的资产配置能力，这对大多数人而言是一项艰巨的任务。特别是对于那些处于资金积累初期的人，他们更需要一个周全的投资策略，并勇敢地按照平均成本法进行投资，然而贯彻执行这种策略往往需要钢铁般的意志。

投资与社会变革

由于投资大众化在持续推进中，我们期待未来的大众化程度能进一步提高。投资一直以来受到当前社会中特定社会、政治和文化形态的影响，并在此基础上得以建立，事实上，投资推动了现代社会的许多伟大变革。现在，我们需要考虑如何利用投资来提高政治与社会水平，以及如何运用投融资推动文明进步。

一个关于投资影响力的例子是，美国不断推进住房保障制度。鼓励住房所有是美国长期以来的一项政治重点，因为房屋所有者本质上是社会的利益相关者，增加房屋所有者比例不仅有助于社会稳定，而且能提高居民对改善经济条件的抱负。早在1918年，美国劳工部就开展了"我有我家"（Own Your Own Home）的运动，通过政府和社会资本合作（PPP），数千家住房委员会在20世纪20年代大力推动住房所有。[1] 政府通过三个阶段的金融创新有效推进住房所有，并且利用金融杠杆的作用实现社会和政治目标。

第一个阶段美国政府为了鼓励新的抵押贷款结构，于 1934 年出台了《国家住房法》。这彻底改变了抵押贷款展期的期限。在此之前，大部分抵押贷款是短期贷款，贷款期限从 3 年到 15 年不等。有一些贷款需要期末一次性付清本金，由于大部分借款者没有一次性还清的能力，因此不得不在到期日临近时再融资。然而，大萧条时期贷款者没有意愿展期贷款，房屋所有者因而失去了还款能力，最终导致这种体系失败。《国家住房法》通过美国联邦住房管理局抵押贷款保险计划引入了保险机制，并且为合格借款者的分期债务（20 年付清 80%的贷款）提供政府担保。这意味着贷款在每一期被均匀地偿还，而非最后一次性付清本金。[2] 自此，分期付款逐渐成为市场标准，抵押贷款市场的变革使原来无法承受贷款的低收入居民也拥有还款能力。

第二个阶段是抵押贷款的所有者和发起者之间的分离，这很大程度上是因为房利美和房地美的创立。这两个机构产生的原因也与《国家住房法》有关，因为该法律致力于建立一个流动性更强的抵押贷款二级市场。[3] 每一个抵押贷款都有一个发起者（为借款人服务，负责评估抵押品和公司商誉）和所有者。在早期，发起者和所有者是一体的，因为本地银行在操作贷款的同时也将其保存在资产负债表上。但是这种安排不是一种最有效率的设计，出于两个方面的原因。第一，相比那些银行资本不充足的地区，资本充足的地区可以为贷款提供较低利率。那么将抵押贷款所有者与发起机构进行分离，通过将住房抵押贷款的所有者分布在与借款人、发起人不同的地区，来实现市场之间的平衡。第二，一些潜在的贷款所有者，如保险公司和养老基金，有着较低的资本成本。尽管它们可以获取收益，但是它们不愿意从事贷款发起业务。

1934 年的《国家住房法》要求成立国家抵押贷款协会，这个协会应由购买抵押贷款的私营公司组成，从而提供一个更有深度的二级市场。然而，私人部门并没有这方面的需求。于是，1938年联邦政府为解决这个问题，建立了联邦国民抵押贷款协会（房利美）。虽然房利美在很长一段时间内没有作为，相比其他二级市场的购买者也只拥有很小的市场份额，但是当1958年和1968年出现房地产资金危机时，政府扩大授权范围并提高购买能力，交易活动开始增加。之后，政府建立房地美，进一步支持房屋所有，并且试图通过取消房利美的市场控制权来提供更多流动性。[4]

第三个阶段是证券化——将抵押贷款组成资金池并作为金融资产出售，正是抵押贷款所有者和发起者的分离推动了资产证券化。通过创造金融工具，将各个地区具有不同信用度和抵押品种类的抵押贷款集合在一起，证券化完成了发起的最初过程，随后各大金融机构开始投资。这些愿意承担房地产市场风险并且拥有低成本资本的机构，比以前更容易成为抵押贷款的所有者，因为资本成本最低的机构会在竞价中胜出。证券化显著地减少了贷款市场的交易成本，并且由于这种工具比其他任何贷款都更加标准化和灵活，因此也提高了市场流动性。1970年，与政府赞助企业房地美、房利美不同，政府全资企业——吉利美发行了第一只"抵押支持"证券，它不仅有抵押贷款担保，同时也有美国政府的信誉背书，开启了美国资产证券化时代。此后抵押支持证券备受关注，因为投资者不仅偏好低利率、政府担保的产品，也追求高利率的、非吉利美发行的证券，包括各种私营类产品。[5]在这样的背景下，证券化市场诞生了。

现在人们也逐渐认识到证券化的缺点。证券化是为了对资产进行简化和标准化，因此不可避免地需要发起人承担责任。历史证明，事实并非如此。引发2008年全球金融危机的并不是证券化本身,而是由于监管疏忽、对抵押品价值的错误信念,以及发起人对贷款规模而非贷款质量的不合理追求。无论如何,联邦政府成功地将美国转变为一个保障住房所有者的国家。美国的城市结构、郊区环境以及"美国梦"的实现已经被融资与投资深深影响。

正如上述案例所证明的,金融是一种实现政治和社会目标的强有力的方式。如果投资项目有着广泛的基础和合理的计划,那么投融资可以推动实现宏伟的政治与社会目标。未来,人们能够而且应该在投资活动与社会目标之间建立更紧密的联系。

要实现以上目标有多种可行的途径。一个现行的方式是PPP。一般而言,PPP是为了实现公共目标而建立的政府(地方或者国家)和私人机构的联营体。历史上,这个概念有许多内容,尤其是在建筑行业。政府通常为了建造基础设施,如桥梁、水利设施、学校、收费公路、医院等,通过投标过程与私人企业建立联系。建立这种关系基于多方面的考虑。一是为了满足政府的融资需求。政府在债务负担较重时倾向于让私人机构承担一定的社会发展成本,作为回报,将给予其项目的未来收益(如公路或水利设施产生的营业利润)。二是为了提高效率。私人企业可能有更合理的激励措施来降低成本,或许比公共部门更富效率。PPP模式的成败取决于如何制订成功的计划,如何严谨地实施项目监管,如何精确地安排预算和时间,以及提前对可能的突发状况进行具体安排应对等。PPP模式可以被广泛地利用,并创造性地解决基础设施支出中存在的问题。

另一个推动PPP模式的途径是扩大影响力投资。影响力投资指资本不仅被运用到可以获得经济回报的项目上,同时也追求社会发展进步。历史上,正是这些资金从与社会公众利益几乎没有关系的高经济收益领域向社会领域转移,才推动了慈善事业的发展。例如,一个工业巨头在某一经济领域创造了财富,后期他将财富用来开展慈善事业以提高文明水平。影响力投资致力于将经济和社会效益联合在一起，它彻底改变了投资蓝图：资本既可以创造金融价值，也可以带来社会价值。而慈善组织在接受经济其他部门的资本转移的同时，也积极为人道主义事业筹措资本。

影响力投资有多种实施方式。在一些时候，影响力投资的收益率低于市场水平，但是投资者的最优追求不仅是经济收益，还包括社会的进步。影响力投资的方式包括以低于银行借贷的利率贷出资金，或者以高于其他方式的价格购买一定份额的股权资本。在另一些情况下，人们仍然通过创新结构或者创造性地运用资本获得竞争性收益率，从而实现影响力投资。拥有与市场一致的收益率的投资不一定优于那些为了社会效益而放弃一部分收益的投资。成功确实要考虑许多社会因素，然而，影响力投资在实现市场化收益方面还有巨大的潜力。

影响力投资可以在更多领域有所作为。通常，当传统市场在某一领域缺失时，影响力投资可以有效填补空缺。例如，它可以被用于研究罕见病或者只困扰发展中国家的疾病的新疗法，这些疾病往往被传统制药和生物技术公司所忽视。它还可以用来设计一个更优的以预防保健为基础的卫生服务系统，这是传统保险机构没有动机去实现的。影响力投资也可以为缺乏效率的新兴市场中的个人或小型机构提供微金融服务，它们往往达不到传统银行的借贷标准。总之，资本市场运作的方式使机构和个人往往忽略某些内容，而这就是影响力投资可以发挥作用的领域。

事实上，只要有合理的监督、清晰的目标和适当的方式，金融就可以在教育、学校、创新、新兴市场、风险资本和基础设施投资领域发挥巨大的作用。我们只需要回顾前文讨论的住房所有制的历史，就可以看到金融是如何塑造文明和人类生活的。我们必须意识到金融和投资是实现人类政治社会目标的一种强有力的方式。

基本问题与机遇

在我们考虑未来投资将如何发生时,需要就一些基本的问题和机会做进一步讨论。这些问题和机会与本文引言所阐述的原理截然不同,并将在结论部分做进一步说明。投资原则本质上是一种哲学的概念,是实现稳健投资的方法;而基本投资问题则不同,是所有参与者都应该了解的投资特性和市场特点。投资者需要时刻关注市场状况以及未来它将如何发展。

结　盟

结盟是未来投资需要关注的一个话题。结盟是指贷出资金和使用资金的两个机构之间利益相关的程度。换言之,当投资者意愿与资本管理者的动机一致时,就形成了恰当结盟。如果资本管理者从投资者那里获得意外之财而投资者却没有得到相应回报,利益就不一致。结盟在每一个投资领域都至关重要。上市公司需要将公司管理者与投资者的利益相互匹配。基金公司需要使投资经理与基金投资者的利益保持一致。房地产行业需要考虑业主与物业管理公司之间不同的利益诉求。投资永远不是一项只有一个参与者的活动,因为它要求资本所有者与使用者之间密切配合并做出周密安排。

过去我们已经取得了显著的进步。实际上,结盟已经成为投资史上的一个焦点话题。例如,英国东印度公司为了避免其境外公司从事有利于自身而非总公司的贸易行为,经历了一段艰难的时期。类似地,亚当·斯密认为股份制公司必然走向失败,因为管理层做出的决策不可能最有利于投资者权益。

为了联合各方的不同利益，人们设计了许多机制。第一，监管机构认为基金管理者是合法的受托人，因此任何将个人利益置于客户利益之上的行为都是被禁止的。第二，公司董事会可以限制管理层滥用职权的行为，对非必要的购买支出进行审查，并且确保报酬合理。第三，当投资者获得回报时，激励机制可以确保资本管理者获取一定的报酬。在公开市场中，激励措施包括给予管理层股票期权，当股票表现优异时管理者获得奖励。对私募股权而言，激励措施可以附带权益，即将一部分合伙人利润分配给管理者。

然而，未来在投资中，人们也需要考虑以上这些安排可能产生的扭曲行为。譬如，附带权益的特质是否会造成管理者将其视为一种看涨期权，认为自己处于赢定了的投资氛围中？公司管理层会不会更照顾股东权益，并且减少滥用职权的行为？当然，维权的投资者在某种程度上会追求这种强化的治理结构，但是这方面仍然需要我们进行大量的研究探讨。小额投资者同样需要运用这样的机制，以确保他们的利益与管理者或监管层之间的利益保持一致。

流动性

第二个需要深入研究的是流动性。流动性用于衡量投资变现的速度以及投资的成本效益。基本流动性测试是为了分析当人们遇到不得不在短期内出售资产的情形时，资产售价相对公允价值的贬值程度。如果一项投资可以在相当短的时间内被出售，且只产生较小的交易成本，那么这就是"流动性资产"（如大盘股）。如果一项投资短期内无法出售，出售价格相比公允价值产生较大的贬值，这就是"非流动性资产"（如房产和部分复杂的金融工具）。

聚焦未来，第一个重要的问题是谁应该关注流动性。比如，商业银行存在短期存款和长期贷款之间的期限错配问题，因此银行需要关注资金流动性从而有效应对储户提现。与之相反，拥有大量长期负债的养老基金不需要太在意流动性状况，因为其未来现金需求可以提前预知。然而现实是，许多养老基金过于关注流动性，而一些银行却又不将流动性管理作为重点。在个体之间同样存在这个问题。个体对于流动性的态度取决于他们的支出偏好、生命阶段、资产净值和对金融产品的依赖。

流动性对资产负债表和投资行为都是至关重要的。当市场环境中存在一个巨大的非流动性溢价时，保持流动性需要付出成本。在这种情况下，养老基金或养老保险将有意愿持有非流动性资产，因为在相似的风险状况下，非流动性资产较流动性资产有更高的收益率。

戴维·斯文森在管理耶鲁大学的养老保险时有一个重要的领悟，私募股权大幅增长会产生过多的非流动性溢价。早期由于参与者很少，这个领域有大量机会，并且相比流动性股权，非流动性股权的溢价非常高。

金融危机时商业银行的流动性不足，基金公司将其持有的资产转换为现金，投资者也撤出对风险资产的投资，这场危机让人们再次意识到流动性非常重要。金融系统在遭受流动性冲击时，需要将资产从自身资产负债表消除的个人和机构可能会廉价出售资产。为了保证流动性充裕，很多机构通常会以一定的折扣出售非流动性资产，因此在全球金融危机之后快速恢复流动性需要付出高昂的成本。但是即便如此，很多有能力接受这些流动性较差资产的机构可能依旧会犹豫不决。简言之，许多市场参与者既不清楚自身的流动性需求，也没有考虑资产变现所产生的成本。

将来，投资者应该更加清楚地认识到在流动性方面并不存在所谓的最佳方案，人们必须在流动性与非流动性之间进行权衡并做出选择。有时候，人们持有无法迅速变现的资产能得到可观的回报，而有时候，资产变现的成本较低。因此，市场参与者应该充分评估自身的流动性需求，以及持有流动性资产的成本。

业绩测评

未来的投资行为，尤其是涉及主动管理时（雇用投资专家进行组合管理），需要引入基准点，以可得的相关指标或一系列指标作为基准对投资进行分析。这么做的原因很简单，能使投资者清楚了解管理者的成绩单。对阿尔法值的测量可以把管理者的回报分成两个部分，一部分是市场波动的结果（管理者因为恰当的择时交易而获取回报），另一部分则是管理者为捕捉到非有效定价而做出的努力（这是管理者应得的回报）。例如，一家公司雇用管理者对拉丁美洲小市值的股票进行投资。一年之后如果管理者交出了一份优异的成绩单，投资者应该判断取得这样的成绩是因为这只股票所属的资产类别在过去一年都表现优异，还是在市场因素之外管理者创造了额外的价值。很有可能的是，拉丁美洲小市值股票本身就极为出色，是雇用管理者的投资者，而非管理者本身做出了一个非常正确的选择，即决定将资源向拉丁美洲小市值股票类别转移。而如果是管理者自己选择投资这一类别的股票，那么他应该为创造了高额收益率而得到嘉奖。

投资经理的最终目标是创造阿尔法值，或一段时期内基于风险调整的超额收益率。当然，这并不意味着一个活跃的投资经理在每一年都可以创造出阿尔法值。市场变化会使这个目标难以实现，然而在一段时期内，投资经理需要尽可能创造阿尔法值，否则会被解雇。

如果投资经理在长期内没有实现阿尔法值的增长，那么投资者选择指数产品会更合适。如果投资经理在总量（在支付各项费用之前）的基础上而非净值（在支付各项费用之后）的基础上创造了阿尔法值，则表明他已经完全榨取了阿尔法值的价值，投资者实际上并没有获得额外收益，而且还为投资经理的服务支付了过高的费用。如果投资经理创造了税后利润，投资者可以决定是否让投资经理继续承担这项工作。此时，投资者需要考虑以下问题：投资经理所运作的市场是否存在能利用低效错误定价的机会？市场环境是否发生根本改变以至于损害了投资经理利用错误定价的能力？投资经理是否过量增加资产品种，使创造阿尔法值的能力受到影响？总之，持续创造阿尔法值是一个复杂的问题，需要投资人雇用积极管理人并对市场机会做出判断。

市场失效

人们都期待市场会随着时间的推移变得更加有效。通常来说，科技的发展能提高信息传递的速度、质量和广度，因此可以逐渐减少市场参与者之间的信息不对称。然而，低效率的行为仍然是存在的。

第一个是廉价出售。廉价出售指所有者因财务状况恶化，将资产以低于公允价值的价格出售。这通常发生在市场出现冲击时。这种冲击可能是发生全球金融危机时的系统冲击；可能针对某些特定市场，如自然资源公司遭受低价商品冲击；也可能纯粹出于某些特殊原因，如公司因杠杆率过高，经历法律诉讼或投资失败等。随着时间的推移，下行周期的确可以有所缩短，因为更多的资本将获准用于收购廉价出售的资产（如追求低价收购策略的对冲基金或私募股权基金的规模和数量不断增长）。然而，廉价出售是市场混乱后的正常市场现象，这就为那些头脑敏捷的、有创造性的机构提供了市场失灵的可利用契机。

　　第二个是市场结构中的潜在风险溢价来自授权分割。每个市场参与者都有一定的授权，即每个市场参与者都有自己能交易的资产界限。一些授权存在法律或者监管的限制，例如银行、保险公司、养老金计划。其他的授权行为则仅仅出于对某一领域的了解，例如，收购消费类公司的企业不会收购煤生产商，因为煤不是其主营业务。授权行为还会随着时间的推移而改变。譬如，10年前规模很小的一只对冲基金，在经历多年发展后规模扩大并且拥有了具有经验和技术的员工，那么其授权领域也会逐步扩大。市场有时存在可利用授权分割的机会。例如，全球金融危机之后，美国和欧洲都经历了资本监管规则改革。保险公司的部分资产种类受到了与以往不同的资本处理，为了减少因为惩罚性措施而带来的损失，保险公司与其他市场参与者在某些创新领域展开合作。那些有着灵活授权的参与者能获得更高回报，因为这些参与者可以进入监管资本交易领域，而其他参与者由于授权分割难以快速参与竞争。另一个例子是，合并套利价差（买入一家正在被其他公司并购的公司并持有到交易结束所赚取的差价）有时会随着可得交易的规模扩大而增加。这并非因为交易风险加大，而是因为只有有限的资本能进入合并套利交易。理论上，风险的价格是根据资产定价模型由一些变量得出的，包括无风险利率、股票风险溢价、资产的贝塔值以及规模和价值因素。然而，由于授权分割的存在，风险被错误估计，这时候就存在套利机会。这些机会与以上变量无关，是由市场结构造成的。

　　第三个是地域之间也存在低效率，尽管这可能会随着时间的推移而消失。在发达国家，成熟金融从业者的存在使不同市场之间的套利机会消失。而在新兴市场和前沿市场，由于缺乏捕捉类似机会的人，在成熟从业者来到这个市场之前，这里的竞争少并存在巨大的创造阿尔法值的潜力。

新资产种类

未来的投资会产生更多新的资产类别，尤其是对机构投资者而言。从历史演进脉络来看，投资者可以投资的资产种类不断增多。在古代，土地、借贷和贸易是最基础的投资活动。随着时间的推移，投资者可以接触到更多的投资市场，包括股份制公司和公开市场。

这个趋势一直持续到现代社会，而且一些机构投资者抓住了新的投资机会。由于与传统资产类别有很低的关联性，这些新资产在风险方面属于新的类别。这种风险状况使机构投资者可以建立更分散的投资组合。在前些年，那些充分了解新兴市场资产种类的投资者，通常可以获得可观的回报。

以上这种情况当然存在，例如，耶鲁大学最初将私募股权投资作为新的资产类别。当然这并不局限于私募股权投资。哈佛大学是首批尝试另类投资的投资者，1997年开始购买木材这种新的资产。随着时间的推移，由于越来越多的人进入木材投资领域，这个领域所能提供的超额收益率在不断下降。这并不意味着这个市场没有机会了，而是随着新资产被广泛认知，收益率出现回落。例如制药业、作曲版税和自然灾难债券的先行者在最初取得了可观的收益，但随后市场竞争逐年加剧。这些外部风险有规律可循。第一阶段是"创造"，先行者投资这种资产类别，并且在一定风险下收益可观。第二阶段是"发现"，其他参与者意识到先行者的成功投资行为并参与其中。第三阶段是"成熟"，越来越多的资本或者有更低成本的资本涌入购买该资产，从而压低了投资收益率。因此，人们应该在市场成熟之前时刻关注新的市场机会。未来的投资必然将创造出新的资产类别，而这些资产的特质风险也将遵循上述轨迹。

投资的四条原则

我们在最后的结论部分回顾在本书引言中曾阐述的投资的四条基础原则，这些原则对于稳健投资至关重要。我们回顾投资历史，其中的一个目的就是更好地理解人们怎样才能更加聪明、稳健地开展投资，所以在结语部分，我们将思考实际所有权、基本价值、金融杠杆和资源配置如何为周密的投资过程奠定基础。

当今时代，实际所有权的重要性比之前任何时期都更加明显。我们所处的时代，大部分公开市场交易趋于短期化，受动量驱动且存在高频交易，只有很少的交易建立在基本分析的基础上，拥有将投资作为一种对事业的投入而不是简单地购买一纸证券凭证的态度是至关重要的。这是一个机遇与风险并存的时代。也正是这样的风险为那些有能力避免跟风的投资者创造了令人激动的机会，在这种环境中，通过现金流预测来决定基本价值是如此重要。今天的市场活跃度不断提高，而且不再处于低估值水平，因此计算未来现金回报是必要的。正如一些价值投资者所言，有时候有必要做出"几乎没有投资产品能够符合我的收益率要求"的判断。因此，远离市场活动或者利用对冲来减少系统风险可能比参与市场活动更为重要。

过去的10多年间，金融杠杆很快成为人们关注的焦点。因为人们在负面事件发生时往往倾向于关注杠杆率，例如2007—2009年的金融危机和大衰退时期，然而在正常时期却没有受到足够重视。事实上，无论在繁荣或是危机时期，投资者都需要关注杠杆水平。尤其是在21世纪初，美联储实施宽松货币政策。大量低成本的借贷风险资本对于企业家而言是一种吸引力十足的财富增长工具。合适的杠杆水平（有时候甚至是不合适的）会带来可观的投资回报，尤其当投资不是高度投机时。合理运用杠杆以增加投资收益率已经成为许多投资者工具箱中一个重要的组成部分。

尽管资本和人力资源的分配水平有待完善，但资源配置在21世纪依然取得了令人注目的成绩。现在，出色的投资经理已经不再极度忙碌，也不再对日常事务事无巨细，取而代之的是拥有全局观念、将日常管理职能下放，并且专注于资本运作和执行关键决策的新形象。在一个越来越多的企业资源被伯克希尔－哈撒韦这类公司所控制的时代，投资经理的角色转变将成为一种趋势。

历 史

一段历史通常包含一个故事和一个教训。在这段历史中，故事是关于人类在投资活动及其收益方面朝着更加大众化、可及和公平的方向发展。教训则有些不同。作为投资者的权利——特权一直在急剧增加，但伴随着这种权利和特权的是责任与挑战。

投资的机会更多了，但我们大多数人还不能完全理解或接受投资的实际要求。投资的公平性和透明度大大增强了，但投资世界仍然远非平等。综上所述，最为关键的是：关于投资的研究、理解和勇气，是我们所有想为自己和家人创造最好、最舒适、最安全的经济生活的人的责任。

致　谢

本书凝聚了众多人的智慧，历经多年反复推敲才得以问世。我们在 5 年前启动了一项关于投资的研究项目，并且从那时起就致力于积极推动该项目。我们感谢每一位认真参与项目的人，书中难免会有遗漏或失误之处，望读者朋友批评指正。

一直以来，该项目振奋人心。此项研究背景宏大，研究主题需要从多维度进行全面、详尽且重要的剖析。人们对投资在世界发展中的作用或是持乐观态度，或是有所抱怨，但是没人清楚地了解投资到底是什么。我们希望本书能对读者有所启发，能弥补该领域的不足。令人感到振奋的是，我们已经勇敢迈出了关键的第一步。我们的研究任务艰巨、工作繁重，但是我们认为这项研究很有必要。

我们有非常优秀的助理研究员团队，他们大部分是哈佛大学经济学专业的本科生与研究生，还有哈佛大学其他专业以及其他高校的应届毕业生。他们是马跃然（音译，Yueran Ma）、拉吉夫·塔里戈普拉（Rajiv Tarigopula）、吴晓晓（音译，Xiaoxiao Wu）、查尔斯·史密斯（Charles Smith）、亚当·朱（Adam Chu）、埃米·弗里德曼（Amy Friedman）、陈默（音译，Mo Chen）和艾伯特·崔（Albert Cui）。在此对他们做出的贡献表示感谢。

我们的研究团队中有一个参与时间最长、坚持到最后的助理研究员，他就是亨利·沙尔（Henry Shull）。诺顿经常提到亨利，说他总是观点犀利，就像是一台"真空吸尘器"。然而，实际情况恰恰相反。亨利并非批驳我们的观点，而是总能对此做出重要补充。我们已经多次得到他的帮助与启发。

凯瑟琳·沃尔什（Katherine Walsh）在过去 3 年中一直担任我们的执行助理，也是研究团队的中坚力量。她的高效履职和聪明才智为我们取得大量成果奠定了坚实的基础。在凯瑟琳之前，桑迪·布鲁尔（Sandy Brewer）作为骨干成员对研究的早期进展也做出了值得肯定的贡献。

此外，有两位顾问在研究团队中发挥了重要作用。一位是约翰·布特曼（John Butman），他是一位很有造诣的作家。他几乎全程参与了我们的项目，为我们提供了很多建议，包括书籍写作、出版和促销。他是一位很好的顾问，也是我们项目管理的合作者与朋友。另外，安娜·韦斯（Anna Weiss）作为约翰的同事，非常有才干，给予我们诸多帮助。另一位重要的顾问叫阿莉莎·斯塔尔斯贝格·卡内利（Alyssa Stalsberg Canelli），她帮助我们编辑校对，特别对极具挑战的需要追溯到 5 000 年之前的第一章内容提出了有价值的编校建议。

最后，我们要感谢哥伦比亚大学出版社以及迈尔斯·汤普森（Myles Thompson），感谢他们对我们的充分信任，给我们很大的发挥空间。感谢我们的编辑布里奇特·弗兰纳里 – 麦科伊（Bridget Flannery-McCoy），他善于处理各种复杂事务。感谢史蒂芬·韦斯利（Stephen Wesley）与伊丽莎白·金（Elizabeth King），他们妥善安排了本书的编辑修改和出版流程。

注 释

引 言 投资挑战

1. Robert G. Hagstrom, *The Warren Buffett Way* (New York: Wiley, 1994), 75.
2. John Burr Williams, *The Theory of Investment Value* (Cambridge, MA: Harvard University Press, 1938), 5–6.
3. Ibid.
4. Richard A. Goldthwaite, *The Economy of Renaissance Florence* (Baltimore: Johns Hopkins University Press, 2009), 408–411 and 544–545.
5. Roger Lowenstein, *When Genius Failed: The Rise and Fall of Long-Term Capital Management* (New York: Random House, 2000), 191.
6. Andrea Frazzini, David Kabiller, and Lasse H. Pedersen, "Buffett's Alpha" (NBER Working Paper 19681, National Bureau of Economic Research, Cambridge, MA, November 2013), http://www.nber.org/papers/w19681, 4.
7. Goldthwaite, *Economy of Renaissance Florence*, 391–394.
8. William Thorndike, introduction to *The Outsiders: Eight Unconventional CEOs and Their Radically Rational Blueprint for Success* (Boston: Harvard Business Review Press, 2012), 5–8.

9. Ibid.
10. Ibid., 38–39.

第一章　权力精英的特权

1. Marc Van De Mieroop, *The Ancient Mesopotamian City* (New York: Oxford University Press, 1999), 146.
2. Jane R. McIntosh, *Ancient Mesopotamia: New Perspectives* (Santa Barbara, CA: ABC-CLIO, 2005), 3, 62–65, and 349–350; Van De Mieroop, *Ancient Mesopotamian City*, 146–147.
3. Benjamin Foster, "A New Look at the Sumerian Temple State," *Journal of the Economic and Social History of the Orient* 24, no. 3 (October 1981): 226–227.
4. Maria deJ Ellis, *Agriculture and the State in Ancient Mesopotamia: An Introduction to the Problems of Land Tenure*, Occasional Publications of the Babylonian Fund 1 (Philadelphia: University Museum, 1976), 10.
5. Foster, "Sumerian Temple State," 226.
6. W. F. Leemans, "The Role of Landlease in Mesopotamia in the Early Second Millennium B.C.," *Journal of the Economic and Social History of the Orient* 18, no. 2 (June 1975): 136.
7. Foster, "Sumerian Temple State," 226.
8. G. van Driel, "Capital Formation and Investment in an Institutional Context in Ancient Mesopotamia," in *Trade and Finance in Ancient Mesopotamia*, ed. J. G. Derksen (Leiden: Nederlands Instituut voor het Nabije Oosten, 1999), 32–37.
9. McIntosh, *Ancient Mesopotamia*, 130 and 351.
10. Ibid., 130.
11. Leemans, "Role of Landlease," 136–139.
12. A. Leo Oppenheim, *Ancient Mesopotamia: Portrait of a Dead Civilization* (Chicago: University of Chicago Press, 1977), 85; Van De Mieroop, *Ancient Mesopotamian City*, 147.
13. Van De Mieroop, *Ancient Mesopotamian City*, 147–148.
14. Xenophon, *Oeconomicus*, trans. Carnes Lord, in *The Shorter Socratic Writings: Apology of Socrates to the Jury, Oeconomicus, and Symposium*, ed. Robert C. Bartlett (Ithaca, NY: Cornell University Press, 1996), 39–40.
15. Humfrey Michell, *Economics of Ancient Greece*, 2nd ed. (Cambridge: Heffer, 1957), 38.
16. Ibid., 41–44.
17. Ibid., 39–41.

18. Tenney Frank, *Rome and Italy of the Republic*, vol. 1 of *An Economic Survey of Ancient Rome* (Paterson, NJ: Pageant, 1959), 208–214, 295–299, and 376–402.
19. Jean Andreau, *Banking and Business in the Roman World*, trans. Janet Lloyd (Cambridge: Cambridge University Press, 1999), 18.
20. Ibid., xv and 18.
21. Ibid., 26–27 and 64–70.
22. Ibid., 18–19.
23. Dominic Rathbone, *Economic Rationalism and Rural Society in Third-Century A.D. Egypt: The Heroninos Archive and the Appianus Estate* (Cambridge: Cambridge University Press, 1991), xviii and 44.
24. Ibid., 58–87.
25. Dennis P. Kehoe, *Management and Investment on Estates in Roman Egypt during the Early Empire* (Bonn: Habelt, 1992), 16–20.
26. Jules Toutain, *The Economic Life of the Ancient World*, trans. M. R. Dobie (Abingdon, UK: Routledge, 1996), 246–250.
27. Agasha Mugasha, *The Law of Letters of Credit and Bank Guarantees* (Sydney: Federation Press, 2003), 38–39.
28. Joseph Manning, "Demotic Papyri (664–30 B.C.E.)," in *Security for Debt in Ancient Near Eastern Law*, eds. Raymond Westbrook and Richard Jasnow (Leiden: Brill, 2001), 307–308 and 312.
29. Ibid., 310 and 315.
30. Ibid., 308.
31. Sitta von Reden, *Money in Ptolemaic Egypt: From the Macedonian Conquest to the End of the Third Century B.C.* (Cambridge: Cambridge University Press, 2007), 8.
32. Manning, "Demotic Papyri," 310.
33. Ibid., 310–312.
34. Ibid., 320–321.
35. Paul Millett, *Lending and Borrowing in Ancient Athens* (Cambridge: Cambridge University Press, 1991), 5; Aristophanes, *The Birds*, trans. David Barrett (London: Penguin, 2003), 159.
36. Millet, *Lending and Borrowing*, 6.
37. Ibid., 3, 29, and 72.
38. Ibid., 27–52.
39. Ibid., 32–33.
40. Ibid., 24 and 247n21.
41. Edward E. Cohen, *Athenian Economy and Society: A Banking Perspective* (Princeton, NJ: Princeton University Press, 1992), 71–75.
42. Michell, *Economics of Ancient Greece*, 336.
43. Glen Davies, *A History of Money: From Ancient Times to the Present Day* (Cardiff: University of Wales Press, 2002), 75–76.

44. Millett, *Lending and Borrowing*, 24.
45. Cohen, *Athenian Economy and Society*, 76–77.
46. Michell, *Economics of Ancient Greece*, 335.
47. Sidney Homer and Richard Sylla, *A History of Interest Rates*, 4th ed. (Hoboken, NJ: Wiley, 2005), 35.
48. Ibid.
49. Ibid., 36.
50. Andreau, *Banking and Business*, 46.
51. Ibid., 142.
52. Ibid., 46–48.
53. Ibid., 2.
54. Toutain, *Economic Life of the Ancient World*, 246.
55. Jiaguan Hong, 中国金融史 [*A financial history of China*] (Chengdu, 1993); Qiugen Liu, "两宋私营高利贷资本初探" [A first look at usury capital in the Song dynasty], *Philosophy and Social Sciences* (Hebei University), no. 3 (1987): 11–17.
56. Hong, *Financial history of China*.
57. Ibid.
58. Liu, "First look at usury capital."
59. Hong, *Financial history of China*.
60. Qiugen Liu, "论中国古代商业、高利贷资本组织中的'合资'与'合伙'" [Joint-stock partnerships in business and usury capital organization in ancient China], *Hebei Academic Journal* (Hebei University), no. 5 (1994): 86–91.
61. Valerie Hansen and Ana Mata-Fink, "Records from a Seventh-Century Pawnshop in China," in *The Origins of Value: The Financial Innovations That Created Modern Capital Markets*, eds. William N. Goetzmann and K. Geert Rouwenhorst (Oxford: Oxford University Press, 2005), 54–58; Homer and Sylla, *History of Interest Rates*, 614.
62. Hansen and Mata-Fink, "Records from a Pawnshop," 58–59.
63. Michael T. Skully, "The Development of the Pawnshop Industry in East Asia," in *Financial Landscapes Reconstructed: The Fine Art of Mapping Development*, eds. F. J. A. Bouman and Otto Hospes (Boulder, CO: Westview, 1994), 363–364.
64. Suzanne Gay, *The Moneylenders of Late Medieval Kyoto* (Honolulu: University of Hawaii Press, 2001), 37–40.
65. Suzanne Gay, e-mail message to author, March 30, 2011.
66. Gay, *Moneylenders of Kyoto*, 48–49.
67. Ibid., 40 and 45.
68. Franklin W. Ryan, *Usury and Usury Laws: A Juristic-Economic Study of the Effects of State Statutory Maximums for Loan Charges upon Lending Operations in the United States* (Boston: Houghton Mifflin, 1924), 38–39.

69. Oppenheim, *Ancient Mesopotamia*, 88.
70. J. B. C. Murray, *The History of Usury* (Philadelphia: J. B. Lippincott, 1866), 22–25.
71. Joseph Persky, "Retrospectives: From Usury to Interest," *Journal of Economic Perspectives* 21, no. 2 (Winter 2007): 229.
72. Murray, *History of Usury*, 28–29.
73. Ibid., 27–28.
74. The biblical references in this section are noted by Homer and Sylla, *History of Interest Rates*, 67, and by Sudin Haron and Wan Nursofiza Wan Azmi, *Islamic Finance and Banking System: Philosophies, Principles, and Practices* (New York: McGraw-Hill, 2009), 172–178. The translations provided here are from the New King James Version.
75. Jared Rubin, "The Lender's Curse: A New Look at the Origin and Persistence of Interest Bans in Islam and Christianity" (PhD diss., Stanford University, 2007), 31–32, ProQuest (AAT 3267615).
76. Homer and Sylla, *History of Interest Rates*, 68.
77. Ibid., 69.
78. Meir Kohn, "The Capital Market before 1600" (working paper 99-06, Department of Economics, Dartmouth College, Hanover, NH, February 1999), http://www.dartmouth.edu/~mkohn/Papers/99-06.pdf, 10–12.
79. Meir Kohn, "Finance before the Industrial Revolution: An Introduction" (working paper 99-01, Department of Economics, Dartmouth College, Hanover, NH, February 1999), http://www.dartmouth.edu/~mkohn/Papers/99-01.pdf, 10.
80. Homer and Sylla, *History of Interest Rates*, 71.
81. Persky, "Retrospectives," 227.
82. Raymond de Roover, *The Rise and Decline of the Medici Bank, 1397–1494* (Washington, DC: Beard Books, 1999), 10–14.
83. Frederic C. Lane, *Venice and History: Collected Papers of F. C. Lane* (Baltimore: Johns Hopkins University Press, 1966), 64.
84. Manuel Riu, "Banking and Society in Late Medieval and Early Modern Aragon," in *The Dawn of Modern Banking* (New Haven, CT: Yale University Press, 1979), 136.
85. Kohn, "Finance before the Industrial Revolution," 11.
86. Ibid., 11.
87. Murray, *History of Usury*, 45–47.
88. Persky, "Retrospectives," 227–236; Homer and Sylla, *History of Interest Rates*, 79.
89. Raymond de Roover, "Scholastic Economics: Survival and Lasting Influence from the Sixteenth Century to Adam Smith," *Quarterly Journal of Economics* 69, no. 2 (May 1955): 175–176.

90. Benedict XIV (pope), *Vix Pervenit*, [1745], EWTN Global Catholic Network, accessed January 2015, http://www.ewtn.com/library/ENCYC/B14VIXPE.htm.
91. Norman Jones, "Usury," in *Encyclopedia of Economic and Business History*, ed. Robert Whaples, Economic History Association, article published February 10, 2008, http://eh.net/encyclopedia/usury.
92. Shahid Hasan Siddiqui, *Islamic Banking: Genesis & Rationale, Evaluation & Review, Prospects & Challenges* (Karachi: Royal Book, 1994), 5–6.
93. Ibid., 9.
94. Haron and Azmi, *Islamic Finance and Banking System*, 48.
95. Ibid., 190.
96. Siddiqui, *Islamic Banking*, 21.
97. Anwar Iqbal Qureshi, *Islam and the Theory of Interest* (Lahore: Shaikh Muhammad Ashraf, 1946), 175–189.
98. Haron and Azmi, *Islamic Finance and Banking System*, 44 and 52–53.
99. Wayne A. M. Visser and Alastair MacIntosh, "A Short Review of the Historical Critique of Usury," *Accounting, Business & Financial History* 8, no. 2 (1998): 176.
100. Kohn, "Finance before the Industrial Revolution," 9–12.
101. Robert S. Lopez, *The Commercial Revolution of the Middle Ages, 950–1350* (Cambridge: Cambridge University Press, 1976), 27–30, 56–60, and 85–91.
102. Ibid., 85–91.
103. Cohen, *Athenian Economy and Society*, 6.
104. Scott Meikle, *Aristotle's Economic Thought* (Oxford: Clarendon Press, 1995), 6–21.
105. M. I. Finley, *The Ancient Economy*, Sather Classical Lectures 43 (Berkeley: University of California Press, 1999), 22–23.
106. Van Driel, "Capital Formation and Investment," 25–42.
107. Hans Neumann, "Ur-Dumuzida and Ur-DUN: Reflections on the Relationship Between State-Initiated Foreign Trade and Private Economic Activity in Mesopotamia Towards the End of the Third Millennium B.C.," in Dercksen, *Trade and Finance*, 45–46 and 62.
108. Colin Adams, "Transport," in *The Cambridge Companion to the Roman Economy*, ed. Walter Scheidel (Cambridge: Cambridge University Press, 2012), 218–227.
109. Elio Lo Cascio, "The Early Roman Empire: The State and the Economy," in *The Cambridge Economic History of the Greco-Roman World*, eds. Walter Scheidel, Ian Morris, and Richard P. Saller (Cambridge: Cambridge University Press, 2007), 621–622 and 626; Adams, "Transport," 223–224.

110. Henri Pirenne, *Medieval Cities: Their Origins and the Revival of Trade*, trans. Frank D. Halsey (Princeton, NJ: Princeton University Press, 1952), 114 and 123–124.
111. Ibid., 185–212.
112. Lopez, *Commercial Revolution*, 63–70 and 85–91; Richard A. Goldthwaite, *The Economy of Renaissance Florence* (Baltimore: Johns Hopkins University Press, 2009), 3–6.
113. Goldthwaite, *Economy of Renaissance Florence*, 9; Lopez, *Commercial Revolution*, 87–89; Pirenne, *Medieval Cities*, 114–119.
114. Goldthwaite, *Economy of Renaissance Florence*, 143–151.
115. Raymond de Roover, *The Medici Bank: Its Organization, Management, Operations and Decline* (New York: New York University Press, 1948), 5ff.
116. Ibid., 29–30.
117. Goldthwaite, *Economy of Renaissance Florence*, 143–151.
118. Ibid., 236–245.
119. Goldthwaite, *Economy of Renaissance Florence*, 230–245; Edwin S. Hunt, "A New Look at the Dealings of the Bardi and Peruzzi with Edward III," *Journal of Economic History* 50, no. 1 (March 1990): 156–161; Tim Parks, *Medici Money: Banking, Metaphysics, and Art in Fifteenth-Century Florence* (New York: Norton, 2005), 6.
120. Suzanne Gay, "The Lamp-Oil Merchants of Iwashimizu Shrine: Transregional Commerce in Medieval Japan," *Monumenta Nipponica* 64, no. 1 (Spring 2009): 2–31.
121. Nakai Nobuhiko and James L. McClain, "Commercial Change and Urban Growth in Early Modern Japan," in *The Cambridge History of Japan*, vol. 4, *Early Modern Japan*, ed. John Whitney Hall (Cambridge: Cambridge University Press, 1991), 542 and 562.
122. Ibid., 557–563.
123. Ibid., 562–563.
124. Christopher Howe, *The Origins of Japanese Trade Supremacy: Development and Technology in Asia from 1540 to the Pacific War* (Chicago: University of Chicago Press, 1996), 3–21.
125. Giles Milton, *Samurai William: The Adventurer Who Unlocked Japan* (London: Hodder & Stoughton, 2002), 301–302.
126. Ibid., 302–303.
127. Ibid., 303.
128. Howe, *Japanese Trade Supremacy*, 21–22.
129. Ibid., 22 and 26–27.
130. Ibid., 22–23.
131. D. D. Kosambi, "Indian Feudal Trade Charters," *Journal of the Economic and Social History of the Orient* 2, no. 3 (December 1959): 281–282.

132. Rosalind O'Hanlon, *Caste, Conflict, and Ideology: Mahatma Jotirao Phule and Low Caste Protest in Nineteenth-Century Western India*, Cambridge South Asian Studies 30 (Cambridge: Cambridge University Press, 1985), 4–5; Stanley Wolpert, *India*, rev. ed. (Berkeley: University of California Press, 1999), 119.
133. Shireen Moosvi, "The Medieval State and Caste," *Social Scientist* 39, no. 7–8 (July–August 2011): 5–6.
134. Nandita P. Sahai, "Crafts in Eighteenth-Century Jodhpur: Questions of Class, Caste, and Community Identities," *Journal of the Economic and Social History of the Orient* 48, no. 4 (2005): 535.
135. P. S. Kanaka Durga, "Identity and Symbols of Sustenance: Explorations in Social Mobility of Medieval South India," *Journal of the Economic and Social History of the Orient* 44, no. 2 (2001): 141ff.
136. Chandrika Kaul, "From Empire to Independence: The British Raj in India, 1858–1947," BBC, last modified March 3, 2011, http://www.bbc.co.uk/history/british/modern/independence1947_01.shtml.
137. Morris D. Morris, "Towards a Reinterpretation of Nineteenth-Century Indian Economic History," *Journal of Economic History* 23, no. 4 (December 1963): 611–614.
138. Kaul, "From Empire to Independence."
139. Ibid.
140. David McMorran, *The Origin of Investment Securities* (Detroit: First National Company of Detroit, 1925), 13.
141. Toutain, *Economic Life of the Ancient World*, 246.
142. Ulrike Malmendier, "Law and Finance 'at the Origin,'" *Journal of Economic Literature* 47, no. 4 (December 2009): 1085–1086.
143. Toutain, *Economic Life of the Ancient World*, 246.
144. Ulrike Malmendier, "Roman Shares," in *The Origins of Value: The Financial Innovations That Created Modern Capital Markets*, eds. William N. Goetzmann and K. Geert Rouwenhorst (Oxford: Oxford University Press, 2005), 35–36.
145. Malmendier, "Law and Finance 'at the Origin,'" 1088–1092.
146. Ulrike Malmendier, "Societas" (working paper, Department of Economics, University of California, Berkeley, CA, n.d.), http://eml.berkeley.edu/~ulrike/Papers/Societas_Article_v3.pdf.
147. Toutain, *Economic Life of the Ancient World*, 246.
148. McMorran, *Origin of Investment Securities*, 13.
149. J. G. Dercksen, "On the Financing of Old Assyrian Merchants," in Dercksen, *Trade and Finance*, 86.
150. Ibid., 88–94.
151. Abraham L. Udovitch, "At the Origins of the Western Commenda: Islam, Israel, Byzantium?," *Speculum* 37, no. 2 (April 1962): 201–202.

152. Olga Maridaki-Karatza, "Legal Aspects of the Financing of Trade," in *The Economic History of Byzantium*, ed. Angeliki E. Laiou (Washington, DC: Dumbarton Oaks Research Library and Collection, 2002), 3:1112–1115.
153. Udovitch, "Origins of the Western Commenda," 199–200.
154. Murat Çizakça, *A Comparative Evolution of Business Partnerships: The Islamic World and Europe, with Specific Reference to the Ottoman Archives*, The Ottoman Empire and Its Heritage 8 (Leiden: Brill, 1996), 66–68.
155. Ibid., 4–5.
156. Ibid., 5–6.
157. Ibid., 4.
158. Max Weber, *The History of Commercial Partnerships in the Middle Ages*, trans. Lutz Kaelber (Lanham, MD: Rowman & Littlefield, 2003), 63–75; Florence Edler de Roover, "Partnership Accounts in Twelfth Century Genoa," *Bulletin of the Business Historical Society* 15, no. 6 (December 1941): 88.
159. F. de Roover, "Partnership Accounts in Genoa," 88.
160. R. de Roover, *Rise and Decline of the Medici Bank*, 237.
161. Weber, *History of Commercial Partnerships*, 137–139.
162. Sebouh Aslanian, "The Circulation of Men and Credit: The Role of the Commenda and the Family Firm in Julfan Society," *Journal of the Economic and Social History of the Orient* 50, no. 2–3 (2007): 127.
163. Udovitch, "Origins of the Western Commenda," 202–207.
164. Çizakça, *Comparative Evolution of Business Partnerships*, 67 and 77.
165. Ibid., 78.
166. Joshua Sosin, "Perpetual Endowments in the Hellenistic World: A Case-Study in Economic Rationalism" (PhD diss., Duke University, 2000), 17, ProQuest (AAT 9977683).
167. Ibid., 28–29.
168. Ibid., 23.
169. Jinyu Liu, "The Economy of Endowments: The Case of the Roman Collegia," in *Pistoi Dia Tēn Technēn: Studies in Honour of Raymond Bogaert*, Studia Hellenistica 44, eds. Koenraad Verboven, Katelijn Vandorpe, and Véronique Chankowski (Leuven: Peeters, 2008), 233 and 239.
170. Ibid., 240.
171. Ibid., 239 and 244–245.
172. Sosin, "Perpetual Endowments."
173. Ibid., 2.
174. A. R. W. Harrison, *The Law of Athens*, vol. 1, *The Family and Property*, 2nd ed. (Indianapolis: Hackett, 1998), 99–100.

175. Adolf Berger, Barry Nicholas, and Susan M. Treggiari, "Guardianship," in *The Oxford Classical Dictionary*, eds. Simon Hornblower, Antony Spawforth, and Esther Eidinow, 4th ed. (Oxford: Oxford University Press, 2012), 637.
176. Dennis P. Kehoe, *Investment, Profit, and Tenancy: The Jurists and the Roman Agrarian Economy* (Ann Arbor: University of Michigan Press, 1997), 35.
177. Robert L. Clark, Lee A. Craig, and Jack W. Wilson, *A History of Public Sector Pensions in the United States* (Philadelphia: University of Pennsylvania Press, 2003), 24–26.
178. Suetonius, *Lives of the Twelve Caesars*, trans. Philemon Holland (New York: Holland, 1965), quoted in Clark, Craig, and Wilson, *History of Public Sector Pensions*, 26.
179. Clark, Craig, and Wilson, *History of Public Sector Pensions*, 26.

第二章　投资大众化——股份制公司、工业革命与公共市场

1. Meir Kohn, "The Capital Market before 1600" (working paper 99-06, Department of Economics, Dartmouth College, Hanover, NH, February 1999), http://www.dartmouth.edu/~mkohn/Papers/99-06.pdf, 14–18.
2. Robert Gibson-Jarvie, *The City of London: A Financial and Commercial History* (Cambridge: Woodhead-Faulkner, 1979), 24 and 98.
3. Ibid., 24–25.
4. Mira Wilkins, *The History of Foreign Investment in the United States to 1914*. Harvard Studies in Business History 41 (Cambridge, MA: Harvard University Press, 1989), 3–4.
5. Ibid., 4–5.
6. "South Sea Bubble Short History," Baker Library, Harvard Business School, accessed 2014, http://www.library.hbs.edu/hc/ssb/history.html; Joel Bakan, *The Corporation: The Pathological Pursuit of Profit and Power* (New York: Free Press, 2004), 6–8.
7. "South Sea Bubble Short History."
8. Bakan, *The Corporation*, 6–7.
9. Colin Arthur Cooke, *Corporation, Trust and Company: An Essay in Legal History* (Cambridge, MA: Harvard University Press, 1951), 83.
10. Adam Smith, *An Inquiry into the Nature and Causes of the Wealth of Nations* (New York: Modern Library, 1937), 334–335.
11. Peter N. Stearns, *The Industrial Revolution in World History*, 3rd ed. (Boulder, CO: Westview, 2007).
12. Ibid., 34–37.

13. Ibid., 17–26 and 79–83.
14. Meir Kohn, "Finance before the Industrial Revolution: An Introduction" (working paper 99-01, Department of Economics, Dartmouth College, Hanover, NH, February 1999), http://www.dartmouth.edu/~mkohn/Papers/99-01.pdf, 5–6.
15. Joseph E. Inikori, *Africans and the Industrial Revolution in England: A Study in International Trade and Economic Development* (Cambridge: Cambridge University Press, 2002), 315.
16. Kohn, "Finance before the Industrial Revolution," 2–4.
17. Inikori, *Africans and the Industrial Revolution*, 314–316.
18. Richard Brown, *Society and Economy in Modern Britain, 1700–1850* (New York: Routledge, 1990), 198.
19. Ibid., 200.
20. Ibid., 200–201.
21. Ibid., 293.
22. Richard Price, *British Society, 1680–1880: Dynamism, Containment, and Change* (Cambridge: Cambridge University Press, 1999), 76–78.
23. Michael Collins, *Monday and Banking in the UK: A History* (New York: Routledge, 1988), 57.
24. Carlo M. Cipolla, *Before the Industrial Revolution: European Society and Economy, 1000–1700*, trans. Christopher Woodall, 3rd ed. (New York: Norton, 1994), 30–33.
25. Eric Hobsbawm, *Industry and Empire: From 1750 to the Present Day*, rev. ed. (London: Penguin, 1999), 55–56.
26. G. N. von Tunzelmann, "The Standard of Living Debate and Optimal Economic Growth," in *The Economics of the Industrial Revolution*, ed. Joel Mokyr (London: Allen & Unwin, 1985), 207; Peter H. Lindert and Jeffrey G. Williamson, "English Workers' Living Standards During the Industrial Revolution: A New Look," *Economic History Review*, n.s., 36, no. 1 (February 1983): 1–2.
27. Hobsbawm, *Industry and Empire*, 54–55.
28. Ibid., 58.
29. Ibid., 55–59; Price, *British Society*, 275–276.
30. Martin Kitchen, *A History of Modern Germany, 1800–2000* (Malden, MA: Blackwell, 2006), 39.
31. Lindert and Williamson, "English Workers' Living Standards," 4.
32. Ibid., 7.
33. Sutapa Bose and Ashok Rudra, "Quantitative Estimates of Primitive Accumulation and Its Sources," *Economic and Political Weekly* 29, no. 4 (January 22, 1994): 200.
34. Peter Temin, "Two Views of the British Industrial Revolution," *Journal of Economic History* 57, no. 1 (March 1997): 63–64.

35. David McNally, *Political Economy and the Rise of Capitalism: A Reinterpretation* (Berkeley: University of California Press, 1988), 156–158 and 177–179.
36. Brown, *Society and Economy*, 192–193.
37. Naomi R. Lamoreaux, Margaret Levenstein, and Kenneth L. Sokoloff, "Financing Invention during the Second Industrial Revolution: Cleveland, Ohio, 1870–1920" (NBER Working Paper 10923, National Bureau of Economic Research, Cambridge, MA, November 2004), http://www.nber.org/papers/w10923.pdf, 1–2.
38. Ibid., 10–20.
39. Ibid., 5.
40. Hubert Bonin, "'Blue Angels,' 'Venture Capital,' and 'Whales': Networks Financing the Takeoff of the Second Industrial Revolution in France, 1890s–1920s," *Business and Economic History On-Line* 2 (2004), http://www.thebhc.org/sites/default/files/Bonin_0.pdf, 9–14.
41. Kohn, "Capital Market before 1600," 9–13; Larry Neal, "On the Historical Development of Stock Markets," in *The Emergence and Evolution of Markets*, eds. Horst Brezinski and Michael Fritsch (Cheltenham, UK: Edward Elgar, 1997), 61–62.
42. Maurice Obstfeld and Alan M. Taylor, *Global Capital Markets: Integration, Crisis, and Growth* (Cambridge: Cambridge University Press, 2004), 17.
43. Ranald C. Michie, *The Global Securities Market: A History* (Oxford: Oxford University Press, 2006), 21–23; Kohn, "Capital Market before 1600," 6–7; Obstfeld and Taylor, *Global Capital Markets*, 18.
44. Ranald C. Michie, "Development of Stock Markets," in *The New Palgrave Dictionary of Money and Finance*, eds. Peter Newman, Murray Milgate, and John Eatwell (London: Macmillan, 1992), 662; Michie, *Global Securities Market*, 21–23; Obstfeld and Taylor, *Global Capital Markets*, 18.
45. Neal, "Historical Development," 63.
46. Michie, "Development of Stock Markets," 662.
47. Obstfeld and Taylor, *Global Capital Markets*, 18.
48. Michie, *Global Securities Market*, 24.
49. Obstfeld and Taylor, *Global Capital Markets*, 18.
50. Ibid.
51. Kohn, "Capital Market before 1600," 20; Neal, "Historical Development," 62.
52. Obstfeld and Taylor, *Global Capital Markets*, 19.
53. Neal, "Historical Development," 62–63.
54. Michie, "Development of Stock Markets," 662–663.
55. Neal, "Historical Development," 63.

56. Kohn, "Capital Market before 1600," 20–21.
57. Obstfeld and Taylor, *Global Capital Markets*, 20; Neal, "Historical Development," 65.
58. Neal, "Historical Development," 62–65.
59. Obstfeld and Taylor, *Global Capital Markets*, 19.
60. London Stock Exchange, "Our History," accessed October 2014, http://www.londonstockexchange.com/about-the-exchange/company-overview/our-history/our-history.htm.
61. Neal, "Historical Development," 65.
62. Obstfeld and Taylor, *Global Capital Markets*, 19.
63. Ibid., 20.
64. Neal, "Historical Development," 64–71; Obstfeld and Taylor, *Global Capital Markets*, 22.
65. Michie, "Development of Stock Markets," 662.
66. Julie Jefferies, "The UK Population: Past, Present and Future," Office for National Statistics (UK), last modified December 2005, http://www.ons.gov.uk/ons/rel/fertility-analysis/focus-on-people-and-migration/december-2005/focus-on-people-and-migration---focus-on-people-and-migration---chapter-1.pdf, 3.
67. Neal, "Historical Development," 71–74; Michie, "Development of Stock Markets," 663; London Stock Exchange, "Our History;" Obstfeld and Taylor, *Global Capital Markets*, 19.
68. Joseph J. Ellis, *His Excellency: George Washington* (New York: Knopf, 2004), 303–304.
69. Stuart Banner, "The Origin of the New York Stock Exchange, 1791–1860," *Journal of Legal Studies* 27, no. 1 (January 1998): 115.
70. Ibid., 115.
71. Robert Sobel, *The Curbstone Brokers: The Origins of the American Stock Exchange* (London: Macmillan, 1970), 24–29.
72. New York Stock Exchange, "New York Stock Exchange Ends Member Seat Sales Today," December 30, 2013, http://www1.nyse.com/press/1135856420824.html.
73. Matthew A. Postal, "New York Curb Exchange (Incorporating the New York Curb Market Building), Later Known as the American Stock Exchange," New York City Landmarks Preservation Commission, June 26, 2012, http://www.nyc.gov/html/lpc/downloads/pdf/reports/2515.pdf, 2–3.
74. Jerry W. Markham, *A Financial History of the United States*, vol. 2, *From J. P. Morgan to the Institutional Investor (1900–1970)* (Armonk, NY: Sharpe, 2002), 3.
75. Postal, "New York Curb Exchange," 1–3 and 7.

76. Daniel Verdier, "Financial Capital Mobility and the Origins of Stock Markets" (working paper, European University Institute, San Domenico, Italy, February 1999), 4 and 11.
77. Michie, "Development of Stock Markets," 663
78. New York Stock Exchange, "Timeline—Technology," accessed October 2014, http://www1.nyse.com/about/history/timeline_technology.html; David Hochfelder, "How Bucket Shops Lured the Masses into the Market," BloombergView, January 10, 2013, http://www.bloombergview.com/articles/2013-01-10/how-bucket-shops-lured-the-masses-into-the-market.
79. Obstfeld and Taylor, *Global Capital Markets*, 23.
80. Ibid., 22–24.
81. Michie, "Development of Stock Markets," 663–664.
82. Hochfelder, "Bucket Shops."
83. Ibid.
84. Janice M. Traflet, *A Nation of Small Shareholders: Marketing Wall Street after World War II*, Studies in Industry and Society (Baltimore: Johns Hopkins University Press, 2013), 3 and 179n15.
85. Lewis Henry Kimmel, *Share Ownership in the United States* (Washington, DC: Brookings Institution, 1952), 137.
86. Traflet, *Nation of Small Shareholders*, 3–4.
87. Ibid., 4.
88. Kimmel, *Share Ownership*, 89.
89. Ibid., 125.
90. Ibid., 118.
91. Ibid., 90–98 and 121.
92. Traflet, *Nation of Small Shareholders*, 5–12.
93. Ibid., 1–12.
94. Ibid., 1.
95. New York Stock Exchange, "Highlights of NYSE Shareowner Census Reports (1952–1990)," accessed October 2014, http://www.nyxdata.com/nysedata/asp/factbook/viewer_edition.asp?mode=table&key=2312&category=11.
96. Traflet, *Nation of Small Shareholders*, 1.
97. Kimmel, *Share Ownership*; New York Stock Exchange, "Major Sources of NYSE Volume," accessed October 2014, http://www.nyxdata.com/nysedata/asp/factbook/viewer_edition.asp?mode=table&key=2641&category=11.
98. Traflet, *Nation of Small Shareholders*, 1–5.
99. Jesse Bricker et al., "Changes in U.S. Family Finances from 2007 to 2010: Evidence from the Survey of Consumer Finances," *Federal Reserve Bulletin* 98, no. 2 (June 2012): 28–34.

100. New York Stock Exchange, "Shareowner Census Reports."
101. Ibid.; New York Stock Exchange, "Selected Characteristics of Individual Shareowners," accessed October 2014, http://www.nyxdata.com/nysedata/asp/factbook/viewer_edition.asp?mode=chart&key=51&category=11.
102. James McAndrews and Chris Stefanadis, "The Consolidation of European Stock Exchanges," *Current Issues in Economics and Finance* 8, no. 6 (June 2002): 2–5.
103. Ibid., 4–5.
104. London Stock Exchange, "Our History."
105. New York Stock Exchange, "Timeline—Events," accessed October 2014, http://www1.nyse.com/about/history/timeline_events.html; Robert E. Wright, "The NYSE's Long History of Mergers and Rivalries," BloombergView, January 8, 2013, http://www.bloombergview.com/articles/2013-01-08/nyse-s-long-history-of-mergers-and-rivalries.
106. Deutsche Börse Group, "Company History," accessed October 2014, http://deutsche-boerse.com/dbg/dispatch/en/kir/dbg_nav/about_us/10_Deutsche_Boerse_Group/50_Company_History.
107. Michie, "Development of Stock Markets," 665; Michie, *Global Securities Market*, 12–14; Neal, "Historical Development," 77; Obstfeld and Taylor, *Global Capital Markets*, 15–16.
108. Obstfeld and Taylor, *Global Capital Markets*, 15–16.
109. Michael Gorham and Nidhi Singh, *Electronic Exchanges: The Global Transformation from Pits to Bits* (Burlington, MA: Elsevier, 2009), 67–71.
110. Michie, "Development of Stock Markets," 665–667.
111. Verdier, "Financial Capital Mobility," 6–10.
112. Michie, *Global Securities Market*, vi.
113. Neal, "Historical Development," 60.
114. Michie, *Global Securities Market*, vi and 334–340.
115. Michie, "Development of Stock Markets," 663.
116. "The Endangered Public Company," *Economist*, May 19, 2012, http://www.economist.com/node/21555562.

第三章 退休及养老金

1. LIMRA Secure Retirement Institute, "Retirement Plans—Investment Company Institute: Retirement Assets on the Rise in 2014," October 2014, http://www.limra.com/Secure_Retirement_Institute/News_Center/Retirement_Industry_Report/Retirement_Plans_-_Investment_Company_Institute__Retirement_Assets_on_the_Rise_in_2014.aspx.

2. Carole Haber and Brian Gratton, *Old Age and the Search for Security: An American Social History* (Bloomington: Indiana University Press, 1994), 118.
3. Ibid.
4. Lawrence W. Kennedy, *Planning the City upon a Hill: Boston since 1630* (Amherst: University of Massachusetts Press, 1992), Appendix A.
5. Haber and Gratton, *Old Age and Security*, 118–123.
6. Historical Center of the Presbyterian Church in America, "January 11: Presbyterian Ministers Fund," January 11, 2012, http://www.thisday.pcahistory.org/2012/01/january-11; Richard Webster, *A History of the Presbyterian Church in America, from Its Origin to the Year 1760* (Philadelphia: Joseph M. Wilson, 1857), 92.
7. "The Oldest Life Insurance Company in the United States," *New York Times*, November 19, 1905, http://timesmachine.nytimes.com/timesmachine/1905/11/19/101709385.html.
8. Ibid.
9. George Alter, Claudia Goldin, and Elyce Rotella, "The Savings of Ordinary Americans: The Philadelphia Saving Fund Society in the Mid-Nineteenth Century," *Journal of Economic History* 54, no. 4 (December 1994): 736–738.
10. Ibid., 757–760.
11. Chulhee Lee, "Sectoral Shift and the Labor-Force Participation of Older Males in the United States, 1880–1940," *Journal of Economic History* 62, no. 2 (June 2002): 520.
12. Ibid., 521.
13. Dora L. Costa, "Pensions and Retirement: Evidence from Union Army Veterans," *Quarterly Journal of Economics* 110, no. 2 (May 1995): 315–317.
14. Chulhee Lee, "The Expected Length of Male Retirement in the United States, 1850–1990," *Journal of Population Economics* 14, no. 4 (December 2001): 641–647.
15. Ibid., 647.
16. Steven A. Sass, *The Promise of Private Pensions: The First Hundred Years* (Cambridge, MA: Harvard University Press, 1997), 145–146.
17. Ibid.
18. Ibid., 145–147.
19. Social Security Administration, "Social Insurance Movement," accessed January 2015, http://www.socialsecurity.gov/history/trinfo.html.
20. Mary-Lou Weisman, "The History of Retirement, from Early Man to A.A.R.P.," *New York Times*, March 21, 1999, http://www.nytimes.com/1999/03/21/jobs/the-history-of-retirement-from-early-man-to-aarp.html.

21. Social Welfare History Project, "Townsend, Dr. Francis," accessed 2013, http://www.socialwelfarehistory.com/eras/townsend-dr-francis; Larry DeWitt, "The Townsend Plan's Pension Scheme," Social Security Administration, December 2001, http://www.ssa.gov/history/townsendproblems.html; Sass, *Promise of Private Pensions*, 94.
22. Larry DeWitt, "The 1937 Supreme Court Rulings on the Social Security Act," Social Security Administration, 1999, http://www.ssa.gov/history/court.html.
23. Social Security Administration, "Otto von Bismarck," accessed 2013, http://www.ssa.gov/history/ottob.html; Weisman, "History of Retirement."
24. Social Security Administration, "Historical Background and Development of Social Security," accessed December 2014, http://www.ssa.gov/history/briefhistory3.html; "Age 65 Retirement," Social Security Administration, accessed 2013, http://www.ssa.gov/history/age65.html; Weisman, "History of Retirement."
25. "Age 65 Retirement."
26. Sass, *Promise of Private Pensions*, 113–115.
27. Patrick Purcell and Jennifer Staman, "Summary of the Employee Retirement Income Security Act (ERISA)," Congressional Research Service, Library of Congress, Washington, DC, April 10, 2008, http://digitalcommons.ilr.cornell.edu/key_workplace/505, 2.
28. James Wooten, *The Employee Retirement Income Security Act of 1974: A Political History* (Berkeley: University of California Press, 2005), 51–52.
29. Ibid., 62.
30. Ibid., 183–185.
31. Ibid., 58–59.
32. Ibid., 52 and 251.
33. Charles D. Ellis, *Capital: The Story of Long-Term Investment Excellence* (Hoboken, NJ: Wiley, 2004), 146–147.
34. Ibid., 149.
35. Ibid., 148–149.
36. Ibid., 150–151.
37. Purcell and Staman, "Summary of ERISA," 3–5.
38. LIMRA Security Retirement Institute, "Retirement Plans."
39. Jim Saxton, "The Roots of Broadened Stock Ownership," Joint Economic Committee, US Congress, April 2000, http://cog.kent.edu/lib/Hall&Congress-RootsOfBroadenedStockOwnership.pdf, 4–14.
40. Ibid., 6.
41. Matteo Iacoviello, "Housing Wealth and Consumption" (working paper, Department of Economics, Boston College, Boston, MA, June 13, 2010), https://www2.bc.edu/matteo-iacoviello/research_files/HWAC.pdf, 4.

42. Brigitte C. Madrian and Dennis F. Shea, "The Power of Suggestion: Inertia in 401(k) Participation and Savings Behavior," *Quarterly Journal of Economics* 116, no. 4 (November 2001): 1150–1153 and 1160.
43. Ibid., 1184–1185.
44. "The U.S. Retirement Market, First Quarter 2011," Investment Company Institute, June 29, 2011, http://www.ici.org/pdf/ret_11_q1_data.pdf, 2.
45. Robert Steyer, "ICI: U.S. Retirement Assets Hit Record $20.8 Trillion," Pensions & Investments, June 26, 2013, http://www.pionline.com/article/20130626/ONLINE/130629908/ici-us-retirement-assets-hit-record-208-trillion.
46. "Retirement Market, First Quarter 2011," 2.
47. James M. Poterba, Steven F. Venti, and David A. Wise, "The Transition to Personal Accounts and Increasing Retirement Wealth: Macro and Micro Evidence" (NBER Working Paper 8610, National Bureau of Economic Research, Cambridge, MA, November 2001), http://www.nber.org/papers/w8610.pdf, Abstract.

第四章 新客户与新投资形式

1. Nobel Media AB, "The Prize in Economics 1985—Press Release," 1985, accessed 2013, http://www.nobelprize.org/nobel_prizes/economic-sciences/laureates/1985/press.html. For the original work and quote provided, see John Maynard Keynes, *The General Theory of Employment, Interest and Money* (London: Macmillan, 1936), 96.
2. Nobel Media AB, "Prize in Economics 1985—Press Release;" Angus Deaton, "Franco Modigliani and the Life Cycle Theory of Consumption" (speech, Convegno Internazionale Franco Modgliani, Accademia Nazionale dei Lincei, Rome, February 17–18, 2005), https://www.princeton.edu/~deaton/downloads/romelecture.pdf, 1–2 and 6. For the original works, see Franco Modigliani and Richard H. Brumberg, "Utility Analysis and the Consumption Function: An Interpretation of Cross-Section Data," in *Post-Keynesian Economics*, ed. Kenneth K. Kurihara (New Brunswick, NJ: Rutgers University Press, 1954), 388–436; Franco Modigliani and Richard H. Brumberg, "Utility Analysis and Aggregate Consumption Functions: An Attempt at Integration," in *The Collected Papers of Franco Modigliani*, ed. Andrew Abel, vol. 2, *The Life Cycle Hypothesis of Saving* (Cambridge, MA: MIT Press, 1990), 128–197.
3. Nobel Media AB, "Prize in Economics 1985—Press Release;" Deaton, "Modigliani and the Life Cycle Theory," 9. For the original work,

see Milton Friedman, *A Theory of the Consumption Function* (Princeton, NJ: Princeton University Press, 1957).
4. Deaton, "Modigliani and the Life Cycle Theory," 7–8 and 16–18.
5. Investment Company Institute, *2013 Investment Company Fact Book*, accessed 2014, http://www.ici.org/pdf/2013_factbook.pdf, 117; James Wooten, *The Employee Retirement Income Security Act of 1974: A Political History* (Berkeley: University of California Press, 2005), 51–52 and 251.
6. Matteo Tonello and Stephan Rabimov, "The 2010 Institutional Investment Report: Trends in Asset Allocation and Portfolio Composition" (Research Report R-1468-10-RR, The Conference Board, New York, NY, 2010), http://papers.ssrn.com/sol3/papers.cfm?abstract_id=1707512, 22.
7. David Swensen, *Pioneering Portfolio Management: An Unconventional Approach to Institutional Investment*, rev. ed. (New York: Free Press, 2009), 17.
8. Ibid.
9. National Association of College and University Business Officers (NACUBO), and Commonfund Institute, "Average Annual Effective Spending Rates, 2011 to 2002," 2011 NACUBO-Commonfund Study of Endowments, 2012, http://www.nacubo.org/Documents/research/2011_NCSE_Public_Tables_Spending_Rates_Final_January_18_2012.pdf.
10. Uniform Law Commission, "Prudent Management of Institutional Funds Act Summary," accessed 2014, http://uniformlaws.org/ActSummary.aspx?title=Prudent%20Management%20of%20Institutional%20Funds%20Act.
11. Swensen, *Pioneering Portfolio Management*, 63.
12. National Association of College and University Business Officers (NACUBO) and Commonfund Institute, "Educational Endowments Returned an Average of 19.2% in FY2011," January 31, 2012, http://www.nacubo.org/Documents/research/2011_NCSE_Press_Release_Final_Embargo_1_31_12.pdf, 7.
13. Paul Arnsberger et al., "A History of the Tax-Exempt Sector: An SOI Perspective," *Statistics of Income Bulletin* (Internal Revenue Service, US Department of the Treasury), Winter 2008, http://www.irs.gov/pub/irs-soi/tehistory.pdf, 105.
14. Encyclopaedia Britannica, "Margaret Olivia Slocum Sage," accessed January 2015, http://www.britannica.com/EBchecked/topic/516233/Margaret-Olivia-Slocum-Sage; Encyclopaedia Britannica, "Russell Sage," accessed January 2015, http://www.britannica.com/EBchecked/topic/516237/Russell-Sage; "Working Women, 1800–1930: The Russell Sage Foundation and the Pittsburgh Survey," Harvard Library

Collections, accessed January 2015, http://ocp.hul.harvard.edu/ww/rsf.html.
15. Carnegie Corporation of New York, "Founding and Early Years," accessed 2014, http://carnegie.org/about-us/foundation-history/founding-and-early-years; Carnegie Corporation of New York, "Foundation History," accessed 2015, http://carnegie.org/about-us/mission-and-vision/foundation-history; Carnegie Corporation of New York, "Programs," accessed 2015, http://carnegie.org/programs.
16. Rockefeller Foundation, "Our History: A Powerful Legacy," accessed July 8, 2014, http://www.rockefellerfoundation.org/about-us/our-history.
17. Arnsberger et al., "History of the Tax-Exempt Sector," 107.
18. Ibid., 107–108 and 110.
19. Amy S. Blackwood, Katie L. Roeger, and Sarah L. Pettijohn, "The Nonprofit Sector in Brief: Public Charities, Giving, and Volunteering, 2012," Urban Institute, accessed 2014, http://www.urban.org/UploadedPDF/412674-The-Nonprofit-Sector-in-Brief.pdf, 5.
20. Richard Sansing and Robert Yetman, "Distribution Policies of Private Foundations" (working paper 02-20, McGladrey Institute of Accounting Education and Research, Tippie College of Business, University of Iowa, Iowa City, IA, October 2002), http://tippie.uiowa.edu/accounting/mcgladrey/workingpapers/02-20.pdf, 1–2.
21. Charles Piller, "Foundations Align Investments with Their Charitable Goals," *Los Angeles Times*, December 29, 2007, http://articles.latimes.com/2007/dec/29/business/fi-foundation29.
22. Steven Lawrence and Reina Mukai, "Key Facts on Mission Investing," Foundation Center, October 2011, http://foundationcenter.org/gainknowledge/research/pdf/keyfacts_missioninvesting2011.pdf, 1.
23. Foundation Center, "Quick Facts on U.S. Non-Profits," accessed 2015, http://foundationcenter.org/gainknowledge/research/keyfacts2014/foundation-focus.html.
24. Gokhan Afyonoglu et al., "The Brave New World of Sovereign Wealth Funds," Lauder Institute of Management & International Studies, University of Pennsylvania, 2010, http://d1c25a6gwz7q5e.cloudfront.net/papers/download/052810_Lauder_Sovereign_Wealth_Fund_report_2010.pdf, 1n2.
25. Sovereign Wealth Fund Institute, "Sovereign Wealth Funds Make Up More than 25% of U.S. Retirement Assets," March 27, 2014, http://www.swfinstitute.org/swf-article/sovereign-wealth-funds-make-up-more-than-25-of-u-s-retirement-assets.
26. Afyonoglu et al., "Brave New World," 10.
27. Ashby H. B. Monk, "Is CalPERS a Sovereign Wealth Fund?" (working paper 8-21, Center for Retirement Research, Boston College, Boston, MA,

December 2008), http://crr.bc.edu/wp-content/uploads/2008/12/IB_8-21.pdf, 4.
28. Afyonoglu et al., "Brave New World," 10–11.
29. Sovereign Wealth Center, "Kuwait Investment Authority," *Institutional Investor*, accessed July 8, 2014, http://www.sovereignwealthcenter.com/fund/17/Kuwait-Investment-Authority.html.
30. Afyonoglu et al., "Brave New World," 11.
31. Ibid., 12.
32. Sovereign Wealth Fund Institute, "What Is a SWF?," accessed July 8, 2014, http://www.swfinstitute.org/sovereign-wealth-fund.
33. Lixia Loh, *Sovereign Wealth Funds: States Buying the World* (Cranbrook, UK: Global Professional Publishing, 2010), 72–73.
34. Jerry W. Markham, *A Financial History of the United States*, vol. 1, *From Christopher Columbus to the Robber Barons (1492–1900)* (Armonk, NY: Sharpe, 2002), 182.
35. Thomas Kabele, "James Dodson, First Lecture on Insurances, 1757: Discussion," Kabele and Associates (New Canaan, CT), May 2, 2008, http://www.kabele.us/papers/dodsonms2.pdf, 1.
36. Aviva, "Amicable Society: Company History," accessed January 2015, http://www.aviva.com/about-us/heritage/companies/amicable-society; M. E. Ogborn, "Professional Name of the Actuary," *Journal of the Institute of the Actuaries* 82, no. 2 (September 1956): 235.
37. Encyclopaedia Britannica, "Married Women's Property Acts," accessed January 2015, http://www.britannica.com/EBchecked/topic/366305/Married-Womens-Property-Acts; Sharon Ann Murphy, "Life Insurance in the United States through World War I," in *Encyclopedia of Economic and Business History*, ed. Robert Whaples, Economic History Association, August 14, 2002, http://eh.net/encyclopedia/life-insurance-in-the-united-states-through-world-war-i.
38. Murphy, "Life Insurance in the United States."
39. American Council of Life Insurers (ACLI), *2011 Life Insurers Fact Book* (Washington, DC: American Council of Life Insurers, 2011), 63.
40. ACLI, *2011 Life Insurers Fact Book*, 1–3.
41. Ibid., 9.
42. Federal Deposit Insurance Corporation (FDIC), *An Examination of the Banking Crises of the 1980s and Early 1990s*, vol. 1 of *History of the Eighties: Lessons for the Future* (Washington, DC: Federal Deposit Insurance Corporation, 1997), 211–212.
43. FDIC, *Examination of the Banking Crises*, 230; Congressional Budget Office (CBO), *The Economic Effects of the Savings and Loan Crisis* (Washington, DC: Congressional Budget Office, 1992), 7.
44. FDIC, *Examination of the Banking Crises*, 221–222.

45. CBO, *Effects of the Crisis*, 7–8.
46. FDIC, *Examination of the Banking Crises*, 231.
47. Ibid., 225–227.
48. Ibid., 232.
49. Timothy Curry and Lynn Shibut, "The Cost of the Savings and Loan Crisis: Truth and Consequences," *FDIC Banking Review* 13, no. 2 (2000): 30–33.
50. Board of Governors of the Federal Reserve System, "Money Stock Measures—H.6," July 3, 2014, http://www.federalreserve.gov/RELEASES/h6/20140703; R. Alton Gilbert, "Requiem for Regulation Q: What It Did and Why It Passed Away," *Federal Reserve Bank of St. Louis Review*, February 1986, https://research.stlouisfed.org/publications/review/86/02/Requiem_Feb1986.pdf, 34–35.
51. Board of Governors of the Federal Reserve System, "Money Stock Measures—H.6."
52. Mike Martinez et al., *Vault Career Guide to Private Wealth Management* (New York: Vault, 2006), 10.
53. Kopin Tan, "An Upbeat View from JPMorgan's Private Bank," *Barron's*, May 19, 2012, http://online.barrons.com/news/articles/SB50001424053111904370004577392260986818168.
54. Ibid.; Geraldine Fabrikant, "Making Sure the Rich Stay Rich, Even in Crisis," *New York Times*, October 7, 2001, http://www.nytimes.com/2001/10/07/business/making-sure-the-rich-stay-rich-even-in-crisis.html.
55. JPMorgan Chase & Co., *Annual Report 2013*, April 9, 2014, http://investor.shareholder.com/jpmorganchase/annual.cfm.
56. K. Geert Rouwenhorst, "The Origins of Mutual Funds" (working paper 04-48, International Center for Finance, Yale School of Management, Yale University, New Haven, CT, December 2004), http://ssrn.com/abstract=636146, 15.
57. K. Geert Rouwenhorst, "The Origins of Mutual Funds," in *The Origins of Value: The Financial Innovations That Created Modern Capital Markets*, eds. William N. Goetzmann and K. Geert Rouwenhorst (New York: Oxford University Press, 2005), 254.
58. Rouwenhorst, "Origins of Mutual Funds" (2004), 11.
59. Morningstar, "MFS Massachusetts Investors Tr A (MITTX): Performance," accessed 2014, http://performance.morningstar.com/fund/performance-return.action?t=MITTX.
60. Jason Zweig, "Risks and Riches," *Money* 28, no. 4 (April 1999): 94–101.
61. Wharton School of Finance and Commerce, *A Study of Mutual Funds*, H.R. Rep. No. 87-2274 (1962), 37.
62. Ibid., 38.

63. Investment Company Institute, "Appendix A: How Mutual Funds and Investment Companies Operate: The Origins of Pooled Investing," in *2006 Investment Company Fact Book*, accessed 2014, http://www.icifactbook.org/2006/06_fb_appa.html.
64. Clifford E. Kirsch and Bibb L. Strench, "Mutual Funds," in *Financial Product Fundamentals: Law, Business, Compliance*, ed. Clifford E. Kirsch, 2nd ed. (New York: Practising Law Institute, 2013), 6-4.
65. Investment Company Institute, "Appendix A."
66. W. John McGuire, "The Investment Company Act of 1940," Morgan, Lewis & Bockius, 2005, http://www.morganlewis.com/pubs/Investment%20Company%20Act%20Powerpoint.pdf, slides 11–12.
67. Ibid., slide 10.
68. Matthew P. Fink, *The Rise of Mutual Funds: An Insider's View*, 2nd ed. (Oxford: Oxford University Press, 2011), 57.
69. Hugh Bullock, *The Story of Investment Companies* (New York: Columbia University Press, 1959), 101.
70. Donald Christensen, *Surviving the Coming Mutual Fund Crisis* (New York: Little, Brown, 1995), 60.
71. Barry P. Barbash, "Remembering the Past: Mutual Funds and the Lessons of the Wonder Years" (speech, ICI Securities Law Procedures Conference, Washington, DC, December 4, 1997), www.sec.gov/news/speech/speecharchive/1997/spch199.txt.
72. Fink, *Rise of Mutual Funds*, 80–81.
73. Investment Company Institute, *2013 Investment Company Fact Book*, 24–25.
74. Investment Company Institute, "Recent Mutual Fund Trends," in *2014 Investment Company Fact Book*, accessed 2014, http://www.icifactbook.org/fb_ch2.html.

第五章 欺诈、市场操纵与内幕交易

1. Steve Fishman, "The Monster Mensch," *New York*, February 22, 2009, http://nymag.com/news/businessfinance/54703; Aaron Smith, "Madoff Arrives at N.C. Prison," CNN Money, July 14, 2009, http://money.cnn.com/2009/07/14/news/economy/madoff_prison_transfer; Patricia Hurtado, "Andrew, Ruth Madoff Say Were Unaware of $65 Billion Fraud Until Confession," *Bloomberg Businessweek*, November 8, 2011, http://www.businessweek.com/news/2011-11-08/andrew-ruth-madoff-say-they-were-unaware-of-65-billion-fraud.html.
2. Hurtado, "Andrew, Ruth Madoff Say Were Unaware."

3. Andrew Clark, "Bernard Madoff's Sons Say: We're Victims Too," *The Guardian*, March 17, 2010, http://www.theguardian.com/business/2010/mar/17/bernard-madoff-usa; Christopher Matthews, "Five Former Employees of Bernie Madoff Found Guilty of Fraud," *Wall Street Journal*, March 25, 2014, http://online.wsj.com/news/articles/SB10001424052702304679404579459551977535482.
4. Alison Gendar, "Bernie Madoff Baffled by SEC Blunders: Compares Agency's Bumbling Actions to Lt. Colombo," *Daily News* (New York), October 30, 2009, http://www.nydailynews.com/news/crime/bernie-madoff-baffled-sec-blunders-compares-agency-bumbling-actions-lt-colombo-article-1.382446.
5. Hurtado, "Andrew, Ruth Madoff Say Were Unaware."
6. Bernard Madoff, "Text of Bernard Madoff's Court Statement," National Public Radio, March 12, 2009, http://www.npr.org/templates/story/story.php?storyId=101816470.
7. David S. Hilzenrath, "Former Madoff Trader David Kugel Pleads Guilty to Fraud," *Washington Post*, November 21, 2011, http://www.washingtonpost.com/business/economy/former-madoff-trader-david-kugel-pleads-guilty-to-fraud/2011/11/21/gIQATSFLjN_story.html.
8. Brian Ross, *The Madoff Chronicles: Inside the Secret World of Bernie and Ruth* (New York: Hyperion, 2009), 25.
9. Harry Markopolos, Harry Markopolos to US Securities and Exchange Commission, "The World's Largest Hedge Fund Is a Fraud," November 7, 2005, http://online.wsj.com/documents/Madoff_SECdocs_20081217.pdf, 2.
10. "Jewish Reaction to Madoff Scandal" (transcript), *Religion and Ethics Newsweekly*, produced by Thirteen/WNET New York, PBS, March 20, 2009, http://www.pbs.org/wnet/religionandethics/2009/03/20/march-20-2009-jewish-reaction-to-madoff-scandal/2474.
11. David Glovin, "Bernard Madoff's Accountant Friehling Pleads Guilty (Update 2)," Bloomberg News, November 3, 2009, http://www.bloomberg.com/apps/news?pid=newsarchive&sid=ah_xWlo07TTE.
12. Ibid.; Alyssa Abkowitz, "Madoff's Auditor . . . Doesn't Audit?," CNN Money, December 19, 2008, http://archive.fortune.com/2008/12/17/news/companies/madoff.auditor.fortune/index.htm.
13. Glovin, "Friehling Pleads Guilty."
14. Ross Kerber, "The Whistleblower," *Boston Globe*, January 8, 2009, http://www.boston.com/business/articles/2009/01/08/the_whistleblower.
15. Harry Markopolos to US Securities and Exchange Commission, 5.
16. Carole Bernard and Phelim Boyle, "Mr. Madoff's Amazing Returns: An Analysis of the Split-Strike Conversion Strategy," *Journal of Derivatives* 17, no. 1 (Fall 2009): 62–76.

17. Harry Markopolos to US Securities and Exchange Commission, 1–2.
18. Ibid., 1.
19. Ibid.
20. Securities and Exchange Commission, "Investigation of Failure of the SEC to Uncover Bernard Madoff's Ponzi Scheme—Public Version" (Report No. OIG-509), Office of Investigations, US Securities and Exchange Commission, August 31, 2009, http://www.sec.gov/news/studies/2009/oig-509.pdf, 21–22.
21. Securities and Exchange Commission, "Post-Madoff Reforms," accessed September 2014, http://www.sec.gov/spotlight/secpostmadoffreforms.htm.
22. Ibid.
23. Jeanine Ibrahim, "Allen Stanford: Descent from Billionaire to Inmate #35017-183," CNBC, October 5, 2012, http://www.cnbc.com/id/49276842.
24. Matthew Goldstein, "Stanford's Failed Health Club," *Unstructured Finance* (blog), *Bloomberg Businessweek*, February 13, 2009, http://www.businessweek.com/investing/wall_street_news_blog/archives/2009/02/stanfords_faile.html; Matthew Goldstein, "Stanford's Rocky Start," *Bloomberg Businessweek*, March 3, 2009, http://www.businessweek.com/bwdaily/dnflash/content/mar2009/db2009033_601499.htm.
25. Goldstein, "Stanford's Rocky Start."
26. Ibrahim, "Allen Stanford: Descent."
27. Anna Driver and Eileen O'Grady, "Allen Stanford Sentenced to 110 Years in Prison," Reuters, June 14, 2012, http://www.reuters.com/article/2012/06/14/us-stanford-sentencing-idUSBRE85D17720120614.
28. Ibrahim, "Allen Stanford: Descent."
29. Goldstein, "Stanford's Rocky Start."
30. Clifford Krauss, "Stanford Sentenced to 110-Year Term in $7 Billion Ponzi Case," *New York Times*, June 14, 2012, http://www.nytimes.com/2012/06/15/business/stanford-sentenced-to-110-years-in-jail-in-fraud-case.html.
31. Ibrahim, "Allen Stanford: Descent."
32. Driver and O'Grady, "Allen Stanford Sentenced."
33. Krauss, "Stanford Sentenced to 110-Year Term."
34. Mary Darby, "In Ponzi We Trust," *Smithsonian Magazine*, December 1998, http://www.smithsonianmag.com/people-places/in-ponzi-we-trust-64016168; Louis L. Straney, *Securities Fraud: Detection, Prevention and Control* (Hoboken, NJ: Wiley, 2010), 81; William Nana Wiafe Jr., *The New Competitive Strategy: The Ultimate Business Strategy That Gets Superior Results and Builds Business Empires* (n.p.: Xlibris, 2011), 39.
35. Straney, *Securities Fraud*, 81.
36. Darby, "In Ponzi We Trust;" Straney, *Securities Fraud*, 82–83.

37. Ibid., 83.
38. Darby, "In Ponzi We Trust."
39. Ibid.
40. Straney, *Securities Fraud*, 83.
41. *Ponzi v. Fessenden*, 258 U.S. 254 (1922).
42. Erin Skarda, "William Miller, the Original Schemer," *Time*, March 7, 2012, http://content.time.com/time/specials/packages/article/0,288 04,2104982_2104983_2104992,00.html.
43. "A Century of Ponzi Schemes," *DealBook* (blog), *New York Times*, December 15, 2008, http://dealbook.nytimes.com/2008/12/15/a-century-of-ponzi-schemes.
44. Skarda, "William Miller."
45. Darby, "In Ponzi We Trust."
46. John Steele Gordon, "Pyramid Schemes Are as American as Apple Pie," *Wall Street Journal*, December 17, 2008, http://online.wsj.com/news/articles/SB122948144507313073.
47. Ibid.
48. Ibid.
49. Ibid.
50. Ibid.
51. Ibid.
52. "The Match King," *Economist*, December 19, 2007, http://www.economist.com/node/10278667.
53. Torsten Kreuger, *The Truth about Ivar Kreuger* (Stuttgart: Seewald, 1968), 50.
54. Paul M. Clikeman, "The Greatest Frauds of the (Last) Century" (working paper, Robins School of Business, University of Richmond, Richmond, VA, May 2003), http://www.newaccountantusa.com/newsFeat/wealthManagement/Clikeman_Greatest_Frauds.pdf, 2.
55. Ibid.
56. Ibid.
57. Ibid., 2–3.
58. "The Match King."
59. Ibid.; Kreuger, *Truth about Ivar Kreuger*, 63–64.
60. Clikeman, "Greatest Frauds," 3.
61. Paul M. Clikeman, *Called to Account: Financial Frauds That Shaped the Accounting Profession*, 2nd ed. (New York: Routledge, 2013), 38.
62. Kenneth L. Fisher, *How to Smell a Rat: The Five Signs of Financial Fraud*, with Lara Hoffmans (Hoboken, NJ: Wiley, 2009), 167.
63. Cabell Phillips, *From the Crash to the Blitz, 1929–1939* (New York: Fordham University Press, 2000), 30–31; Fisher, *How to Smell a Rat*, 167.
64. Fisher, *How to Smell a Rat*, 167.

65. Ibid., 167–168.
66. Ibid., 168–169.
67. Ibid., 167–69; John Brooks, *Once in Golconda: A True Drama of Wall Street, 1920–1938* (New York: Harper & Row, 1969), 258.
68. James Bandler and Doris Burke, "70 Years before Madoff, There Was Whitney," CNN Money, December 16, 2008, http://money.cnn.com/2008/12/16/news/madoff.whitney.fortune.
69. Fisher, *How to Smell a Rat*, 169.
70. Kurt A. Hohenstein, ed., "William O. Douglas and the Growing Power of the SEC," Securities and Exchange Commission Historical Society, December 1, 2005, http://www.sechistorical.org/museum/galleries/douglas/index.php.
71. Ibid.
72. Ibid.
73. Kathleen M. Middleton, *Bayonne Passages*, Images of America (Charleston, SC: Arcadia, 2000), 146.
74. Norman C. Miller, *The Great Salad Oil Swindle* (New York: Coward McCann, 1965), 16–22.
75. Ibid., 17–18.
76. Middleton, *Bayonne Passages*, 146.
77. Miller, *Salad Oil Swindle*, 18.
78. George Childs Kohn, ed., *The New Encyclopedia of American Scandal*, rev. ed. (New York: Infobase, 2001), 161.
79. Miller, *Salad Oil Swindle*, 70–73.
80. Middleton, *Bayonne Passages*, 147–148.
81. Ibid.
82. Miller, *Salad Oil Swindle*, 142–146 and 183.
83. Kohn, *Encyclopedia of American Scandal*, 161.
84. Middleton, *Bayonne Passages*, 148.
85. Chris Barth, "Warren Buffett: Clairvoyant or Crazy?," *Forbes*, June 12, 2012, http://www.forbes.com/sites/chrisbarth/2012/06/12/warren-buffett-clairvoyant-or-crazy.
86. Kohn, *Encyclopedia of American Scandal*, 162.
87. Stephen G. Dimmock and William C. Gerken, "Finding Bernie Madoff: Detecting Fraud by Investment Managers" (working paper, 2011).
88. Stephen J. Brown and Onno W. Steenbeek, "Doubling: Nick Leeson's Trading Strategy," *Pacific-Basin Finance Journal* 9, no. 2 (April 2001): 85–86.
89. Ibid., 86.
90. Nick Leeson, "Biography," NickLeeson.com, accessed January 2015, http://www.nickleeson.com/biography/full_biography_02.html.

91. Martin Arnold et al., "How Kerviel Exposed Lax Controls at Société Générale," *Financial Times*, February 7, 2008, http://www.ft.com/intl/cms/s/0/927fe998-d5b2-11dc-8b56-0000779fd2ac.html.
92. Ibid.
93. Ibid.
94. Sebastian Fritz-Morgenthal and Hagen Rafeld, "Breaking Down the Biggest Trading Fraud in the History of Banking," *Risk Professional*, June 2010, 47–52, http://www.academia.edu/9042700/Breaking_Down_the_Biggest_Trading_Fraud_in_the_History_of_Banking.
95. Scott B. MacDonald and Jane E. Hughes, *Separating Fools from Their Money: A History of American Financial Scandals* (New Brunswick, NJ: Transaction, 2007), 16–17.
96. David J. Cowen, "William Duer and America's First Financial Scandal," *Financial History* 97 (Spring 2010): 20–21.
97. Ibid., 21–22.
98. Ibid., 22.
99. Ibid., 23 and 35.
100. David J. Cowen, Richard Sylla, and Robert E. Wright, "The US Panic of 1792: Financial Crisis Management and the Lender of Last Resort" (paper presented at the XIV International Economic History Congress, Helsinki, Finland, August 2006), http://www.helsinki.fi/iehc2006/papers1/Sylla.pdf, 12–19.
101. Cowen, "William Duer," 35.
102. Timothy Starr, *Railroad Wars of New York State* (Charleston, SC: History Press, 2012), 112.
103. Ibid., 114.
104. Ibid., 114–116.
105. Robert C. Kennedy, "On This Day: March 30, 1872," The Learning Network, *New York Times*, March 30, 2001, http://www.nytimes.com/learning/general/onthisday/harp/0330.html.
106. Starr, *Railroad Wars*, 123–130.
107. Kenneth L. Fisher, *100 Minds That Made the Market* (Hoboken, NJ: Wiley, 2007), 250.
108. Ibid., 252–253.
109. Ibid., 252.
110. Robert Sobel, *The Big Board: A History of the New York Stock Market*, (New York, NY: Free Press, 1965), 329.
111. Fisher, *100 Minds*, 251–252.
112. Ibid., 252.
113. Rajesh K. Aggarwal and Guojun Wu, "Stock Market Manipulations," *Journal of Business* 79, no. 4 (July 2006): 1917.
114. Steve Lohr, "Guinness Scandal Roils Britain," *New York Times*, January 30, 1987, http://www.nytimes.com/1987/01/30/business

/guinness-scandal-roils-britain.html; Lynne Curry, "Guinness Brew-Haha in the City Lapping at Thatcher Government," *Christian Science Monitor*, January 29, 1987, http://www.csmonitor.com/1987/0129/fmark29.html.

115. Steve Lohr, "Hostile Offer by Argyll for Distillers," *New York Times*, December 2, 1985, http://www.nytimes.com/1985/12/03/business/hostile-offer-by-argyll-for-distillers.html; Steve Lohr, "Guinness Offers to Buy Distillers for $3.2 Billion," *New York Times*, January 20, 1986, http://www.nytimes.com/1986/01/21/business/guinness-offers-to-buy-distillers-for-3.2-billion.html.
116. "'Guinness Four' Guilty," BBC News, August 27, 1990, http://news.bbc.co.uk/onthisday/hi/dates/stories/august/27/newsid_2536000/2536035.stm.
117. Lohr, "Guinness Scandal Roils Britain."
118. Travers Smith, "The Takeovers Regime Under the Companies Act 2006: AIM-Listed Companies," May 2007, http://www.traverssmith.com/media/602015/takeovers_regime_under_the_companies_act_2006_-_aim-listed_companies_-_may_2007.pdf.
119. "Timeline: LIBOR-Fixing Scandal," BBC News, February 6, 2013, http://www.bbc.com/news/business-18671255.
120. Michael J. de la Merced, "Q. and A.: Understanding LIBOR," *DealBook* (blog), *New York Times*, July 10, 2012, http://dealbook.nytimes.com/2012/07/10/q-and-a-understanding-libor.
121. Ibid.
122. Christopher Matthews, "LIBOR Scandal: Yep, It's as Bad as We Thought," *Time*, December 20, 2012, http://business.time.com/2012/12/20/libor-scandal-yep-its-as-bad-as-we-thought.
123. Andrea Tan, Gavin Finch, and Liam Vaughan, "RBS Instant Messages Show LIBOR Rates Skewed for Traders," Bloomberg News, September 26, 2012, http://www.bloomberg.com/news/2012-09-25/rbs-instant-messages-show-libor-rates-skewed-for-traders.html.
124. Vikas Shah, "Andrew Lo on the LIBOR Scandal and What's Next," AllAboutAlpha.com, November 8, 2012, http://allaboutalpha.com/blog/2012/11/08/andrew-lo-on-the-libor-scandal-and-whats-next.
125. Liam Vaughan and Gavin Finch, "LIBOR Lies Revealed in Rigging of $300 Trillion Benchmark," Bloomberg News, January 28, 2013, http://www.bloomberg.com/news/2013-01-28/libor-lies-revealed-in-rigging-of-300-trillion-benchmark.html.
126. Dacher Keltner and Paul Piff, "Greed on Wall Street Prevents Good from Happening," *Room for Debate* (blog), *New York Times*, March 16, 2012, http://www.nytimes.com/roomfordebate/2012/03/15/does-morality-have-a-place-on-wall-street/greed-on-wall-street-prevents-good-from-happening.

127. Bob Greene, "A $100 Million Idea: Use Greed for Good," *Chicago Tribune*, December 15, 1986, http://articles.chicagotribune.com/1986-12-15/features/8604030634_1_ivan-boeskys-greed-fund.
128. Bryan K. Ulmer, "Boesky, Ivan," in *Encyclopedia of White-Collar and Corporate Crime*, ed. Lawrence M. Salinger (Thousand Oaks, CA: Sage, 2005), 1:96.
129. Stephen Koepp, "'Money Was the Only Way,'" *Time*, June 24, 2001, http://content.time.com/time/magazine/article/0,9171,144026,00.html.
130. Ulmer, "Boesky, Ivan," 1:97.
131. Koepp, "'Money Was the Only Way;'" Ulmer, "Boesky, Ivan," 1:96.
132. Keith M. Moore, *Risk Arbitrage: An Investor's Guide* (Hoboken, NJ: Wiley, 1999), 7–10.
133. Koepp, "'Money Was the Only Way.'"
134. James B. Stewart, *Den of Thieves* (New York: Simon and Schuster, 1992), 18–20.
135. Ibid., 164–165.
136. Ibid., 12 and 340.
137. Robert K. D. Colby, ed., "Wrestling with Reform: Financial Scandals and the Legislation They Inspired," Securities and Exchange Commission Historical Society, May 1, 2013, http://www.sechistorical.org/museum/galleries/wwr/index.php.
138. Ulmer, "Boesky, Ivan," 1:97.
139. Stewart, *Den of Thieves*, 431.
140. Susan Pulliam and Chad Bray, "Trader Draws Record Sentence," *Wall Street Journal*, October 14, 2011, http://online.wsj.com/news/articles/SB10001424052970203914304576627191081876286.
141. Katherine Burton and Saijel Kishan, "Raj Rajaratnam Became Billionaire Demanding Edge," Bloomberg News, October 19, 2009, http://www.bloomberg.com/apps/news?pid=newsarchive&sid=aDg9U7NGeNv4.
142. Michael J. de la Merced, "Taped Calls about Akamai Earnings Guidance Heard at Galleon Trial," *DealBook* (blog), *New York Times*, April 4, 2011, http://dealbook.nytimes.com/2011/04/04/focus-shifts-to-google-trade-at-galleon-trial.
143. Barney Gimbel, "Partners in Crime," CNN Money, October 4, 2006, http://money.cnn.com/magazines/fortune/fortune_archive/2006/10/02/8387505/index.htm.
144. Ibid.
145. Ibid.
146. Ibid.
147. Ibid.

148. Ferdinand Pecora, *Wall Street Under Oath* (New York: A. M. Kelley, 1939), quoted in Charles D. Ellis and James R. Vertin, *True Stories of the Great Barons of Finance*, vol. 2 of *Wall Street People* (Hoboken, NJ: Wiley, 2003), 182–183.
149. Senate Committee on Banking and Currency, "Stock Exchange Practices" (S. Rep. No. 73-1455) (Washington, DC: Government Printing Office, 1934), https://www.senate.gov/artandhistory/history/common/investigations/pdf/Pecora_FinalReport.pdf, 187–189.
150. Ellis and Vertin, *True Stories*, 182.
151. Pecora, *Wall Street Under Oath*, quoted in Ellis and Vertin, *True Stories*, 188.
152. Jerry W. Markham, *A Financial History of Modern US Corporate Scandals: From Enron to Reform* (Armonk, NY: Sharpe, 2006), 377.
153. Kurt A. Hohenstein, ed., "Fair to All People: The SEC and the Regulation of Insider Trading," Securities and Exchange Commission Historical Society, November 1, 2006, http://www.sechistorical.org/museum/galleries/it.
154. David Margolick, "William Carey [sic], Former S.E.C. Chairman, Dies at 72," *New York Times*, February 9, 1983, http://www.nytimes.com/1983/02/09/obituaries/william-carey-former-sec-chairman-dies-at-72.html.
155. Ibid.
156. Donald C. Langevoort, "Rereading *Cady, Roberts*: The Ideology and Practice of Insider Trading Regulation," *Columbia Law Review* 99, no. 5 (June 1999): 1319.
157. Stephen M. Bainbridge, ed., *Research Handbook on Insider Trading* (Cheltenham, UK: Edward Elgar, 2013), 3.
158. Ibid.
159. Philip McBride Johnson and Thomas Lee Hazen, *Derivatives Regulation* (New York: Aspen, 2004), 3:1522–1523.
160. Markham, *Financial History*, 378–379.
161. Bainbridge, *Research Handbook*, 3.
162. Hohenstein, "Fair to All People."
163. Ibid.
164. Robert Schmidt and Jesse Hamilton, "SEC 'Capacity Gap' Risks Oversight Lapses as Regulator's Targets Multiply," Bloomberg News, March 7, 2011, http://www.bloomberg.com/news/2011-03-07/sec-capacity-gap-risks-oversight-lapses-as-regulator-s-targets-multiply.html.
165. James B. Stewart, "As a Watchdog Starves, Wall Street Is Tossed a Bone," *New York Times*, July 15, 2011, http://www.nytimes.com/2011/07/16/business/budget-cuts-to-sec-reduce-its-effectiveness.html.
166. Ibid.

第六章　管理周期性危机的进步

1. Philip S. Bagwell and G. E. Mingay, *Britain and America, 1850–1939: A Study of Economic Change* (New York: Praeger, 1970), 244–246.
2. J. R. Vernon, "The 1920–21 Deflation: The Role of Aggregate Supply," *Economic Inquiry* 29, no. 3 (July 1991): 572–573.
3. Ibid., 573–574.
4. Charles H. Feinstein, Peter Temin, and Gianni Toniolo, *The World Economy Between the World Wars* (New York: Oxford University Press, 2008), 56.
5. Bagwell and Mingay, *Britain and America*, 246.
6. J. Bradford DeLong, "The Roaring Twenties," in *Slouching Towards Utopia?: The Economic History of the Twentieth Century*, February 1997, http://holtz.org/Library/Social%20Science/Economics/Slouching%20Towards%20Utopia%20by%20DeLong/Slouch_roaring13.html; Henry Cabot Lodge, "League of Nations," American Memory, Library of Congress, accessed 2015, http://memory.loc.gov; Immigration Act of 1924, Pub. L. No. 68-139, 43 Stat. 153, http://library.uwb.edu/guides/usimmigration/43%20stat%20153.pdf.
7. DeLong, "Roaring Twenties."
8. Ibid.
9. Kenneth L. Fisher, *100 Minds That Made the Market* (Hoboken, NJ: Wiley, 2007), 183–184; "The 1907 Crisis in Historical Perspective," Center for History and Economics, Harvard University, accessed 2015, http://www.fas.harvard.edu/~histecon/crisis-next/1907.
10. Fisher, *100 Minds*, 184.
11. Anthony D'Agostino, *The Rise of Global Powers: International Politics in the Era of the World Wars* (Cambridge: Cambridge University Press, 2012), 225.
12. Ibid., 226.
13. Federal Reserve Bank of New York, "George L. Harrison," accessed January 2015, http://www.newyorkfed.org/aboutthefed/GHarrisonbio.html.
14. Claire Suddath, "The Crash of 1929," *Time*, October 29, 2008, http://content.time.com/time/nation/article/0,8599,1854569,00.html.
15. Karen Blumenthal, *Six Days in October: The Stock Market Crash of 1929* (New York: Simon and Schuster, 2002), 88.
16. Ibid., 88–89; "Exchange to Close for Two Days of Rest," *New York Times*, October 31, 1929, http://partners.nytimes.com/library/financial/103129crash-close.html.

17. Harold Bierman Jr., *The Causes of the 1929 Stock Market Crash: A Speculative Orgy or a New Era?* (Westport, CT: Greenwood, 1998), 4; Harold Bierman, "The 1929 Stock Market Crash," in *Encyclopedia of Economic and Business History*, ed. Robert Whaples, Economic History Association, March 26, 2008, http://eh.net/encyclopedia/the-1929-stock-market-crash.
18. Capital Finance International, "Jesse Lauriston Livermore: The Boy Plunger," February 20, 2014, http://cfi.co/banking/2014/02/jesse-lauriston-livermore-the-boy-plunger.
19. Bierman, *Causes of the Crash*, 6–7 and 13.
20. Gene Smiley, *The American Economy in the Twentieth Century* (Cincinnati: South-Western, 1994), 148–150.
21. D'Agostino, *Rise of Global Powers*, 227; Charles P. Kindleberger, *The World in Depression, 1929–1939*, rev. ed. (Berkeley: University of California Press, 1986), 295–296.
22. Smiley, *American Economy*, 158–161.
23. Ibid., 151–154.
24. Ben S. Bernanke, "The Financial Accelerator and the Credit Channel" (speech, The Credit Channel of Monetary Policy in the Twenty-First Century Conference, Federal Reserve Bank of Atlanta, Atlanta, GA, June 15, 2007), http://www.federalreserve.gov/newsevents/speech/bernanke20070615a.htm.
25. Franklin D. Roosevelt Presidential Library and Museum (FDR Library), "FDR: From Budget Balancer to Keynesian: A President's Evolving Approach to Fiscal Policy in Times of Crisis," accessed 2013, http://www.fdrlibrary.marist.edu/aboutfdr/budget.html.
26. Herbert Hoover, "Statement on Efforts to Balance the Budget," March 8, 1932, The American Presidency Project, http://www.presidency.ucsb.edu/ws/?pid=23478.
27. FDR Library, "Budget Balancer to Keynesian."
28. Bruce Bartlett, "How Deficit Hawks Could Derail the Recovery," *Forbes*, January 8, 2010, http://www.forbes.com/2010/01/07/deficit-great-depression-recovery-opinions-columnists-bruce-bartlett.html; FDR Library, "Budget Balancer to Keynesian."
29. FDR Library, "Budget Balancer to Keynesian."
30. Securities and Exchange Commission Historical Society, "431 Days: Joseph P. Kennedy and the Creation of the SEC (1934–35)," accessed 2013, http://www.sechistorical.org/museum/galleries/kennedy/politicians_b.php; US Securities and Exchange Commission (SEC), "Laws That Govern the Securities Industry," accessed January 2015, http://www.sec.gov/about/laws.shtml.

31. Matthew P. Fink, *The Rise of Mutual Funds: An Insider's View*, 2nd ed. (Oxford: Oxford University Press, 2011), 23–24.
32. SEC, "Laws That Govern the Securities Industry."
33. "Topics: Glass-Steagall Act (1933)," *New York Times*, accessed January 2015, http://topics.nytimes.com/top/reference/timestopics/subjects/g/glass_steagall_act_1933/index.html.
34. Hyman P. Minsky, *Stabilizing an Unstable Economy* (New Haven, CT: Yale University Press, 1986).
35. William Seyfried, "Monetary Policy and Housing Bubbles: A Multinational Perspective," *Research in Business and Economics Journal* 2 (March 2010), http://www.aabri.com/manuscripts/09351.pdf, 1–2.
36. Kathryn J. Byun, "The US Housing Bubble and Bust: Impacts on Employment," *Monthly Labor Review* (Bureau of Labor Statistics, US Department of Labor), December 2010, http://www.bls.gov/opub/mlr/2010/12/art1full.pdf, 7.
37. Robert J. Shiller, "Understanding Recent Trends in House Prices and Home Ownership" (working paper 13553, National Bureau of Economic Research, Cambridge, MA, October 2007), http://www.nber.org/papers/w13553.pdf, 3–7.
38. Walter Bagehot, *Lombard Street: A Description of the Money Market* (London: King, 1873).
39. Board of Governors of the Federal Reserve System, "Ben S. Bernanke," accessed January 2015, http://www.federalreservehistory.org/People/DetailView/12; Phillip Y. Lipscy and Hirofumi Takinami, "The Politics of Financial Crisis Response in Japan and the United States," *Japanese Journal of Political Science* 14, no. 3 (September 2013): 331–335.
40. Baird Webel, "Troubled Asset Relief Program (TARP): Implementation and Status," Congressional Research Service, Library of Congress, Washington, DC, June 27, 2013, https://www.fas.org/sgp/crs/misc/R41427.pdf, 1; "Treasury's Bailout Proposal," CNN Money, September 20, 2008, http://money.cnn.com/2008/09/20/news/economy/treasury_proposal; US Department of the Treasury, "TARP Programs," accessed January 2015, http://www.treasury.gov/initiatives/financial-stability/TARP-Programs/Pages/default.aspx; Congressional Budget Office, "Report on the Troubled Asset Relief Program—October 2012," October 11, 2012, http://www.cbo.gov/sites/default/files/TARP10-2012_0.pdf, 1.
41. Michael A. Fletcher, "Obama Leaves D.C. to Sign Stimulus Bill," *Washington Post*, February 18, 2009, http://www.washingtonpost.com/wp-dyn/content/article/2009/02/17/AR2009021700221.html; Council of Economic Advisers, Executive Office of the President, "The Economic Impact of the American Recovery and Reinvestment Act Five

Years Later: Final Report to Congress," February 2014, http://www.whitehouse.gov/sites/default/files/docs/cea_arra_report.pdf, i.
42. Paul Krugman, "Too Little, Gone Too Soon," *Conscience of a Liberal* (blog), New York Times, August 30, 2013, http://krugman.blogs.nytimes.com/2013/08/30/too-little-gone-too-soon.
43. Paul Wiseman and Pallavi Gogoi, "FDIC Chief: Small Banks Can't Compete with Bailed-Out Giants," *USA Today*, October 20, 2009, http://usatoday30.usatoday.com/money/industries/banking/2009-10-19-FDIC-chief-sheila-bair-banking_N.htm.
44. Frederic A. Schweikhard and Zoe Tsesmelidakis, "The Impact of Government Interventions on CDS and Equity Markets" (working paper, November 2012), http://papers.ssrn.com/sol3/papers.cfm?abstract_id=1573377, 1–2.
45. Dodd-Frank Wall Street Reform and Consumer Protection Act, Pub. L. No. 111-203, 124 Stat. 1376–2223, "Title I: Financial Stability," http://www.law.cornell.edu/wex/dodd-frank; US Department of the Treasury, "Financial Stability Oversight Council: Who Is on the Council?," accessed January 2015, http://www.treasury.gov/initiatives/fsoc/about/council/Pages/default.aspx.
46. Board of Governors of the Federal Reserve System, "Press Release," October 23, 2014, http://www.federalreserve.gov/newsevents/press/bcreg/20141023a.htm.
47. Simon Johnson, "Sadly, Too Big to Fail Is Not Over," *Economix* (blog), New York Times, August 1, 2013, http://economix.blogs.nytimes.com/2013/08/01/sadly-too-big-to-fail-is-not-over.
48. James B. Stewart, "Volcker Rule, Once Simple, Now Boggles," *New York Times*, October 21, 2011, http://www.nytimes.com/2011/10/22/business/volcker-rule-grows-from-simple-to-complex.html.
49. Ibid.; Dan Kedmey, "2 Years and 900 Pages Later, the Volcker Rule Gets the Green Light," TIME.com, December 11, 2013, http://business.time.com/2013/12/11/2-years-and-900-pages-later-the-volcker-rule-gets-the-green-light.
50. Carmen M. Reinhart and Kenneth S. Rogoff, *This Time Is Different: Eight Centuries of Financial Folly* (Princeton, NJ: Princeton University Press, 2011), xliv–xlv and 238–239.

第七章　投资理论的出现

1. Jean-Michel Courtault et al., "Louis Bachelier on the Centenary of *Théorie de la Spéculation*," *Mathematical Finance* 10, no. 3 (July 2000): 342–343.

2. Ibid., 341–344.
3. Ibid., 346–347.
4. "Fisher, Irving" in *Concise Encyclopedia of Economics*, ed. David R. Henderson, Library of Economics and Liberty, 2008, http://www.econlib.org/library/Enc/bios/Fisher.html.
5. Irving Fisher, "Out of Keynes's Shadow," *Economist*, February 14, 2009, http://www.economist.com/node/13104022; David J. Lynch, "Economists Evoke the Spirit of Irving Fisher," Bloomberg News, January 12, 2012, http://www.bloomberg.com/bw/magazine/economists-evoke-the-spirit-of-irving-fisher-01122012.html.
6. Irving Fisher, *The Theory of Interest as Determined by Impatience to Spend Income and Opportunity to Invest It* (New York: Macmillan, 1930), 151.
7. Ibid., 152.
8. Ibid., 155.
9. Peter L. Bernstein, *Capital Ideas: The Improbable Origins of Modern Wall Street* (New York: Free Press, 1992), 150–151.
10. Ibid., 153–154.
11. Ibid., 151–152. For the original work, see John Burr Williams, *The Theory of Investment Value* (Cambridge, MA: Harvard University Press, 1938).
12. K. P. Gupta, *Cost Management: Measuring, Monitoring & Motivating Performance* (Delhi: Global India Publications, 2009), 55.
13. Franco Modigliani and Merton H. Miller, "The Cost of Capital, Corporation Finance and the Theory of Investment," *American Economic Review* 48, no. 3 (June 1958): 261–297.
14. Nobel Media AB, "The Prize in Economics 1985—Press Release," 1985, accessed 2013, http://www.nobelprize.org/nobel_prizes/economic-sciences/laureates/1985/press.html; Nobel Media AB, "The Prize in Economics 1990—Press Release," 1990, accessed 2013, http://www.nobelprize.org/nobel_prizes/economic-sciences/laureates/1990/press.html.
15. Avinash Dixit, "Paul Samuelson's Legacy," *Annual Reviews of Economics* 4 (2012): 3–4. For the original work, see Paul A. Samuelson, *Foundations of Economic Analysis* (Cambridge, MA: Harvard University Press, 1947).
16. Bernstein, *Capital Ideas*, 22–23.
17. Donald MacKenzie, *An Engine, Not a Camera: How Financial Models Shape Markets* (Cambridge, MA: MIT Press, 2006), 64.
18. Dixit, "Samuelson's Legacy," 19–20. For the original works, see Paul A. Samuelson, "Rational Theory of Warrant Pricing," *Industrial Management Review* 6, no. 2 (Spring 1965): 13–39; Paul A. Samuelson and Robert C. Merton, "A Complete Model of Warrant Pricing That Maximizes Utility," *Industrial Management Review* 10, no. 2 (Winter 1969): 17–46.

19. Fischer Black and Myron Scholes, "The Pricing of Options and Corporate Liabilities," *Journal of Political Economy* 81, no. 3 (May–June 1973): 637–654.
20. A. James Boness, "Elements of a Theory of Stock-Option Value," *Journal of Political Economy* 72, no. 2 (April 1964): 163–175.
21. Marion A. Brach, *Real Options in Practice* (Hoboken, NJ: Wiley, 2003), 24.
22. Robert C. Merton, "Option Pricing When Underlying Stock Returns Are Discontinuous," *Journal of Financial Economics* 3, no. 1–2 (January–March 1976): 125–144.
23. Steven G. Krantz and Harold R. Parks, *A Mathematical Odyssey: Journey from the Real to the Complex* (New York: Springer, 2014), 55.
24. Ecclesiastes 11:1–2 (New International Version).
25. Bruce A. Valentine, "Shakespeare Revisited," *Financial Analysts Journal* 21, no. 3 (May–June 1965), 91.
26. Harry Markowitz, "Harry M. Markowitz—Biographical," Nobel Media AB, 1990, accessed 2013, http://www.nobelprize.org/nobel_prizes/economic-sciences/laureates/1990/markowitz-bio.html.
27. Bernstein, *Capital Ideas*, 46.
28. Markowitz, "Biographical."
29. Ibid.
30. Harry Markowitz, "Portfolio Selection," *Journal of Finance* 7, no. 1 (March 1952).
31. James Tobin, "Liquidity Preference as Behavior Towards Risk," *Review of Economic Studies* 25, no. 2 (February 1958).
32. William F. Sharpe, "Capital Asset Prices: A Theory of Market Equilibrium under Conditions of Risk," *Journal of Finance* 19, no. 3 (September 1964): 425–442; John Lintner, "The Valuation of Risk Assets and the Selection of Risky Investments in Stock Portfolios and Capital Budgets," *Review of Economics and Statistics* 47, no. 1 (February 1965): 13–37.
33. Eugene F. Fama and Kenneth R. French, "The Capital Asset Pricing Model: Theory and Evidence," *Journal of Economic Perspectives* 18, no. 3 (Summer 2004): 25–28.
34. Eugene F. Fama and Kenneth R. French, "The Cross-Section of Expected Stock Returns," *Journal of Finance* 47, no. 2 (June 1992): 445–446.
35. Ibid.
36. Cowles Foundation for Research in Economics, "Alfred Cowles, 3rd (1891–1984)," Yale University, accessed 2013, http://cowles.econ.yale.edu/archive/people/directors/cowles.htm.
37. Alfred Cowles III, "Can Stock Market Forecasters Forecast?," *Econometrica* 1, no. 3 (July 1933): 309–323.
38. Ibid., 323.

39. Michael C. Jensen, "The Performance of Mutual Funds in the Period 1945–1964," *Journal of Finance* 23, no. 2 (May 1968).
40. Ibid.
41. Eugene F. Fama, "Efficient Capital Markets: A Review of Theory and Empirical Work," *Journal of Finance* 25, no. 2 (May 1970): 383.
42. Benjamin Graham and David L. Dodd, *Security Analysis* (New York: McGraw-Hill, 1934).
43. Benjamin Graham, *The Intelligent Investor* (New York: Harper, 1949).
44. Benjamin Graham, "A Conversation with Benjamin Graham," *Financial Analysts Journal* 32, no. 5 (September–October 1976): 22.
45. Warren Buffett, "The Superinvestors of Graham-and-Doddsville," *Hermes* (Columbia Business School), Fall 1984, 4–15.
46. Daniel Kahneman and Amos Tversky, "Prospect Theory: An Analysis of Decision under Risk," *Econometrica* 47, no. 2 (March 1979): 265–278.
47. Rajnish Mehra and Edward C. Prescott, "The Equity Premium: A Problem," *Journal of Monetary Economics* 15, no. 2 (March 1985): 145–161.
48. Stephen J. Brown, William N. Goetzmann, and Stephen A. Ross, "Survival," *Journal of Finance* 50, no. 3 (July 1995): 853–873.
49. Shlomo Benartzi and Richard H. Thaler, "Myopic Loss Aversion and the Equity Premium Puzzle," *Quarterly Journal of Economics* 110, no. 1 (February 1995): 73–92.
50. Burton G. Malkiel, "The Efficient Market Hypothesis and Its Critics," *Journal of Economic Perspectives* 17, no. 1 (Winter 2003): 61–62.

第八章　更多新的投资形式

1. Towers Watson and *Financial Times*, "Global Alternatives Survey 2012," last modified July 2012, http://www.towerswatson.com/en-US/Insights/IC-Types/Survey-Research-Results/2012/07/Global-Alternatives-Survey-2012, 7–8.
2. Thomas J. Healey and Donald J. Hardy, "Growth in Alternative Investments," *Financial Analysts Journal* 53, no. 4 (July–August 1997): 58–59.
3. C. P. Chandrasekhar, "Private Equity: A New Role for Finance?," International Development Economics Associates, last modified May 22, 2007, http://www.networkideas.org/featart/may2007/Private_Equity.pdf, 2.
4. Healey and Hardy, "Growth in Alternative Investments," 59.
5. William H. Gross, "The Lending Lindy," PIMCO, September 2012, http://www.pimco.com/EN/Insights/Pages/The-Lending-Lindy.aspx.

6. US Securities and Exchange Commission, "Investor Bulletin: Accredited Investors," accessed 2015, http://www.sec.gov/investor/alerts/ib_accreditedinvestors.pdf, 1.
7. Jesse Hamilton and Margaret Collins, "Hedge Funds Cleared to Advertise under SEC Proposal," *Bloomberg Businessweek*, August 29, 2012, http://www.bloomberg.com/news/articles/2012-08-28/hedge-fund-marketing-could-begin-new-era-as-sec-set-for-proposal.
8. Michael E. Kitces, "What Makes Something an Alternative Asset Class, Anyway?," *Journal of Financial Planning* 25, no. 9 (September 2012): 22–23.
9. US Securities and Exchange Commission, "Hedge Funds," accessed 2015, http://investor.gov/investing-basics/investment-products/hedge-funds; "How Hedge Funds Are Structured," Hedge Fund Fundamentals, accessed January 2015, http://www.hedgefundfundamentals.com/wp-content/uploads/2012/12/HFF_HFStructured_12-2012.pdf, 14.
10. A. W. Jones Advisers, "History of the Firm," accessed 2014, http://www.awjones.com/historyofthefirm.html; John Russell, "Alfred W. Jones, 88, Sociologist and Investment Fund Innovator," *New York Times*, June 3, 1989, http://www.nytimes.com/1989/06/03/obituaries/alfred-w-jones-88-sociologist-and-investment-fund-innovator.html.
11. A. W. Jones Advisers, "History of the Firm".
12. Carol J. Loomis, "The Jones Nobody Keeps Up With," *Fortune*, April 1966, 247.
13. Sebastian Mallaby, "Learning to Love Hedge Funds," *Wall Street Journal*, June 11, 2010, http://online.wsj.com/news/articles/SB10001424052748703302604575294983666012928.
14. Mario J. Gabelli, "The History of Hedge Funds—The Millionaire's Club," Gabelli Funds, last modified October 25, 2000, http://www.gabelli.com/news/mario-hedge_102500.html.
15. Loomis, "Jones Nobody Keeps Up With," 247.
16. Gabelli, "History of Hedge Funds."
17. Loomis, "Jones Nobody Keeps Up With," 237.
18. Gabelli, "History of Hedge Funds."
19. Ibid.; David Litterick, "Billionaire Who Broke the Bank of England," *Telegraph*, September 13, 2002, http://www.telegraph.co.uk/finance/2773265/Billionaire-who-broke-the-Bank-of-England.html.
20. "Hedge Fund Industry—Assets Under Management: Historical Growth of Assets," BarclayHedge Alternative Investment Databases, accessed 2015, http://www.barclayhedge.com/research/indices/ghs/mum/Hedge_Fund.html.
21. Ibid.

22. Michael Benhamou, "Betting Against the Street," *MarketWatch*, June 9, 2005, http://www.marketwatch.com/story/taking-advantage-of-convertible-arbs.
23. Azam Ahmed, "John Paulson's Long, Hot Summer," *DealBook* (blog), *New York Times*, August 4, 2011, http://dealbook.nytimes.com/2011/08/04/john-paulsons-long-hot-summer.
24. Landon Thomas Jr., "Too Big to Profit, a Hedge Fund Plans to Get Smaller," *DealBook* (blog), *New York Times*, August 1, 2012, http://dealbook.nytimes.com/2012/08/01/hedge-fund-titan-plans-to-return-2-billion-to-investors.
25. Robert Mirsky, Anthony Cowell, and Andrew Baker, "The Value of the Hedge Fund Industry to Investors, Markets, and the Broader Economy," KPMG and Centre for Hedge Fund Research, Imperial College, London, last modified April 2012, http://www.kpmg.com/KY/en/Documents/the-value-of-the-hedge-fund-industry-part-1.pdf, 11.
26. Nicole M. Boyson, "Hedge Fund Performance Persistence: A New Approach," *Financial Analysts Journal* 64, no. 6 (November–December 2008): 28–29, 42.
27. Chris Jones, *Hedge Funds of Funds: A Guide for Investors* (Hoboken, NJ: Wiley, 2007), 1.3 ("What Are Hedge Funds of Funds?").
28. Ibid.
29. Jones, *Hedge Funds of Funds*, 3.5 ("The Downsides of Investing in Hedge Funds").
30. Ibid., 1.3.
31. Serge Darolles and Mathieu Vaissie, "Do Funds of Hedge Funds Really Add Value? A Post-Crisis Analysis" (working paper, EDHEC-Risk Institute, EDHEC Business School, Lille, France, September 2010), http://www.edhec-risk.com/edhec_publications/all_publications/RISKReview.2010-10-08.0141/attachments/EDHEC_Working_Paper_Do_FoHF_Really_Add_Value_F.pdf, 7–8 and 18.
32. Melvyn Teo, "The Liquidity Risk of Liquid Hedge Funds," *Journal of Financial Economics* 100, no. 1 (April 2011): 24–26.
33. Keith C. Brown, W. V. Harlow, and Laura T. Starks, "Of Tournaments and Temptations: An Analysis of Managerial Incentives in the Mutual Fund Industry," *Journal of Finance* 51, no. 1 (March 1996): 85–90 and 108–109.
34. Ibid., 88–89.
35. Ilia D. Dichev and Gwen Yu, "Higher Risk, Lower Returns: What Hedge Fund Investors Really Earn," *Journal of Financial Economics* 100, no. 2 (May 2011): 250 and 261.
36. Daniel A. Wingerd, "The Private Equity Market: History and Prospects," *Investment Policy* 1, no. 2 (September–October 1997): 29; "Georges F. Doriot," Baker Library Historical Collections, Harvard Business

School, accessed January 2015, http://www.library.hbs.edu/hc/doriot /innovation-vc/ard.
37. Wingerd, "Private Equity Market," 30–32.
38. Ibid., 32.
39. John Steele Gordon, "A Short (Sometimes Profitable) History of Private Equity," *Wall Street Journal*, January 17, 2012, http://online.wsj.com /news/articles/SB10001424052970204468004577166850222785654.
40. Ibid.; Jon Friedman, "'Barbarians at the Gate' Authors Reflect," *MarketWatch*, November 21, 2008, http://www.marketwatch.com/story /barbarians-at-the-gate-authors-reflect-on-wall-streets-madness.
41. Wingerd, "Private Equity Market," 36–38.
42. Deborah Perry Piscione, *Secrets of Silicon Valley: What Everyone Else Can Learn from the Innovation Capital of the World* (New York: Palgrave, 2013), 43 and 132–133; National Venture Capital Association and Thomson Reuters, "2012 National Venture Capital Association Yearbook," last modified 2012, http://www.finansedlainnowacji.pl/wp-content /uploads/2012/08/NVCA-Yearbook-2012.pdf, 13.
43. National Venture Capital Association and Thomson Reuters, "2012 National Venture Capital Association Yearbook," 25 and 119.
44. Preqin, *The 2014 Preqin Global Private Equity Report: Sample Pages*, accessed 2014, https://www.preqin.com/docs/samples/The_2014 _Preqin_Global_Private_Equity_Report_Sample_Pages.pdf, 50.
45. National Venture Capital Association and Thomson Reuters, "2012 National Venture Capital Association Yearbook," 7.
46. Noshua Watson, "REITs Rising," *NYSE Magazine*, October 2003, http://www.ventasreit.com/sites/all/themes/ventasreit/images /stories/pdf/news/ventas_reit_spotlight_nov_dec03.pdf, 1.
47. Carly Schulaka, "Advisers Embrace Alternative Investments," *Journal of Financial Planning* 24, no. 9 (September 2011): 32.
48. Adam Dunsby and Kurt Nelson, "A Brief History of Commodities Indexes: An Evolution from Passive to Active Indexes," *Journal of Indexes* 13, no. 3 (May–June 2010): 37.
49. Kimberly A. Stockton, "Understanding Alternative Investments: The Role of Commodities in a Portfolio," Vanguard Investment Counseling & Research, Vanguard, last modified 2007, http://www.vanguard.com /pdf/s552.pdf, 1.
50. Chung-Hong Fu, "Timberland Investments: A Primer," Timberland Investment Resources, last modified June 2012, http://www.tirllc.com /wp-content/themes/tirllc/docs/TIR_A-Primer-2012-06-11-02.pdf, 2.
51. Jim Rinehart, "U.S. Timberland Post-Recession: Is It the Same Asset?," R&A Investment Forestry, last modified April 2010, http:// investmentforestry.com/resources/1%20-%20Post-Recession%20 Timberland.pdf, 1.

52. Ibid., 12–13.
53. Preqin, "Preqin Investor Outlook: Alternative Investments," 2014, https://www.preqin.com/docs/reports/Preqin-Investor-Outlook-Alternative-Assets-H2-2014.pdf, 4–6.
54. Investment Company Institute, *2013 Investment Company Fact Book*, accessed 2014, http://www.ici.org/pdf/2013_factbook.pdf, 36 and 47.
55. Dan Culloton, "A Brief History of Indexing," *Fund Spy* (blog), Morningstar, August 9, 2011, http://news.morningstar.com/articlenet/article.aspx?id=390749.
56. John C. Bogle, "The First Index Mutual Fund: A History of Vanguard Index Trust and the Vanguard Index Strategy," Bogle Financial Markets Research Center, Vanguard, last modified 1997, http://www.vanguard.com/bogle_site/lib/sp19970401.html.
57. Ibid.
58. Ibid.
59. Investment Company Institute, *2013 Investment Company Fact Book*, 36 and 47.
60. Ibid., 46–48.
61. Ibid., 46.
62. Ibid., 54.
63. Anthony Cowell et al., "Transformation: The Future of Alternative Investments," KPMG International and International Fund Investment, last modified June 2010, http://www.kpmg.com/TW/zh/IssuesAndInsights/Documents/FS/KPMG-Transformation.pdf, 39.

第九章　创新造就新精英

1. US Department of Labor, "Frequently Asked Questions about Retirement Plans and ERISA," accessed 2013, http://www.dol.gov/ebsa/faqs/faq_compliance_pension.html.
2. Gary Furukawa, Randall Buck, and Gary Smart, "Money Manager Interview: Gary Furukawa, Randall Buck & Gary Smart," *Wall Street Transcript*, October 25, 2004, https://www.twst.com/interview/19635.
3. Joseph H. Spigelman, "What Basis for Superior Performance?," *Financial Analysis Journal* 30, no. 3 (May–June 1974): 32.
4. Douglas Appell, "Turning a New Page: Morgan Stanley's Gregory J. Fleming," *Pensions & Investments*, March 7, 2011, http://www.pionline.com/article/20110307/PRINT/110309949/turning-a-new-page-morgan-stanleys-gregory-j-fleming.
5. David A. Latzko, "Economies of Scale in Mutual Fund Administration" (working paper, York Campus, Pennsylvania State University, York, PA,

n.d.), http://www.personal.psu.edu/~dxl31/research/articles/mutual.pdf, 4–5.
6. "US Retirement Assets Hit $18 Trillion Again," *Retirement Income Journal*, July 6, 2011, http://retirementincomejournal.com/issue/july-6-2011/article/u-s-retirement-assets-hit-18-trillion-again-ici.
7. Investment Company Institute, "Retirement Assets Total $24.0 Trillion in Second Quarter 2014," September 25, 2014, http://www.ici.org/research/stats/retirement/ret_14_q2.
8. Investment Company Institute, *2012 Investment Company Fact Book*, accessed 2014, http://www.ici.org/pdf/2012_factbook.pdf, 9–11.
9. Burton G. Malkiel, "Asset Management Fees and the Growth of Finance," *Journal of Economic Perspectives* 27, no. 2 (Spring 2013): 99.
10. Daniel Golden, "Cash Me If You Can," *Upstart Business Journal*, March 18, 2009, http://upstart.bizjournals.com/executives/2009/03/18/David-Swensen-and-the-Yale-Model.html.
11. Oregon State Treasury, "Oregon Investment Council (OIC)," accessed 2013, http://www.oregon.gov/treasury/Divisions/Investment/Pages/Oregon-Investment-Council-(OIC).aspx.
12. Russell Parker, "Boutique Asset Managers Offer Competitive Advantages," *InvestmentNews*, May 30, 2010, http://www.investmentnews.com/article/20100530/REG/305309998/boutique-asset-managers-offer-competitive-advantages.
13. Sonia Kolesnikov-Jessop, "Independent Asset Managers Thrive in Crisis," *New York Times*, April 28, 2013, http://www.nytimes.com/2013/04/29/business/global/29iht-nwindies29.html.
14. "America's Top 300 Money Managers," *Institutional Investor*, accessed 2014, http://www.institutionalinvestor.com/Research/4376/Americas-Top-300-Money-Managers.html.
15. Ibid.
16. Ibid.; "Ranking America's Top Money Managers," *Institutional Investor*, August 1992, 79–83. Of the top twenty-five money managers in 2013, the following firms were independent: BlackRock, Vanguard Group, Fidelity Investments, Capital Group, Franklin Templeton Investments, Wellington Management Co., Invesco, T. Rowe Price Group, Legg Mason, Ameriprise Financial, and Federated Investors. The independent firms in 1991 were as follows: Fidelity Management & Research; Capital Group; Dreyfus Group; Scudder, Stevens & Clark; Franklin Group; United Asset Management; and Wellington Management Co.
17. "America's Top 300 Money Managers."
18. "Will Invest for Food," *Economist*, May 3, 2014, http://www.economist.com/news/briefing/21601500-books-and-music-investment-industry-being-squeezed-will-invest-food.

19. Ibid.
20. "The World's Billionaires," *Forbes*, accessed 2014, http://www.forbes.com/billionaires.
21. Simone Foxman, "Ten Hedge Fund Managers Each Make More Money Than the Ten Best-Paid US CEOs Combined," Quartz, April 15, 2013, http://qz.com/74533/10-hedge-fund-managers-each-make-more-money-than-the-10-best-paid-us-ceos-combined.
22. Robert Lenzner, "The Top 25 Hedge Fund Managers Earn More Than All the 500 Top CEOs Together," *Forbes*, August 6, 2013, http://www.forbes.com/sites/robertlenzner/2013/08/06/the-top-25-hedge-fund-managers-earn-more-than-all-the-500-top-ceos-together.
23. Michelle Coffey, "Warren Buffett Made $37 Million a Day in 2013," MarketWatch, December 18, 2013, http://www.marketwatch.com/story/warren-buffett-made-37-million-a-day-in-2013-2013-12-18.
24. Nathan Vardi, "The 40 Highest-Earning Hedge Fund Managers and Traders," *Forbes*, February 26, 2013, http://www.forbes.com/sites/nathanvardi/2013/02/26/the-40-highest-earning-hedge-fund-managers-and-traders.
25. Alexandra Stevenson, "Hedge Fund Moguls' Pay Has the 1% Looking Up," *DealBook* (blog), *New York Times*, May 6, 2014, http://dealbook.nytimes.com/2014/05/06/hedge-fund-moguls-pay-has-the-1-looking-up.
26. Ibid.
27. Joseph Thorndike, "Forget Carried Interest, It's All about Taxing Capital Gains," *Forbes*, November 12, 2013, http://www.forbes.com/sites/taxanalysts/2013/11/12/forget-carried-interest-its-all-about-taxing-capital-gains.
28. Julie M. Zauzmer, "Where We Stand: The Class of 2013 Senior Survey," *Harvard Crimson*, May 28, 2013, http://www.thecrimson.com/article/2013/5/28/senior-survey-2013.
29. Julie Segal, "Beating the Market Has Become Nearly Impossible," *Institutional Investor*, September 18, 2013, http://www.institutionalinvestor.com/Article/3256074/Beating-the-Market-Has-Become-Nearly-Impossible.html.
30. "Down to 1.4 and 17," *Economist*, February 8, 2014, http://www.economist.com/news/finance-and-economics/21595942-cost-investing-alternative-assets-fallingslowly-down-14-and-17.

结　论　21世纪的投资

1. Michael S. Carliner, "Development of Federal Homeownership 'Policy,'" *Housing Policy Debate* 9, no. 2 (1998): 301.

2. Albert Monroe, "How the Federal Housing Administration Affects Homeownership" (working paper, Department of Economics, Harvard University, Cambridge, MA, November 2001), http://www.jchs.harvard.edu/sites/jchs.harvard.edu/files/monroe_w02-4.pdf, 5–6.
3. Carliner, "Development of 'Policy,'" 308.
4. Ibid., 308–309.
5. GinnieMae.gov, "Our History," Accessed 2015, http://www.ginniemae.gov/inside_gnma/company_overview/Pages/our_history.aspx.

参考文献

A. W. Jones Advisers. "History of the Firm." Accessed 2014. http://www.awjones.com/historyofthefirm.html.

Abkowitz, Alyssa. "Madoff's Auditor... Doesn't Audit?" CNN Money, December 19, 2008. http://archive.fortune.com/2008/12/17/news/companies/madoff.auditor.fortune/index.htm.

Adams, Colin. "Transport." In *The Cambridge Companion to the Roman Economy*, ed. Walter Scheidel, 218–240. Cambridge: Cambridge University Press, 2012.

Afyonoglu, Gokhan, et al. "The Brave New World of Sovereign Wealth Funds." Lauder Institute of Management & International Studies, University of Pennsylvania, 2010. http://d1c25a6gwz7q5e.cloudfront.net/papers/download/052810_Lauder_Sovereign_Wealth_Fund_report_2010.pdf.

Aggarwal, Rajesh K., and Guojun Wu. "Stock Market Manipulations." *Journal of Business* 79, no. 4 (July 2006): 1915–1953.

Ahmed, Azam. "John Paulson's Long, Hot Summer." *DealBook* (blog), *New York Times*, August 4, 2011. http://dealbook.nytimes.com/2011/08/04/john-paulsons-long-hot-summer.

Alter, George, Claudia Goldin, and Elyce Rotella. "The Savings of Ordinary Americans: The Philadelphia Saving Fund Society in the Mid-Nineteenth Century." *Journal of Economic History* 54, no. 4 (December 1994): 735–767.

American Council of Life Insurers. *2011 Life Insurers Fact Book*. Washington, DC: American Council of Life Insurers, 2011.

"America's Top 300 Money Managers." *Institutional Investor*. Accessed 2014. http://www.institutionalinvestor.com/Research/4376/Americas-Top-300-Money-Managers.html.

Andreau, Jean. *Banking and Business in the Roman World*. Translated by Janet Lloyd. Cambridge: Cambridge University Press, 1999.

Appell, Douglas. "Turning a New Page: Morgan Stanley's Gregory J. Fleming." *Pensions & Investments*, March 7, 2011. http://www.pionline.com/article/20110307/PRINT/110309949/turning-a-new-page-morgan-stanleys-gregory-j-fleming.

Aristophanes. *The Birds*. Translated by David Barrett. London: Penguin, 2003.

Arnold, Martin, Peter Thal Larsen, Peggy Hollinger, John O'Doherty, and Richard Milne. "How Kerviel Exposed Lax Controls at Société Générale." *Financial Times*, February 7, 2008. http://www.ft.com/intl/cms/s/0/927fe998-d5b2-11dc-8b56-0000779fd2ac.html.

Arnsberger, Paul, Melissa Ludlum, Margaret Riley, and Mark Stanton. "A History of the Tax-Exempt Sector: An SOI Perspective." *Statistics of Income Bulletin* (Internal Revenue Service, US Department of the Treasury), Winter 2008, 105–135. http://www.irs.gov/pub/irs-soi/tehistory.pdf.

Aslanian, Sebouh. "The Circulation of Men and Credit: The Role of the Commenda and the Family Firm in Julfan Society." *Journal of the Economic and Social History of the Orient* 50, no. 2–3 (2007): 124–170.

Aviva. "Amicable Society: Company History." Accessed January 2015. http://www.aviva.com/about-us/heritage/companies/amicable-society.

Bakan, Joel. *The Corporation: The Pathological Pursuit of Profit and Power*. New York: Free Press, 2004.

Bagehot, Walter. *Lombard Street: A Description of the Money Market*. London: King, 1873.

Bagwell, Philip S., and G. E. Mingay. *Britain and America, 1850–1939: A Study of Economic Change*. New York: Praeger, 1970.

Bainbridge, Stephen M., ed. *Research Handbook on Insider Trading*. Cheltenham, UK: Edward Elgar, 2013.

Bakan, Joel. *The Corporation: The Pathological Pursuit of Profit and Power*. New York: Free Press, 2004.

Bandler, James, and Doris Burke. "70 Years before Madoff, There Was Whitney." CNN Money, December 16, 2008. http://money.cnn.com/2008/12/16/news/madoff.whitney.fortune.

Banner, Stuart. "The Origin of the New York Stock Exchange, 1791–1860." *Journal of Legal Studies* 27, no. 1 (January 1998): 113–140.

Barbash, Barry P. "Remembering the Past: Mutual Funds and the Lessons of the Wonder Years." Speech at the ICI Securities Law Procedures

Conference, Washington, DC, December 4, 1997. www.sec.gov/news/speech/speecharchive/1997/spch199.txt.

BarclayHedge Alternative Investment Databases. "Hedge Fund Industry—Assets Under Management." Accessed 2015. http://www.barclayhedge.com/research/indices/ghs/mum/HF_Money_Under_Management.html.

———. "Hedge Fund Industry—Assets Under Management: Historical Growth of Assets." Accessed 2014. http://www.barclayhedge.com/research/indices/ghs/mum/Hedge_Fund.html.

Barth, Chris. "Warren Buffett: Clairvoyant or Crazy?" *Forbes*, June 12, 2012. http://www.forbes.com/sites/chrisbarth/2012/06/12/warren-buffett-clairvoyant-or-crazy.

Bartlett, Bruce. "How Deficit Hawks Could Derail the Recovery." *Forbes*, January 8, 2010. http://www.forbes.com/2010/01/07/deficit-great-depression-recovery-opinions-columnists-bruce-bartlett.html.

Benartzi, Shlomo, and Richard H. Thaler. "Myopic Loss Aversion and the Equity Premium Puzzle." *Quarterly Journal of Economics* 110, no. 1 (February 1995): 73–92.

Benedict XIV (Pope). *Vix Pervenit*. [1745]. EWTN Global Catholic Network. http://www.ewtn.com/library/ENCYC/B14VIXPE.htm.

Benhamou, Michael. "Betting Against the Street." *MarketWatch*, June 9, 2005. http://www.marketwatch.com/story/taking-advantage-of-convertible-arbs.

Berger, Adolf, Barry Nicholas, and Susan M. Treggiari. "Guardianship." In *The Oxford Classical Dictionary*, eds. Simon Hornblower, Antony Spawforth, and Esther Eidinow. 4th ed. Oxford: Oxford University Press, 2012.

Bernanke, Ben S. "The Financial Accelerator and the Credit Channel." Speech at The Credit Channel of Monetary Policy in the Twenty-First Century Conference, Federal Reserve Bank of Atlanta, Atlanta, GA, June 15, 2007. http://www.federalreserve.gov/newsevents/speech/bernanke20070615a.htm.

Bernard, Carole, and Phelim Boyle. "Mr. Madoff's Amazing Returns: An Analysis of the Split-Strike Conversion Strategy." *Journal of Derivatives* 17, no. 1 (Fall 2009): 62–76.

Bernstein, Peter L. *Capital Ideas: The Improbable Origins of Modern Wall Street*. New York: Free Press, 1992.

Bierman, Harold, Jr. *The Causes of the 1929 Stock Market Crash: A Speculative Orgy or a New Era?* Westport, CT: Greenwood, 1998.

———. "The 1929 Stock Market Crash." In *Encyclopedia of Economic and Business History*, ed. Robert Whaples. Economic History Association. March 26, 2008. http://eh.net/encyclopedia/the-1929-stock-market-crash.

Black, Fischer, and Myron Scholes. "The Pricing of Options and Corporate Liabilities." *Journal of Political Economy* 81, no. 3 (May–June 1973): 637–654.

Blackwood, Amy S., Katie L. Roeger, and Sarah L. Pettijohn. "The Nonprofit Sector in Brief: Public Charities, Giving, and Volunteering, 2012." Urban Institute. Accessed 2014. http://www.urban.org/UploadedPDF/412674-The-Nonprofit-Sector-in-Brief.pdf.

Blumenthal, Karen. *Six Days in October: The Stock Market Crash of 1929.* New York: Simon and Schuster, 2002.

Board of Governors of the Federal Reserve System. "Ben S. Bernanke." Accessed January 2015. http://www.federalreservehistory.org/People/DetailView/12.

———. "Money Stock Measures—H.6." July 3, 2014. http://www.federalreserve.gov/RELEASES/h6/20140703.

———. "Press Release." October 23, 2014. http://www.federalreserve.gov/newsevents/press/bcreg/20141023a.htm.

Bogle, John C. "The First Index Mutual Fund: A History of Vanguard Index Trust and the Vanguard Index Strategy." Bogle Financial Markets Research Center, Vanguard. Last modified 1997. http://www.vanguard.com/bogle_site/lib/sp19970401.html.

Boness, A. James. "Elements of a Theory of Stock-Option Value." *Journal of Political Economy* 72, no. 2 (April 1964): 163–175.

Bonin, Hubert. "'Blue Angels,' 'Venture Capital,' and 'Whales': Networks Financing the Takeoff of the Second Industrial Revolution in France, 1890s–1920s." *Business and Economic History On-Line* 2 (2004): 1–49. http://www.thebhc.org/publications/BEHonline/2004/Bonin.pdf.

Bose, Sutapa, and Ashok Rudra. "Quantitative Estimates of Primitive Accumulation and Its Sources." *Economic and Political Weekly* 29, no. 4 (January 22, 1994): 199–207.

Boyson, Nicole M. "Hedge Fund Performance Persistence: A New Approach." *Financial Analysts Journal* 64, no. 6 (November–December 2008): 27–44.

Brach, Marion A. *Real Options in Practice.* Hoboken, NJ: Wiley, 2003.

Bricker, Jesse, Arthur B. Kennickell, Kevin B. Moore, and John Sabelhaus. "Changes in U.S. Family Finances from 2007 to 2010: Evidence from the Survey of Consumer Finances." *Federal Reserve Bulletin* 98, no. 2 (June 2012): 1–80.

Brooks, John. *Once in Golconda: A True Drama of Wall Street, 1920–1938.* New York: Harper & Row, 1969.

Brown, Keith C., W. V. Harlow, and Laura T. Starks. "Of Tournaments and Temptations: An Analysis of Managerial Incentives in the Mutual Fund Industry." *Journal of Finance* 51, no. 1 (March 1996): 85–110.

Brown, Richard. *Society and Economy in Modern Britain, 1700–1850.* New York: Routledge, 1990.

Brown, Stephen J., William N. Goetzmann, and Stephen A. Ross. "Survival." *Journal of Finance* 50, no. 3 (July 1995): 853–873.
Brown, Stephen J., and Onno W. Steenbeek. "Doubling: Nick Leeson's Trading Strategy." *Pacific-Basin Finance Journal* 9, no. 2 (April 2001): 83–99.
Buffett, Warren. "The Superinvestors of Graham-and-Doddsville." *Hermes* (Columbia Business School), Fall 1984, 4–15.
Bullock, Hugh. *The Story of Investment Companies.* New York: Columbia University Press, 1959.
Burton, Katherine, and Saijel Kishan. "Raj Rajaratnam Became Billionaire Demanding Edge." Bloomberg News, October 19, 2009. http://www.bloomberg.com/apps/news?pid=newsarchive&sid=aDg9U7NGeNv4.
Byun, Kathryn J. "The U.S. Housing Bubble and Bust: Impacts on Employment." *Monthly Labor Review* (Bureau of Labor Statistics, US Department of Labor), December 2010, 3–17. http://www.bls.gov/opub/mlr/2010/12/art1full.pdf.
Capital Finance International. "Jesse Lauriston Livermore: The Boy Plunger." February 20, 2014. http://cfi.co/banking/2014/02/jesse-lauriston-livermore-the-boy-plunger.
Carliner, Michael S. "Development of Federal Homeownership 'Policy.'" *Housing Policy Debate* 9, no. 2 (1998): 299–321.
Carnegie Corporation of New York. "Foundation History." Accessed 2015. http://carnegie.org/about-us/mission-and-vision/foundation-history.
———. "Founding and Early Years." Accessed 2014. http://carnegie.org/about-us/foundation-history/founding-and-early-years.
———. "Programs." Accessed 2014. http://carnegie.org/programs.
Censky, Annalyn. "Federal Reserve Launches QE3." CNN Money, September 13, 2012. http://money.cnn.com/2012/09/13/news/economy/federal-reserve-qe3.
"A Century of Ponzi Schemes." *DealBook* (blog), *New York Times*, December 15, 2008. http://dealbook.nytimes.com/2008/12/15/a-century-of-ponzi-schemes.
Chandrasekhar, C. P. "Private Equity: A New Role for Finance?" International Development Economics Associates. Last modified May 22, 2007. http://www.networkideas.org/featart/may2007/Private_Equity.pdf.
Christensen, Donald. *Surviving the Coming Mutual Fund Crisis.* New York: Little, Brown, 1995.
Cipolla, Carlo M. *Before the Industrial Revolution: European Society and Economy, 1000–1700.* Translated by Christopher Woodall. 3rd ed. New York: Norton, 1994.

Çizakça, Murat. *A Comparative Evolution of Business Partnerships: The Islamic World and Europe, with Specific Reference to the Ottoman Archives.* The Ottoman Empire and Its Heritage 8. Leiden: Brill, 1996.

Clark, Andrew. "Bernard Madoff's Sons Say: We're Victims Too." *The Guardian*, March 17, 2010. http://www.theguardian.com/business/2010/mar/17/bernard-madoff-usa.

Clark, Robert L., Lee A. Craig, and Jack W. Wilson. *A History of Public Sector Pensions in the United States.* Philadelphia: University of Pennsylvania Press, 2003.

Clikeman, Paul M. *Called to Account: Financial Frauds That Shaped the Accounting Profession.* 2nd ed. New York: Routledge, 2013.

———. "The Greatest Frauds of the (Last) Century." Working paper, Robins School of Business, University of Richmond, Richmond, VA, May 2003. http://www.newaccountantusa.com/newsFeat/wealthManagement/Clikeman_Greatest_Frauds.pdf.

Coffey, Michelle. "Warren Buffett Made $37 Million a Day in 2013." MarketWatch, December 18, 2013. http://www.marketwatch.com/story/warren-buffett-made-37-million-a-day-in-2013-2013-12-18.

Cohen, Edward E. *Athenian Economy and Society: A Banking Perspective.* Princeton, NJ: Princeton University Press, 1992.

Colby, Robert K. D., ed. "Wrestling with Reform: Financial Scandals and the Legislation They Inspired." Securities and Exchange Commission Historical Society. May 1, 2013. http://www.sechistorical.org/museum/galleries/wwr/index.php.

Collins, Michael. *Monday and Banking in the UK: A History.* New York: Routledge, 1988.

Congressional Budget Office. *The Economic Effects of the Savings and Loan Crisis.* Washington, DC: Congressional Budget Office, 1992.

———. "Report on the Troubled Asset Relief Program—October 2012." October 11, 2012. http://www.cbo.gov/sites/default/files/TARP10-2012_0.pdf.

Cooke, Colin Arthur. *Corporation, Trust and Company: An Essay in Legal History.* Cambridge, MA: Harvard University Press, 1951.

Costa, Dora L. "Pensions and Retirement: Evidence from Union Army Veterans." *Quarterly Journal of Economics* 110, no. 2 (May 1995): 297–319.

Council of Economic Advisers, Executive Office of the President. "The Economic Impact of the American Recovery and Reinvestment Act Five Years Later: Final Report to Congress." February 2014. http://www.whitehouse.gov/sites/default/files/docs/cea_arra_report.pdf.

Courtault, Jean-Michel, Yuri Kabanov, Bernard Bru, Pierre Crépel, Isabelle Lebon, and Arnaud Le Marchand. "Louis Bachelier on the Centenary of *Théorie de la Spéculation*." *Mathematical Finance* 10, no. 3 (July 2000): 341–353.

Cowell, Anthony, et al. "Transformation: The Future of Alternative Investments." KPMG International and International Fund Investment. Last modified June 2010. http://www.kpmg.com/TW/zh/IssuesAndInsights/Documents/FS/KPMG-Transformation.pdf.

Cowen, David J. "William Duer and America's First Financial Scandal." *Financial History* 97 (Spring 2010): 20–35.

Cowen, David J., Richard Sylla, and Robert E. Wright. "The US Panic of 1792: Financial Crisis Management and the Lender of Last Resort." Paper presented at the XIV International Economic History Congress, Helsinki, Finland, August 2006. http://www.helsinki.fi/iehc2006/papers1/Sylla.pdf.

Cowles, Alfred, III. "Can Stock Market Forecasters Forecast?" *Econometrica* 1, no. 3 (July 1933): 309–324.

Cowles Foundation for Research in Economics. "Alfred Cowles, 3rd (1891–1984)." Yale University. Accessed 2013. http://cowles.econ.yale.edu/archive/people/directors/cowles.htm.

Culloton, Dan. "A Brief History of Indexing." *Fund Spy* (blog), Morningstar, August 9, 2011. http://news.morningstar.com/articlenet/article.aspx?id=390749.

Curry, Lynne. "Guinness Brew-Haha in the City Lapping at Thatcher Government." *Christian Science Monitor*, January 29, 1987. http://www.csmonitor.com/1987/0129/fmark29.html.

Curry, Timothy, and Lynn Shibut. "The Cost of the Savings and Loan Crisis: Truth and Consequences." *FDIC Banking Review* 13, no. 2 (2000): 26–35.

D'Agostino, Anthony. *The Rise of Global Powers: International Politics in the Era of the World Wars.* Cambridge: Cambridge University Press, 2012.

Darby, Mary. "In Ponzi We Trust." *Smithsonian Magazine*, December 1998. http://www.smithsonianmag.com/people-places/in-ponzi-we-trust-64016168.

Darolles, Serge, and Mathieu Vaissie. "Do Funds of Hedge Funds Really Add Value? A Post-Crisis Analysis." Working paper, EDHEC-Risk Institute, EDHEC Business School, Lille, France, September 2010. http://www.edhec-risk.com/edhec_publications/all_publications/RISKReview.2010-10-08.0141/attachments/EDHEC_Working_Paper_Do_FoHF_Really_Add_Value_F.pdf.

Davies, Glen. *A History of Money: From Ancient Times to the Present Day.* Cardiff: University of Wales Press, 2002.

De Roover, Florence Edler. "Partnership Accounts in Twelfth Century Genoa." *Bulletin of the Business Historical Society* 15, no. 6 (December 1941): 87–92.

De Roover, Raymond. *The Medici Bank: Its Organization, Management, Operations and Decline.* New York: New York University Press, 1948.

———. *The Rise and Decline of the Medici Bank, 1397–1494.* Washington, DC: Beard Books, 1999.

———. "Scholastic Economics: Survival and Lasting Influence from the Sixteenth Century to Adam Smith." *Quarterly Journal of Economics* 69, no. 2 (May 1955): 161–190.

Deaton, Angus. "Franco Modigliani and the Life Cycle Theory of Consumption." Speech at the Convegno Internazionale Franco Modgliani, Accademia Nazionale dei Lincei, Rome, February 17–18, 2005. https://www.princeton.edu/~deaton/downloads/romelecture.pdf.

DeLong, J. Bradford. "The Roaring Twenties." In *Slouching Towards Utopia? The Economic History of the Twentieth Century.* February 1997. http://holtz.org/Library/Social%20Science/Economics/Slouching%20 Towards%20Utopia%20by%20DeLong/Slouch_roaring13.html.

Dercksen, J. G. "On the Financing of Old Assyrian Merchants." In Dercksen, *Trade and Finance in Ancient Mesopotamia*, 85–99.

Dercksen, J. G., ed. *Trade and Finance in Ancient Mesopotamia.* Leiden: Nederlands Instituut voor het Nabije Oosten, 1999.

Deutsche Börse Group. "Company History." Accessed October 2014. http://deutsche-boerse.com/dbg/dispatch/en/kir/dbg_nav/about_us/10_Deutsche_Boerse_Group/50_Company_History.

DeWitt, Larry. "The 1937 Supreme Court Rulings on the Social Security Act." Social Security Administration. 1999. http://www.ssa.gov/history/court.html.

———. "The Townsend Plan's Pension Scheme." Social Security Administration. December 2001. http://www.ssa.gov/history/townsendproblems.html.

Dichev, Ilia D., and Gwen Yu. "Higher Risk, Lower Returns: What Hedge Fund Investors Really Earn." *Journal of Financial Economics* 100, no. 2 (May 2011): 248–263.

Dimmock, Stephen G., and William C. Gerken. "Finding Bernie Madoff: Detecting Fraud by Investment Managers." Working paper, 2011.

Dixit, Avinash. "Paul Samuelson's Legacy." *Annual Reviews of Economics* 4 (2012): 1–31.

Dodd-Frank Wall Street Reform and Consumer Protection Act. Pub. L. No. 111-203, 124 Stat. 1376–2223. http://www.law.cornell.edu/wex/dodd-frank.

Dolmetsch, Chris. "Subprime Collapse to Global Financial Meltdown: Timeline." Bloomberg News, October 13, 2008. http://www.bloomberg.com/apps/news?pid=newsarchive&sid=aleqkSjAAw10.

"Down to 1.4 and 17." *Economist*, February 8, 2014. http://www.economist.com/news/finance-and-economics/21595942-cost-investing-alternative-assets-fallingslowly-down-1.4-and-17.

Driver, Anna, and Eileen O'Grady. "Allen Stanford Sentenced to 110 Years in Prision." Reuters, June 14, 2012. http://www.reuters.com/article/2012/06/14/us-stanford-sentencing-idUSBRE85D17720120614.

Dunsby, Adam, and Kurt Nelson. "A Brief History of Commodities Indexes: An Evolution from Passive to Active Indexes." *Journal of Indexes* 13, no. 3 (May–June 2010): 36–39 and 55.

Durga, P. S. Kanaka. "Identity and Symbols of Sustenance: Explorations in Social Mobility of Medieval South India." *Journal of the Economic and Social History of the Orient* 44, no. 2 (2001): 141–174.

EDinformatics. "The Capital Asset Pricing Model—Fundamental Analysis." Accessed 2013. http://edinformatics.com/investor_education/capital_asset_pricing_model.htm.

Ellis, Charles D. *Capital: The Story of Long-Term Investment Excellence*. Hoboken, NJ: Wiley, 2004.

Ellis, Charles D., and James R. Vertin. *True Stories of the Great Barons of Finance*. Vol. 2 of *Wall Street People*. Hoboken, NJ: Wiley, 2003.

Ellis, Joseph J. *His Excellency: George Washington*. New York: Knopf, 2004.

Ellis, Maria deJ. *Agriculture and the State in Ancient Mesopotamia: An Introduction to the Problems of Land Tenure*. Occasional Publications of the Babylonian Fund 1. Philadelphia: University Museum, 1976.

Encyclopaedia Britannica. "Margaret Olivia Slocum Sage." Accessed January 2015. http://www.britannica.com/EBchecked/topic/516233/Margaret-Olivia-Slocum-Sage.

———. "Married Women's Property Acts." Accessed January 2015. http://www.britannica.com/EBchecked/topic/366305/Married-Womens-Property-Acts.

———. "Russell Sage." Accessed January 2015. http://www.britannica.com/EBchecked/topic/516237/Russell-Sage.

"The Endangered Public Company." *Economist*, May 19, 2012. http://www.economist.com/node/21555562.

"Exchange to Close for Two Days of Rest." *New York Times*, October 31, 1929. http://partners.nytimes.com/library/financial/103129crash-close.html.

Fabrikant, Geraldine. "Making Sure the Rich Stay Rich, Even in Crisis." *New York Times*, October 7, 2001. http://www.nytimes.com/2001/10/07/business/making-sure-the-rich-stay-rich-even-in-crisis.html.

Fama, Eugene F. "Efficient Capital Markets: A Review of Theory and Empirical Work." *Journal of Finance* 25, no. 2 (May 1970): 383–417.

Fama, Eugene F., and Kenneth R. French. "The Capital Asset Pricing Model: Theory and Evidence." *Journal of Economic Perspectives* 18, no. 3 (Summer 2004): 25–46.

———. "The Cross-Section of Expected Stock Returns." *Journal of Finance* 47, no. 2 (June 1992): 427–465.

Federal Deposit Insurance Corporation. *An Examination of the Banking Crises of the 1980s and Early 1990s.* Vol. 1 of *History of the Eighties: Lessons for the Future.* Washington, DC: Federal Deposit Insurance Corporation, 1997.

Federal Reserve Bank of New York. "George L. Harrison." Accessed January 2015. http://www.newyorkfed.org/aboutthefed/GHarrisonbio.html.

Federal Reserve Bank of St. Louis. "The Financial Crisis: A Timeline of Events and Policy Actions." Accessed 2015. https://www.stlouisfed.org/financial-crisis/full-timeline.

Feinstein, Charles H., Peter Temin, and Gianni Toniolo. *The World Economy Between the World Wars.* New York: Oxford University Press, 2008.

Fink, Matthew P. *The Rise of Mutual Funds: An Insider's View.* 2nd ed. Oxford: Oxford University Press, 2011.

Finley, M. I. *The Ancient Economy.* Sather Classical Lectures 43. Berkeley: University of California Press, 1999.

Fisher, Irving. *The Theory of Interest as Determined by Impatience to Spend Income and Opportunity to Invest It.* New York: Macmillan, 1930.

"Fisher, Irving." In *Concise Encyclopedia of Economics,* ed. David R. Henderson. Library of Economics and Liberty. 2008. http://www.econlib.org/library/Enc/bios/Fisher.html.

Fisher, Kenneth L. *How to Smell a Rat: The Five Signs of Financial Fraud.* With Lara Hoffmans. Hoboken, NJ: Wiley, 2009.

———. *100 Minds That Made the Market.* Hoboken, NJ: Wiley, 2007.

Fishman, Steve. "The Monster Mensch." *New York,* February 22, 2009. http://nymag.com/news/businessfinance/54703.

Fletcher, Michael A. "Obama Leaves D.C. to Sign Stimulus Bill." *Washington Post,* February 18, 2009. http://www.washingtonpost.com/wp-dyn/content/article/2009/02/17/AR2009021700221.html.

Foster, Benjamin. "A New Look at the Sumerian Temple State." *Journal of the Economic and Social History of the Orient* 24, no. 3 (October 1981): 225–241.

Foundation Center. "Quick Facts on U.S. Non-Profits." Accessed 2015. http://foundationcenter.org/gainknowledge/research/keyfacts2014/foundation-focus.html.

Foxman, Simone. "Ten Hedge Fund Managers Each Make More Money Than the Ten Best-Paid US CEOs Combined." Quartz, April 15, 2013. http://qz.com/74533/10-hedge-fund-managers-each-make-more-money-than-the-10-best-paid-us-ceos-combined.

Frank, Tenney. *Rome and Italy of the Republic.* Vol. 1 of *An Economic Survey of Ancient Rome.* Paterson, NJ: Pageant, 1959.

Franklin D. Roosevelt Presidential Library and Museum. "FDR: From Budget Balancer to Keynesian: A President's Evolving Approach to Fiscal

Policy in Times of Crisis." Accessed 2013. http://www.fdrlibrary.marist.edu/aboutfdr/budget.html.

Frazzini, Andrea, David Kabiller, and Lasse H. Pedersen. "Buffett's Alpha." NBER Working Paper 19681, National Bureau of Economic Research, Cambridge, MA, November 2013. http://www.nber.org/papers/w19681.

Friedman, Jon. "'Barbarians at the Gate' Authors Reflect." *MarketWatch*, November 21, 2008. http://www.marketwatch.com/story/barbarians-at-the-gate-authors-reflect-on-wall-streets-madness.

Friedman, Milton. *A Theory of the Consumption Function*. Princeton, NJ: Princeton University Press, 1957.

Fritz-Morgenthal, Sebastian, and Hagen Rafeld. "Breaking Down the Biggest Trading Fraud in the History of Banking." *Risk Professional*, June 2010, 47–52. http://www.academia.edu/9042700/Breaking_Down_the_Biggest_Trading_Fraud_in_the_History_of_Banking.

Fu, Chung-Hong. "Timberland Investments: A Primer." Timberland Investment Resources. Last modified June 2012. http://www.tirllc.com/wp-content/themes/tirllc/docs/TIR_A-Primer-2012-06-11-02.pdf.

Furukawa, Gary, Randall Buck, and Gary Smart. "Money Manager Interview: Gary Furukawa, Randall Buck & Gary Smart." *Wall Street Transcript*, October 25, 2004. https://www.twst.com/interview/19635.

Gabelli, Mario J. "The History of Hedge Funds—The Millionaire's Club." Gabelli Funds. Last modified October 25, 2000. http://www.gabelli.com/news/mario-hedge_102500.html.

Gay, Suzanne. "The Lamp-Oil Merchants of Iwashimizu Shrine: Transregional Commerce in Medieval Japan." *Monumenta Nipponica* 64, no. 1 (Spring 2009): 1–51.

———. *The Moneylenders of Late Medieval Kyoto*. Honolulu: University of Hawaii Press, 2001.

Gendar, Alison. "Bernie Madoff Baffled by SEC Blunders: Compares Agency's Bumbling Actions to Lt. Colombo." *Daily News* (New York), October 30, 2009. http://www.nydailynews.com/news/crime/bernie-madoff-baffled-sec-blunders-compares-agency-bumbling-actions-lt-colombo-article-1.382446.

"Georges F. Doriot." Baker Library Historical Collections, Harvard Business School. Accessed January 2015. http://www.library.hbs.edu/hc/doriot/innovation-vc/ard.

Gibson-Jarvie, Robert. *The City of London: A Financial and Commercial History*. Cambridge: Woodhead-Faulkner, 1979.

Gilbert, R. Alton. "Requiem for Regulation Q: What It Did and Why It Passed Away." *Federal Reserve Bank of St. Louis Review*, February 1986, 22–37. https://research.stlouisfed.org/publications/review/86/02/Requiem_Feb1986.pdf.

Gimbel, Barney. "Partners in Crime." CNN Money, October 4, 2006. http://money.cnn.com/magazines/fortune/fortune_archive/2006/10/02/8387505/index.htm.

GinnieMae.gov, "Our History," Accessed 2015, http://www.ginniemae.gov/inside_gnma/company_overview/Pages/our_history.aspx.

Glovin, David. "Bernard Madoff's Accountant Friehling Pleads Guilty (Update 2)." Bloomberg News, November 3, 2009. http://www.bloomberg.com/apps/news?pid=newsarchive&sid=ah_xWlo07TTE.

Golden, Daniel. "Cash Me If You Can." *Upstart Business Journal*, March 18, 2009. http://upstart.bizjournals.com/executives/2009/03/18/David-Swensen-and-the-Yale-Model.html

Goldstein, Matthew. "Stanford's Failed Health Club." *Unstructured Finance* (blog), *Bloomberg Businessweek*, February 13, 2009. http://www.businessweek.com/investing/wall_street_news_blog/archives/2009/02/stanfords_faile.html.

———. "Stanford's Rocky Start." *Bloomberg Businessweek*, March 3, 2009. http://www.businessweek.com/bwdaily/dnflash/content/mar2009/db2009033_601499.htm.

Goldthwaite, Richard A. *The Economy of Renaissance Florence*. Baltimore: Johns Hopkins University Press, 2009.

Gordon, John Steele. "Pyramid Schemes Are as American as Apple Pie." *Wall Street Journal*, December 17, 2008. http://online.wsj.com/news/articles/SB122948144507313073.

———. "A Short (Sometimes Profitable) History of Private Equity." *Wall Street Journal*, January 17, 2012. http://online.wsj.com/news/articles/SB10001424052970204468004577166850222785654.

Gorham, Michael, and Nidhi Singh. *Electronic Exchanges: The Global Transformation from Pits to Bits*. Burlington, MA: Elsevier, 2009.

Graham, Benjamin. "A Conversation with Benjamin Graham." *Financial Analysts Journal* 32, no. 5 (September–October 1976): 20–23.

———. *The Intelligent Investor*. New York: Harper, 1949.

Graham, Benjamin, and David L. Dodd. *Security Analysis*. New York: McGraw-Hill, 1934.

Greene, Bob. "A $100 Million Idea: Use Greed for Good." *Chicago Tribune*, December 15, 1986. http://articles.chicagotribune.com/1986-12-15/features/8604030634_1_ivan-boeskys-greed-fund.

Gross, William H. "The Lending Lindy." PIMCO. September 2012. http://www.pimco.com/EN/Insights/Pages/The-Lending-Lindy.aspx.

"'Guinness Four' Guilty." BBC News, August 27, 1990. http://news.bbc.co.uk/onthisday/hi/dates/stories/august/27/newsid_2536000/2536035.stm.

Gupta, K. P. *Cost Management: Measuring, Monitoring & Motivating Performance*. Delhi: Global India Publications, 2009.

Haber, Carole, and Brian Gratton. *Old Age and the Search for Security: An American Social History*. Bloomington: Indiana University Press, 1994.

Hagstrom, Robert G. *The Warren Buffett Way*. New York: Wiley, 1994.

Hamilton, Jesse, and Margaret Collins. "Hedge Funds Cleared to Advertise under SEC Proposal." *Bloomberg Businessweek*, August 29, 2012. http://www.bloomberg.com/news/articles/2012-08-28/hedge-fund-marketing-could-begin-new-era-as-sec-set-for-proposal.

Hansen, Valerie, and Ana Mata-Fink. "Records from a Seventh-Century Pawnshop in China." In *The Origins of Value: The Financial Innovations That Created Modern Capital Markets*, eds. William N. Goetzmann and K. Geert Rouwenhorst, 54–64. Oxford: Oxford University Press, 2005.

Haron, Sudin, and Wan Nursofiza Wan Azmi. *Islamic Finance and Banking System: Philosophies, Principles and Practices*. New York: McGraw-Hill, 2009.

Harrison, A. R. W. *The Law of Athens*. Vol. 1, *The Family and Property*. 2nd ed. Indianapolis: Hackett, 1998.

Healey, Thomas J., and Donald J. Hardy. "Growth in Alternative Investments." *Financial Analysts Journal* 53, no. 4 (July–August 1997): 58–65.

Hilzenrath, David S. "Former Madoff Trader David Kugel Pleads Guilty to Fraud." *Washington Post*, November 21, 2011. http://www.washingtonpost.com/business/economy/former-madoff-trader-david-kugel-pleads-guilty-to-fraud/2011/11/21/gIQATSFLjN_story.html.

Historical Center of the Presbyterian Church in America. "January 11: Presbyterian Ministers Fund." January 11, 2012. http://www.thisday.pcahistory.org/2012/01/january-11.

Hobsbawm, Eric. *Industry and Empire: From 1750 to the Present Day*. Rev. ed. London: Penguin, 1999.

Hochfelder, David. "How Bucket Shops Lured the Masses into the Market." BloombergView, January 10, 2013. http://www.bloombergview.com/articles/2013-01-10/how-bucket-shops-lured-the-masses-into-the-market.

Hohenstein, Kurt A., ed. "Fair to All People: The SEC and the Regulation of Insider Trading." Securities and Exchange Commission Historical Society. November 1, 2006. http://www.sechistorical.org/museum/galleries/it.

———. "William O. Douglas and the Growing Power of the SEC." Securities and Exchange Commission Historical Society. December 1, 2005. http://www.sechistorical.org/museum/galleries/douglas/index.php.

Homer, Sidney, and Richard Sylla. *A History of Interest Rates*. 4th ed. Hoboken, NJ: Wiley, 2005.

Honan, Edith, and Dan Wilchins. "Bernard Madoff Arrested over Alleged $50 Billion Fraud." Reuters, December 12, 2008. http://www.reuters.com/article/2008/12/12/us-madoff-arrest-idUSTRE4BA7IK20081212.

Hong, Jiaguan. 中国金融史 [*A financial history of China*]. Chengdu, 1993.

Hoover, Herbert. "Statement on Efforts to Balance the Budget." March 8, 1932. The American Presidency Project. http://www.presidency.ucsb.edu/ws/?pid=23478.

"How Hedge Funds Are Structured." Hedge Fund Fundamentals. Accessed January 2015. http://www.hedgefundfundamentals.com/wp-content/uploads/2012/12/HFF_HFStructured_12-2012.pdf.

Howe, Christopher. *The Origins of Japanese Trade Supremacy: Development and Technology in Asia from 1540 to the Pacific War.* Chicago: University of Chicago Press, 1996.

Hunt, Edwin S. "A New Look at the Dealings of the Bardi and Peruzzi with Edward III." *Journal of Economic History* 50, no. 1 (March 1990): 149–162.

Hurtado, Patricia. "Andrew, Ruth Madoff Say Were Unaware of $65 Billion Fraud Until Confession." *Bloomberg Businessweek*, November 8, 2011. http://www.businessweek.com/news/2011-11-08/andrew-ruth-madoff-say-they-were-unaware-of-65-billion-fraud.html.

Iacoviello, Matteo. "Housing Wealth and Consumption." Working paper, Department of Economics, Boston College, Boston, MA, June 13, 2010. https://www2.bc.edu/matteo-iacoviello/research_files/HWAC.pdf.

Ibrahim, Jeanine. "Allen Stanford: Descent from Billionaire to Inmate #35017-183." CNBC, October 5, 2012. http://www.cnbc.com/id/49276842.

Immigration Act of 1924. Pub. L. No. 68-139, 43 Stat. 153. http://library.uwb.edu/guides/usimmigration/43%20stat%20153.pdf.

Inikori, Joseph E. *Africans and the Industrial Revolution in England: A Study in International Trade and Economic Development.* Cambridge: Cambridge University Press, 2002.

Investment Company Institute. "Appendix A: How Mutual Funds and Investment Companies Operate: The Origins of Pooled Investing." In *2006 Investment Company Fact Book*. Accessed 2014. http://www.icifactbook.org/2006/06_fb_appa.html.

———. "Recent Mutual Fund Trends." In *2014 Investment Company Fact Book*. Accessed 2014. http://www.icifactbook.org/fb_ch2.html.

———. "Retirement Assets Total $24.0 Trillion in Second Quarter 2014." September 25, 2014. http://www.ici.org/research/stats/retirement/ret_14_q2.

———. *2012 Investment Company Fact Book*. Accessed 2014. http://www.ici.org/pdf/2012_factbook.pdf.

———. *2013 Investment Company Fact Book*. Accessed 2014. http://www.ici.org/pdf/2013_factbook.pdf.

———. "The U.S. Retirement Market, First Quarter 2011." June 29, 2011. http://www.ici.org/pdf/ret_11_q1_data.pdf.

Isidore, Chris. "Chrysler Files for Bankruptcy." CNN Money, May 1, 2009. http://money.cnn.com/2009/04/30/news/companies/chrysler_bankruptcy.

Jefferies, Julie. "The UK Population: Past, Present and Future." Office for National Statistics (UK). Last modified December 2005. http://www.ons.gov.uk/ons/rel/fertility-analysis/focus-on-people-and-migration/december-2005/focus-on-people-and-migration---focus-on-people-and-migration---chapter-1.pdf.

Jensen, Michael C. "The Performance of Mutual Funds in the Period 1945–1964." *Journal of Finance* 23, no. 2 (May 1968): 389–416.

"Jewish Reaction to Madoff Scandal" (transcript). *Religion and Ethics Newsweekly*. Produced by Thirteen/WNET New York, PBS. March 20, 2009. http://www.pbs.org/wnet/religionandethics/2009/03/20/march-20-2009-jewish-reaction-to-madoff-scandal/2474.

Johnson, Philip McBride, and Thomas Lee Hazen. *Derivatives Regulation*. Vol. 3. New York: Aspen, 2004.

Johnson, Simon. "Sadly, Too Big to Fail Is Not Over." *Economix* (blog), *New York Times*, August 1, 2013. http://economix.blogs.nytimes.com/2013/08/01/sadly-too-big-to-fail-is-not-over.

Jones, Chris. *Hedge Funds of Funds: A Guide for Investors*. Hoboken, NJ: Wiley, 2007.

Jones, Norman. "Usury." In *Encyclopedia of Economic and Business History*, ed. Robert Whaples. Economic History Association. February 10, 2008. http://eh.net/encyclopedia/usury.

J. P. Morgan Chase & Co. *Annual Report 2013*. April 9, 2014. http://investor.shareholder.com/jpmorganchase/annual.cfm.

Kabele, Thomas. "James Dodson, First Lecture on Insurances, 1757: Discussion." Kabele and Associates (New Canaan, CT), May 2, 2008. http://www.kabele.us/papers/dodsonms2.pdf.

Kahneman, Daniel, and Amos Tversky. "Prospect Theory: An Analysis of Decision under Risk." *Econometrica* 47, no. 2 (March 1979): 263–292.

Kaul, Chandrika. "From Empire to Independence: The British Raj in India, 1858–1947." BBC. Last modified March 3, 2011. http://www.bbc.co.uk/history/british/modern/independence1947_01.shtml.

Kedmey, Dan. "2 Years and 900 Pages Later, the Volcker Rule Gets the Green Light." TIME.com, December 11, 2013. http://business.time.com/2013/12/11/2-years-and-900-pages-later-the-volcker-rule-gets-the-green-light.

Kehoe, Dennis P. *Investment, Profit, and Tenancy: The Jurists and the Roman Agrarian Economy*. Ann Arbor: University of Michigan Press, 1997.

———. *Management and Investment on Estates in Roman Egypt during the Early Empire*. Bonn: Habelt, 1992.

Keltner, Dacher, and Paul Piff. "Greed on Wall Street Prevents Good from Happening." *Room for Debate* (blog), *New York Times*, March 16, 2012. http://www.nytimes.com/roomfordebate/2012/03/15/does-morality

-have-a-place-on-wall-street/greed-on-wall-street-prevents-good-from-happening.

Kennedy, Lawrence W. *Planning the City upon a Hill: Boston since 1630.* Amherst: University of Massachusetts Press, 1992.

Kennedy, Robert C. "On This Day: March 30, 1872." The Learning Network, *New York Times*, March 30, 2001. http://www.nytimes.com/learning/general/onthisday/harp/0330.html.

Kerber, Ross. "The Whistleblower." *Boston Globe*, January 8, 2009. http://www.boston.com/business/articles/2009/01/08/the_whistleblower.

Keynes, John Maynard. *The General Theory of Employment, Interest and Money.* London: Macmillan, 1936.

Kimmel, Lewis Henry. *Share Ownership in the United States.* Washington, DC: Brookings Institution, 1952.

Kindleberger, Charles P. *The World in Depression, 1929–1939.* Rev. ed. Berkeley: University of California Press, 1986.

Kirsch, Clifford E., and Bibb L. Strench. "Mutual Funds." In *Financial Product Fundamentals: Law, Business, Compliance*, ed. Clifford E. Kirsch. 2nd ed. New York: Practising Law Institute, 2013.

Kitces, Michael E. "What Makes Something an Alternative Asset Class, Anyway?" *Journal of Financial Planning* 25, no. 9 (September 2012): 22–23.

Kitchen, Martin. *A History of Modern Germany, 1800–2000.* Malden, MA: Blackwell, 2006.

Koepp, Stephen. "'Money Was the Only Way.'" *Time*, June 24, 2001. http://content.time.com/time/magazine/article/0,9171,144026,00.html.

Kohn, George Childs, ed. *The New Encyclopedia of American Scandal.* Rev. ed. New York: Infobase, 2001.

Kohn, Meir. "The Capital Market before 1600." Working paper 99-06, Department of Economics, Dartmouth College, Hanover, NH, February 1999. http://www.dartmouth.edu/~mkohn/Papers/99-06.pdf.

——. "Finance before the Industrial Revolution: An Introduction." Working paper 99-01, Department of Economics, Dartmouth College, Hanover, NH, February 1999. http://www.dartmouth.edu/~mkohn/Papers/99-01.pdf.

Kolesnikov-Jessop, Sonia. "Independent Asset Managers Thrive in Crisis." *New York Times*, April 28, 2013. http://www.nytimes.com/2013/04/29/business/global/29iht-nwindies29.html.

Kosambi, D. D. "Indian Feudal Trade Charters." *Journal of the Economic and Social History of the Orient* 2, no. 3 (December 1959): 281–293.

Krantz, Steven G., and Harold R. Parks. *A Mathematical Odyssey: Journey from the Real to the Complex.* New York: Springer, 2014.

Krauss, Clifford. "Stanford Sentenced to 110-Year Term in $7 Billion Ponzi Case." *New York Times*, June 14, 2012. http://www.nytimes.com/2012/06/15/business/stanford-sentenced-to-110-years-in-jail-in-fraud-case.html.

Kreuger, Torsten. *The Truth about Ivar Kreuger*. Stuttgart: Seewald, 1968.

Krugman, Paul. "Too Little, Gone Too Soon." *Conscience of a Liberal* (blog), *New York Times*, August 30, 2013. http://krugman.blogs.nytimes.com/2013/08/30/too-little-gone-too-soon.

Lamoreaux, Naomi R., Margaret Levenstein, and Kenneth L. Sokoloff. "Financing Invention during the Second Industrial Revolution: Cleveland, Ohio, 1870–1920." NBER Working Paper 10923, National Bureau of Economic Research, Cambridge, MA, November 2004. http://www.nber.org/papers/w10923.pdf.

Lane, Frederic C. *Venice and History: Collected Papers of F. C. Lane*. Baltimore: Johns Hopkins University Press, 1966.

Langevoort, Donald C. "Rereading *Cady, Roberts*: The Ideology and Practice of Insider Trading Regulation." *Columbia Law Review* 99, no. 5 (June 1999): 1319–1343.

Latzko, David A. "Economies of Scale in Mutual Fund Administration." Working paper, York Campus, Pennsylvania State University, York, PA, n.d. http://www.personal.psu.edu/~dxl31/research/articles/mutual.pdf.

Lawrence, Steven, and Reina Mukai. "Key Facts on Mission Investing." Foundation Center, October 2011. http://foundationcenter.org/gainknowledge/research/pdf/keyfacts_missioninvesting2011.pdf.

Lee, Chulhee. "The Expected Length of Male Retirement in the United States, 1850–1990." *Journal of Population Economics* 14, no. 4 (December 2001): 641–650.

———. "Sectoral Shift and the Labor-Force Participation of Older Males in the United States, 1880–1940." *Journal of Economic History* 62, no. 2 (June 2002): 512–523.

Leemans, W. F. "The Role of Landlease in Mesopotamia in the Early Second Millennium B.C." *Journal of the Economic and Social History of the Orient* 18, no. 2 (June 1975): 134–145.

Leeson, Nick. "Biography." NickLeeson.com. Accessed January 2015. http://www.nickleeson.com/biography/full_biography_02.html.

Legal Information Institute. "Dodd-Frank: Title I—Financial Stability." Accessed January 2015. http://www.law.cornell.edu/wex/dodd-frank_title_I.

Lenzner, Robert. "The Top 25 Hedge Fund Managers Earn More Than All the 500 Top CEOs Together." *Forbes*, August 6, 2013. http://www.forbes.com/sites/robertlenzner/2013/08/06/the-top-25-hedge-fund-managers-earn-more-than-all-the-500-top-ceos-together.

LIMRA Secure Retirement Institute. "Retirement Plans—Investment Company Institute: Retirement Assets on the Rise in 2014." October 2014. http://www.limra.com/Secure_Retirement_Institute/News_Center/Retirement_Industry_Report/Retirement_Plans_-_Investment_Company_Institute__Retirement_Assets_on_the_Rise_in_2014.aspx.

Lindert, Peter H., and Jeffrey G. Williamson. "English Workers' Living Standards during the Industrial Revolution: A New Look." *Economic History Review*, n.s., 36, no. 1 (February 1983): 1–25.

Lintner, John. "The Valuation of Risk Assets and the Selection of Risky Investments in Stock Portfolios and Capital Budgets." *Review of Economics and Statistics* 47, no. 1 (February 1965): 13–37.

Lipscy, Phillip Y., and Hirofumi Takinami. "The Politics of Financial Crisis Response in Japan and the United States." *Japanese Journal of Political Science* 14, no. 3 (September 2013): 321–353.

Litterick, David. "Billionaire Who Broke the Bank of England." *Telegraph*, September 13, 2002. http://www.telegraph.co.uk/finance/2773265/Billionaire-who-broke-the-Bank-of-England.html.

Liu, Jinyu. "The Economy of Endowments: The Case of the Roman Collegia." In *Pistoi Dia Tèn Technèn: Studies in Honour of Raymond Bogaert*, Studia Hellenistica 44, eds. Koenraad Verboven, Katelijn Vandorpe, and Véronique Chankowski, 231–256. Leuven: Peeters, 2008.

Liu, Qiugen. "两宋私营高利贷资本初探" [A first look at usury capital in the Song dynasty]. *Philosophy and Social Sciences* (Hebei University), no. 3 (1987): 11–17.

———. "论中国古代商业、高利贷资本组织中的'合资'与'合伙'" [Joint-stock partnerships in business and usury capital organization in ancient China]. *Hebei Academic Journal* (Hebei University), no. 5 (1994): 86–91.

Lo Cascio, Elio. "The Early Roman Empire: The State and the Economy." In *The Cambridge Economic History of the Greco-Roman World*, eds. Walter Scheidel, Ian Morris, and Richard P. Saller, 619–647. Cambridge: Cambridge University Press, 2007.

Lodge, Henry Cabot. "League of Nations." American Memory, Library of Congress. Accessed 2015. http://memory.loc.gov.

Loh, Lixia. *Sovereign Wealth Funds: States Buying the World*. Cranbrook, UK: Global Professional Publishing, 2010.

Lohr, Steve. "Guinness Offers to Buy Distillers for $3.2 Billion." *New York Times*, January 20, 1986. http://www.nytimes.com/1986/01/21/business/guinness-offers-to-buy-distillers-for-3.2-billion.html.

———. "Guinness Scandal Roils Britain." *New York Times*, January 30, 1987. http://www.nytimes.com/1987/01/30/business/guinness-scandal-roils-britain.html.

———. "Hostile Offer by Argyll for Distillers." *New York Times*, December 2, 1985. http://www.nytimes.com/1985/12/03/business/hostile-offer-by-argyll-for-distillers.html.

London Stock Exchange. "Our History." Accessed October 2014. http://www.londonstockexchange.com/about-the-exchange/company-overview/our-history/our-history.htm.

Loomis, Carol J. "The Jones Nobody Keeps Up With." *Fortune*, April 1966, 237–247.

Lopez, Robert S. *The Commercial Revolution of the Middle Ages, 950–1350.* Cambridge: Cambridge University Press, 1976.

Lowenstein, Roger. *When Genius Failed: The Rise and Fall of Long-Term Capital Management.* New York: Random House, 2000.

Lynch, David J. "Economists Evoke the Spirit of Irving Fisher." Bloomberg News, January 12, 2012. http://www.bloomberg.com/bw/magazine/economists-evoke-the-spirit-of-irving-fisher-01122012.html.

MacDonald, Scott B., and Jane E. Hughes. *Separating Fools from Their Money: A History of American Financial Scandals.* New Brunswick, NJ: Transaction, 2007.

MacKenzie, Donald. *An Engine, Not a Camera: How Financial Models Shape Markets.* Cambridge, MA: MIT Press, 2006.

Maddison, Angus. *Contours of the World Economy, 1–2030 AD: Essays in Macro-Economic History.* Oxford: Oxford University Press, 2007.

———. *The World Economy: Historical Statistics.* Paris: Development Centre of the Organisation for Economic Co-operation and Development, 2003.

Madoff, Bernard. "Text of Bernard Madoff's Court Statement." National Public Radio, March 12, 2009. http://www.npr.org/templates/story/story.php?storyId=101816470.

Madrian, Brigitte C., and Dennis F. Shea. "The Power of Suggestion: Inertia in 401(k) Participation and Savings Behavior." *Quarterly Journal of Economics* 116, no. 4 (November 2001): 1149–1187.

Malkiel, Burton G. "Asset Management Fees and the Growth of Finance." *Journal of Economic Perspectives* 27, no. 2 (Spring 2013): 97–108.

———. "The Efficient Market Hypothesis and Its Critics." *Journal of Economic Perspectives* 17, no. 1 (Winter 2003): 59–82.

Mallaby, Sebastian. "Learning to Love Hedge Funds." *Wall Street Journal*, June 11, 2010. http://online.wsj.com/news/articles/SB10001424052748703302604575294983666012928.

Malmendier, Ulrike. "Law and Finance 'at the Origin.'" *Journal of Economic Literature* 47, no. 4 (December 2009): 1076–1108.

———. "Roman Shares." In *The Origins of Value: The Financial Innovations That Created Modern Capital Markets*, eds. William N. Goetzmann and K. Geert Rouwenhorst, 31–42. Oxford: Oxford University Press, 2005.

———. "Societas." Working paper, Department of Economics, University of California, Berkeley, CA, n.d. http://eml.berkeley.edu/~ulrike/Papers/Societas_Article_v3.pdf.

Manning, Joseph. "Demotic Papyri (664–30 B.C.E.)." In *Security for Debt in Ancient Near Eastern Law*, eds. Raymond Westbrook and Richard Jasnow, 307–324. Leiden: Brill, 2001.

Margolick, David. "William Carey [*sic*], Former S.E.C. Chairman, Dies at 72." *New York Times*, February 9, 1983. http://www.nytimes.com/1983/02/09/obituaries/william-carey-former-sec-chairman-dies-at-72.html.

Maridaki-Karatza, Olga. "Legal Aspects of the Financing of Trade." In *The Economic History of Byzantium*, ed. Angeliki E. Laiou, 3:1105–1120. Washington, DC: Dumbarton Oaks Research Library and Collection, 2002.

Markham, Jerry W. *A Financial History of Modern US Corporate Scandals: From Enron to Reform*. Armonk, NY: Sharpe, 2006.

———. *A Financial History of the United States*. Vol. 1, *From Christopher Columbus to the Robber Barons (1492–1900)*. Armonk, NY: Sharpe, 2002.

———. *A Financial History of the United States*. Vol. 2, *From J. P. Morgan to the Institutional Investor (1900–1970)*. Armonk, NY: Sharpe, 2002.

Markopolos, Harry. Harry Markopolos to US Securities and Exchange Commission, "The World's Largest Hedge Fund Is a Fraud," November 7, 2005. http://online.wsj.com/documents/Madoff_SECdocs_20081217.pdf.

Markowitz, Harry. "Harry M. Markowitz—Biographical." Nobel Media AB. 1990. Accessed 2013. http://www.nobelprize.org/nobel_prizes/economic-sciences/laureates/1990/markowitz-bio.html.

———. "Portfolio Selection." *Journal of Finance* 7, no. 1 (March 1952): 77–91.

Martinez, Mike, et al. *Vault Career Guide to Private Wealth Management*. New York: Vault, 2006.

"The Match King." *Economist*, December 19, 2007. http://www.economist.com/node/10278667.

Matthews, Christopher. "Five Former Employees of Bernie Madoff Found Guilty of Fraud." *Wall Street Journal*, March 25, 2014. http://online.wsj.com/news/articles/SB10001424052702304679404579459551977535482.

———. "LIBOR Scandal: Yep, It's as Bad as We Thought." *Time*, December 20, 2012. http://business.time.com/2012/12/20/libor-scandal-yep-its-as-bad-as-we-thought.

McAndrews, James, and Chris Stefanadis. "The Consolidation of European Stock Exchanges." *Current Issues in Economics and Finance* 8, no. 6 (June 2002): 1–6.

McGuire, W. John. "The Investment Company Act of 1940." Morgan, Lewis & Bockius. 2005. http://www.morganlewis.com/pubs/Investment%20Company%20Act%20Powerpoint.pdf.

McIntosh, Jane R. *Ancient Mesopotamia: New Perspectives*. Santa Barbara, CA: ABC-CLIO, 2005.

McMorran, David. *The Origin of Investment Securities*. Detroit: First National Company of Detroit, 1925.

McNally, David. *Political Economy and the Rise of Capitalism: A Reinterpretation*. Berkeley: University of California Press, 1988.

Mehra, Rajnish, and Edward C. Prescott. "The Equity Premium: A Problem." *Journal of Monetary Economics* 15, no. 2 (March 1985): 145–161.

Meikle, Scott. *Aristotle's Economic Thought*. Oxford: Clarendon Press, 1995.

Merced, Michael J. de la. "Q. and A.: Understanding LIBOR." *DealBook* (blog), *New York Times*, July 10, 2012. http://dealbook.nytimes.com/2012/07/10/q-and-a-understanding-libor.

———. "Taped Calls about Akamai Earnings Guidance Heard at Galleon Trial." *DealBook* (blog), *New York Times*, April 4, 2011. http://dealbook.nytimes.com/2011/04/04/focus-shifts-to-google-trade-at-galleon-trial.

Merton, Robert C. "Option Pricing When Underlying Stock Returns Are Discontinuous." *Journal of Financial Economics* 3, no. 1–2 (January–March 1976): 125–144.

Michell, Humfrey. *Economics of Ancient Greece*. 2nd ed. Cambridge: Heffer, 1957.

Michie, Ranald C. "Development of Stock Markets." In *The New Palgrave Dictionary of Money and Finance*, eds. Peter Newman, Murray Milgate, and John Eatwell, 662–668. London: Macmillan, 1992.

———. *The Global Securities Market: A History*. Oxford: Oxford University Press, 2006.

Middleton, Kathleen M. *Bayonne Passages*. Images of America. Charleston, SC: Arcadia, 2000.

Miller, Norman C. *The Great Salad Oil Swindle*. New York: Coward McCann, 1965.

Millett, Paul. *Lending and Borrowing in Ancient Athens*. Cambridge: Cambridge University Press, 1991.

Milton, Giles. *Samurai William: The Adventurer Who Unlocked Japan*. London: Hodder & Stoughton, 2002.

Minsky, Hyman P. *Stabilizing an Unstable Economy*. New Haven, CT: Yale University Press, 1986.

Mirsky, Robert, Anthony Cowell, and Andrew Baker. "The Value of the Hedge Fund Industry to Investors, Markets, and the Broader Economy." KPMG and Centre for Hedge Fund Research, Imperial College, London. Last modified April 2012. http://www.kpmg.com/KY/en/Documents/the-value-of-the-hedge-fund-industry-part-1.pdf.

Modigliani, Franco, and Richard H. Brumberg. "Utility Analysis and the Consumption Function: An Interpretation of Cross-Section Data." In *Post-Keynesian Economics*, ed. Kenneth K. Kurihara, 388–436. New Brunswick, NJ: Rutgers University Press, 1954.

——. "Utility Analysis and Aggregate Consumption Functions: An Attempt at Integration." In *The Collected Papers of Franco Modigliani*, ed. Andrew Abel, 2:128–197. Cambridge, MA: MIT Press, 1990.

Modigliani, Franco, and Merton H. Miller. "The Cost of Capital, Corporation Finance and the Theory of Investment." *American Economic Review* 48, no. 3 (June 1958): 261–297.

Monk, Ashby H. B. "Is CalPERS a Sovereign Wealth Fund?" Working paper 8-21, Center for Retirement Research, Boston College, Boston, MA, December 2008. http://crr.bc.edu/wp-content/uploads/2008/12/IB_8-21.pdf.

Monroe, Albert. "How the Federal Housing Administration Affects Homeownership." Working paper, Department of Economics, Harvard University, Cambridge, MA, November 2001. http://www.jchs.harvard.edu/sites/jchs.harvard.edu/files/monroe_w02-4.pdf.

Moore, Keith M. *Risk Arbitrage: An Investor's Guide*. Hoboken, NJ: Wiley, 1999.

Moosvi, Shireen. "The Medieval State and Caste." *Social Scientist* 39, no. 7–8 (July–August 2011): 3–8.

Morningstar. "MFS Massachusetts Investors Tr A (MITTX): Performance." Accessed 2014. http://performance.morningstar.com/fund/performance-return.action?t=MITTX.

Morris, Morris D. "Towards a Reinterpretation of Nineteenth-Century Indian Economic History." *Journal of Economic History* 23, no. 4 (December 1963): 606–618.

Mugasha, Agasha. *The Law of Letters of Credit and Bank Guarantees*. Sydney: Federation Press, 2003.

Murphy, Sharon Ann. "Life Insurance in the United States through World War I." In *Encyclopedia of Economic and Business History*, ed. Robert Whaples. Economic History Association. August 14, 2002. http://eh.net/encyclopedia/life-insurance-in-the-united-states-through-world-war-i.

Murray, J. B.C. *The History of Usury*. Philadelphia: J. B. Lippincott, 1866.

National Association of College and University Business Officers (NACUBO) and Commonfund Institute. "Average Annual Effective Spending Rates, 2011 to 2002." 2011 NACUBO-Commonfund Study of Endowments, 2012. http://www.nacubo.org/Documents/research/2011_NCSE_Public_Tables_Spending_Rates_Final_January_18_2012.pdf.

——. "Educational Endowments Returned an Average of 19.2% in FY2011." 2011 NACUBO-Commonfund Study of Endowments, 2012. http://www.nacubo.org/Documents/research/2011_NCSE_Press_Release_Final_Embargo_1_31_12.pdf.

National Venture Capital Association and Thomson Reuters. "2012 National Venture Capital Association Yearbook." Last modified 2012. http://

www.finansedlainnowacji.pl/wp-content/uploads/2012/08/NVCA-Yearbook-2012.pdf.

Neal, Larry. "On the Historical Development of Stock Markets." In *The Emergence and Evolution of Markets*, eds. Horst Brezinski and Michael Fritsch, 59–79. Cheltenham, UK: Edward Elgar, 1997.

Neumann, Hans. "Ur-Dumuzida and Ur-DUN: Reflections on the Relationship Between State-Initiated Foreign Trade and Private Economic Activity in Mesopotamia Towards the End of the Third Millennium B.C." In Dercksen, *Trade and Finance in Ancient Mesopotamia*, 43–53.

New York Stock Exchange. "Highlights of NYSE Shareowner Census Reports (1952–1990)." Accessed October 2014. http://www.nyxdata.com/nysedata/asp/factbook/viewer_edition.asp?mode=table&key=2312&category=11.

———. "Major Sources of NYSE Volume." Accessed October 2014. http://www.nyxdata.com/nysedata/asp/factbook/viewer_edition.asp?mode=table&key=2641&category=11.

———. "New York Stock Exchange Ends Member Seat Sales Today." December 30, 2013. http://www1.nyse.com/press/1135856420824.html.

———. "Selected Characteristics of Individual Shareowners." Accessed October 2014. http://www.nyxdata.com/nysedata/asp/factbook/viewer_edition.asp?mode=chart&key=51&category=11.

———. "Timeline—Events." Accessed October 2014. http://www1.nyse.com/about/history/timeline_events.html.

———. "Timeline—Technology." Accessed October 2014. http://www1.nyse.com/about/history/timeline_technology.html.

———. Transactions, Statistics and Data Library. Accessed 2014. http://www.nyse.com/financials/1022221393023.html.

"The 1907 Crisis in Historical Perspective." Center for History and Economics, Harvard University. Accessed 2015. http://www.fas.harvard.edu/~histecon/crisis-next/1907.

Nobel Media AB. "The Prize in Economics 1985—Press Release." 1985. Accessed 2013. http://www.nobelprize.org/nobel_prizes/economic-sciences/laureates/1985/press.html.

———. "The Prize in Economics 1990—Press Release." 1990. Accessed 2013. http://www.nobelprize.org/nobel_prizes/economic-sciences/laureates/1990/press.html.

Nobuhiko, Nakai, and James L. McClain. "Commercial Change and Urban Growth in Early Modern Japan." In *The Cambridge History of Japan*. Vol. 4, *Early Modern Japan*, ed. John Whitney Hall, 519–595. Cambridge: Cambridge University Press, 1991.

Obama, Barack. "President Obama on GM IPO." The White House, November 18, 2010. http://www.whitehouse.gov/photos-and-video/video/2010/11/18/president-obama-gm-ipo.

———. "Remarks by the President at Signing of Dodd-Frank Wall Street Reform and Consumer Protection Act." The White House, July 21, 2010. http://www.whitehouse.gov/the-press-office/remarks-president-signing-dodd-frank-wall-street-reform-and-consumer-protection-act.

Obstfeld, Maurice, and Alan M. Taylor. *Global Capital Markets: Integration, Crisis, and Growth*. Cambridge: Cambridge University Press, 2004.

Ogborn, M. E. "Professional Name of the Actuary." *Journal of the Institute of the Actuaries* 82, no. 2 (September 1956): 233–246.

O'Hanlon, Rosalind. *Caste, Conflict, and Ideology: Mahatma Jotirao Phule and Low Caste Protest in Nineteenth-Century Western India*. Cambridge South Asian Studies 30. Cambridge: Cambridge University Press, 1985.

"The Oldest Life Insurance Company in the United States." *New York Times*, November 19, 1905. http://timesmachine.nytimes.com/timesmachine/1905/11/19/101709385.html.

Oppenheim, A. Leo. *Ancient Mesopotamia: Portrait of a Dead Civilization*. Chicago: University of Chicago Press, 1977.

Oregon State Treasury. "Oregon Investment Council (OIC)." Accessed 2013. http://www.oregon.gov/treasury/Divisions/Investment/Pages/Oregon-Investment-Council-(OIC).aspx.

"Out of Keynes's Shadow." *Economist*, February 14, 2009. http://www.economist.com/node/13104022.

Parker, Russell. "Boutique Asset Managers Offer Competitive Advantages." *InvestmentNews*, May 30, 2010. http://www.investmentnews.com/article/20100530/REG/305309998/boutique-asset-managers-offer-competitive-advantages.

Parks, Tim. *Medici Money: Banking, Metaphysics, and Art in Fifteenth-Century Florence*. New York: Norton, 2005.

Pecora, Ferdinand. *Wall Street Under Oath*. New York: A. M. Kelley, 1939.

Persky, Joseph. "Retrospectives: From Usury to Interest." *Journal of Economic Perspectives* 21, no. 2 (Winter 2007): 227–236.

Phillips, Cabell. *From the Crash to the Blitz, 1929–1939*. New York: Fordham University Press, 2000.

Piller, Charles. "Foundations Align Investments with Their Charitable Goals." *Los Angeles Times*, December 29, 2007. http://articles.latimes.com/2007/dec/29/business/fi-foundation29.

Pirenne, Henri. *Medieval Cities: Their Origins and the Revival of Trade*. Translated by Frank D. Halsey. Princeton, NJ: Princeton University Press, 1952.

Piscione, Deborah Perry. *Secrets of Silicon Valley: What Everyone Else Can Learn from the Innovation Capital of the World*. New York: Palgrave, 2013.

Ponzi v. Fessenden. 258 U.S. 254 (1922).

Postal, Matthew A. "New York Curb Exchange (Incorporating the New York Curb Market Building), Later Known as the American Stock Exchange." New York City Landmarks Preservation Commission. June 26, 2012. http://www.nyc.gov/html/lpc/downloads/pdf/reports/2515.pdf.

Poterba, James M., Steven F. Venti, and David A. Wise. "The Transition to Personal Accounts and Increasing Retirement Wealth: Macro and Micro Evidence." NBER Working Paper 8610, National Bureau of Economic Research, Cambridge, MA, November 2001. http://www.nber.org/papers/w8610.pdf.

Preqin. "Preqin Investor Outlook: Alternative Investments." 2014. https://www.preqin.com/docs/reports/Preqin-Investor-Outlook-Alternative-Assets-H2-2014.pdf.

———. *The 2014 Preqin Global Private Equity Report: Sample Pages.* Accessed 2014. https://www.preqin.com/docs/samples/The_2014_Preqin_Global_Private_Equity_Report_Sample_Pages.pdf.

Price, Richard. *British Society, 1680–1880: Dynamism, Containment, and Change.* Cambridge: Cambridge University Press, 1999.

Pulliam, Susan, and Chad Bray. "Trader Draws Record Sentence." *Wall Street Journal*, October 14, 2011. http://online.wsj.com/news/articles/SB10001424052970203914304576627191081876286.

Purcell, Patrick, and Jennifer Staman. "Summary of the Employee Retirement Income Security Act (ERISA)." Congressional Research Service, Library of Congress, Washington, DC. April 10, 2008. http://digitalcommons.ilr.cornell.edu/key_workplace/505.

Qureshi, Anwar Iqbal. *Islam and the Theory of Interest.* Lahore: Shaikh Muhammad Ashraf, 1946.

"Ranking America's Top Money Managers." *Institutional Investor.* August 1992, 75–101.

Rathbone, Dominic. *Economic Rationalism and Rural Society in Third-Century A.D. Egypt: The Heroninos Archive and the Appianus Estate.* Cambridge: Cambridge University Press, 1991.

Reinhart, Carmen M., and Kenneth S. Rogoff. *This Time Is Different: Eight Centuries of Financial Folly.* Princeton, NJ: Princeton University Press, 2011.

Ricketts, Lowell R. "Quantitative Easing Explained." *Liber8 Economic Information Newsletter* (Federal Reserve Bank of St. Louis), April 2011. http://research.stlouisfed.org/pageone-economics/uploads/newsletter/2011/201104_ClassroomEdition.pdf.

Rinehart, Jim. "U.S. Timberland Post-Recession: Is It the Same Asset?" R&A Investment Forestry. Last modified April 2010. http://investmentforestry.com/resources/1%20-%20Post-Recession%20Timberland.pdf.

Riu, Manuel. "Banking and Society in Late Medieval and Early Modern Aragon." In *The Dawn of Modern Banking*, 131–167. New Haven, CT: Yale University Press, 1979.

Rockefeller Foundation. "Our History: A Powerful Legacy." Accessed July 8, 2014. http://www.rockefellerfoundation.org/about-us/our-history.

Ross, Brian. *The Madoff Chronicles: Inside the Secret World of Bernie and Ruth*. New York: Hyperion, 2009.

Rouwenhorst, K. Geert. "The Origins of Mutual Funds." Working paper 04-48, International Center for Finance, Yale School of Management, Yale University, New Haven, CT, December 2004. http://ssrn.com/abstract=636146.

———. "The Origins of Mutual Funds." In *The Origins of Value: The Financial Innovations That Created Modern Capital Markets*, eds. William N. Goetzmann and K. Geert Rouwenhorst, 249–269. New York: Oxford University Press, 2005.

Rubin, Jared. "The Lender's Curse: A New Look at the Origin and Persistence of Interest Bans in Islam and Christianity." PhD diss., Stanford University, 2007. ProQuest (AAT 3267615).

Russell, John. "Alfred W. Jones, 88, Sociologist and Investment Fund Innovator." *New York Times*, June 3, 1989. http://www.nytimes.com/1989/06/03/obituaries/alfred-w-jones-88-sociologist-and-investment-fund-innovator.html.

Ryan, Franklin W. *Usury and Usury Laws: A Juristic-Economic Study of the Effects of State Statutory Maximums for Loan Charges upon Lending Operations in the United States*. Boston: Houghton Mifflin, 1924.

Sahai, Nandita P. "Crafts in Eighteenth-Century Jodhpur: Questions of Class, Caste, and Community Identities." *Journal of the Economic and Social History of the Orient* 48, no. 4 (2005): 524–551.

Samuelson, Paul A. *Foundations of Economic Analysis*. Cambridge, MA: Harvard University Press, 1947.

———. "Rational Theory of Warrant Pricing." *Industrial Management Review* 6, no. 2 (Spring 1965): 13–39.

Samuelson, Paul A., and Robert C. Merton. "A Complete Model of Warrant Pricing That Maximizes Utility." *Industrial Management Review* 10, no. 2 (Winter 1969): 17–46.

Sansing, Richard, and Robert Yetman. "Distribution Policies of Private Foundations." Working paper 02-20, McGladrey Institute of Accounting Education and Research, Tippie College of Business, University of Iowa, Iowa City, IA, October 2002. http://tippie.uiowa.edu/accounting/mcgladrey/workingpapers/02-20.pdf.

Sass, Steven A. *The Promise of Private Pensions: The First Hundred Years*. Cambridge, MA: Harvard University Press, 1997.

Saxton, Jim. "The Roots of Broadened Stock Ownership." Joint Economic Committee, US Congress. April 2000. http://cog.kent.edu/lib/Hall&Congress-RootsOfBroadenedStockOwnership.pdf.

Schmidt, Robert, and Jesse Hamilton. "SEC 'Capacity Gap' Risks Oversight Lapses as Regulator's Targets Multiply." Bloomberg News, March 7, 2011. http://www.bloomberg.com/news/2011-03-07/sec-capacity-gap-risks-oversight-lapses-as-regulator-s-targets-multiply.html.

Schulaka, Carly. "Advisers Embrace Alternative Investments." *Journal of Financial Planning* 24, no. 9 (September 2011): 30–33.

Schweikhard, Frederic A., and Zoe Tsesmelidakis. "The Impact of Government Interventions on CDS and Equity Markets." Working paper, November 2012. http://papers.ssrn.com/sol3/papers.cfm?abstract_id=1573377.

Securities and Exchange Commission. "Investigation of Failure of the SEC to Uncover Bernard Madoff's Ponzi Scheme—Public Version" (Report No. OIG-509). Office of Investigations, US Securities and Exchange Commission, August 31, 2009. http://www.sec.gov/news/studies/2009/oig-509.pdf.

———. "Post-Madoff Reforms." Accessed September 2014. http://www.sec.gov/spotlight/secpostmadoffreforms.htm.

Securities and Exchange Commission Historical Society. "431 Days: Joseph P. Kennedy and the Creation of the SEC (1934–35)." Accessed 2013. http://www.sechistorical.org/museum/galleries/kennedy/politicians_b.php.

Segal, Julie. "Beating the Market Has Become Nearly Impossible." *Institutional Investor*, September 18, 2013. http://www.institutionalinvestor.com/Article/3256074/Beating-the-Market-Has-Become-Nearly-Impossible.html.

Senate Committee on Banking and Currency. "Stock Exchange Practices" (S. Rep. No. 73-1455). Washington, DC: Government Printing Office, 1934. https://www.senate.gov/artandhistory/history/common/investigations/pdf/Pecora_FinalReport.pdf.

Seyfried, William. "Monetary Policy and Housing Bubbles: A Multinational Perspective." *Research in Business and Economics Journal* 2 (March 2010). http://www.aabri.com/manuscripts/09351.pdf.

Shah, Vikas. "Andrew Lo on the LIBOR Scandal and What's Next." AllAboutAlpha.com, November 8, 2012. http://allaboutalpha.com/blog/2012/11/08/andrew-lo-on-the-libor-scandal-and-whats-next.

Sharpe, William F. "Capital Asset Prices: A Theory of Market Equilibrium under Conditions of Risk." *Journal of Finance* 19, no. 3 (September 1964): 425–442.

Shiller, Robert J. "Understanding Recent Trends in House Prices and Home Ownership." Working paper 13553, National Bureau of Economic Research, Cambridge, MA, October 2007. http://www.nber.org/papers/w13553.pdf.

Siddiqui, Shahid Hasan. *Islamic Banking: Genesis & Rationale, Evaluation & Review, Prospects & Challenges.* Karachi: Royal Book, 1994.

Skarda, Erin. "William Miller, the Original Schemer." *Time*, March 7, 2012. http://content.time.com/time/specials/packages/article/0,28804,2104982_2104983_2104992,00.html.

Skully, Michael T. "The Development of the Pawnshop Industry in East Asia." In *Financial Landscapes Reconstructed: The Fine Art of Mapping Development*, eds. F. J. A. Bouman and Otto Hospes, 357–374. Boulder, CO: Westview, 1994.

Smart401k. "Modern Portfolio Theory and the Efficient Frontier." Accessed 2013. http://www.smart401k.com/Content/retail/resource-center/advanced-investing/modern-portfolio-theory-and-the-efficient-frontier.

Smiley, Gene. *The American Economy in the Twentieth Century.* Cincinnati: South-Western, 1994.

Smith, Aaron. "Madoff Arrives at N.C. Prison." CNN Money, July 14, 2009. http://money.cnn.com/2009/07/14/news/economy/madoff_prison_transfer.

Smith, Adam. *An Inquiry into the Nature and Causes of the Wealth of Nations.* New York: Modern Library, 1937.

Sobel, Robert. *The Big Board: A History of the New York Stock Market.* New York: Free Press, 1965.

———. *The Curbstone Brokers: The Origins of the American Stock Exchange.* London: Macmillan, 1970.

Social Security Administration. "Age 65 Retirement." Accessed 2013. http://www.ssa.gov/history/age65.html.

———. "Historical Background and Development of Social Security." Accessed December 2014. http://www.ssa.gov/history/briefhistory3.html.

———. "Otto von Bismarck." Accessed 2013. http://www.ssa.gov/history/ottob.html.

———. "Social Insurance Movement." Accessed January 2015. http://www.socialsecurity.gov/history/trinfo.html.

Social Welfare History Project. "Townsend, Dr. Francis." Accessed 2013. http://www.socialwelfarehistory.com/eras/townsend-dr-francis.

Sosin, Joshua. "Perpetual Endowments in the Hellenistic World: A Case-Study in Economic Rationalism." PhD diss., Duke University, 2000. ProQuest (AAT 9977683).

"South Sea Bubble Short History." Baker Library, Harvard Business School. Accessed 2014. http://www.library.hbs.edu/hc/ssb/history.html.

Sovereign Wealth Center. "Kuwait Investment Authority." *Institutional Investor.* Accessed July 8, 2014. http://www.sovereignwealthcenter.com/fund/17/Kuwait-Investment-Authority.html.

Sovereign Wealth Fund Institute. "Sovereign Wealth Funds Make Up More than 25% of U.S. Retirement Assets." March 27, 2014. http://www.swfinstitute.org/swf-article/sovereign-wealth-funds-make-up-more-than-25-of-u-s-retirement-assets.

———. "What Is a SWF?" Accessed July 8, 2014. http://www.swfinstitute.org/sovereign-wealth-fund.

Spigelman, Joseph H. "What Basis for Superior Performance?" *Financial Analysis Journal* 30, no. 3 (May–June 1974): 32–86.

Starr, Timothy. *Railroad Wars of New York State*. Charleston, SC: History Press, 2012.

Stearns, Peter N. *The Industrial Revolution in World History*. 3rd ed. Boulder, CO: Westview, 2007.

Stevenson, Alexandra. "Hedge Fund Moguls' Pay Has the 1% Looking Up." *DealBook* (blog), *New York Times*, May 6, 2014. http://dealbook.nytimes.com/2014/05/06/hedge-fund-moguls-pay-has-the-1-looking-up.

Stewart, James B. "As a Watchdog Starves, Wall Street Is Tossed a Bone." *New York Times*, July 15, 2011. http://www.nytimes.com/2011/07/16/business/budget-cuts-to-sec-reduce-its-effectiveness.html.

———. *Den of Thieves*. New York: Simon and Schuster, 1992.

———. "Volcker Rule, Once Simple, Now Boggles." *New York Times*, October 21, 2011. http://www.nytimes.com/2011/10/22/business/volcker-rule-grows-from-simple-to-complex.html.

Steyer, Robert. "ICI: U.S. Retirement Assets Hit Record $20.8 Trillion." *Pensions & Investments*, June 26, 2013. http://www.pionline.com/article/20130626/ONLINE/130629908/ici-us-retirement-assets-hit-record-208-trillion.

Stockton, Kimberly A. "Understanding Alternative Investments: The Role of Commodities in a Portfolio." Vanguard Investment Counseling & Research, Vanguard. Last modified 2007. http://www.vanguard.com/pdf/s552.pdf.

Straney, Louis L. *Securities Fraud: Detection, Prevention and Control*. Hoboken, NJ: Wiley, 2010.

Suddath, Claire. "The Crash of 1929." *Time*, October 29, 2008. http://content.time.com/time/nation/article/0,8599,1854569,00.html.

Swensen, David. *Pioneering Portfolio Management: An Unconventional Approach to Institutional Investment*. Rev. ed. New York: Free Press, 2009.

Tan, Andrea, Gavin Finch, and Liam Vaughan. "RBS Instant Messages Show LIBOR Rates Skewed for Traders." Bloomberg News, September 26, 2012. http://www.bloomberg.com/news/2012-09-25/rbs-instant-messages-show-libor-rates-skewed-for-traders.html.

Tan, Kopin. "An Upbeat View from J. P. Morgan's Private Bank." *Barron's*, May 19, 2012. http://online.barrons.com/news/articles/SB50001424053111904370004577392260986818168.

Temin, Peter. "Two Views of the British Industrial Revolution." *Journal of Economic History* 57, no. 1 (March 1997): 63–82.

Teo, Melvyn. "The Liquidity Risk of Liquid Hedge Funds." *Journal of Financial Economics* 100, no. 1 (April 2011): 24–44.

Thomas, Landon, Jr. "Too Big to Profit, a Hedge Fund Plans to Get Smaller." *DealBook* (blog), *New York Times*, August 1, 2012. http://dealbook.nytimes.com/2012/08/01/hedge-fund-titan-plans-to-return-2-billion-to-investors.

Thorndike, Joseph. "Forget Carried Interest, It's All about Taxing Capital Gains." *Forbes*, November 12, 2013. http://www.forbes.com/sites/taxanalysts/2013/11/12/forget-carried-interest-its-all-about-taxing-capital-gains.

Thorndike, William. Introduction to *The Outsiders: Eight Unconventional CEOs and Their Radically Rational Blueprint for Success*. Boston: Harvard Business Review Press, 2012.

"Timeline: Inside the Meltdown." PBS, February 17, 2009. http://www.pbs.org/wgbh/pages/frontline/meltdown/cron.

"Timeline: LIBOR-Fixing Scandal." BBC News, February 6, 2013. http://www.bbc.com/news/business-18671255.

Tobin, James. "Liquidity Preference as Behavior Towards Risk." *Review of Economic Studies* 25, no. 2 (February 1958): 65–86.

Tonello, Matteo, and Stephan Rabimov. "The 2010 Institutional Investment Report: Trends in Asset Allocation and Portfolio Composition." Research Report R-1468-10-RR, The Conference Board, New York, NY, 2010. http://papers.ssrn.com/sol3/papers.cfm?abstract_id=1707512.

"Topics: Glass-Steagall Act (1933)." *New York Times*, accessed January 2015. http://topics.nytimes.com/top/reference/timestopics/subjects/g/glass_steagall_act_1933/index.html.

Toutain, Jules. *The Economic Life of the Ancient World*. Translated by M. R. Dobie. Abingdon, UK: Routledge, 1996.

Towers Watson and *Financial Times*. "Global Alternatives Survey 2012." Last modified July 2012. http://www.towerswatson.com/en-US/Insights/IC-Types/Survey-Research-Results/2012/07/Global-Alternatives-Survey-2012.

Traflet, Janice M. *A Nation of Small Shareholders: Marketing Wall Street after World War II*. Studies in Industry and Society. Baltimore: Johns Hopkins University Press, 2013.

Travers Smith. "The Takeovers Regime under the Companies Act 2006: AIM-Listed Companies." May 2007. http://www.traverssmith.com

/media/602015/takeovers_regime_under_the_companies_act_2006_-_aim-listed_companies_-_may_2007.pdf.
"Treasury's Bailout Proposal." CNN Money, September 20, 2008. http://money.cnn.com/2008/09/20/news/economy/treasury_proposal.
Udovitch, Abraham L. "At the Origins of the Western Commenda: Islam, Israel, Byzantium?" *Speculum* 37, no. 2 (April 1962): 198–207.
Ulmer, Bryan K. "Boesky, Ivan." In *Encyclopedia of White-Collar and Corporate Crime*, ed. Lawrence M. Salinger, 1:96–98. Thousand Oaks, CA: Sage, 2005.
Uniform Law Commission. "Prudent Management of Institutional Funds Act Summary." Accessed 2014. http://uniformlaws.org/ActSummary.aspx?title=Prudent%20Management%20of%20Institutional%20Funds%20Act.
US Department of Labor. "Frequently Asked Questions about Retirement Plans and ERISA." Accessed 2013. http://www.dol.gov/ebsa/faqs/faq_compliance_pension.html.
US Department of the Treasury. "Financial Stability Oversight Council: Who Is on the Council?" Accessed January 2015. http://www.treasury.gov/initiatives/fsoc/about/council/Pages/default.aspx.
———. "TARP Programs." Accessed January 2015. http://www.treasury.gov/initiatives/financial-stability/TARP-Programs/Pages/default.aspx.
"US Retirement Assets Hit $18 Trillion Again." *Retirement Income Journal*, July 6, 2011. http://retirementincomejournal.com/issue/july-6-2011/article/u-s-retirement-assets-hit-18-trillion-again-ici.
US Securities and Exchange Commission. "Hedge Funds." Accessed 2015. http://investor.gov/investing-basics/investment-products/hedge-funds.
———. "Investor Bulletin: Accredited Investors." Accessed 2015. http://www.sec.gov/investor/alerts/ib_accreditedinvestors.pdf.
———. "Laws That Govern the Securities Industry." Accessed January 2015. http://www.sec.gov/about/laws.shtml.
Valentine, Bruce A. "Shakespeare Revisited." *Financial Analysts Journal* 21, no. 3 (May–June 1965): 91–97.
Van De Mieroop, Marc. *The Ancient Mesopotamian City*. New York: Oxford University Press, 1999.
Van Driel, G. "Capital Formation and Investment in an Institutional Context in Ancient Mesopotamia." In Dercksen, *Trade and Finance in Ancient Mesopotamia*, 25–42.
Vardi, Nathan. "The 40 Highest-Earning Hedge Fund Managers and Traders." *Forbes*, February 26, 2013. http://www.forbes.com/sites/nathanvardi/2013/02/26/the-40-highest-earning-hedge-fund-managers-and-traders.

Vaughan, Liam, and Gavin Finch. "LIBOR Lies Revealed in Rigging of $300 Trillion Benchmark." Bloomberg News, January 28, 2013. http://www.bloomberg.com/news/2013-01-28/libor-lies-revealed-in-rigging-of-300-trillion-benchmark.html.

Verdier, Daniel. "Financial Capital Mobility and the Origins of Stock Markets." Working paper, European University Institute, San Domenico, Italy, February 1999.

Vernon, J. R. "The 1920–21 Deflation: The Role of Aggregate Supply." *Economic Inquiry* 29, no. 3 (July 1991): 572–580.

Visser, Wayne A. M., and Alastair MacIntosh. "A Short Review of the Historical Critique of Usury." *Accounting, Business & Financial History* 8, no. 2 (1998): 175–189.

Von Reden, Sitta. *Money in Ptolemaic Egypt: From the Macedonian Conquest to the End of the Third Century B.C.* Cambridge: Cambridge University Press, 2007.

Von Tunzelmann, G. N. "The Standard of Living Debate and Optimal Economic Growth." In *The Economics of the Industrial Revolution*, ed. Joel Mokyr, 207–226. London: Allen & Unwin, 1985.

Watson, Noshua. "REITs Rising." *NYSE Magazine*, October 2003. http://www.ventasreit.com/sites/all/themes/ventasreit/images/stories/pdf/news/ventas_reit_spotlight_nov_dec03.pdf.

Webel, Baird. "Troubled Asset Relief Program (TARP): Implementation and Status." Congressional Research Service, Library of Congress, Washington, DC. June 27, 2013. https://www.fas.org/sgp/crs/misc/R41427.pdf.

Weber, Max. *The History of Commercial Partnerships in the Middle Ages*. Translated by Lutz Kaelber. Lanham, MD: Rowman & Littlefield, 2003.

Webster, Richard. *A History of the Presbyterian Church in America, from Its Origin to the Year 1760*. Philadelphia: Joseph M. Wilson, 1857.

Weisman, Mary-Lou. "The History of Retirement, from Early Man to A.A.R.P." *New York Times*, March 21, 1999. http://www.nytimes.com/1999/03/21/jobs/the-history-of-retirement-from-early-man-to-aarp.html.

Wharton School of Finance and Commerce. *A Study of Mutual Funds*. H. R. Rep. No. 87-2274 (1962).

Wiafe, William Nana, Jr. *The New Competitive Strategy: The Ultimate Business Strategy That Gets Superior Results and Builds Business Empires*. N.p.: Xlibris, 2011.

Wilkins, Mira. *The History of Foreign Investment in the United States to 1914*. Harvard Studies in Business History 41. Cambridge, MA: Harvard University Press, 1989.

"Will Invest for Food." *Economist*, May 3, 2014. http://www.economist.com/news/briefing/21601500-books-and-music-investment-industry-being-squeezed-will-invest-food.

Williams, John Burr. *The Theory of Investment Value*. Cambridge, MA: Harvard University Press, 1938.

Wingerd, Daniel A. "The Private Equity Market: History and Prospects." *Investment Policy* 1, no. 2 (September–October 1997): 26–41.

Wiseman, Paul, and Pallavi Gogol. "FDIC Chief: Small Banks Can't Compete with Bailed-Out Giants." *USA Today*, October 20, 2009. http://usatoday30.usatoday.com/money/industries/banking/2009-10-19-FDIC-chief-sheila-bair-banking_N.htm.

Wolpert, Stanley. *India*. Rev. ed. Berkeley: University of California Press, 1999.

Wooten, James. *The Employee Retirement Income Security Act of 1974: A Political History*. Berkeley: University of California Press, 2005.

"Working Women, 1800–1930: The Russell Sage Foundation and the Pittsburgh Survey." Harvard Library Collections. Accessed January 2015. http://ocp.hui.harvard.edu/ww/rsf.html.

"The World's Billionaires." *Forbes*. Accessed 2014. http://www.forbes.com/billionaires.

Wright, Robert E. "The NYSE's Long History of Mergers and Rivalries." *Bloomberg View*, January 8, 2013. http://www.bloombergview.com/articles/2013-01-08/nyse-s-long-history-of-mergers-and-rivalries.

Xenophon. *Oeconomicus*. Translated by Carnes Lord. In *The Shorter Socratic Writings:* Apology of Socrates to the Jury, Oeconomicus, *and* Symposium, ed. Robert C. Bartlett, 39–101. Ithaca, NY: Cornell University Press, 1996.

Zauzmer, Julie M. "Where We Stand: The Class of 2013 Senior Survey." *Harvard Crimson*, May 28, 2013. http://www.thecrimson.com/article/2013/5/28/senior-survey-2013.

Zweig, Jason. "Risks and Riches." *Money* 28, no. 4 (April 1999): 94–101.